旅美學者看臺灣

二十一世紀臺灣社會考察與分析

魯曙明、田憲生 ◆ 主編

內容介紹

《旅美學者看臺灣：二十一世紀臺灣社會考察與分析》一書由 19 章組成，作者均為中國旅美社會科學教授協會會員。本書係作者根據自己對臺灣社會的考查和深入研究，結合專業研究興趣，撰寫了各自的章節。本書具有以下主要特點：

一、詳實的第一手資料

近幾年來，中國旅美社會科學教授協會多次應三民主義統一中國大同盟邀請組團訪問臺灣。因此，本書的作者都曾訪問過臺灣，其中許多位作者經由其他渠道訪問臺灣多次，還有的作者長時間在臺灣大學和臺灣中央研究院任教研究。訪台期間，作者與臺灣各界人士及專家學者座談討論，進行廣泛深入調查，並收集相關資料。大量的第一手資料，為作者分析和立論提供十分詳實可靠的根據。

二、跨學科研究方法

本書作者均係在美國大學和研究所從事社會科學和人文各個學科研究的中國（或華裔）專家教授，這些學者的專業學科包括：政治學、歷史學、經濟學、社會學、人類學、教育學、傳播學、宗教學、語言學、哲學、心理學、文化學等等。他們從各個不同學科的角度，對臺灣社會提供了全方位多層面的考查分析。這些多學科、跨學科的分析研究，將為當代臺灣研究中的諸多重要問題提供新穎獨到的觀點，令人耳目一新。

三、獨特的比較視角

　　本書作者大多生長並受教育於中國大陸，對大陸非常瞭解，後又在美國大學研究生院接受系統訓練，獲得博士學位，並在美國生活工作多年，對美國社會和文化非常熟悉，能有機會訪問臺灣，親自體驗臺灣社會的各個方面，對臺灣社會獲得清晰的感性認知和理性認識。各位作者從不同文化、不同社會、不同體制相互比較的角度，審視各自所感興趣的研究問題。由於本書作者們所特有的跨文化、跨海峽兩岸的獨特視角，他們提出的問題，在很大程度上是其他研究臺灣問題的學者常常容易忽視或者不易發現的。因此，本書特別具有很大的學術價值和實際參考價值。

　　本書內容詳實，觀點新穎，論述獨到，對增進兩岸之間的瞭解將具有不可低估的作用，有助於架設兩岸溝通的橋樑。本書亦將成為臺灣問題研究方面一部不可或缺的資料。

　　由於以上特點，我們相信，本書將會受到研究臺灣問題的學者，各級政府工作人員以及所有對臺灣問題和兩岸關係感興趣的讀者的歡迎。

目次

第四部分　教育與文化

第五部分　宗教、婦女與社會

Taiwan in the Eyes of Chinese-American Scholars

Critical Analyses of Taiwanese Society in the 21st Century

Editors: LU Shuming & TIAN Xiansheng_

Table of Contents

第一部分
政治與經濟

臺灣"本土化"的風險之旅

李 捷 理
美國俄亥俄大學

摘 要：

　　海外學者對臺灣民主化的研究大多限於兩個方面：一是探討臺灣政治體制的改革是如何從"專制"，"軟性專制"，走向"民主制"；二是圍繞臺灣民主經驗，探討東方文化價值體系是否適合於西方民主政治模式，參與由新加坡前總理李光耀和馬萊西亞前總理馬赫蒂爾的"亞洲特殊論"所引發的學術辯論。上述兩方面的研究固然重要，但目前我們的注意力應更集中於臺灣民主化進程中所出現的新趨勢——"本土化"運動，而這一新趨勢在民主制的鞏固和發展上所顯現出的反制力，已對臺灣社會未來走向構成了頗為嚴峻的挑戰。自二〇〇〇年民進黨執政以來，臺灣民主化進程出現一個顯著的變化，其表現在民主化與"本土化"，或曰"臺灣化"愈益緊密地結合在一起。這一合流趨勢已造成臺灣社會在政治及文化價值取向上變得撲溯迷離，已不是僅憑民主和非民主的區分就可以界定清楚的。在空前規模的"去中國化"和"臺灣獨立"浪潮中，島內族群關係因"臺灣人"（本省人）與"中國人"（外省人）之劃分變得緊張不堪；文化價值觀因"臺灣文化"和"中國文化"之劃分而變得混沌不清；政治發展上因"統"與"獨"之紛爭造成海峽兩岸關係上不時戰雲密布；同時，島內經濟也因"正名"的困擾而裹足不前，無法順利實現"三通"。顯而易見，在目前臺灣的現實政治中，民主化和本土化似乎變成了一個同義語，成為臺灣獨立合法化的代名詞。鑒於此，筆者認為對現時臺灣民主的研究不能僅局限於民主範疇本身，而撇開"本土化"這一重要的介入因素，因為臺灣民主化和本土化的合流涉及了民主理念，民族自決和國家認同三個概念。如果單從民主價值和體制改造方面來研究臺灣社會，很難使我們對臺灣的現實和未來發展的複雜性有一個全面的認識和更為理性的判斷。本文從臺灣民主化和本土化合流中所衍生出的矛盾和衝突，來探討臺灣社會發展進程中的隱憂與風險。全文共分六　章節：（一）引論，（二）臺灣"本土化"的漸進性，（三）臺灣 "本土化"與 民主化的矛盾性，（四）臺灣"本土化"的風險性，（五）"全民公投"的迷思，（六）結論。

　　臺灣民主化進程在二十世紀末取得了長足的進步，這一社會巨變堪稱東亞近代史上一件令人矚目的事件。自八十年代中，隨著島內開放黨禁、報禁，臺灣政治從此走出 "鐵幕"，邁向多元化和透明化。到九十年代中，民選機制已開始有效運作於立法委員及縣市長的產生。一九九六年，臺灣第一位民選總統出爐。二〇〇〇年，弱小的民進黨充分利用多黨競爭體制，在總統直選中出人意外地擊敗執政的國民黨，入主總統府。臺灣政權的和平交替標誌著臺灣民主政治的日漸成熟。如果我們用美國政治學家撒彌爾・杭庭頓的程序民主政治標準來衡量，臺灣的政治演變的確彙入了杭庭頓所稱之為的全球民主化的 "第三次浪潮"。[1] 目前，海外學者對臺灣民主化的研究大多限於兩個方面：一是探討臺灣政治體制的改革是如何從 "專制"，"軟性專制"，走向 "民主制"；二是圍繞臺灣民主經驗，探討東方文化價值體系是否適合於西方民主政治模式，參與由新加坡前總理李光耀和馬來西亞前總理馬赫蒂爾的 "亞洲特殊論" 所引發的學術辯論。上述兩方面的研究固然重要，但目前我們的注意力應更集中於臺灣民主化進程中所出現的新趨勢——"本土化" 運動，而這一新趨勢在民主制的鞏固和發展上所顯現出的反制力，已對臺灣社會未來走向構成了頗為嚴峻的挑戰。

　　自二〇〇二年民進黨執政以來，臺灣民主化進程出現一個顯著的變化，其表現在民主化與 "本土化"，或曰 "臺灣化" 愈益緊密地結合在一起。這一合流趨勢已造成臺灣社會在政治及文化價值取向上變得撲溯迷離，已不是僅憑民主和非民主的區分就可以界定清楚的。在空前規模的 "去中國化" 和 "臺灣

---

[1]　Samuel Huntington. The Third Wave: Democratization in the Late Twentieth Century. Norman, OK: University of Oklahoma Press, 1991.

獨立"浪潮中，島內族群關係因"臺灣人"（本省人）與"中國人"（外省人）之劃分變得緊張不堪；文化價值觀因"臺灣文化"和"中國文化"之劃分而變得混沌不清；政治發展上因"統"與"獨"之紛爭造成海峽兩岸關係上不時戰雲密布；同時，島內經濟也因"正名"的困擾而裹足不前，無法順利實現"三通"。顯而易見，在目前臺灣的現實政治中，民主化和本土化似乎變成了一個同義語，成為臺灣獨立合法化的代名詞。鑒於此，筆者認為對現時臺灣民主的研究不能僅局限于民主範疇本身，而撇開"本土化"這一重要的介入因素，因為臺灣民主化和本土化的合流涉及了民主理念，民族自決和國家認同三個概念。如果單從民主價值和體制改造方面來研究臺灣社會，很難使我們對臺灣的現實和未來發展的複雜性有一個全面的認識和更為理性的判斷。本文將從臺灣民主化和本土化合流中所衍生出的矛盾和衝突，來探討臺灣社會發展進程中的隱憂與風險。

一、臺灣"本土化"的漸進性

　　臺灣"本土化"運動今天之所以能如此洶湧澎湃，除了民進黨政府的推波助瀾外，還有其不容忽視的歷史發展淵源。可以說，臺灣民主化從一開始就與"本土化"思潮有著千絲萬縷的聯繫，只是當時"本土化"還未被"台獨"理念所主導。臺灣民主社會的產生，既有歷史的必然性，也有歷史的偶然性。嚴格地說，臺灣的民主化進程始於上世紀八十年代中。當時的臺灣總統蔣經國先生決定取消戒嚴法，開放黨禁報禁，同時，吸納臺灣本省精英人士進入政府高層領導。李登輝就是在這一時期被蔣經國任命為副總統的。蔣經國所做的這一政策調整，可以說是一種歷史發展中的無奈選擇。他的本意是通過對政制和黨制的改革，改善與當地人的關係，創造出一個"寬鬆"、"親民"的

"軟性權威主義" 社會，以此來提升自一九七一年失去聯合國席位和一九七九年中美建交後日漸衰微的臺灣國民黨政府的合法地位。據說，蔣經國開放黨禁之舉是期待最終能形成像當時的墨西哥或日本式的民主制──以國民黨為第一大黨，其執政黨地位在多黨競選中保持不敗。蔣經國的主觀願望雖然如此，但客觀上卻為臺灣的民主運動的發展提供了一個突破口。

而蔣經國的過早去世又對臺灣政治迅速嬗變起到了催化劑的作用。在後蔣經國時代，臺灣政壇出現無強勢權威人物的真空，國民黨領導層內部派別之間的權力再分配爭鬥迫使黨主席李登輝尋求黨外民意的支援。李登輝利用自己是 "本省人" 的優勢，打民選牌，以此衝破 "大陸幫" 對國民黨和政府的控制。李登輝在主政時期內的突出表現是在推動民主化的同時，借民主改革之口，打壓和排擠國民黨內 "大陸籍" 勢力，潛移默化地將國民黨 "臺灣化"。雖然李登輝之舉也許可以理解成為鞏固自身地位而採取的一種不得已的權術鬥爭謀略，但國民黨黨內爭鬥所衍生出的 "本省人" 與 "外省人" 之別，並以 "省籍" 劃分忠誠度，是導致國民黨內部分裂的主要原因之一。而國民黨的分裂之日正是由 "黨外運動" 而崛起的民進黨成長壯大之時。民進黨最終能成為執政黨不能不說是直接得益於國民黨的分裂和衰落。所有這些因素直接或間接地為臺灣社會向民主制度迅速轉型提供了廣闊的發展空間。同時，李登輝將國民黨逐步 "臺灣化" 的舉措，也為以 "台獨" 為理念的民進黨 "本土化" 運動提供了一個合法的保護傘。從這一點看，在推動 "本土化" 上，李登輝的國民黨 "臺灣化" 和 "廢省" 路線與民進黨的 "台獨" 政治理念有著異曲同工之處。

在臺灣的民主化進程中，"本土化" 一直是暗潮洶湧，直至二〇〇〇年民進黨上臺後開始趨於明朗，並逐步走上正規化。全面地看，在民主化進程初期，民進黨作為主要反對黨確實對舊有體制的衝擊以及對臺灣民主化的提速起了非常重要的作用，但民進黨登上政治舞臺的同時也將"台獨"為目標的"本土化"帶進了民主化進程，於是乎民進黨在大選上的勝利被看成是"台獨"理念的勝利，主張"台獨"的人士自然與"民主鬥士"劃上等號。這一現象的出現使臺灣民主化在自身定位上變得模糊起來。事實上，民進黨的勝利是臺灣民主化的成果，並非是"台獨"理念的勝利。民進黨迅速崛起的社會基礎來源於臺灣民眾對國民黨長期一黨統治的不滿，這一點從二〇〇〇年臺灣總統選舉結果上可以看出：國民黨參選人連戰的得票數之低，但民進黨的陳水扁和親民黨的宋楚瑜得票數卻極為接近。這一人心思變，渴望換黨執政的現象在世界上多黨競爭制的民主國家是極為普遍的，特別是對於那些初嘗民主之果的國家尤為如此。可以設想，在當時的大環境下，即便民進黨沒有"台獨"綱領，憑其勃勃朝氣，欲意進取之勢，照樣有可能擊敗暮氣沈沈的國民黨，取得執政黨的地位。

從理論上說，民主化和本土化並不是一個共生體，而兩者的融合在很大程度上是人為的社會運動所造成的。但近年來，臺灣民主化向"本土化"的迅速演變似乎促使"本土化"成為大有駕馭民主化之上的主流意識，其最突出的表現在於從種族關係及文化觀念上徹底的"去中國化"，並將"去中國化"視為臺灣"民主化"的核心。這一"去中國化"不僅僅是一場"文化再造"運動，而更重要的是一場尋求新的"國家認同"的政治運動，即在"臺灣獨立"上的認同。在這一點上，臺灣民進黨一高層官員就表白得很清楚："我們正進入一個創立新社區和新國家的階段，這包含著獨一無二的臺灣國家認同……，與中國認同毫無一致"。[2]筆者認為，這種將本土化等

---

[2]　Far Eastern Economic Review, March 16, 2000, p. 32.

同民主化的意識形態是臺灣社會向民主制度的轉型過程中的一個很大的誤區，也必將是臺灣社會未來發展所面臨的巨大挑戰，因為臺灣 "本土化" 代表著一種傾向，即為了取得政治上的認同而不惜割裂海峽兩岸民族文化上的認同，不惜人為地劃分出 "臺灣人" 以區別於中國人，不惜變民主化運動為民族自決運動。這一傾向對臺灣的民主發展具有很大的危害性，其危害性在於，臺灣民主化進程在 "本土化" 的挾持下失去其真正的發展意義，因為民主化進程應該是民族融合，而不是異化社會族群和團體，這是其一。其二，"本土化" 傾向有悖於民主化所倡導的 "多元化"，而 "台獨" 色彩濃厚的 "本土化" 更易於割斷或歪曲歷史，造成認同危機，加深族群隔閡，不利 "多元化" 社會的形成。其三，縱觀世界種族關係史，"本土化" 極有可能導致 "本族至上主義"（ethnocentrism），而 "本族至上主義" 是偏見和歧視的根源，是民主社會的大忌，以如此 "本土化" 為基礎的 "民主化" 是很難催生出一個真正的平權社會。

二、臺灣 "本土化" 與民主化的矛盾性

民主化（Democratization）從廣義上說是一種價值觀，從狹義上說是由此價值觀引導的一個程式政治，即通過立法及公平的操作程式產生一個民選的政府，旨在建立一個維護人權、自由、民主和開放的社會。然而，民主化本身又是一個相當複雜的概念，僅憑一個國家是否有多黨競爭制和公民直選制的存在來界定民主化是遠遠不夠的。真正意義上的民主化還需要一系列政治、經濟和文化方面的補充條件，如法律監督制度的完善，自由市場的經濟體系，以及公民的參政意識和文化上的多元性等。一個缺乏上述保障機制的 "民主" 社會是很難做到長治久

安的，這也就是為什麼自六十年代以來在世界上會出現那麼多
曇花一現式的 "民主" 國家，或徒有虛名的 "偽民主" 國家。
臺灣的民主化僅是邁出了第一步，而艱巨的挑戰還在於如何鞏
固新產生的民主社會。目前臺灣島上 "本土化" 運動的方興未
艾使這一挑戰變得尤為艱巨，因為 "本土化" 還涉及兩岸關係
的敏感政治議題。由於特殊的歷史原因，臺灣在當今的國際社
會中作為一個 de facto（事實）而非 de jure（法律）國家，她與
中國大陸之間還存在著 "一個國家" 認同的問題。

　　"本土化" 在理論上有兩層概念。其一，在民主國家範疇
內，本土化運動是追求少數民族文化或區域文化的特殊性，旨
在保護和發揚這一歷史傳統，起到活躍民主社會多元文化的功
效。其二，在民族自決的範疇內，本土化則具有強烈的民族國
家主義（Ethno-nationalism）傾向，具體表現在強調本民族在種
族和文化上的差異性，尋求民族自決，建立一個以本民族為核
心的新國度。這兩層概念的最大區分點在於前者基於一個國家
的認同，而後者挑戰一個國家的認同。臺灣的 "本土化" 運動，
以其 "台獨" 理念，顯然歸屬於民族國家主義範疇，但民族國
家主義首先必須體現種族及文化的差異性以作為民族自決合法
性的前提，這也恰恰是臺灣的 "本土化" 運動的難解之點。

　　民族國家主義運動強調種族的差異性，其中主要包括人種
差異、語言差異、宗教差異，及文化習俗差異。在尋求獨立的
合法性上，這些差異往往與歷史上殖民統治及種族歧視和種族
壓迫聯繫在一起。這一合法性也被聯合國憲章所承認，成為第
二次世界大戰以來非殖民化民族自決運動的主要推動力。但追
求獨立的民族國家主義運動與民主化沒有必然的因果關係。獨
立後的民族自決國家並非能催生出一個民權社會。同樣，民主
制度的建立和尋求民族自決權運動也沒有直接的因果關係。民
主化既不是本土化的產物，亦不是本土化運動的催化劑。旨在

國家分裂的本土化民族自決運動往往被視為與強調多元，與平等的民主憲政精神相違背。歷史上看，在含有多民族的民主制國家，以民族自決為核心的 "本土化" 運動很難得到大多數選民的認可，因而從未形成過太大的政治氣候。例如，美國的夏威夷、波多利哥（美國屬地）以及西班牙的巴斯克地區的本土化民族自決運動，還有曾波瀾不驚的加拿大魁北克省的民族獨立運動。

　　如果說上述民族獨立運動還有 "源" 可溯，有 "史" 可依的話，臺灣 "本土化" 運動卻很難在民族國家主義的概念上找到一個合情合理的切入點，原因是它很難代表出一個獨特的主體民族文化屬性。首先，臺灣與中國大陸在人種、語言、宗教上可以說是難分涇渭，社會習俗上又一衣帶水。強調臺灣區域文化上的一些特殊性是無可厚非的，但強調臺灣民族和中華民族的根本差異性，以此作為臺灣獨立合法化的基礎，實在是對歷史的不尊重。其次，追溯歷史，臺灣土著民族或稱原住民族只是一些人口為數不多且組織鬆散的部落，它沒有自己完整獨立的象徵文字或體系化的宗教信仰，與中國的西藏和西北邊陲的其他少數民族地區相差之甚遠。目前，臺灣主體人群乃是從中國東南沿海地區移民來台的後裔，以閩南人和客家人為主，真正的土著人口或原住民只占極小一部分。而那些稱自己是 "非中國人" 的 "臺灣人" 中，絕大多數人的先祖都是過去幾百年裏先後從中國大陸遷徙來台的。因此，強調臺灣種族和整體文化的差異性，割斷與中國的聯繫，並以此作為臺灣獨立的合法依據，是無視歷史演變的事實，在論理和論據上都是極為牽強附會，很難自圓其說的。難怪在 "臺灣正名" 中除了政治上要改國號、改國旗、改國歌，經濟上變台幣為國幣可被視為具有 "改天換地" 的可行性外，臺灣 "本土化" 運動很難在種族文化的差異上找到 "水到渠成" 的立足點。有人提出用台語作為臺灣國語，而台語主體其實質乃大陸閩南語，很難做到真正地"去中國化"。

臺灣"本土化"的兩難之處在於：一方面，在種族和文化關係上難以"順理成章"地割斷與中國大陸的連接臍帶，因為其"本土化"很難在純種族和純文化上找到一個令世人信服的歷史依據；另一方面，以"臺灣民族"為中心的本土化又很難消除世人對與民主精神相抵觸的"本民族至上"傾向的擔憂。這種擔憂不是空穴來風。近年來，臺灣社會出現的一系列事件就可見冰山一角，如有人公開謾罵大陸籍國民黨退伍老兵為"中國豬"；又如，任何贊成統一的人士都被指責為"賣台"。更有甚者，最近在臺灣又有人荒謬地提出"臺灣人種說"，認為臺灣人在生物遺傳體上有別於中國人，屬波利尼西亞人種。據說，臺灣的故宮博物館，也準備改名易姓，清除中國文化，突出臺灣文化。而對歷史教科書大刀闊斧的修改亦是不爭的事實。類似種種"去中國化"的舉動無不反映出臺灣政治的"本文化中心主義"的傾向，而這一傾向是與臺灣民主化所要建立的民主價值體系背道而馳的。民主制度強調國家民族文化的多元性和共存性。"本文化中心主義"是種族偏見和歧視賴以滋生的土壤，而一個建立在"唯我獨尊"的種族文化框架內的政治體制是最容易發生"種族仇恨"和"種族滅絕"暴力的。

無論從哪一方面看，在當今世界鮮有一个國家可稱得上是有純人種純文化的群落組成。在不同人種和不同文化（宗教）族群組成的社會裏，總有多數人族群和少數人族群之分。在一個民主的社會裏，民族認同應該是基於民族多元化的框架之上。國家的凝聚力來自社會各民族對主體文化的基本認同，民主制度則保障多元文化在相互尊重和理解中和平共處。相反，以狂熱本土主義為核心的新獨立國家裏是最容易出現占人口多數的民族對少數民族的新一輪的歧視和壓迫，由昔日的被壓迫者變為今日的壓迫者。而人為地製造種族隔閡的 "本土化" 運動正是導致反民主傾向出現的主因。例如，前南斯拉夫聯邦共和國解體後，贏得民族自治權利而獨立的克魯西亞共和國開始實施民主化，然而在這個以 Croatia 民族為主的國家內，少數民族 Croatian Serbs 受到歧視和排擠，他們在法律上應享受的種種平等權益得不到尊重（如平等就業權利），甚至受到粗暴的侵犯。[3] 在以民族自治為核心的新興民主化國家裏，這一反民主的傾向往往很難得到有效的控制，因為昔日的被壓迫者一但翻身作主，很難容忍昔日的壓迫者，特別當民族認同與國家認同被視為一體時，歷史上種族間的恩恩怨怨往往使種族矛盾超越階級矛盾，成為社會衝突的主要來源。

　　所以說，臺灣 "本土化" 對其民主化發展最為有害的傾向就是在種族劃分上。如果說民進黨過去在國民黨一黨專制統治下打 "種族牌" 是一種競選策略上的考慮，但今天作為執政黨，在民主體制下繼續打 "種族牌"，且有過之而無不及，並動用國家行政手段人為地在 "統"、"獨" 問題上製造族群矛盾，以 "臺灣人" 和 "非臺灣人" 來劃分人群對國家的忠誠度，這從嚴格意義上說，是對民主制的褻瀆。其實，在臺灣，贊成 "統一" 的人群並不表明他們不愛臺灣，這正如反對出兵攻打伊拉克的美國人和英國人不是不愛自己的國家。壓制不同（要求統一）的呼聲，是違反民主自由原則的。此外，以為贏得 "多數民意" 就是代表民主之說是一個理論上的誤區。法國社會政治學家托克維爾曾鮮明地指出，民主化進程中很容易產生的一大弊端是借民主之名，實行 "多數人的獨裁"（Tyranny

---

[3]　John Markoff. Waves of Democracy: Social Movements and Political Change. p. 138. Thousand Oaks, CA: Pine Forge Press, 1996.

of Majority）。[4] "民主" 只是為既得利益的 "多數民族" 開放和服務的。在這種稱之為不完善的民主體制下，真理和公正往往並不在多數選民一方。例如，美國的民主發展就經歷了漫長而又痛苦的過程，從美國建國直至一九六零年代中期民權法的建立之前，黑人少數族裔的合法權益一直未得到認可，更談不上得到尊重。

美國斯坦福大學胡佛研究所中國問題專家拉瑞·戴蒙（Larry Diamond）就臺灣 "本土化" 反民主傾向一針見血地指出，"那種談論 '外來人統治'（指國民黨）的語言是非常危險的。（政治家）言語出口會帶來後果，（因為）言語不再是文字上的表述，它變成了激勵行動的象徵，它會鼓動人們朝這方面去想，去感覺。" 戴蒙又指出，"臺灣在種族關係領域出現非常讓人擔憂的趨勢。民進黨玩弄種族問題的方式也許完全無助於社會內部的團結。"[5]臺灣的普通百姓也表示出這種擔憂，一位沈姓建築師，為臺灣本地人，其妻是 "外省人"（大陸籍）後代，結婚已近二十五年。他評論道，民間的族群之分意識在過去幾十年裏已是逐漸淡化，"臺灣人和大陸人和平相居，沒有真正的區別，但大選時開始出現區分意識"。他擔心，臺灣的新政治將會破壞族群間的和諧。[6]這種擔心是不無道理的。當國家認同被鎖定在民族認同之內，或者說，從本土化邁向國家化，那麼，民族主義就很容易滑向 "唯我中心" 主義，具有強烈的排斥和歧視外族的傾向，而這樣的民主化只會是徒有虛名而已。很難想像，在一個唯我民族的社會裏，民主平等能有幾多生存和成長的空間？在未來的 ""臺灣共和國" 內，占大約百分之

[4] Alexis de Tocqueville. Democracy in America (Translated and Annotated by Stephen D. Grant). Indianapolis, Indiana: Hackett, 2000.

[5] The Taipei Times Online, December 4, 2001.

[6] Christian Science Monitor, April 16, 1996.

十五左右 "大陸籍" 或 "外省" 人的命運又將是如何？

三、臺灣 "本土化" 的風險性

　　臺灣 "本土化" 所涉及的另一個焦點問題是在海峽兩岸的 "一個國家" 認同上。臺灣 "本土化" 運動就是要刻意去營造一個 "非中國" 的氛圍，從而為臺灣的獨立提供一個合理合法的國際依據。從表面上看，臺灣作為一個獨立的政治實體已存在五十餘年，對於臺灣、澎湖、金門與馬祖的固定領土行使有效控制權，在主權上不隸屬於中華人民共和國的管轄。但臺灣當局僅以此來作為獨立的合法性是遠遠不夠的，因為臺灣的現狀有其深刻的歷史成因。我們知道，臺灣政體存在是上世紀四十年代末國共內戰結果，以共產黨贏得大陸，國民黨退守臺灣而暫告一段落。隨後，韓戰爆發及美國介入協防臺灣，使得中共攻戰臺灣之計劃胎死腹中。而隨著中共政權的日益鞏固和強大，蔣氏反攻大陸之目標亦是難以企及。但國共對峙，兩岸分治，並沒有改變對 "一個中國" 的共識，分歧點僅在於誰是正統的中央政府。這在國際社會中似乎也成為一個約定俗成的共識，最突出地表現在一九七二年美國總統尼克森訪問中國大陸時簽署的中美聯合公報上： "臺灣海峽兩岸的中國人都認為只有一個中國"。對 "一個中國" 的理解，美國政府經歷七任總統，雖時而若即若離，但始終未離中軸線。

　　兩岸在 "一個國家" 認同上的複雜性表現在它不同於歷史上民族自決運動中所通常具有的殖民與反殖民的關係，或中央政府與地方政府的關係；它又不同於戰爭造成的東德和西德，北韓和南韓之間的關係，因為東西德和南北韓儘管兩地分治，但都是被聯合國正式接納的國家政體；它也不同於中國大陸與香港和澳門之間的關係，香港和澳門分別是英國和葡萄牙殖民地，條約期滿後的歸還接交手續在中國政府和英葡政府之間進行，本地人基本上無權過問。而臺灣擁有自己的政府和軍隊，兩岸分治是國共內戰的產物，但在民進黨上臺前的幾十年裏，儘管兩岸敵視，卻始終未脫離 "一個中國" 的共識，只是各自表述不同罷了。這一點在臺灣的《國統綱領》和大陸的《告臺灣同胞書》中反映得很清楚。兩岸在歷史的偶然中形成的這種關係，似乎很接近 Benedcit Anderson 關於國家意識理論所闡述的 "想像的社區" （Imagined Community），或延伸譯為 "意識中的群體" 。[7]過去兩岸長期的敵對宣傳，如台方的 "反攻大陸" 和大陸方面的 "解放臺灣" ，非但沒有疏遠反而成為時刻提醒自己對方骨肉同胞存在的事實，其結果似乎是 "歪打正著" 般地強化了 "一個中國" 意識的凝聚力。正是因為這種持久的共識使海峽兩岸雖分而治之，互不相見，但卻共同生活在一個無法回避的 "意識中的群體" 裏，久而久之形成揮之不去的 "中國情結" 。在臺灣島上，直至九十年代初，任何臺灣獨立的呼聲仍被臺灣當局認為是大逆不道。然而，近幾年來，臺灣的 "本土化" 運動試圖打散這一 "想像的社區" ，衝破 "中國情結" 。臺灣的 "本土化" 教材改革， "去中國" 化的政治宣傳，對年輕一代衝擊尤甚，形成了與中國大陸的隔閡。這也許可以解釋為什麼臺灣中老年與年輕一代在 "一個中國" 的共識上出現代溝。

與之相反，海峽對岸的大陸年輕一代在長期的教育下對祖國寶島卻 "情有獨鍾" ，阿里山和日月潭在 "想像的社區" 裏不說根深也足以蒂固。因此， "台獨" 較之 "藏獨" 和 "疆獨" 對一般大陸民眾而言，在情感上是最不容易接受的。這不僅僅

---

[7] Benedcit Anderson. Imagined Communities: Reflections on the Origins and Spread of Nationalism. London: Verso, 1983.

是因為臺灣與中國大陸在歷史地緣政治、地緣經濟及地緣文化上的緊密相連，而更重要的是臺灣在中國近代史版圖上的存與失與中國自身的強與衰又是一脈相承的。一紙《馬關條約》成為中國自第一次鴉片戰爭以來百年屈辱史不可抹去的一頁。再則，臺灣問題又與外蒙問題不同，它在廣義上是持續了五十餘年懸而未決的國共內戰的延續。從大陸民眾的角度上看，臺灣作為中國的一部分已成為剪不斷的 "濃濃情思"。這種情緒在繼香港和澳門回歸後的今天越發強烈。在這一大環境下，臺灣貿然獨立是最很容易激起中國大陸民眾的負面反應，由仰慕臺灣的民主化轉為對臺灣 "數典忘祖" 的鄙視。而這一隔閡不消彌，台海兩岸在 "統"、"獨" 之爭上的衝突難以避免，甚至會兵戎相見。

在這樣一個特定歷史條件下形成的 "一個中國" 共識圈裏，臺灣很難擺脫來自中國大陸有形和無形的壓力。臺灣所面臨的壓力不單要擺脫中國大陸所秉持的 "血濃於水" 的理念，而更重要的是如何抵禦在這一理念背後的強大的國家機器。從政治學上看，國家是建立在武力（Force）之上的。國家的形成既源於歷史，但又不限於歷史，帶有很大的國家機器所特有的強制性和暴力威懾性。因此，國家的範圍往往是超越種族和文化之限定的。帶有不同文化的族群可以被集聚在一個國度裏，但對國家的認同（National Identity）則是一個理性大於感情的認知過程，其中包含許多對政治和經濟利益因素的考量。歷史上任何一個國家，即使是民主制的國家，都會毫不留情對一切削弱國家凝聚力和分裂領土行為訴諸武力。例如，十九世紀美國南北戰爭的起端遠不是南北之間在"解放黑奴"這一意識形態問題上的分歧所致，林肯領導的聯邦政府決定向 "南方陣營" 開戰的主要動機是不容國家領土的分裂。據史料記載，解放黑奴問題只是在戰爭進行中才成為一個議題，而戰後美國黑人在人

權上並未獲得徹底解放，充其量只是獲得"一半自由"（HALF
FREE），便是一個有力的註腳。再如，在二十世紀八十年代初
英國不惜派重兵遠渡重洋與阿根廷開戰，奪回被佔領的區區一
小塊福克蘭群島屬地（又稱馬爾維納斯群島），儘管阿方宣稱她
應是群島的主人。因此，可以設想一個民主化的中國政府同樣
不會容忍臺灣的獨立。

　　德國社會學家韋伯認為，國家對多民族的凝聚力除來自
"社區的共同命運"（Common Fate of Community）外，亦可來
自一個國家在世界政治和經濟上的強盛地位及威望。[8]從這一理
論層面上分析，臺灣"本土化"即使能營造出一個有別於"中國
人"的"臺灣人"，"台獨"也未必能成功，因為它將受到來自
海峽對岸"統一"勢力的極大制約，而這一制約過程在很大程度
上帶有武力的威懾性和強制性。國家訴諸武力之強弱，是與國
家本身的盛衰有必然的聯繫，而國家本身的盛衰則受制於其所
依存的地緣政治和地緣經濟的消長。筆者曾在〈論國家的解體〉
（STATE FRAGMENTATION）一文中通過案例比較作過這樣的
理論分析：一個國家對邊陲領土的牽制力有效與否受到其所處
的地緣政治方位的影響。地緣政治的變化則取決於各國之間在
區域或全球範圍內實力較量的此長彼伏。由於地緣政治方位左
右著國家的重要政治（含外交）和經濟資源的配置，這些資源
最優化配置成為國家強盛的關鍵所在，也是國家所特有的強制
向心力賴以維繫的基礎。[9]正是國家的這種制約力量，使得追求
獨立的民族分裂運動難以實現從理想到現實的跨越。

　　第二次世界大戰結束後，風起雲湧的非殖民化運動使全球

---

[8]　Max Weber. Economy and Society. New York: Bedminster Press, [1922] 1968.

[9]　Jieli Li（李捷理）"State Fragmentation: Toward a Theoretical Understanding of
　　Territorial Power of the State," Sociological Theory, 20:2 July, 2002, pp.139-156.

的政治格局發生巨變，出現了許多擺脫了殖民統治而獨立的新興主權國家。在這些 "後殖民時代" 國家內，由於先前殖民者人為地劃地為界，造成新的民族衝突，形成新一輪的地區性自決運動。但這些民族自決運動在與國家整體力量的較量中很少有成功的，即使有成功者也毫無例外地受益於強大外部勢力的干預。例如，一九七一年東巴基斯坦從巴基斯坦分離出成為主權獨立的孟加拉國，是因為得到了印度的武力幫助。一九九九年的東帝汶從印度尼西亞分離成功，是由於印尼本身的內亂再加之澳大利亞的直接干預。從另一個角度看，國家中央力量本身的削弱亦會自我導致國體的分解。如波羅地海諸共和國從前蘇聯分離成功，在很大程度上是由於俄羅斯帝國的國力衰竭所致，而非民族自決運動鬥爭的直接成果，自決運動只不過是乘虛揭竿而起，順手摘下 "桃子"。所以，臺灣的民族自決運動如果缺少這兩個背景因素，很難僅憑 "全民公決" 這一招而取勝。在兩岸關係上，中國大陸的強勁發展趨勢使臺灣想在短期內贏得這兩個大環境的希望不大。

　　臺灣在中國歷史版圖上的存與離，是與地緣政治的變化息息相關的。從現代史上看，臺灣歷經荷蘭、西班牙、鄭氏王朝、滿清、日本統治，直至中華民國，其間數次失而復得，始終難分割於大中國的板塊之外，其對中國的歸屬和國家認同始終難以被他國替代。臺灣的歷史地緣政治地位在很大程度上決定了她在世界列強政治博弈中所處的從屬地位。時至今日，臺灣的 "邊緣化" 地緣政治地位並未徹底改變，因為臺灣的命運，和其在歷史上所經歷的一樣，是與中國大陸地緣政治地位的變化相依存的：弱則分離，強則納入。

　　概而言之，中國自十九世紀中葉至二十世紀中葉，其地緣政治方位一直處於劣勢，整整一百餘年，進退維谷，難求一逞。從第一次鴉片戰爭起，中國的地緣政治環境始終未有根本改

善，備受西方列強欺侮。面對來自外部的軍事入侵，或強權要
挾，或軍事威脅，無論改朝換代後的哪一類中央政府都因國力
虛弱而無力封疆固土，找回昔日的輝煌。中國在清代失去香港、
澳門、臺灣和北方大片領土，而後來發生的讓外蒙獨立亦是在
蘇聯強權下的無可奈何之舉。中國（大陸）的地緣政治地位發
生由衰至盛的明顯變化始於二十世紀末葉。在國際政治力量角
逐的大博弈中，自上世紀七十年代始，隨著中國大陸進入聯合
國，越戰結束，中美關係的改善，前蘇聯開始捲入阿富汗戰爭
的泥潭，中國的地緣政治方位從劣勢逐漸轉為優勢。中國的地
緣政治優勢最直接表現為其周邊具有強勢威脅的敵對勢力的減
弱，特別是來自北面和南面的直接威脅。這一變化對中國政府
帶來的最大收益是一個相對安全的外部環境，這使其有限的資
源可以被更多地配置於國內的經濟建設和加強內部治安的需
要。中國政府能有驚無險地度過一九八九年"六四"學潮（而
沒有像當時外界普遍預測會出現社會巨變或政體土崩瓦解），並
在過去二十餘年，使中國經濟持續高速地增長，這顯然與中國
所處的地緣政治加之地源經濟的優勢是密不可分的。[10]

　　隨著中國地緣政治優勢的增強，其對周邊國家的關係影響
力日漸提高。中國在被西方媒體稱之為準軍事同盟的"上海合
作組織"的作用不可低估，對朝鮮半島的和平也起著舉足輕
重、讓西方國家無法忽視的作用。最近，印度總理十年來首次
訪華，主動示好，標誌著長期敵視的中印關係出現轉機。更值
得注意的是，印度總理瓦傑帕伊與中國總理溫家寶簽署了中印
聯合聲明。在這份宣言裏，印度首次一改昔日曖昧之詞，正式
明確承認西藏是中國的領土。美國著名的中國問題專家石溫在

---

[10] Jieli Li（李捷理）"Geopolitics of the Chinese Communist Party in the Twentieth
　　 Century," Sociological Perspectives, 36:315-333, 1993.

最近一篇題為《美中關係謹慎的轉變》的研究報告中指出，"九一一" 事件後，美國與中國大陸的緊張關係大幅緩解。白宮和國務院取得一致共識，認為美國全球反恐戰略的實施，需要得到地區強國的支援和配合。作者同時指出，臺灣當局在兩岸關係上刻意打美國牌，過度依賴美國，而不願積極花錢改進其武器防禦體系，已引起白宮方面的不滿。[11]可見，在這新一輪地緣政治力量的角逐中，中國大陸與臺灣相比又一次占了明顯的上風。此景此境，使人不禁想起上世紀七十年代美國出於對前蘇聯遏制戰略的考量，所採取的遠臺灣近中國大陸的外交政策。臺灣前外交部長、現國民黨籍立委章孝嚴對此就看得很清楚。他指出，三十餘年來，美國對台政策向來是以一個中國為前提的，儘管都強調《臺灣關係法》，但從未改變一個中國政策。[12]從現美國布希政府在中美關係上先出現的對中共深具敵意，力挺臺灣，到與中共握手言和，改善關係這一全過程，就足以窺見一斑。近來在臺灣島內搞得沸沸揚揚的就進入世衛組織進行全民公投及統獨公投立法之事，美國對此的態度總體上是不贊成的。基於美國自身的全球利益考量，布希政府不希望臺灣在與統獨有關的問題上導致台海兩岸關係劍拔弩張，一觸即發。美國喬治城大學教授唐乃欣在《華盛頓季刊》上撰文指出，美國政府的最大利益在於維繫台海兩岸的 "和平共處"，只要能維持現狀，美國將順其自然，不會有所作為。[13]該校資深中國問題專家大衛·蘭普頓也指出，無論是中國大陸、美國還是台灣都應試圖避免危機衝突，台灣應該明白，在戰爭問題上，它並不擁有美國的空白支票。[14]

---

[11] 摘自卡內基國際和平基金會研究所《政策簡報》，2003 年 5 月。
[12] 據《中央日報》報導，摘自 http://www.creaders.net，2002 年 10 月 28 日。
[13] 《華盛頓季刊》，2002 年夏季號。
[14] 中國《新聞周刊》記者/馮亦斐，朱萍　就台海局勢訪談美國主流智庫，2003

　　如前所述，臺灣的地緣政治地位決定了它在無強大外力的支援下無法和一統的中國大陸長期抗衡的命運。歷史上，滿清統一中國大陸後，大軍壓境臺灣海峽，在澎湖小試牛刀，竟使盤據臺灣指望復明的鄭氏王朝不攻自亂，俯首稱臣。當今臺灣安全的關鍵仍在於美國的協防。沒有美國的支援，臺灣過去不會是，現在也更不會是中共的對手。國共內戰末期，在無海空軍的條件下，中共軍隊儘管經歷了一九四九年十月攻打金門島的失敗，但迅速總結經驗，於一九五零年四月在更為寬闊的海域一舉攻克蔣軍陸海空重兵協防的海南島。如果不是韓戰的突然爆發，美國第七艦隊進入臺灣海峽，強弩之末的蔣氏臺灣恐怕早已是中共的囊中之物了。中國大陸隨著近年的經濟迅猛發展，國力增強，如無美國干涉，其攻克臺灣的軍事實力已是綽綽有餘，因為即便臺灣依賴進口防禦武器如長程預警雷達和反潛機等並不能在實質上改變被動局面，一旦開打，只是時間長短問題。顯然，在台海兩岸對峙中，美國的立場是一個關鍵因素。最近美國《華爾街日報》發表的專欄文章指出，面對臺灣這個難題，即可能發生的台獨前奏曲——臺灣全民公投表決臺灣的前途，美國最終將會被迫在是支援臺灣自決，與中國開戰還是棄臺灣而去，讓其孤軍奮戰之間作出抉擇。[15]很顯然，中國目前積極增加軍備的目的，更多的是為了對付和威懾一但台海戰事爆發而捲入的美國勢力。在這一點上，美國政府是十分清楚的。美國國防部在 2003 年向國會提交的一份《中國軍力報告》中分析，中國大陸軍事現代化使其軍隊攻擊力逐步加強，台海上的海空優勢在 2006 年到 2008 年間將向大陸方面傾斜，而中國大陸軍事現代化的主要目標是阻嚇美國的干預能力。

　年 12 月 5 日。

[15] 摘自 Wall Street Journal, July 30, 2003.

　　美國在未來可能出現的台海戰爭中會多大程度地干預或捲入將取決於美國國家的根本利益以及其自身實力在地緣政治變動中的消長。我們看到，這些因素在過去已多次造成臺灣在中美台三邊關係中被冷落和被邊緣化的事實。毫無疑問，這些因素將會繼續影響臺灣的前途。站在客觀的立場上，當我們對臺灣在夾縫中求生存的艱難深表理解時，我們又不得不在分析比較中面對這樣嚴酷的現實：在後冷戰時代，世界仍未擺脫強權政治的格局，弱者要麼是強權火拼後的僥倖兒，要麼就是政治交易中的犧牲品。這不由使人想起墨西哥前總統迪亞思在二十世紀初面對美國崛起時的咄咄逼人態勢發出的歎息："可憐的墨西哥——離上帝如此遙遠，離美國如此相近"。在兩岸關係上，這也許可以比方為臺灣一些政治家面對台獨目標可望而不可及的複雜心情寫照。

四、"全民公投" 的迷思

　　"本土化" 在臺灣的民主化進程中產生的另一個誤區是：濫用民主程序，強制推進 "台獨"。民進黨政府似乎從一開始就陷於 "全民公投" 或 "多數民意" 的迷思（Myth）中。民進黨上臺之初便宣佈，如果大陸武力犯台，將實施臺灣獨立的 "防禦性公投"，向全世界表明臺灣人民的意願，謀求同情和支持。最近，陳水扁政府又主動出擊，變 "防禦性公投" 為 "攻擊性公投"，躍躍欲試地想在臺灣加入世界衛生組織的權力上和統獨問題上舉行全民投票。從民主形式上講，全體公民投票是民主制度的一個不可或缺的組成部分，它在民主國家內被用來作為廣泛表達民意的一種手段，起著鞏固民主，決定政策走向和監督政府行為的良好效用。但如果濫用這一手段，就會損害民主制的建設，成為政客手中操縱民意和誤導國家政策的工具，甚至會斷送民主的前程。具有諷刺意味的是，"公投"也是那些 "假民主" 國家政府用來愚弄和操控民意的慣用伎倆。

　　臺灣向民主制的轉型還未真正成熟。在民選機制上，臺灣民主還處於形成和發展階段，公投法仍待完成立法程式。在這一時刻，陳水扁政府急急忙忙就敏感政治議題訴諸公投，只能表明臺灣現時領導人在運用民主手段處理公共政策理解上的局限性。這種對民主化進程 "拔苗助長" 的方式，會擾亂社會的穩定，是極不利於民主化健康發展的。從另一方面看，無視立法程式，使用行政強制手段實施 "公投" ，實質是對民意的肆意侵犯，因為政府的輿論宣傳操縱可以誤導民意的走向。臺灣的一些有識之士對民進黨政府的這一做法，表示出強烈的擔憂。臺北市市長馬英九評論道，"'公投' 必需由人民發起，而推動公投這種直接民權的權益，也必需透過創制複決法來推行"。[16]而這一擔憂也反映在 2003 年底臺灣立法院關於公投的表決上，以民進黨急獨分子就統獨問題進行公投的提案未獲得多數票通過。

　　當前臺灣社會正處在民主鞏固期，急需一個和平穩定的外部環境。法國社會政治學家托克維爾在他的《論美國民主》這一經典名著中以美國與法國早期民主化相比分析道，美國民主制度的迅速鞏固和改善，在很大程度上得益於她有一個相對和平穩定的外部條件來保證社會內部的改革和發展，而缺乏這一外部環境的法國在其民主化進程中卻步履維艱，一波三折。就臺灣而言，兩岸關係的和平互動是最有利於臺灣民主制度的鞏固和發展。如果陳水扁政府在觸及兩岸敏感神經的問題上極為輕率地訴諸（連西方民主國家都很少使用的）"公投"，這無疑是對業已存在的兩岸緊張局勢火上加油。這種將 "一邊一

---

[16] 摘自鳳凰衛視二零零三年七月十五日之報導。

國" 置於民主化發展需求之上的做法，不能不說是對臺灣百姓根本福祉的無視。令人擔心的是，臺灣的 "本土化" 一旦失控，"走火入魔"，那麼臺灣的民主化進程就會失去賴以縱深發展的和平環境，極有可能因內亂而半途而廢，重蹈專制覆轍。這也正是臺灣 "本土化" 蘊涵的最大隱憂和風險的所在之處。

　　臺灣民進黨政府如此沈緬於台獨 "公投" 迷思而無法自拔，主要有兩個原因：一是認為臺灣可以在國際法中為自己找到合法的定位；二是認為臺灣主流民意是贊成臺灣獨立的。持第一種觀點的主要論據是："自 1895 年以來，台灣並不是中國的一部分，因為從 1895 年，中國清朝與日本簽定馬關條約，將臺灣永久割讓給日本。直至 1945 年，台灣是日本的殖民地。從 1945 年至 1952 年，台灣是盟軍軍事占領下的日本領土。由蔣介石為首的中華民國並未取得台灣的主權或所有權。1952 年的舊金山對日和約雖然明定日本放棄對於台灣（包括澎湖）的一切權利、主權及領土要求，但未明定歸屬於何國家。由此，蔣介石政權僅是一個在國際法上不具合法性的外來流亡統治政權。台灣既未歸屬中華民國，也未歸屬中華人民共和國。據此，臺灣根據聯合國人民自決原則應獨立"。[17]這種視臺灣為歷史上一個遊離體而非歸屬於任何國家的 "國際法" 觀點，很難在歷史的公正性上站住腳。單從鄭成功收復臺灣時算起，臺灣在中國的版圖內長達 233 年（主張復明的鄭氏王朝：1662-1683；清王朝：1683-1895），在時間上遠遠超過荷蘭、西班牙和日本統治的總和。"國際法" 觀點中更為荒謬之處是將清政府在日本軍刀下簽定的不平等《馬關條約》看作是 "有效" 的 "國際法"，而將日本戰敗後中華民國政府順理成章地接管失地看作是 "非

---

[17] 引自陳隆志，〈聯合國的人民自決原則——台灣的個案〉，《自由時報》，2003 年 7 月 18 日。

法"的，並引用 1952 年日美之間的舊金山條約，來佐證臺灣是
日本領土，而非中國的失地。這種對歷史上公理和正義的蔑視
且赤裸裸粉飾侵略者的觀點，怎麼能與聯合國人民自決原則格
格相入呢？這裏人們不禁要問，涉及臺灣歸屬問題的《開羅宣
言》和《波茨坦公告》算不算有效國際法呢？

　　當今，尋求分裂和獨立的民族自決運動常常引用聯合國人
民自決權利原則來證明其行動的合法性，而事實是這一原則的
制定是以第二次世界大戰後殖民地人民反殖民者統治為背景
的，並不完全適用於在去殖民化運動中取得獨立的國家內那些
尋求分裂的勢力，也不完全適用於其他主權國家內的少數民族
自決運動，因為這一原則本身又與聯合國國家主權和領土完整
原則似有抵觸。聯合國憲章清楚地表明，任何旨在部分或全部
分裂一個國家的民族統一和領土完整的企圖都與聯合國憲章的
宗旨和原則相違背。[18]此外，"自決"本身也是一個含糊的概念，
鼓吹"自決"的那一部分人是否真正代表了本民族人民的根本
利益是一個很值得研究的問題。當前，"民族自決運動"與國家
整體利益的衝突已演變成全球恐怖主義盛行的主要來源之一，
這也促使人們對如何解釋聯合國自決原則提出了新的要求。

　　在為台獨從國際案例中尋求"臺灣認同"合法性的言論
中，還有一種觀點是將臺灣比作新加坡和美國，論據是新加坡
人和美國人皆是最初從中國人和英國人的概念上轉化出來的，
結論是：既然他們行，臺灣為何不行？這一觀點從理論上說無
可質疑，但新加坡和美國的建國是在特定的歷史條件下形成
的。新加坡一九六五年從馬來西亞脫離，實際上是馬來西亞政
府拱手相讓的，當時的政府總理拉曼認為，讓華人為主的新加

---

[18] Charles R. Nixon. "Self-Determination: the Nigeria/Biafra Case," World Politics, Vol. 24, 1972.

坡獨立有利於馬來西亞自身的穩定。因此，新加坡是以和平方式分離的。美國的獨立則不同，是通過戰爭解決的。弱小的殖民地軍隊能打敗強勢的英國在很大程度上受益於當時的英國正捲入與法國的戰爭而力不從心，同時法國在財政和軍事上的支援也至關重要。法國海軍在 Chesapeake Bey 附近擊敗英國海軍對美國獨立戰爭的最後一戰——Yorktown 戰役的勝利起到不可低估的作用。就今日臺灣獨立而言，以上的這些條件都不具備。

　　"公投" 迷思的另一個成因是民進黨政府對 "多數民意贊成台獨" 的盲目自信。事實是，臺灣民意在 "台獨" 立場上遠未形成壓倒性 "人氣"。從一九九五年至二○○三年間，臺灣各類民調顯示臺灣民眾在 "臺灣認同" 上遠未形成共識。從一份基於九二、九四、九六年調查資料的研究報告上看，在五年間，特別是台海導彈危機後，儘管自認是 "臺灣人" 的人數從百分之二十九點四上升至百分之四十四點一，自認是 "中國人" 的人數由百分之三十五下降到百分之十三點四，但資料又同時顯示受訪人群中自認 "既是中國人又是臺灣人" 和 "既是臺灣人又是中國人" 這兩大類別的百分比持續攀高，分別從百分之二十和百分之三十五點六，上升到百分之五十五點九和百分之四十二點四。[19]這說明曾自認是 "中國人" 的受訪者態度變化並非單一地轉向自認是 "臺灣人" 的立場上。二○○三年一月的一次民調顯示，百分之四十二的人贊成同中國永遠分離，百分之三十七的人擁護統一，百分之八的人主張維持現狀，百分之十三的人沒有表態。同年三月的一次民調又顯示，有百分之三十七的人反對更名 "臺灣共和國"，百分之十七則擁護更

---

[19] Hsiao-chi Shen, and Naiteh Wu, "Two Crossroads in the Formation of Taiwan National Identity," paper presented at conference on "globalization's challenge and Taiwan society," Taipei, Taiwan, April 16-17,1998.

名，百分之二十的人沒有表態，而百分之二十四的受訪者拒絕
接受調查。[20]這組資料也表明，在臺灣 "國家認同" 上持中間立
場者占民眾的多數。

　　總之，迷信於訴諸 "全民公投" 就能改變臺灣命運想法是
極不現實的。"公投" 最多只是一個傳達民意的途徑，但卻不
能改變兩岸在 "統"、"獨" 分歧上所面臨的政治現實。所
以，臺灣 "公投" 即便有贊成獨立的壓倒性民意結果，也只能
是一廂情願，不會被海峽對岸的中國人所承認。如果設想一
下，大陸方面也打民意牌，以完全公開、透明的方式，針對臺
灣的去與留也搞一個全民投票或者民意調查，然後將大陸反
"台獨" 的主流民意宣示世界，並作為對台動武的合理依據，
各國反映又會如何？因此，在現實政治中，臺灣 "公投" 本身
是很難成為 "台獨" 的護身符，而沈緬於 "公投" 迷思不能自
拔只會導致臺灣民進黨政府在兩岸關係上繼續採取 "鴕鳥"
政策，這是無利於兩岸關係良性互動的。換一個角度看，如果
我們設想未來的中國大陸也邁向台灣式民主，難道臺灣就會因
政體相似而心甘情願地回歸嗎？綜觀世界歷史的演變，我們很
難找到一個肯定的答案。遠的不說，就近而論：車臣的分裂勢
力並未因俄羅斯的民主化而放棄獨立的企求。同樣，科索沃也
未因米洛索維奇的下台和交于國際法庭的審判而停止追求真
正意義上的獨立。所以，分離勢力一旦成形，不會因民主政治
的產生而停止鬥爭，國家反分裂的凝聚力歸根結底在于其自身
的政經實力。

---

[20] 譚慎格，〈迫近的臺灣總統選舉和美國的態度〉，Jamestown Foundation 中國
　　簡報，2003 年 5 月。

五、結論

綜上所述，臺灣當局目前所大力實施的 "本土化" 政策，正將臺灣民主社會推向一個充滿荊棘和陷坑的風險之路。臺灣近年來的發展表明，民主化在 "本土化" 的主導之下是很難給臺灣社會帶來族群和諧、政治穩定和經濟繁榮的。最為明顯的是，兩岸關係上不時劍拔弩張使臺灣經濟首當其衝。例如，當陳水扁的 "一邊一國" 論發表後，臺灣股市傾刻之間受到巨大衝擊，損失達五千億新臺幣，相當於全台人均損失逾兩萬元新臺幣。[21] "本土化"同時也削弱了民主政府" 為民行政 "的職能。當政府把其主要精力花費在如何" 去中國化"上，拋大把大把的金錢去開拓收效甚微的" 外交生存空間 "，對社會上亟待解決的問題，卻無所作為，敷衍搪塞。目前臺灣經濟面臨三十年來的最大滑坡，政府機制能否有效地應付和解決民生問題，將是考驗臺灣民主制度的試金石。一個建立在民主制度上的政府行政機構應能有效地提出符合全社會根本利益的方針和政策。西方發達民主國家的經驗證明，民意的導向歸根結底是受制於多數民眾對經濟的關注，而不是取決於他們在意識形態上" 自由派 "和" 保守派 "的分野。陳水扁總統執政來的民意支援率持續下跌，反映民進黨的" 台獨 "主張並未成為壓倒經濟問題的主流民意取向，而近來陳水扁政府對臺灣加入世界衛生組織和統獨問題進行 "公投" 的主張也未在民意支援率上得分。

另一方面，臺灣受地緣經濟及地緣文化的牽制，經濟要走出困境，很難擺脫對大陸市場的依賴。大陸市場近年來逐步對外全方位開放，又使得臺灣昔日所擁有的地緣經濟優勢難以維

---

[21] 摘自〈「一邊一國論」已給臺灣經濟造成重大損失〉
　　http://www.creaders.net，2002-8-7。

繫。臺灣當局經濟顧問小組召集人蕭萬長最近指出，台灣中長期經貿發展的關鍵在於兩岸關係，設想中的台灣中長期經濟發展規劃，包括亞太營運中心或是全球運籌中心，都離不開大陸為腹地的廣闊市場。大陸已成為台商對外投資的首選地區。[22]在兩岸貿易方面，貿易成交金額 1978 年為零點四六億美元，2002年增至四百四十六點六億美元，增長了約九百七十倍。截至 2003年 9 月底，兩岸貿易累計大陸對台出口四百八十八點九億美元，自台進口二千六百零二點九億美元，累計逆差達二千一百一十四億美元。自 1991 年始，大陸已成為臺灣最大的順差來源。2002年起，大陸已成為臺灣第一大出口市場，臺灣是大陸第二大進口市場。[23]

　　世界民主發展的歷史告訴我們，一個民主社會最根本的福祉所繫是完善民主運作機制和提高經濟生活水平，而一個穩定的社會環境是調動全民專心致志地投入民主制建設和鞏固民主成果的關鍵所在。因此，民主制度的存與亡將取決於政府是否對廣大民眾的根本福祉負有高度的責任感。美國社會歷史學家馬考夫的研究表明，由經濟不振引發的社會動蕩不安直接導致一些在"第三次民主浪潮"中走入民主制的國家蛻變成形為民主而實為專制的"偽民主"（Facade Democracy）。[24]目前，"本土化"誤導臺灣民眾的注意力在"統""獨"問題上糾纏，視攸關民生大計的"三通"於不顧，這是與民主社會最根本的福祉背道而馳的。一個不能解決經濟問題的民主政治體制是不可能充分調動社會力量推行政治上的民主和自由的。

---

[22]〈蕭萬長：兩岸經貿不應存在一中問題〉　記者吳蕙君，中央社 2003/06/23電。http://www.creaders.net

[23] 摘自香港《太陽報》評論員文章：〈兩岸的數位〉，2003 年 12 月 19 日。

[24] 參見 John Markoff，Waves of Democracy: Social Movements and Political Change. Thousand Oaks, CA: Pine Forge Press, 1996.

　　以民權為本的民主化發展是二十一世紀的大勢所趨。臺灣民主化的健康發展將有利於促進海峽兩岸的溝通交流。以臺灣所處的地理優勢和特殊的政治地位，其民主化的縱深發展將對大陸的政治演變起到不可估量的影響。相反，以民主化為藉口來抗衡 "一個中國" 共識，只會加深兩岸民眾間的隔閡，因為無論是現在 "非民主" 的中國大陸還是未來 "民主" 的中國大陸，都不會輕易容許臺灣從祖國的版圖上分離出去。歷史上鮮見有哪一個民主國家政府會心甘情願地放棄自己的領土，除非因國力虛弱不得已而為之。隨著中國國力日漸增強而在海內外重又燃起的 "一統中華" 的民族主義情緒也將是阻遏 "台獨" 的一股不可忽視的強大力量。在這樣一個大環境下，偏隅一方的 "臺灣民主" 是鑄造不起一道防火牆的。由 "台獨" 引發的台海衝突將超越所謂 "民主" 與 "專制" 之爭，成為分裂與反分裂之間水火難容的大決戰。無論這場戰爭的結果如何，兩岸的中國人都將為之付出沈重代價。

　　在臺灣前途走向上，如何將 "風險之旅" 轉變為 "和平之旅"，有賴於一批具有遠見卓識，審時度勢的政治領導人。在兩岸的和平互動框架下，一個政治自由、經濟發達的民主社會將是臺灣在與中國大陸就何種形式統一的談判桌上最有價值的籌碼，也是贏得大陸民心，讓世人理解臺灣立場的最有效的途徑。瞻望未來，在隔海相對的擂臺賽中，統一的鼓聲將必定是兩岸雙贏的勝利之聲。

民主化進程和經濟增長
——對臺灣的個案分析

潘　佐　紅

美國西康乃狄格州立大學

摘　要：

　　本章考察臺灣 1950 年代以來經濟增長和政治民主化的雙重進程及其相互之間的關係。根據文獻中有關民主化進程和經濟增長之間一般關係的理論和實證研究，本章對兩者在臺灣的相互關係作了時間序列的計量分析。格蘭傑因果關係檢驗的結果顯示，70 年代初期以來臺灣的經濟增長並不在格蘭傑因果關係的意義上對其政治體制的變化有顯著影響（以自由之社公佈的民主係數衡量）；而臺灣的政治民主化進程則對其經濟增長有顯著作用。出乎意料的是這種因果關係呈負面性質，似乎為東南亞社會中民主阻抑而不是促進經濟增長的一般觀念提供了又一證據。檢驗結果顯示，臺灣在自由之社 7 點民主係數指標系統中每上升一點（即民主化程度越高），其經濟增長率便下降 1.7 個百分點。本章亦對此檢驗結果的局限性作了簡短討論。

　　政治體制和經濟發展之間的關係不僅是學界的極大興趣所在，而且是各國制訂經濟政策和政治策略時必須考量的重要層面。這個關係由互相補充的兩個方面的問題所組成。第一個方面側重於主導經濟發展的力量：議會式民主制是阻礙還是促進一國經濟的發展？或者以較為弱式的表達法，民主制是經濟發展的敵人，還是盟軍？第二個方面更著眼于充分發展民主體制的條件：經濟發展是否是真正民主制度形成的前提？是否是一個必要條件？亦或是其充分條件？在本章中，我們將評述在研究政治經濟這一重要關係方面的理論和實證結果，考察臺灣的經濟增長和民主化歷史進程的關係。在此基礎之上，我們運用所能找到的有限的時間序列資料，對兩者的關係首次作一計量技術分析，以確定是否存在因果關聯性。具體而言，我們希望對發現以下問題的答案有所裨益：在臺灣近期的發展歷史中，經濟增長和政治民主化進程這兩者中哪個是另一個的原因？如果其中存在因果關係，這種因果關係的性質是怎樣的？

一、歷史的啟示

　　在政治民主和經濟發展的關係上，歷史所提供的資訊並不很清晰。雅典城邦的原始民主制既沒有經濟高度發展的支援，也沒有給雅典人帶來高於其他城邦的經濟優勢。雅典的民主制只是曇花一現。在斯巴達和科林斯聯盟擊敗雅典之後，她的民主制度也消亡了。許多學者認為，現代意義上的代議民主制是隨著十六世紀資本主義的興起，在經濟和工業加速發展之下才充分建立起來的。一個獨立的資產階級的出現和發展，需要改變現存的政治權力格局，造就能夠反映和保護他們利益的制度環境。歷史上，這種轉型在英、法等歐洲國家不得不通過戰爭或革命來完成（如英國內戰，光榮革命和法國大革命）。歐森等人（Olson，1993）的研究表明，"歐洲及其前殖民地幾百年的經濟增長格局與民主的早期發展有密切關係"。另一方面，民主化程度較低和經濟發展緩慢相關聯。人們注意到，二十世紀以來大部分現代民主體制出現在經濟發展和生活水平較高的國家。這些似乎說明民主和經濟增長之間是一種正向關係。但是，學者們又對以下現象感到迷惑不解：一方面，有些實施民主政體的國家在經濟上並不怎麼發達（如印度、牙買加）；另一方面，又有些民主制度並不充分的國家經濟增長卻非常引人注目（如"新加坡奇蹟"之類）。即使在亞洲和非州國家中都可以觀察到民主和經濟增長之間各種不同的組合。萊弗維奇（Leftwich，1996）根據各國政治和經濟特徵，把它們按政治上民主或非民主、經濟發展或不發展分成如下四類：

1. 民主式發展型——如博茨瓦那，馬來西亞
2. 非民主發展型——如韓國，臺灣，印度尼西亞
3. 民主式不發展型——如牙買加，岡比亞，哥斯大黎加
4. 非民主不發展型——如海地，扎伊爾

對政治和經濟力量之間關係，對民主和經濟發展之間關係的研究一般沿理論和實證兩個層面展開，學者們力圖從各種角度尋找對這個問題的解答。

二、文獻回顧

自從利普塞特（Lipset，1959）提出繁榮促進民主的假說之後，許多學者試圖從兩頭來研究政治民主和經濟發展之間的關係。

一開始，人們像利普塞特一樣，想尋找和確定民主產生的條件。利普塞特強調的是教育和擴大中產階級的重要性。保羅

（Paul, 1993）指出民主化至少有四個必要條件：工業化過程，文明社會的存在，有利於開放社會的政治文化以及外部環境對政治變化的影響。

蒙希坡利（Monshipouri, 1995）則根據其研究結果提出三個命題：經濟自由化和文明社會的建立是民主化的前提條件；自由化的速度和範圍取決於實際的社會－經濟和政治狀況；歷史上各種文化是動態的並隨條件的改變作自我調整。

巴羅（Barro, 1999）對一百多個國家從 1960 至 1995 年情況以專門小組的方式進行研究，發現生活標準的提高有助於民主的發展。民主化傾向隨人均國內生產總值、教育程度和中產階級在社會收入中的比例而增加。

至於民主對經濟增長的影響，正如巴羅（Barro, 1999）所指出的，有可能存在正相反對的兩股力量。從正面來說，民主制度抑制政府權力的擴張，從而限制政府官員斂聚個人財富，實施不得人心政策的可能。但是從負面來看，民主化由於鼓勵收入由富人向窮人的再分配，因而有可能加強各種利益集團的力量。

有的論者把民主看作是較好的政府模式。從尋找較好的政府模式的廣義角度來看，許多學者認為民主政府更有效率，較少腐敗，因此有利於經濟增長；而臃腫腐敗，效率低下的政府則是經濟增長的主要障礙。改善政府的最佳方式是擴大參與面，加強責任制，這些正是民主的主要特徵。

肯奇（Keech, 1995）根據美國的經驗研究民主制度和經濟效績之間的交互關係。他的主要結果是，儘管民主程序使宏觀經濟成本有所增加，但並不會有系統地導致拙劣的宏觀經濟政策。如果接受宏觀經濟政策和經濟效績之間存在正向關係，那麼可以把這看作是民主制度和經濟增長互相相容的證據。

巴羅（Barro, 1996）在另一項研究中對一百多個國家從 1960 至 1990 年間的資料做了一個截面考察。他發現政治自由對增長的影響很弱。但又指出兩者的關係可能是非線性的。政治權力的擴大對經濟增長的促進作用只發生在政治權力狹窄的低下水平。一旦民主發展到一定水平，民主程度的進一步擴大則降低經濟增長率。

其他研究則發現很難對兩者關係作出定論。普澤沃西和利蒙基（Przeworski & Limongi, 1993）對民主制負面影響的研究有一個很好的綜述。他們考察了比較民主和專制體制兩者對經濟增長影響的十八項研究共二十一項成果，發現八項有利於民主制，八項有利於專制，五項沒有分別。他們的結論是沒有定論，我們不知道民主制是促進還是阻礙經濟增長。

博納、布魯納提和韋德爾（Borner, Brunetti & Weder,1995）對兩者一般關係的研究也有類似的發現。他們總結了試圖測度民主和增長之間關係的十六項實證研究。其中三項發現兩者是負相關，三項發現兩者正相關，十項沒有確定的結論。

裏韋拉－巴提茨（Rivera-Batiz,2002）強調在民主如何影響長期經濟增長方面治理質量的重要性。由於強大的民主體制通過制約腐敗官員的行為影響治理質量，因而傾向於促進經濟增長。他的發現表明，民主對經濟增長的正面影響是通過治理質量的改善而實現的。在他的模型中，一旦控制住治理質量的因素，從統計意義上看，民主對經濟增長便不再具有顯著的影響。

還有一些研究試圖確定民主和經濟增長之間是否存在因果關係。巴拉（Bhalla,1994）運用計量經濟學的方法檢驗兩者因果關係的方向。明確提出所研究的問題就是，到底是民主影響增長還是經濟增長影響民主。他考察了 1973 年至 1990 年間九十個國家的情況，仔細區分了經濟自由和人權及政治自由之間的不同[1]。他發現不僅以價格扭曲程度衡量的經濟自由促進經濟

---

[1]　例如，儘管印度屬於真正的民主制，是政治自由的一種，但其人權記錄卻不

增長，而且人權和政治自由也是一樣。將各國按七點刻度自由指標系統劃分，如美國自由為 1 點，伊拉克不自由為 7 點。他發現，其他條件相同，人權和政治自由指標每提高 1 點，人均經濟年增長率大約增加一個百分點。巴拉用不同的模型和各種統計檢驗，得到的結果都很一致。

看到在前面第一節談到的萊弗維奇（Leftwich,1996）列出的結果之後，許多學者意識到民主可能並不是直接和經濟增長相聯繫，經濟增長是由一些條件所驅使，而這些條件和民主可能相容，也可能不相容。他們因此轉向尋找促進經濟發展的條件和環境。巴瓦傑和韋傑亞克內什蘭（Bhardwaj & Vijayakrishnan, 1998）在他們論述民主和發展的著作中將這些條件總結如下：良好的政府管理方式（包括高效勝任，能力不逮的公共行政，廉潔清政的民政服務，法治而不是人治，政府和私營部門之間關係的透明性，可預測性和穩定性）；有利於市場的制度結構（反映在法律體系和標準中對產權的明晰界定，保護和實施，財會制度和標準，商業資訊的支援，有效的通訊和資訊技術）；與市民社會中工會、非政府組織、利益集團等各方面，與國際商界和其他國家保持良好的關係；經濟政策的指向合乎情理、自由、可信、提倡競爭和效率。在理論上，大家很容易指出這些條件和民主體制之間的相容性，有人甚至直接從民主制到經濟增長和發展劃上因果線條。巴瓦傑和韋傑亞克內什蘭明確指出，不幸的是，"事實上，這個理論幾乎沒有任何實際證據。"

到目前為止，所有關於民主和經濟發展之間關係的實證研究都是依據橫截面的跨國家資料。使用橫截面資料是因為往往缺乏前後一致的時間序列資料，並不是因為所研究問題的性質要求截面資料。事實上，使用時間序列資料可以更好地研究民

盡人意；而且政府對經濟活動一直實行嚴格控制。

主和經濟增長之間的關係。截面資料引入對某一國家和地區具
有特殊意義的一些因素,由此產生的變化給確定民主和增長之
間的真實關係造成困難。不僅如此,依據截面資料的跨國研究
並不能說明一個國家或地區政治民主化進程和經濟發展之間的
特定關係是怎樣的。我們打算在本章關於臺灣的個案研究中使
用時間序列資料,避免上述困難。我們將首先分別考察臺灣在
五十年代以後經濟增長的歷史和民主化的過程。然後運用計量
經濟學的技術分析研究經濟增長和民主之間的交互關係。最
後,我們將主要結果及其結論作一個總結。

三、臺灣的經濟增長

國民黨政權遷至臺灣的時候,臺灣經濟面臨著通貨膨脹,
生產率低下,大批人口從大陸越過臺灣海峽遷徙臺灣的問題(當
時有兩百萬人移居臺灣)。1948 年的通貨膨脹率高達 1,145%。
戰爭期間盟軍的狂轟爛炸使當地的產業除食糖加工和紡織業外
所剩無幾。臺灣政府首先實行土地改革,限制地租的上線不超
過收成的 37.5%;"公地放領"把從日本人手中收回的公地出
售給農民;"耕者有其田"則把大地主手下超過三公頃以上的
土地由政府買下後,再按公地放領的方式出售給佃農,分十年
支付。與此同時,臺灣政府引進了幣制改革,全面實行利率、
外匯和貿易管制。通貨膨脹率到 1949 年已降至 181%。在臺灣
經濟的恢復和起飛的早期階段,大量的美援起了不可忽視的作
用。自 1951 至 1965 年間,美國對臺灣的軍事和經濟援助每年
平均是一億美元,占臺灣年均投資總額的 36.8%。其中大部分
援助用於基礎設施和農業部門的發展。臺灣實際 GDP 的增長率
到 1952 年已達 12%。1953 年,臺灣開始實行第一期四年經建
計劃,重點發展進口替代工業,即以臺灣自產的廉價消費品替

代進口，達到自給自足，限制進口的目的。截至 1959 年，90%
的出口都和農產品和食物有關。隨著食物不再依靠進口，島內
生產增長和收入提高，通貨膨脹開始減緩，資本積累增加。50
年代後期，進口替代工業因島內市場需求飽和而產量過剩，臺
灣政府從 50 年代末開始實施 "鼓勵出口" 政策，以島內過剩的
輕工業品的出口代替傳統的初級農產品出口，之後整個 60 年代
一直保持出口擴張。1961-1964 年臺灣出口年平均增長率達
31%。經濟增長率亦穩步上升，於 1964 年又一次達到兩位數以
上（12.6%）。臺灣很快成為世界出口區。

　　從 1965 年第四期經建計劃開始，臺灣經濟發展第一次在沒
有美援幫助的條件下進行。這一時期臺灣經濟結構發生了一系
列重大變化。1966 年，重工業在全部工業產值中的比重達到
52%，首次超過輕工業比重。1968 年製造業比重（24%）首次
超出農業比重（22%）。與此同時，臺灣經濟越來越依賴美國和
日本。對美國和日本出口比例已於 1967 年分別達到 26% 和
18%。1968 年以後對美貿易持續出現順差。

　　70 年代是臺灣經歷一系列政治經濟動盪的困難時期。首先
在 1971 年它在聯合國的席位被中國大陸取而代之。隨後它與日
本、菲律賓和美國分別於 1972，1975 和 1978 年斷交。儘管如
此，臺灣經濟在出口擴張的帶動下，70 年代初期連續四年達到
兩位數的高速增長。這之後，連續十餘年的快速增長勢頭被
1973-74 年的第一次石油危機突然打斷。對石油進口的嚴重依賴
使臺灣經濟增長率降至 1974 年蝸牛爬行般的 1.2%。出口擴張
的經濟策略的一個後果，是使臺灣中小企業迅速崛起，他們的
的產品主要銷往國際市場，與大企業以內銷為主形成鮮明對
照。70 年代以後，臺灣政府在繼續推進出口擴張的同時，實行
第二次進口替代，即以島內的資本和技術密集型產品（主要是
重化工業類）取代進口的同類產品。與此同時，為發展電力、

鐵路、公路等基礎設施，從 1976 年開始，先後進行了"十項建設"和"十二項建設"。經濟增長速度很快回升至年均 8-9%的水平。

　　80 年代中期以後經濟環境的一系列變化促使臺灣政府採取"自由化、國際化和制度化"的經濟發展方向，於 80 年代末完成廢除實行多年的利率和匯率管制。80 年代後期以後，臺灣經濟的增長已從高速轉向中速，進而進一步趨緩。但是，從總體來看臺灣經濟自 60 年代至 80 年代末的 30 年發展軌跡，其年平均增長率的記錄仍然相當出色。從 1962 至 1980 年代末，臺灣經濟經歷了其歷史上發展最快的時期：年平均增長率將近10%，兩倍於工業化國家同期的經濟增長率。這個勢頭進入 90年代以後才逐漸減緩，直至 2001 年第一次留下負增長的記錄。

　　臺灣經濟結構在整個增長時期進一步發生變化，逐漸從 50年代依賴農產品出口到 60 和 70 年代依靠輕工業品出口，再到80 和 90 年代向高技術和化工產品出口轉化。到 1995 年，技術密集型產品已占全部出口總額的 46.7%。80 年代以後出現的新經濟趨向，是臺灣企業界對中國大陸投資的增長。1987 年解除戒嚴令之後，臺灣和中國大陸之間非官方的民間交往迅速增加。臺灣官方的統計數位顯示，至 2000 年，臺灣企業界對大陸的投資總額為 171 億美元（根據中國大陸的統計，這個數值應更高，為 264 億美元）。1990 年代以後臺灣對大陸的出口急劇增加，使臺灣經濟對美國市場的依賴程度有所降低。1990 年臺灣對大陸的出口額為 44 億美元，占其出口總額的 6.5%。2001 年臺灣對大陸的出口比例已躍升至 17.9%。中國大陸在臺灣經濟未來的發展進程中將起著越來越重要的作用。

　　以上的簡短討論顯示臺灣經濟發展過程是多重因素作用的綜合結果。許多對經濟發展起作用的因素很難歸類於政治制度的變化。問題在於如何把政治民主進程和經濟增長這兩種力量和其他因素分別開來，單獨考察兩者的相互作用。在回答這個問題之前，我們再來考察導致今天臺灣民主制度的那些政治力量的變化。

四、臺灣的民主化進程

以 1987 年為界，臺灣的政治民主化進程可以分為兩個大的階段。1987 年以前的臺灣政權基本上屬於專制獨裁的性質，有限的一些民主成份從點綴和擺設，繼而逐漸發展壯大。1987 年取消戒嚴令之後，臺灣政治進入了一個向完整民主制過渡的新階段，其中亦經過一些意義不同的小的發展階段。

蔡玲和馬若孟（Chao & Myers, 1998）在《中國的第一個民主制：臺灣的中華民國政治史》一書中，研究臺灣戒嚴令下的 38 年歷史以及中國歷史上第一次"全國"民主選舉的過程。他們把臺灣的民主發展過程細分為如下五個階段：

第一階段（1949 年 5 月-1986 年 3 月）：在戒嚴令統治下的臺灣，基本上是專制獨裁政權。國民黨政府大權獨攬，對任何有危及其統治地位的不同政見和活動即予以殘酷鎮壓。與此同時，處於一系列複雜因素的考慮，[2]國民黨政府亦引進一些民主因素。由此民主和專制的矛盾處處可見。國民黨政府一方面允許縣、市一級政務官員和縣、市、甚至省議會議員的選舉。但是"國民大會代表"、"立法委員"和"監察委員"、省級以上政府官員則不能通過選舉。而且整個選舉過程由國民黨政府

---

[2] 田弘茂（Tien,1996）總結以前學者的研究成果，指出有兩個可能因素：一。國民黨政府想要向國際社會標榜它與中國大陸共產主義政權的不同[這觀點首先由劉（Liu,1991）提出]，是孫中山先生民主理念的真正繼承人；二。實行地方選舉擴大地方政治參與面，可以緩和臺灣本土人對外省籍統治的不滿和矛盾（Wu,1987）。通過地方選舉，外省籍的政治精英和地方豪門結成政治聯盟，有助於維持統治地位的穩定。

一手控制。國民黨政府一方面允許對西方自由主義思想的討論和爭辯，另一方面又嚴禁馬克思主義和社會主義思潮的傳播。國民黨政府一方面專制獨裁，另一方面又承認 1947 年"憲法"，承諾一旦時機成熟便恢復"憲政"。國民黨在一定程度內允許異議人士公開集會，批評政府，但是一旦認為他們的言行危及一黨專制的地位便會立即予以取締。蔡玲和馬若孟認為，國民黨政府在確保統治權力的同時引入民主因素的做法，為後來民主運動的發展打開了門戶。臺灣人民逐漸學會如何按民主規則行事。政治反對力量逐漸出現，並不斷巧妙地擴大自己的政治影響，統治黨也不得不逐漸學會容忍，學會與政治上的反對勢力共存。無論如何，根據民選政府官員、權力結構的分配、社會自由度、利益集團的政治競爭和獨立性這些標準，1986 年以前的臺灣毫無疑義屬於專制體制。因為專制體制的特徵，根據帕色和考夫曼的定義，就是"強調權力的集中，決策過程不是根據自下而上的需求，而是自上而下地作出，崇尚權威，限制多元性，在其他同化和控制手段失效時使用暴力壓制"。[轉引自田弘茂（Tien，1989）]

　　第二階段（1986 年 3 月-1987 年 7 月）：國民黨政府在蔣經國的領導下向民主化發展，提倡"政治革新"，加強"憲政建設"，採取較為開明和理性的政策和做法。具有重要意義的兩個事件是反對派勢力的合法化和解除戒嚴令。80 年代初至中期以後，臺灣社會多元化趨勢日益發展，環保、校園民主、勞工及原住民運動相繼湧現。"美麗島事件"、"江南命案"和"十信弊案"等事件暴露專制體制和社會的矛盾越演越烈。面對臺灣民眾遊行示威要求"徹底實行憲政"的口號，蔣經國指示國民黨實行政治革新是殫思極慮之舉，意在除舊布新。因此，1986年 9 月當黨外人士非法組黨，宣佈成立民進黨的時候，國民黨沒有像以往那樣採取鎮壓措施，而是"寬容應對"。朝野雙方的政治策略和智慧不僅避免了流血，化解了危機，而且使臺灣的民主化進程大大向前邁進了一步[3]。1987 年 7 月 15 日，蔣經國在臨去世之前六個月宣佈廢除在臺灣實施達38年之久的 "緊急戒嚴令"，解除黨禁，標誌著臺灣一黨專制體制開始解體，臺灣進入民主化的新階段。

第三階段（1987 年-1991 年）：解除報禁，通過 "集會遊行法" 和 "人民團體法"，"國代退休案"；1991 年第一次修憲，擁有修憲和選舉總統和副總統權的國民代表大會第一次必須經過真正的民主選舉產生（二屆國大），廢止動員戡亂臨時條款。

第四階段（992-1994）：二屆國大通過選舉新的國大代表。1992 年臺灣首次通過選舉產生立法院。經過第二、第三次修憲，規定省市長直選，國代和總統任期限定為四年。第三次修憲最重要的一個結果，是總統不再由國民代表大會選舉產生，而是由民眾直選。

第五階段（1994-1996 年）：1996 年 3 月臺灣首次由民眾直接選出總統、副總統。標誌著臺灣民主化的漫長過程中民眾參與政治，民主選舉這一方面的巨大進步。

臺灣民主政治發展史上的又一重大事件，是 2000 年第二屆總統直選中反對黨民進黨通過民眾大選擊敗歷史上一直占統治地位的國民黨。政權的交接和政黨之間權力的轉移，首次通過和平民主的方式完成。

1987 年解嚴以後，從 1991 年第一次修憲改選新一代國代，

---

[3]　許多學者試圖尋找 80 年代中期臺灣政治變革的原因。他們指出有內部和外部兩個方面的因素：70 年代以後在國際外交關係上的孤立；臺灣作為全球貿易重鎮的角色；對中國大陸因素的考慮；美國的影響和壓力等等，都促使臺灣尋找通過外交途徑回歸國際社會的方式。政治變革和民主化是所有這些考量的結果。（例如見 Tan, Yu and Chen 1996）

到 2000 年將國民大會虛級化的 10 年間，共有 6 次修憲。臺灣
政治民主化的過程，也是民主政體不斷完善的過程。今天的臺
灣民主政體是許多力量綜合作用的結果，其具體影響仍然是許
多學者的研究物件。可以看到的一點是，大多數力量並不屬於
經濟領域。那麼，經濟因素的作用到底是什麼？這就是我們下
面要探討的。

五、民主化和經濟增長：幾個方法論的問題

如果經濟增長在民主化的過程中有什麼作用的話，它一定
不會是唯一的決定因素，而只是多種影響因素中的一個。正如
我們從上面的考察所看到的，經濟和政治這兩個過程的背後都
有一系列驅動力量在起作用。臺灣的經濟增長過程受到顯然與
政治體制的變革無關的一些力量的影響。而影響臺灣政治體制
變革的因素中有經濟增長，也可以與經濟增長本身無關。但從
理論上來說，政治過程和經濟過程之間應該存在著某種聯繫，
只是這種聯繫不是一種很清晰的簡單關係。在考察臺灣政治和
經濟兩個層面發展過程時，我們不禁要提出以下的問題：我們
能夠在這兩者之間發現某種因果關係嗎？臺灣政治上的民主化
是其快速經濟增長的直接或間接後果呢？還是說經濟上的快速
增長是其政治制度變化的結果？在這一節裏，我們將運用計量
經濟學的方法對這些問題作一初步分析。

（一）因果性問題

在使用計量經濟學的技術之前，首先需要解決因果性的問
題。我們經常可以看到事物之間存在相關關係，就像研究臺灣
的例子時在制度變化和經濟增長之間所發現的關係一樣。但是
相關性不一定包含著因果關係。文獻資料中強烈的相關關係只

不過是毫無意義的假性相關的例子比比皆是。但是，由於因果關係總是首先表現為相關性，或者說，相關性是因果關係的必要條件，對一種相關關係是否是毫無意義的假性相關問題就很難有明顯的答案。我們既不能匆忙把一種相關關係當作因果關係接受，也不能輕易地把一種相關關係當作假性相關否定。

在確定因果關係時有兩個重要問題：第一，如何定義因果性？科學家和哲學家們各有各自的定義，學派不同，定義也會不同。從哲學的角度看，原因這個概念可以有兩種理解，一是"產生"，"造成"，"使之發生"的意義，也是現代大多數學術討論中所使用的含義。另一種是亞裏士多德"四因說"中包含的"解釋"的意義[4]。儘管亞裏士多德強調目的因的主導地位，四因中只有動力因與現代意義上的原因概念（即"造成"的含義）相一致。質料因和形式因從現代的眼光看已經過時。目的因比較複雜，大多數情況下是作為一個生命過程的"目的"來理解[5]。科學家們在現代意義上理解原因時，一般把因果性的重點放在事物或事件之間的相互關係上。一事物的出現（或變化）如果導致另一事物的出現（或變化），該事物便是原因，另一事物就是結果。但是在這個意義上理解因果性便遇到以下一些問題：

1. 必然性：因果性中隱含的必然性因素很久以前曾被休謨所摒棄。按照休謨的觀點，我們在因果鏈條中所看到的那種力量，衝動和必然性只不過存在於我們的心中。它只是對沒有任何必然性的因果關係的一種引發的期望、預期或預測。約翰.斯圖亞特.穆勒則把必然性因素歸還給因果關係。

---

[4] 亞裏士多德的四因說可以下面的例子來說明：一座雕塑是由雕塑家（動力因）使大理石（質料因）發生變化，以便得到具有種種雕塑特徵（形式因）的美麗物件（目的因）而產生的。

[5] 目的因的英文譯法為 Final Cause，兼有「目的」，「功用」，「終極」等含義。

他認為，那種不論在任何實際發生或是可能發生的因果關係情況下，穿透一切、熠熠閃光的那種強大的趨向就是必然性。現代學者試圖將這一問題軟化。必然性被看作是有條件的必然性，即以"自然規律"為條件的必然性。如果自然規律改變，必然性就可能不再是必然的了。這是經驗主義的觀點。理性主義的看法又有不同。理性主義認為自然規律是必然真理，那麼以自然規律為基礎的必然性，不論是不是有條件，都是必然的。在邏輯意義上，必然性是指完成因果行為的不可避免性。原因對於其結果而言是充分的。換言之，原因不可避免地要產生作為其結果的事件。後面我們將會看到，佐勒（Zellner, 1979）在其 1979 年關於因果性的綜述中十分推崇的費格爾的因果性定義，是把現代經驗論和統計學加以綜合的版本。

2. 決定論還是或然論：現代物理學、量子力學的發展，加上概率論和統計規律在各門科學分支的廣泛應用，促使哲學家去提煉包含在諸如海森堡"測不準原理"之類科學發現中的資訊，以求更深入地理解因果性。認為結果必然會從原因產生的決定論觀念沒有被全盤拋棄，但是作了修正，現在包含一層概率的因素。如果 A 發生，B 將以某種可以具體測度和計算的可能性發生。概率不僅是對一個事件出現的頻率的客觀描述，而且是對這種頻率的主觀預期和預測。也正是在這個概率因果性的現代意義上，當今一些學者如費格爾和格蘭傑傾向於用"可預測性"來理解因果性。

3. 時間序列：因果關係的一個關鍵特徵是時間次序。作為原因的事件必須在作為結果的事件之前發生。許多學者現在談論所謂"同時性因果關係"，甚至"逆向因果關係"（結果在原因之前發生）⁶。把時間次序從因果關係中排除出去，實際上也就排除了原因和結果之間的區別。原因和結果關係的特徵就是時間上的不對稱性，或者是因果關係的方向性：如果此 A 引起此 B，那麼此 A 就不能是由此 B 引起。"同時性因果關係"也許在愛因斯坦的時空條件下有某種意義，但在遠低於光速的日常世事活動中很難具有任何意義。

確定因果關係的第二個大問題是社會科學所特有的，因社會科學和自然科學所研究的物件不同而產生。自然過程可以在實驗室的環境下模仿和重復，可以通過操縱和控制變數和事件引入變化來幫助發現原因和結果。社會科學所研究的過程很難有類似實驗室的環境可以用來重復或操縱。無法通過做自然科學意義上的實驗來幫助發現原因和結果。因此，我們只能依靠書本和資料中記載的一次性發生的歷史事件和過程。

只有在瞭解以上這些困難和局限的背景下，我們才能體會維納－格蘭傑因果性檢驗方法的獨具匠心之處。

（二）方法

對研究 X 是否引致 Y 的問題，格蘭傑（1969）所採用的方法是看當前的 Y 中有多少可以被過去的 Y 所解釋（在一個模型中是看有多少被預測），然後看加上 X 的滯後變數以後能否提高解釋力（可預測性）。如果 X 的滯後變數有助於對 Y 的預測，或者說，如果 X 的滯後變數的係數在統計意義上顯著，就稱 X 格蘭傑引致 Y。對 Y 是否引致 X 的檢驗與此類似。

格蘭傑關於因果性的這個定義與佐勒推崇的菲格爾定義相當，只不過佐勒更看重的是定義中有關規律的作用：

---

⁶ 佐勒（Zellner,1979）也依據這種理解來批評格蘭傑關於因果性定義的假設。

"純粹意義上的因果關係的概念是由以規律（更準確地說，以一組規律）為基準的可預測性來定義的。"

正如我們上面所提到的，以可預測性理解因果關係是將概率因素和當今的因果關係概念組合的結果。對因果關係的這種理解被許多學者認為是偏離了傳統的因果關係定義。確實也是如此。"以規律為基準"的說法反映了經驗論的影響，實際研究過程中是通過將估算模型建立在經濟或其他理論的基礎上實現的。格蘭傑方法並沒有忽略理論基礎的作用，恰恰相反，它隱含著理論的重要意義。

為使他的因果性檢驗方法有效，格蘭傑提出如下必要的假設：

1. 變數或事件屬於隨機過程；
2. 這個隨機序列或過程是平穩性的；[7]
3. 因果性的時間次序有效。

在二元變數的情況下，格蘭傑檢驗法即是估計如下的回歸方程：

$$x_t = \sum_{i=1}^{n} \alpha_i x_{t-i} + \sum_{j=1}^{n} \beta_j y_{t-j} + u_{1t} \qquad (式1)$$

$$y_t = \sum_{i=1}^{m} \gamma_i y_{t-i} + \sum_{j=1}^{m} \delta_j x_{t-j} + u_{2t} \qquad (式2)$$

---

[7] 一個其統計特徵（如均值和方差）不隨時間變化的隨機序列或過程稱為平穩性隨機過程。

在這個模型下，有四種可能的因果層次：

1. X 引致 Y，
2. Y 引致 X，
3. X 和 Y 互為因果（雙向因果關係），
4. X 和 Y 之間不存在因果關係。

如果在式 2 中 X 的滯後變數的係數組作為整體在統計意義上顯著異於零（亦即 $\sum \delta_j \neq 0$），而且式 1 中 Y 的滯後變數的係數組在統計意義上不顯著異於零（亦即 $\sum \beta_j = 0$），則表明存在從 X 到 Y 的單向因果性。另一方面，如果在式 1 中 Y 的滯後變數的係數組作為整體在統計意義上顯著異於零（亦即 $\sum \beta_j \neq 0$），而且式 2 中 X 的滯後變數的係數組在統計意義上不顯著異於零（亦即 $\sum \delta_j = 0$），則表明存在從 Y 到 X 的單向因果性。如果在兩個估計式中 X 和 Y 的係數組均在統計意義上顯著異於零，則表明存在雙向因果關係。最後，如果 X 和 Y 的係數組均不顯著異於零，則表明不存在因果性（兩者獨立）。

從前面關於因果關係的討論可以看到，格蘭傑的因果性定義加上其中的假設，其有效性並不亞於其他的因果性定義。但是，我們也必須意識到它的侷限性。正如佐勒（Zellner,1979）所指出的，格蘭傑所考慮的(1)只是隨機過程，(2)暗含的假設是所有有關資訊都包含在模型中，(3)能夠檢驗的只是線性關係。超出這些假設之外，格蘭傑的檢驗方法只是測度先後次序和資訊含量，其本身並不揭示通常意義上的因果性。

（三）資料

臺灣的經濟增長以人均實際國內生產總值的增長率衡量，資料來自於臺灣行政院主計處編制的《中華民國臺灣地區國民所得統計摘要》。

　　民主進程採用自由之社公佈的世界各國 1972-73 年度至 2000-01 年度自由指數（民主指數）等級表的資料予以估計。自由之社以每年度進行的民主和政治自由問卷調查聞名於世。自由之社根據問卷資料的結果將世界各國按民主和自由重要性的單一標準排名。根據自由之社的最低標準定義，民主是一種人民可以從互相競爭的團體和不由政府指定的個人中間自由選擇執政首腦的政治制度。自由則代表在政府或其他權力中心控制範圍以外的各種領域內隨意活動的機會。

　　問卷產生的自由指數包括政治權利和社會自由兩個方面的內容。政治權利使人民能夠參與政治過程，參與政治組織選擇決策人，發佈具有全國和地方社區影響力指示的那個體系。在自由社會中，政治權利代表所有成人有權參與選舉、競選公職以及競選參與決策的民意代表。社會自由包括發表觀點和結社的自由，以及擁有與國家分立的個人人身自由。問卷設有兩組欄目，一組是關於政治權利的問題，另一組是社會自由的問題。每個國家或地區分別有兩類分值。政治權利和社會自由兩類分值的排名在平均以後，再綜合其他因素給出每個國家和地區的總體狀態，分"自由"，"局部自由"和"不自由"三類。

　　一般來說，政治權利和社會自由的綜合平均指數在 1.0 和 2.5 之間的國家屬於"自由"類，3.0 和 5.5 之間屬"局部自由"類，5.5 和 7.0 之間則為"不自由"類。但是，從所有欄目問題得出的原始數值的總點數是決定一國和地區最終類別的關鍵因素。表一列出臺灣地區和其他三個國家 1972-2002 年間自由指數的比較資料。

表一　臺灣歷年自由指數（1972－2001）＊

年度	新加坡	瑞士	利亞	臺灣
1972–73	5,5,PF	1,1,F	7,7,NF	6,5,NF
1973–74	5,5,PF	1,1,F	7,7,NF	6,5,NF
1974–75	5,5,PF	1,1,F	6,7,NF	6,5,NF
1975–76	5,5,PF	1,1,F	6,7,NF	6,5,NF
1976–77	5,5,PF	1,1,F	6,6,NF	5,5,PF
1977–78	5,5,PF	1,1,F	5,6,PF	5,4,PF
1978–79	5,5,PF	1,1,F	5,6,PF	5,4,PF
1979–80	5,5,PF	1,1,F	5,6,PF	5,5,PF
1980–81	5,5,PF	1,1,F	5,6,NF	5,6,PF
1981–82	4,5,PF	1,1,F	5,6,NF	5,5,PF
1982–83	4,5,PF	1,1,F	5,7,NF	5,5,PF
1983–84	4,5,PF	1,1,F	6,7,NF	5,5,PF
1984–85	4,5,PF	1,1,F	6,7,NF	5,5,PF
1985–86	4,5,PF	1,1,F	6,7,NF	5,5,PF
1986–87	4,5,PF	1,1,F	6,7,NF	5,5,PF
1987–88	4,5,PF	1,1,F	6,7,NF	5,4,PF
1988–89	4,5,PF	1,1,F	6,7,NF	5,3,PF
1989–90	4,4,PF	1,1,F	7,7,NF	4,3,PF
1990–91	4,4,PF	1,1,F	7,7,NF	3,3,PF
1991–92	4,4,PF	1,1,F	7,7,NF	5,5,PF
1992–93	4,5,PF	1,1,F	7,7,NF	3,3,PF
1993–94	5,5,PF	1,1,F	7,7,NF	4,4,PF
1994–95	5,5,PF	1,1,F	7,7,NF	3,3,PF
1995–96	5,5,PF	1,1,F	7,7,NF	3,3,PF
1996–97	4,5,PF	1,1,F	7,7,NF	2,2,F
1997–98	5,5,PF	1,1,F	7,7,NF	2,2,F
1998–99	5,5,PF	1,1,F	7,7,NF	2,2,F
1999–00	5,5,PF	1,1,F	7,7,NF	2,2,F
2000–01	5,5,PF	1,1,F	7,7,NF	1,2,F
2001–02	5,5,PF	1,1,F	7,7,NF	1,2,F

資料來源：自由之社世界各國 1972－73 年度至 2000－01 年度自由指數。

　　＊ 每格中的兩個數值分別是政治權利和社會自由兩項的得分。 "NF" – 不自由，"PF" – 局部自由， "F" – 自由為自由等級分類。

　　考慮到教育和文化在兩者關係中的影響，我們在後面的檢驗模型中增加了一個稱為勞動力質量指數的變數。這個指數是綜合巴羅和李（Barro & Lee, 1994）對教育程度的計算方法和 科林斯和博斯沃士（Collins & Bosworth,1996）的勞動力質量指數稍作變換得出。臺灣十五歲以上的全部民間勞動力人口根據所受的最高教育程度分成五級：文盲，小學以下，初中，高中（包括職業高中）和大學以上。每級在人口中的比例乘以一個代表其收入能力，或教育邊際效益的質量權數，最低教育級別為 1，最高為 5。國民受教育程度的資料來自臺灣教育部編制的 "中華民國教育統計指標" 表。

　　由於格蘭傑因果檢驗法要求所檢驗的時間序列來自平穩性隨機過程，我們對研究中的兩個重要時間序列民主指數（DI）和人均實際國內生產總值增長率（GRRGDP）作了測定平穩性的單位根檢驗。表二中增強型狄基－福勒檢驗（ADF）的結果顯示，兩組時序在 1%的顯著水平上存在單位根。也就是說，兩組時序皆為非平穩性過程。

　　按照格蘭傑檢驗的要求，如果我們直接使用非平穩性時序做因果性檢驗，出現假性回歸的可能將使檢驗結果無效。另一方面，考慮資料有限，我們又不願意採用西姆斯（Sims,1972）的建議，通過對時序做轉換處理來擺脫非平穩性的問題。因此，

表二　單位根檢驗*

	ADF 值	麥金農臨界值		
		1%	5%	10%
GRRGDP	-1.789395	-2.6486	-1.9535	-1.6221
DI	-1.775295	-4.3226	-3.5796	-3.2239

*如 ADF 值小於臨界值（落在其左邊），則拒絕存在一個單位根的檢驗假設。

表三 A. GRRGDP 和 DI 之間的協整檢驗 †

特徵值	似然比	5% 臨界值	1% 臨界值	假設協整關係的數目
0.454098	17.00559	15.41	20.04	零*
0.002025	0.056753	3.76	6.65	不大於 1

†根據赤池資訊準則(Akaike Information Criterion)，檢驗中假定了資料中包 含確定性線性趨
　　　勢，協整方程中有一截距。

* 表示檢驗假設在 5%顯著水平被拒絕。

我們利用恩格爾和格蘭傑（Engle & Granger,1987）的研究結果，
對幾組時序做協整檢驗，希望能在它們之間發現協整關係，從
而避免損失寶貴的資料點。

　　表三 A 中的協整關係檢驗結果表明時序民主指數（DI）和
經濟增長（GRRGDP）之間在 5%的顯著水平上存在協整關係。
表三 B 則表明 GRRGDP，DI 以及勞動力質量指數（LQI）之間
亦在 5%的顯著水平上存在協整關係。

　　協整檢驗的結果告訴我們，即使單個時序不平穩，但是所考察
的協整過程，亦即時序之間的關係可以是平穩的。這個結果使我們
不必實施資料轉換就可以使用原始資料進行格蘭傑因果性檢驗。

表三 B. GRRGDP, DI 和 LQI 之間的協整檢驗 †

特徵值	似然比	5% 臨界值	1% 臨界值	假設協整關係的數目
0.606554	43.66133	42.44	48.45	零*
0.402013	21.27385	25.32	30.45	不大於 1
0.310800	8.933369	12.25	16.26	不大於 2

†根據赤池資訊準則(Akaike Information Criterion)，檢驗中假定了資料中包含確定性線性
　　　趨勢，協整方程中有一截距。

*表示檢驗假設在 5%顯著水平被拒絕。

　　由於自由之社的世界自由指數問卷調查始於 1972 年，我們不得不把所考察的時期段局限於 1972 年以後。因此檢驗中使用的年度時序資料是從 1972 年至 2001 年。

六、臺灣民主化和經濟增長之間關係的經驗證據

（一）因果關係結果

　　我們首先對人均實際國民生產總值的增長率（GRRGDP）和民主指數（DI）做格蘭傑因果性檢驗。結果見表四。

　　在表四中我們看到，我們不能拒絕人均實際 GDP 增長率不格蘭傑引致 DI 的檢驗假設，但是在 5%的顯著水平上可拒絕 DI 不格蘭傑引致人均實際 GDP 增長率的檢驗假設。因此，格蘭傑因果性似乎單方向地從民主自由通向經濟增長，而不是從經濟發展通往民主自由。換句話說，我們的檢驗結果表明，臺灣的經濟增長似乎對民主化過程有可能發生哪些變化的準確預期沒有太大的貢獻；而臺灣的民主化過程卻對我們關於經濟增長的預期有顯著影響。這個判斷還不等於是說，在所考察的期間內（1972 至 2001 年），臺灣的民主化進程確實對其經濟發展有顯著貢獻，而其經濟發展對臺灣政治生活的變動卻沒有太大影響。但這已經是最接近的說法了。

表四　GRRGDP 和 DI 之間的格蘭傑因果檢驗 †

檢驗假設	F-值	P 值
DI 不格蘭傑引致 GRRGDP	3.12342	0.04255*
GRRGDP 不格蘭傑引致 DI	0.78367	0.55131

† GRRGDP -人均實際 GDP 增長率, DI -自由之社的自由指數。

* 表示假設的外生變數滯後四期的情況下，在 5%的顯著水平拒絕檢驗假設。

　　這個結果和巴羅（Barro,1996）的結論，甚至在某種程度上和巴拉（Bhalla,1994）的發現在原則上是一致的。

　　自由之社的民主指數（DI）是從政治權利（PR）和社會自由（CL）兩個不同的分值得出。這兩個分值反映社會的兩個不同方面，同時每一個本身又是構成民主的一個重要成分。政治權利衡量所有成人參與選舉，競選公職以及競選參與決策的民意代表的權利。社會自由測度人們發表觀點和結社自由，以及擁有與國家分立的個人的人身自由。政治權利和社會自由，民主的兩個標誌中哪個與臺灣經濟增長的關係更為密切呢？

　　表五 A 的協整檢驗結果顯示，政治權利和社會自由兩個指數序列都與人均實際 GDP 的增長率時序有協整關係。表五 B 的格蘭傑因果性檢驗結果則表明，在所研究的時期內臺灣經濟發展更多是受政治權利變化的影響，較少是社會自由變化的結果。

表五　A. GRRGDP, PR 和 CL 之間的協整檢驗

特徵值	似然比	5%臨界值	1%臨界值	假設協整關係的數目
		GRRGDP 和 PR†		
0.472221	18.55006	15.41	20.04	零 *
0.023152	0.655876	3.76	6.65	不大於 1
		GRRGDP 和 CL††		
0.419678	17.16397	12.53	16.31	零 **
0.066511	1.927144	3.84	6.51	不大於 1

† 根據施瓦茨資訊準則（Schwartz Information Criterion），檢驗中假定了資料中包含確定性線性趨勢，協整方程中有一截距。

†† 根據施瓦茨和赤池資訊準則（SIC 和 AIC），檢驗中假定資料中不包含確定性線性趨勢，協整方程中沒有截距和趨勢。

* 表示檢驗假設在 5%顯著水平被拒絕。

** 表示檢驗假設在 1%顯著水平被拒絕。

表五 B. GRRGDP 和 PR，CL 之間的格蘭傑因果檢驗†

檢驗假設	F-值	P 值
PR 不格蘭傑引致 GRRGDP	3.35868	0.03366*
GRRGDP 不格蘭傑引致 PR	0.64281	0.63933
CL 不格蘭傑引致 GRRGDP	2.39068	0.09142
GRRGDP 不格蘭傑引致 CL	1.01762	0.42611

† GRRGDP -人均實際 GDP 增長率，PR -政治權利，CL-社會自由。

* 表示假設的外生變數滯後四期的情況下，在 5%的顯著水平拒絕檢驗假設。

（二）因果關係的性質

　　確定了因果性的方向是從臺灣的政治民主到經濟增長率之後，我們想要知道這之間究竟是一種什麼性質的因果性？是一種正向關係呢，還是反向關係？這種因果影響力到底有多大？為此，我們對經濟增長和政治民主的測度值做了最小二乘方的回歸分析。

　　首先，我們拿經濟增長對民主指數做回歸，然後再拿經濟增長分別對政治權利和社會自由做回歸。為了保證最小二乘法的有效，我們對每一次估計結果都用拉格朗日乘數法和懷特法（White,1980）檢驗殘餘項中是否存在自相關和異方差的問題。檢驗結果顯示，在所有回歸模型中，我們都不能在 1%的顯著水平上拒絕無自相關和無異方差的檢驗假設。上一節的格蘭傑因果核對總和回歸分析中的赤池資訊準則（AIC）均表明需要滯後四期的引數作為方程右邊的回歸變數。因此，所有回歸方程取以下的形式：

$$y_t = \alpha + \beta x_{t-4} + u_t$$

回歸結果如表六所示。

表六　因果關係影響力估計†

	DI(-4)		PR(-4)		CL(-4)	
	α	β	α	β	α	β
係數	12.280	-1.691	11.402	-1.522	12.253	-1.607
標準誤	1.765	0.466	1.607	0.441	1.880	0.475
t 值	6.956	-3.629*	7.095	-3.454*	6.518	-3.382*

† 因變數為人均實際 GDP 增長率。DI -民主指數，PR -政治權利，CL -社會自由。
* 在 1% 的水平上顯著。

　　表六中出乎意料的結果是，衡量民主的各種指標對臺灣經濟的增長具有顯著的負面因果效應，而且這個結果在回歸估計中一再出現，顯得相當穩定。資料中 1974 和 2001 年可以算兩個特殊年份。1974 年由於受到中東石油危機的衝擊臺灣經濟第一次出現負增長（以人均實際 GDP 增長率衡量），2001 年又受美國等發達國家經濟危機影響再次出現負增長。如果把這兩個年份的資料作為極端值剔除，重新估計上述回歸方程，得到的結果和表六並無顯著區別。與巴拉（Bhalla,1994）關於民主對增長有正面影響的發現以及人們通常的觀念不同，這裏的結果似乎表明，民主在經濟增長過程中不是一個促進因素，而是抑制因素。至少在所考察的臺灣這段歷史時期（70 年代初至 2001年）裏是如此。在七點刻度民主指標系統中，如以 1 代表完全的反民主（相當於自由之社的 "不自由" 類別），7 代表完全民主化（相當於自由之社的 "自由" 類別），那麼，根據表六的回歸結果，民主化程度每上升一個點，經濟增長率即下降近 1.7%！對這個令人吃驚的結論需要做如下幾點說明：

　　首先，民主對經濟增長的負面影響並不是沒有可能的事情。正如巴羅（Barro,1999）指出的，民主對經濟增長有負面影響的可能性來自於民主社會中劫富濟貧的收入再分配效應和利益集團權力的擴大。根據他自己的研究，巴羅認為民主對經濟增長的總體影響很難確定。在一篇研究中東歐後共產主義轉型期間民主和增長之間關係的論文中，費德馬克（Fidrmuc,2001）發現民主對增長的總體影響呈正面性質，但是這種正面影響是通過經濟自由化實現的。一旦把經濟自由化的因素控制住，在轉型初期的民主的邊際效應則變成負面性質。在我們的研究中，較理想的是能夠增加經濟自由化作為另一引數。而衡量經濟自由化的最好指標是由加拿大智庫弗萊澤研究所和經濟自由網路編製的經濟自由網路指數。可惜的是，這個指數從 1970 年開始以來每五年才計算一次，無法利用這些資料做時間序列的研究。此外，由於文化和宗教因素從一國的時間序列縱向來看變化較小，只有在很長時期裏才出現顯著變動，因此這些因素對經濟的影響無法整合到我們的時序模型中。這也是文化和宗教因素的時序資料統計資料很少的一個原因[8]。用勞動力質量指數（LQI）作為文化和教育因素的近似變數，加入回歸模型中重新估計的結果列在表七中。可以看到，除了 DI 的係數不再顯著之外，表七的結果並沒有提供其他有重要意義的資訊。而這個不顯著的結果很有可能是由於 LQI 的資料少於其他變數（LQI 資料始於 1976 年），造成回歸分析自由度減少的緣故。

表七　帶 LQI 的因果關係估計

	係數	標準誤	t 值	P 值
截距	1.860038	6.766245	0.274900	0.7865
LQI(-4)	0.031766	0.029107	1.091360	0.2895
DI(-4)	-1.417817	0.754750	-1.878524	0.0766

† 因變數為人均實際 GDP 增長率。DI-民主指數，LQI-勞動力質量指數。模型中使用的是滯後四期的引數。

---

[8] 密執安大學社會研究所編製的世界價值問卷調查是對不同社會中文化因素的最好測度體系。但是該系統目前只有三個時點的橫截面資料（分別為 1981，1990-91 和 1995-98 年）。

　　第二，民主和經濟增長的關係可以是非線性的。正如巴羅在稍早的一項研究（1996）中所發現的，兩者之間存在非線性關係。隨著某種選舉權指數的增加，經濟增長一開始呈上升趨勢；一旦選舉權達到適中的水平之後，兩者的關係便轉為負面性質。如果政治民主和經濟增長兩者的關係呈非線性，線性回歸就不能準確估計因果關係的影響。不僅如此，正如前面關於研究方法一節所指出的，格蘭傑因果檢驗也將失去效力。問題的困難在於，我們無法事先知道這種非線性關係的具體形式。作為一個試驗，我們在回歸估計時亦採用了二次方程的形式。當二次項和一次項同時出現在估計式中時，二次項的係數不顯著，一次項的係數依然顯著並為負號。如果只在式中保留二次項，則得到如下的結果：

$$GRRGDP = 8.338 - 0.1376DI^2$$

　　儘管在純粹數學意義上這個函數的一階導數表明有極大值存在（在該點 DI＝0），但在我們討論的範圍內這點卻沒有任何社會經濟意義。因為按定義 DI 是一間距變數（Interval Variable），不是比率變數（Ratio Variable），因此沒有零點可言。根據估計出來的非線性關係，極大值以後，經濟增長率將隨民主化的程度遞減。換句話說，如果這個模型建構正確，實際生活中我們能觀察到的，將總是民主對增長的負面影響。這個由隨意選定的方程形式得出的結果只是表明模型設定的複雜性。

　　另一個使問題複雜化的可能因素，是自由之社的臺灣自由指數（民主指數）、政治權利和社會自由等指數隨時間的變動頻率較低。這是一個技術問題。線性回歸模型在本質上要依賴所估計變數的變化。在變數的變化為零的極端情況下（當然變數也就不成其為變數，而是一個常數了），回歸分析便不再成立。

指望用一個常數來解釋另一個變數的變化，或成其變化的原因
顯然沒有任何意義。

七、結論

　　在這項研究中，我們概述了有關民主和經濟增長之間一般
關係的理論和實證研究的結果。在此基礎之上，我們回顧了臺
灣的經濟增長和民主化過程，並對兩者的關係做了技術性因果
分析。在綜述我們對臺灣案例分析的具體結果之前，讓我們先
總結一下有關文獻的結論。事實上，文獻中的發現和歷史經驗
一樣並無一致的定論。所有以下的情況都有在文獻中受到支
援，得到論證或者被提及過：

1. 經濟增長促進民主（利普塞特，巴羅）；
2. 經濟增長對民主既沒有顯著的促進作用，亦無顯著的阻礙
   作用（博納、布魯納提和韋德爾）；
3. 民主刺激經濟增長（巴拉，裏韋拉－巴提茨，巴羅）；
4. 民主對經濟增長既無顯著的刺激作用，亦無顯著的抑制作
   用（肯奇，博納、布魯納提和韋德爾）；
5. 民主阻礙經濟增長（普澤沃西和利蒙基，巴羅亦可算在其
   中）；
6. 民主對經濟增長的作用是非線性的，一開始刺激增長，達
   到一定水平後則延緩增長速度（巴羅）。

　　我們還可以立即想到經濟增長對民主的非線性作用的可能
性。兩者之間關係中唯一沒有在文獻中提到或論證的情形，是
經濟增長阻礙民主發展的可能性。到目前為止，還沒有一種理
論出來聲稱有那樣的因果關係。文獻中也沒有發現有實證研究
支援這樣一種論斷。既然我們看到存在經濟上並不發達的民主

政體（印度、牙買加、岡比亞），也有經濟高度發展的不完全是
民主政體的國家（新加坡、韓國、印度尼西亞），因此關於經濟
增長和民主之間的一般關係，我們可以像通常人們所感興趣的
那樣作如下的判斷：經濟增長既不是民主的必要條件，也不是
民主的充分條件。或者反過來，也可以說，民主既不是經濟增
長的必要條件，也不是經濟增長的充分條件。但是正如杜維明
教授在考察儒家倫理對工業東亞經濟發展的作用時所指出的，
如果只從儒家倫理和工業東亞的經濟發展之間到底是必然條件
還是充分條件這個角度討論問題，層次就很浮淺（Tu,1996）。
由於該因素的作用可能是眾多影響因素中的一個，因此需要把
這個因素的作用放在更大背景下考察。我們所希望的，是通過
對具體案例比如臺灣的分析，能夠對理解民主和經濟增長之間
的一般關係也有所裨益。

　　根據有限的資料，我們對臺灣經濟增長和民主化過程之間
相互作用的技術分析得到以下初步結果：

1. 臺灣的經濟增長過程對其民主化進程並沒有格蘭傑意義上
   的因果效應；
2. 臺灣的民主化進程卻對其經濟增長過程具有格蘭傑因果效
   應；
3. 臺灣的民主化對經濟增長的格蘭傑因果效應呈負面性質；
4. 對這個影響效應的估計表明，臺灣近幾十年的發展過程
   中，民主化程度在自由之社民主指標系統中每增加一個點
   數，經濟增長率便下降約 1.7%。

　　最後要注意的是，我們在解釋這項研究的結果時必須謹慎
小心。“因果性”的確切含義，非線性關係的可能，相互關係
中隨機性的欠缺以及格蘭傑因果檢驗中其他假設的不滿足都可
能改變這些結果的意義。

參考文獻

1. Barro, Robert J. (1996), "Determinants of Economic Growth: A Cross-Country Empirical Study", NBER Working Paper, No. W5698. Later published as monograph by MIT Press in 1997.

2. Barro, Robert J. (1999), "Determinants of Democracy", Journal of Political Economy, Vol. 107, No. 6.

3. Barro, Robert J. & Jong-What Lee (1994), "International Comparisons of Educational Attainment", Journal of Monetary Economics, 32: 363-394.

4. Bhalla, Surjit (1994), "Free Societies, Free Markets and Social Welfare". Unpublished paper to be presented at August's Nobel symposium on democracy, Uppsala University as cited in "Democracy and Growth: Why Voting Is Good for You", The Economist, 8/27/94, p.15.

5. Bhardwaj, R.C. & K. Vijayakrishnan (1998), Democracy and Development: Allies or Adversaries?, Ashgate Publishing Limited.

6. Borner, Silvio, A. Brunetti and B.Weder (1995), Political Credibility and Economic Development, Palgrave Macmillan.

7. Chao, Linda & Ramon H. Myers (蔡玲, 馬若孟) (1998), The First Chinese Democracy: Political Life in the Republic of China on Taiwan, The John Hopkins Univ. Press.

8. Collins, S. M. & B. P. Bosworth (1996), "Lessons from East Asian Growth: Accumulation versus Assimilation," Brookings Papers on Economic Activity, (1996:2).

9. Engle, R. F. & C.W. J. Granger (1987), "Co-integration and Error Correction: Representation, Estimation and Testing", Econometrica, Vol.55, pp.251-276.

10. Fidrmuc, Jan (2001), "Economic Reform, Democracy and Growth during Post-communist Transition", William Davidson Institute Working Paper No. 372, University of Michigan Business School.

11. Granger, C. W. .J. (1969) "Investigating Causal Relations by Econometric Models and Cross-Spectral Methods," Econometrica, 37, 424–438.

12. Keech, William R. (1995), The Costs of Democracy, Cambridge University Press.

13. Leftwich, Adrian, (1996) "Two Cheers for Democracy? Democracy and the Developmental State", in Democracy and Development: Theory and Practice,

A. Leftwich(ed.), Cambridge, 1996, p. 282.

14. Lipset, Seymour Martin (1959), "Some Social Requisites of Democracy: Economic Development and Political Legitimacy", American Political Science Review, 53, 69-105.

15. Liu, Yih-jiun (1991), The election-driven democratic transformation: A comparative perspective, Ph. D. diss. Dept. of Political Science, University of Chicago.

16. Monshipouri, Mahmood (1995), Democratization, Liberalization and Human Rights and the Third World, Boulder, Col., pp 5-6.

17. Olson, Mancur (1982), The Decline of Nations, Yale University Press, New Haven.

18. Olson, Mancur (1993) "Dictatorship, Democracy and Development", American Political Science Review, Vol 87, No.3, Sept. 1993, pp 567-576.

19. Paul, Erik C. (1993) "Prospects for Liberalization in Singapore", Journal of Contemporary Asia, Vol.23, no.3, p292

20. Przeworski, A. and F. Limongi (1993), "Political Regimes and Economic Growth", Journal of Economic Perspectives, Vol. 7, No. 3. (Summer, 1993), pp. 51-69.

21. Rivera-Batiz, Francisco (2002) "Democracy, Governance, and Economic Growth: Theory and Evidence", Review of Development Economics, Vol. 6, Issue 2, June 2002, pp. 225-247.

22. Sims, C. A. (1972) "Money, Income and Causality", American Economic Review, Vol. 62, Sept. 1962, pp.540-552.

23. Tan, Qingshan, Peter Kien-hong Yu and Wen-chun Chen (1996), " Local politics in Taiwan: Democratic consolidation", Asian Survey, Vol. 36, Issue 5, pp483-94.

24. Tien, Hung-Mao (田弘茂)(1989), The Great Transition – Political and Social Change in the Republic of China, (大轉型：中華民國政治與社會變遷)Hoover Institute Press.

25. Tien, Hung-Mao （田弘茂）(1996), Taiwan's Electoral Politics and Democratic Transition – Reading the Third Wave,(臺灣的選舉政治與民主轉型) ed. , M. E. Sharpe, Inc.

26. Tu, Weiming (杜維明)(1996), Modern Spirit and Confucian Tradition (現代

精神與儒家傳統), Lian Jing Publishing Corp. (聯經出版事業公司), Taipei, Taiwan, pp335-36.

27. White, Halbert (1980) "A Heteroskedasticity-Consistent Covariance Matrix and a Direct Test for Heteroskedasticity," Econometrica, 48, 817–838.

28. Wu, Nai-teh (1987) The politics of a regime patronage system: Mobilization and control within an authoritarian regime, Ph. D. Diss. Dept. of Political Science, University of Chicago.

29. Zellner, A. (1979) "Causality and Econometrics" in Carnegie-Rochester Conference Series, No. 10, ed. by Brunner & Meltzer.

臺灣的消費者保護

肖 經 建

美國羅德島大學

摘 要：

本章介紹臺灣的消費者保護情況。臺灣的消費者保護主要來自兩個
方面：政府和民間。本文著重介紹代表這些方面的兩個組織及其活動。行政
院的消費者保護委員會是政府保護消費者的主要機構，實施臺灣的消費者保
護法。消費者文教基金會是臺灣最早和最大的民間代表消費者利益的組織，
為保護消費者利益開展了許多有益的活動。本文也簡略比較了臺灣和美國以
及中國大陸的消費者保護。

我對臺灣消費者保護的瞭解源自三個機會。二十世紀九十年代初在俄勒崗州立大學讀博士學位時，系裏要求每個研究生做一個專題講座。我講的專題是中國消費者保護。聽眾中有一位來自臺灣的葉女士，她告訴我她曾在臺灣的消費者文教基金會工作過，並介紹了這個基金會的有關情況。這是我第一次對臺灣的消費者保護有所瞭解。九十年代中期，我為美國消費經濟學的一個學術會議組織了一個關於亞洲消費者保護的專題論壇（Xiao, Higa, M., Hong, Widdows, Tso, & Malroutu,1994）。新罕布希爾大學的左教授介紹了關於臺灣消費者保護的情況。給我印象最深的是關於臺灣消費者保護法通過的情況。臺灣的消費者保護法是 1994 年通過並實施的。在此前的 14 年間一直在討論這個問題，但一直沒有形成法律。1993 年中國大陸建立了消費者保護法。這一事實推動了臺灣的消費者保護法的建立。2003 年底在臺灣的政治大學召開一個亞洲消費經濟學的會議。會議組織者要求我主持一個關於臺灣消費者保護的專題論壇。論壇參加者分別為消費者文教基金會董事長蔡再本先生，行政院消費者保護委員會副秘書長黃明陽先生，政治大學法律系的黃立教授和東森媒體科技集團執行長吳中立博士。我欣然同意了。消費者保護是我上世紀八十年代中在大陸做碩士論文的題目。後來在美國大學教書的十幾年中，我也一直教授關於消費者保護的課程。下面我將結合在過去及網上收集的一些資料，對臺灣的消費者保護作一簡單介紹，並結合美國及中國大陸的情況給予一些評價。在介紹臺灣的情況之前，先介紹一下關於消費者利益和權利的有關概念。

一、消費者利益和消費者權利

消費者可定義為那些為消費目的獲得和使用產品和服務的

個人和家庭（Garman, 2003）。這個定義極為廣泛，包括社會上的所有的人，即所謂人人都是消費者。對這個定義根據供應者的特點進行細分，消費者可分為至少四類：商業產品和服務的消費者，非營利組織產品和服務的消費者，政府產品和服務的消費者，以及自然產品的消費者。在消費者保護的實踐和學術領域，重點主要放在如何保護消費者在購買和使用商業產品和服務時利益不受侵害。從這個角度看，消費者是一個歷史的概念。在沒有市場經濟的地方，消費者是不存在的。市場經濟越發達，消費者問題越多，保護消費者的問題越顯迫切。消費者利益有不同的定義。其中一個定義是：消費者在充分資訊、合理價格下通過購買和使用商品或服務滿足他們的需求。這個定義不僅顯示消費資訊和價格在商業產品和服務消費的重要性，還表明消費的目的是滿足消費者需求。任何通過欺騙手法吸引消費者購買的行為即是對消費者利益的損害。

保護消費者利益也可通過保護消費者權利來實現（Friedman, 1991）。美國總統甘乃迪在 1962 年 3 月 15 日首次提出消費者權利的概念，並指出消費者應享有四項權利：知情權，安全權，選擇權和參與決策權。後來又有幾位美國總統提出了幾項消費者應有的權利。如尼克松總統提出退賠權，福特總統提出消費教育權，克林頓總統提出接受服務權。加上消費者國際提出的健康環境權。一般消費者經濟學教科書在討論消費者權利時常提到這八種權利（Garman, 2003）。另外，隨著近年來電子商務的普及，保護消費者的隱私權也提上議事日程。聯合國 1985 年通過的消費者保護指南也反映了這些消費者權利。這個指南為許多國家和地區的消費者保護法的制定提供了重要依據。

消費者保護主要通過政府保護和消費者自我保護來實現。政府保護在不同政治制度下通過不同的方式得到實施。一種比較典型的方式是通過立法和配置相應的執法機構。同時，政府保護措施也通過給消費者提供資訊和教育以及鼓勵成立和加強消費者組織來更好地保護消費者。消費者自我保護主要通過對市場不完美的警覺，對消費者資訊的搜尋和運用，主動運用消費者保護法律和機制，以及自發組織起來保護自己的利益。由於臺灣的政治體制比較接近西方的民主體制，那裏的消費者保護在許多方面與西方國家相似。但也由於臺灣與大陸有千絲萬縷的關係，兩岸的消費者保護也有相似的地方。下面介紹兩個活躍於臺灣的消費者保護實體，一個來自民間，另一個來自政府。雖然這兩個組織的活動不能代表臺灣消費者保護的全部，但卻完全可以反映其最重要和最主要的部分。

二、民間的消費者文教基金會

　　談到臺灣的消費者組織，不能不提到消費者文教基金會。據臺灣政府統計，在臺灣註冊的消費者組織有二十多個，消基會是其中歷史最悠久、財力最雄厚的一個。據該會現任董事長蔡再本先生介紹，消基會起源於上世紀八十年代初的“不乾杯運動”。1980 年 2 月臺灣發生假酒事件。有位教授喝假酒導致失明。時任臺北市青商會會長的李伸一先生發起“不乾杯運動”，製作售價為 30 元的“不乾杯卡”。活動進行過程中，當時的臺灣省政府主席表示這個運動可能會影響政府財政。由於省主席說話，媒體不再報導，導致運動受挫。李會長決定結束這個運動，並擬將募得的 10 萬元捐給某大醫院為戒酒之用卻遭該醫院拒絕。同時，台中又發生 2,000 消費者誤食米糠油受害的事件。李會長於 5 月 11 日聯合學者、專家、青商會會員等舉辦食品藥品等相關座談會，引起熱烈的共鳴和反響。事後，參與者達成共識：消費者保護運動必須成為一種長期、有組織、有策略、有領導的社會運動。這些人另外籌資 90 萬元一共 100 萬元登記成立消費者文教基金會。 政治大學的柴松林教授任第一屆董事長，李伸一律師任秘書長。捐助章程明定，絕對不能涉入政治，董事長不連任等條款（消費者權益與保護國際圓桌會議，2003）。

　　消費者文教基金會於 1980 年 11 月 1 日正式成立。其宗旨是要肩負捍衛消費者權益重責以及推廣保護消費者教育工作。1981 年 5 月 12 日《消費者報導》雜誌創刊出版。該雜誌旨在提供保護消費者的資訊，教育消費者選擇優良產品，摒棄劣質產品。目前，消基會除臺北總會外，在台中、台南和高雄還有三個分會。董事會是決策中心。從董事中選出董事長、副董事長、秘書長、財務長、發行人及社長為執行董事。董事均為無薪的義務職。消基會的 19 個委員會由專業人員如醫生、律師、建築師、會計師等組成。這些委員會提供專業諮詢、顧問及研究工作，作為董事會及執行董事決策的參考。另外，消基會有 80 多位義務律師。這些義務律師每周一至周五輪流值班，為消費者提供免費消費法律諮詢服務，並協助義工進行電話諮詢和處理投訴案件。另外，消基會還有 300 位義工，分佈在北、中、南地區。義工要參加培訓。需有 16 個小時的職前訓練，並實習 6 個月通過考核後才能成為正式的義工。

　　消基會的支薪人員很少，目前只有 28 人，分佈在秘書處、管理部、企劃部、申訴部、編輯部、發行部及檢驗部。申訴部接受消費者投訴並即時答復。也接受電話投訴並有義務律師及專家解答。檢驗部負責自己或委託專業機關檢驗產品質量。並收集國外消費團體做出的檢驗報告。企劃部及時反映侵害消費者權益的產品並開展消費者教育。

　　消基會是一個獨立的公益組織。其成立之初主要是依賴各界的捐款。目前的財源主要來自《消費者報導》雜誌。據 2002

年的統計，消基會的收入 55%來自《消費者報導》雜誌，32%
來自檢驗及專案收入，13%來自各界捐款。其支出分為人事及
行政費用（67%），雜誌編印費（23%），檢驗及專案等支出（8%），
及其他活動經費（2%）。2001-02 年度的收入不到 20,000,000 新
臺幣而支出超過 25,000,000 新臺幣（消費者文教基金會，2002）。

　　消基會出版的《消費者報導》與美國的同名雜誌非常相像，
只登本組織的調查測試文章，不接受任何商業廣告以保證公正
性。消基會用於比較實驗的樣品均由市面購得。報告內容是根
據實驗室試驗，使用測試，並綜合專家的分析、判斷得出的結
論，本著超然、客觀、公正的原則給予評價。有關產品比較試
驗的資料不得作廣告或其他商業用途。該刊以提升消費品質、
改善消費環境為目的。消費者生活中的消費商品，服務廣告，
理財，保險及政策均為該刊重視且持續不斷關注的重要議題。
其調查性文章包括消費者關心的各項消費議題，如公共場所公
共安全、食品標示及價格、家電用品功能及價格等，均由該會
專家、義工及工作人員以市場調查方式獲得，調查資料經由學
者專家審查後刊登，為消費者提供實用而有深度的資訊。

　　除了《消費者報導》，消基會的網站也是消費者取得有用資
訊的地方。通過這個網站，消費者可以得到許多關於消基會的
資訊並可以在線投訴。該網站還有一個企業黑名單，公佈那些
對消費者投訴處理不當的公司名單。在網站上載有這個黑名單
的"消保農場"，設有鈍牛區（經消保會發函要求處理後拒不
回應的公司），蠻牛區（明顯違反法令，經消基會要求處理，仍
未善意解決的公司），皮牛區（對有爭議的投訴敷衍了事的公
司），和黑牛區（重大消費事件屢犯者）。在這些網頁上，公司
的名稱、投訴內容及消基會與公司的來往函件內容和結果均公
佈於眾。在這裏，消基會作為一個消費者團體發揮了監督管理
市場的作用。

據蔡董事長介紹，臺灣歷年的消費者問題有明顯的時代差異。上世紀八十年代初期，主要的消費問題是食品衛生和環境污染。消基會投訴排行榜以食品和藥品居一、二名。中期以後，隨著經濟發展及家庭收入的提高，購屋與汽車購買的交易糾紛高居一、二名。許多消費者在購買昂貴產品時上當受騙。一些不良廠商用下列方法欺騙消費者，如不實廣告，定型化契約，或游擊方式經營。所謂游擊方式經營指的是以特定名目的公司，專營一次的生產和促銷，達到目的後，便登出公司，再另行改組企業，為要逃避事後的責任。那時臺灣還沒有公平交易法和消費者保護法，政府在保護消費者方面有很大的限制。到了九十年代，消費糾紛主題從有形商品轉為無形服務。購屋購車糾紛仍名列為一二名，而保險旅遊及金融商品的糾紛也急劇上升。21 世紀以來，消費者關於電子消費的糾紛越來越多。消基會為保護消費者利益，每年舉行各種各樣的活動。例如在2000-02 年間，消基會舉行了關於安居、健康、旅運和財經方面74 個座談會，18 個新聞發佈會，55 個調查、測試結果發佈會，以及 26 個其他各種類型的活動。

三、政府的行政院消費者保護委員會

1987 年以前，臺灣政府的消費者保護主要通過一些單項法律由各自的主管單位實施，如食品衛生管理法，商品標示法，公平交易法等。1987 年 1 月行政院頒佈實施消費者保護方案，以加強各主管機關在保護消費者方面的協調聯繫。1994 年 1 月11 日公佈施行消費者保護法並於同年 7 月 1 日成立行政院消費者保護委員會。從此，臺灣政府介入消費者保護進入一個新的階段。行政院消保會在消保法實施一段期間後，通過調研，於2003 年 1 月 22 日修改公佈了部分條文。

　　消保會由主任委員和委員組成。行政院副院長為主任委員。目前的委員包括相關部會首長八人，消費者保護團體代表三人，企業代表二人，學者二人，專家三人。出主任委員及委員會議外，設秘書長，副秘書長各一人，下設企劃，督導，法制，行政四組，及簡任秘書與消費者保護官。消費者保護官的職責包括協調處理重大消費事件，支援地方政府處理消費爭議申訴，調解業務，支援地方政府消費者保護官工作，辦理消費者保護法中非訴訟事項，及其他消費者保護法令規定及本該會上級交辦事項。消保會還設有一個消費者中心，由該會義工提供消費者諮詢服務，並協助消費者處理一般投訴。該中心還安排學者專家定期不定期來中心提供消費者諮詢，開展消費者教育。有時該會消費者保護官到場提供諮詢，幫助投訴。

　　據行政院消費者保護委員會副秘書長黃明陽先生介紹，消保會在保護消費者方面進行了幾個方面的工作（消費者權益與保護國際圓桌會議，2003）：

1. 健全消費者保護法。由於消保法具有消費者保護基本法性質，現行主管機關及其它相關法令亦應進行相應修改。消保會在此起一獨特的作用。除幫助修改消保法外，消保會還研究制定一系列消費者保護計劃和措施及審議消保方案。對於新興的電子商務，消保會參照 OECD1999 年 12 月公佈的 "電子商務消費者保護指導原則" 完成 "電子商務消費者保護綱領"。行政院於 2001 年 11 月 5 日將其頒佈施行，作為所以電子商務中消費者保護措施之準則。

2. 健全消費者保護的行政機構。根據消保法規定，消保會幫助建立直轄市及縣市政府的 "消費者服務中心，" "消費爭議協調委員會，" "消費者保護官" 等。另外，消保會還積極協調地方政府制定消保自治條例，推動成立地方政府消費者保護委員會，成立義工團等。

3. 建立安全的消費環境。消保會要求主管機關迅速建立預警制度及重大災害處理機制。除不定期進行必要的檢查，還應及時發佈消費警訊，並逐年提高有關安全的規格和標準。消保會還通過各主管機關教育企業經營者，除重視產品質量確保消費者使用安全外，還要投保產品服務責任保險及公共場所意外責任險以分散經營風險，確保消費者損害賠償請求權。同時，消保會還號召消費者參加三不運動，即 "危險公共場所，不去；標示不全商品，不買；問題食品藥品，不吃"。

4. 建立公平的消費環境。消保會採取了契約修正和保障措施。契約修正分別有個案修正，定型化契約範本及關於定型化契約應記載和不應記載事項的規定·至 2003 年 11 月底，消保會已完成 55 種契約範本，並推出 15 個關於定型化契約應記載和不應記載事項規定的公告。此外，消保會還通過各主管機關要求各行業在與消費者簽訂契約時，儘量提供履約保證或保險。

5. 建立有效處理消費爭議機制。消保會於 1999 年 11 月建立 1950 消費者服務專線。消費者只需撥 1950 即可依消費者所在地轉接所屬縣市政府消費者服務中心，接受其消費諮詢及投訴。為幫助消費者記憶，1950 被稱為 "一通就護你"。消保會還在近來修改消保法時，加強消費者爭議調解委員會的功能，使其更好地保護消費者利益。

6. 積極提供消費者資訊。消保會的網站上可以得到許多關於消費者有用的資訊。其網址設有最新消息，消費者快速服務，申訴管道，訊息櫥窗，消保資源教室，教育文宣，消費者主題樂園，兒童世界等欄目。例如，網上可以下載消保會編印的厚達 246 頁消費者手冊。手冊中有關於消費者保護的各種法規，消費者保護機構及聯繫電話，常見市場

詐騙及預防，定型化契約範本，各種商標標示知識，投訴
表格，防病防火常識，及其它一些實用資訊（如大陸各城
市的電話區號）。

四、臺灣的消費者保護法

　　臺灣的消費者保護法於 1994 年 1 月建立並實施。2003 年
1 月進行了修訂，增訂了七個附加條款並修訂了 18 個條款。全
法共分 7 章共 64 條。第一章總則共六條，規定了消保法的宗
旨，名詞定義，政府及企業的功能。第二章規定消費者權益，
分為健康與安全保障，定型化契約，特種買賣，消費資訊之規
範六節共二十條，詳細規定了消費者權益在這些方面的界定。
第三章關於消費者保護團體共六條，規定了消費者保護團體的
宗旨，任務及與政府消費者保護的互助關係。第 32 條明確規
定：「消費者保護團體辦理消費者保護工作成績優良者，主管
機關得予以財務上之獎助。」第四章關於行政監督共 10 條，
規定了消費者保護委員會的職責，各級政府消費者保護機構的
設置及任務等。第五章分兩節：申訴與調解及消費訴訟。在申
訴與調解一節，規定了消費者申訴的有效日期、程式和各級政
府機構的職責。第 45 條規定了各級政府消費爭議調解委員會
的設置和組成人員。這個委員會在處理消費者申訴中起關鍵作
用。消費訴訟一節規定了消費訴訟的程式。第 49 條規定了消
費者保護團體提起訴訟的條件。第 50 條規定了消費者集體訴
訟的條件。第 51 條規定懲罰性賠償。因企業經營者故意損害
的，消費者可請求三倍以下懲罰性賠償，而因過失所致損害者
可請求一倍以下懲罰性賠償。第六章規定了七條罰則。違反消
保法的企業可處以罰款、勒令停業、刑事訴訟等懲罰。第七章
為兩條附則。

　　對照 1994 年的原法和 2003 年的增訂法，新法在許多方面增加了法律的清晰度和保護消費者的力度。例如在第 2 條的名詞定義，老法原有 10 個定義：消費者，企業經營者，消費關係，消費爭議，消費訴訟，消費者保護團體，定型化契約，郵購買賣，訪問買賣，分期付款。新法增加了兩個：定型化契約條款和個別磋商條款。又如，關於消費者權益的第二章，修改了六條並增加了四個附加條款。修改最多的是第二節定型化契約。7 條修改了五條並增加一個附加條款第 11 條之一，規定消費者在與企業經營者訂立定型化契約前，有三十天審閱時間。第五章第一節申訴與調解中的第 45 條增加了五個附加條款，將消費爭議調解委員會的調解程式具體化。

　　臺灣和大陸建立消費者保護法的日期相近。把大陸和臺灣的消費者保護法簡單對照一下可發現一些有趣的差異。第一，二者的宗旨有差異。大陸消保法的宗旨是 "保護消費者的合法權益，維護社會經濟秩序，促進社會主義市場經濟健康發展"（第 1 條）。臺灣的則是 "保護消費者權益，促進國民消費生活安全，提升國民消費生活品質"（第 1 條）。第二，臺灣的消保法在第二條規定了用於本法的主要名詞定義，而大陸的消保法在不同的地方給予定義。例如在第 2 條定義消費者，在第三條定義經營者，在第 31 條定義消費者組織等等。第三，關於消費者權益的條例，大陸的消保法依據國際流行的消費者權利進行定義，如安全權、知情權、退賠權等。也有一些中國特有的東西。如第 14 條，消費者在購買，使用商品和接受服務時，享有其人格尊嚴，民族風俗習慣得到尊重的權利。臺灣的消費者權益一章則根據消費活動劃分為幾個小節，在每一小節在給予具體規定。第四，大陸消保法對經營者的義務有專門一章共十條（第三章），對經營者的義務有詳細規定。臺灣的法沒有這一章，只是在第 10 條對經營者行為有所規定。第五，大陸的法對

消費者團體的定義為社會團體。在實踐上，大陸的消費者協會
是政府機構。因此，大陸法的關於消費者團體的規定類似於臺
灣的消費者保護委員會。但大陸的消協似乎沒有解釋法律和執
行法律的許可權，而臺灣的消保會具體規定了這方面的許可
權。並且，臺灣法規定的消費者保護團體是由民間自發組織的，
與政府沒有直接關係。第六，大陸法規定的通過消費訴訟的懲
罰力度小於臺灣法規定的。大陸法第 49 條規定，違法者可處以
一倍的懲罰性罰款。臺灣法的第 51 條規定，故意違法者將處以
三倍以下的懲罰性罰款。值得注意的是，大陸的打假英雄王海
就是根據第 49 條告了許多國營商店而名揚神州。第七，大陸法
的第 54 條明確規定，農民購買，使用直接用於農業生產的生產
資料，可參照消保法。而臺灣的法對農民沒有這一規定。

五、與美國和大陸中國消費者保護的異同

　　除了上述海峽兩岸消保法的差異，臺灣與大陸及美國的消
費者保護還有其他異同點。

　　1. 臺灣消費者保護運動的起源始於民間。1980 年消費者文教
　　　基金會的成立可以標誌著臺灣有組織的消費者保護運動的
　　　開始。這一點與美國有些相像。美國的消費者保護運動歷
　　　史可以追溯到 19 世紀末。例如，美國第一個全國性的消費
　　　者組織全國消費者聯盟（National Consumer League）成立
　　　於 1899 年。美國歷史上後來幾次消費者運動的高潮也源自
　　　民間。例如，Ralph Rader 在 1965 年出版了一本題為《任
　　　何速度也不安全》的書。書中第一次將由汽車事故造成傷
　　　亡的原因歸咎為汽車設計，從而引起社會對汽車安全消費
　　　的關注，導致美國政府通過要求汽車裝配安全帶等一系列
　　　有關汽車安全的法律，並引發上世紀 60-70 年代消費者運

動的又一高潮。60-70 年代的消費者運動可說是美國歷史上消費者保護運動的最高潮。據統計，1965-1975 年間建立和實施的消費者的消費者保護法超過 1965 年前 75 年的總和。目前在美國國會立法過程中積極活躍為消費者利益說話的美國消費者聯合會（Consumer Federation of America）也成立於那個時期（Garman, 2003）。與此對比強烈的是中國大陸的情況。中國的消費者保護運動是由政府發起，自上而下的。標誌中國消費者運動開始的中國消費者協會成立于 1984 年。中消協及下屬二千多個省、市、縣、區的消費者協會均為政府機構。中國幾次大的消費者保護活動，如八十年代中期的假藥假酒案及近期的劣質奶粉案，也是由政府機構發起和組織的（肖經建，1986；Xiao, 1997）。

2. 臺灣政府在消費者保護方面起到許多關鍵作用。這點有與大陸中國相似而與美國有異。第一，臺灣與大陸均有全國性的消費者保護法。第二，根據消保法，臺灣和大陸的各級政府均有相應的消費者保護機構。二者有差異的地方是，臺灣明確宣稱消保法是保護消費者利益的基本法，其他法律法規均以消保法為基準進行調整。大陸在這方面沒有明顯的規定。而美國沒有全國性的消費者保護法，因此也沒有聯邦一級的專門的消費者保護機構。美國聯邦許多部門內設有消費者教育的機構。美國在七十年代消費者運動高潮中提出過建立聯邦消費者保護法，但一直沒能在國會通過。有幾個聯邦部局傳統上認為是消費者保護機構，如聯邦商務委員會（FTC），食品和藥品管理局（FDA），消費者產品安全委員會（CPSC）等。FTC 主要實施有關反托拉斯及反對市場欺詐和虛假廣告的許多法律。FDA 主要執行有關食品、藥品、醫療器械等的安全法並制定和監測這些消費產品的安全標準。CPSC 為數千種消費商品，如

　　家具、服裝、玩具等制定和監測安全標準。另外，美國有
　　些州有專門的消費者事務部或在州公安廳（Attorney
　　General's Office）有消費者事務分部，接受個體消費者投訴。
3. 臺灣的消費者問題由於臺灣的特殊地位既有一般性也有特
　　殊性。一方面，臺灣的消費者問題與發達國家如美國相似。
　　如關於信用卡及其他金融詐騙問題。美國消費者濫用亂用
　　信用卡已成為一個嚴重的社會問題。許多消費者由於濫用
　　信用卡失控，導致積累大量債務。美國消費者宣佈個人破
　　產的數量已達歷史最高。信用卡公司現在把目標對準在校
　　大學生。許多大學生由於濫用信用卡積累過高債務。為還
　　債而減少學習時間，增加勞動時間，從而影響功課。有些
　　大學生還因為個人財務信用不好而影響就業。大學生由於
　　不堪信用卡債務而自殺的案例也時有發生。臺灣消費者也
　　有類似問題。消基會就大學生使用信用卡問題曾向有關政
　　府部門呼籲，要求他們控制對大學生濫發信用卡。在美國
　　有關瘦身服務方面的消費者問題在臺灣的消費者投訴中也
　　經常出現。另一方面，臺灣有些消費者問題也與大陸的相
　　似，如傳銷中出現的問題。大陸有一陣傳銷盛行。許多捲
　　入傳銷的消費者為賺錢不惜欺騙朋友和親戚。有些傳銷的
　　商品本身就是偽劣假冒商品。臺灣也有類似問題。1998 年
　　消基會協助調查揭露一個傳銷假藥的公司，該公司最後因
　　欺詐罪受到司法起訴。臺灣消保會編輯的消費者手冊就有
　　如何識別正當傳銷公司和欺騙性傳銷行為（老鼠會）的常
　　識和管制機構的名稱和聯繫地址和電話。另外，臺灣的消
　　費者問題又有特殊的方面。一是與大陸相關，如到大陸旅
　　遊的問題，大陸進口的劣質產品問題。消基會曾受臺灣有
　　關部門委託，對到大陸旅遊觀光作風險評估。二是與其他
　　國家有關，如到國外留學遊學出現的問題。消基會通過召

開學者專家座談，向有關政府部門建議，制定海外遊學定型化契約樣本等方式，幫助消費者解決在海外留學遊學服務中出現的消費者問題。政府的消保會在其編印的消費者手冊中也有關於這方面的常識，注意事項及管制部門的名稱和聯繫地址和電話。

4. 臺灣政府支援和鼓勵消費者自我保護。臺灣的消保會鼓勵成立民間的消費者組織並鼓勵這些組織開展各種活動。消保會關於提供這些活動基金有專門條例。例如，"依本會消費者保護團體評定方法評定為優良之消保團體，在法定二年有效期限內，分二次提出申請，每年頒給新臺幣二十萬元獎勵金"。這點與美國 70 年代消費者運動高潮時相似。以這種方式來鼓勵消費者參與保護消費者利益的社會決策，加強消費者調和參與決策權。另外，消保會的組成規定有消費者團體代表，也為消費者參與決策提供條件。

5. 美國有學者將消費者組織通過是否讓成員受益和領導是否專業兩個維度分成四個類型（Herrmann, 1991）。臺灣的消費者文教基金會比較接近於成員受益，領導專業的類型，與美國的消費者聯盟（Consumer Union）相似。CU 的歷史比 NCL 短但比 CFA 長，成立於 1936 年。但 CU 在美國消費者組織中財力最雄厚，因為它出版《消費者報導》（Consumer Reports）。這個雜誌現已發行五百萬份，成為 CU 的主要財源。美國的幾個主要消費者組織似乎各有分工。CU 側重于提高消費者的資訊權，CFA 側重于參與決策權，NCL 側重于消費教育權。臺灣的消基會似乎在這方面更為全面。它關注的不僅僅是與商品消費有關的問題，還包括更為廣泛的消費問題。例如，最近它代表 77 個 SARS 受害者向政府提出賠償問題。代表消費者向政府提出賠償問題已不是第一次。此前，他們曾代表消費者就 1999 年地震受害向政府提出賠償。另外，有大量義工定期為消基會義務服務，這在美國的消費者組織較為少見。

六、結論

臺灣的消費者保護運動起步較晚但成熟較快。政府的消費者保護委員會在增訂法律和執行法律方面起了積極的作用。臺灣政府的消保會不但通過自己的各級機構執行消費者保護法，接受消費者投訴，而且協調有關政府機構，彙集有關機構的資訊並通過各種渠道傳遞給消費者。對民間消費者保護組織的扶持和獎勵也有助於消費者的自我保護。臺灣民間的消費者組織在消費者運動中起了不可替代的作用。以消費者文教基金會為例，他們的工作有時已超出傳統的從市場交易方面著眼的消費者保護組織，而向更廣泛的範圍發展。一個方面是積極從保護環境的角度發起各種消費者資訊和教育的活動。另一方面從監督政府的角度，為作為政府產品和服務的消費者爭取利益。另外，臺灣民間消費者保護組織的活躍和有效也與眾多的普通消費者作為義務工作人員的積極參與有密切關係。

參考文獻：

1. 臺灣的消費者保護法（1994 年訂，2003 年增訂）。
2. 消費者權益與保護國際圓桌會議（2003）。國立政治大學，臺北，臺灣。
3. 消費者文教基金會（2002）。我們正在創造歷史：財團法人中華民國消費者文教基金會簡介。臺北，臺灣：消基會。
4. 消費者文教基金會網址：http://www.consumers.org.tw
5. 肖經建（1986）。論中國消費者運動（碩士論文）。中南財經大學，武漢，中國。
6. 行政院消費者保護委員會網址：http://1950.cpc.gov.tw/

7. 中國大陸的消費者權益保護法（1993 年訂）。

8. Friedman, M. (1991). Research on consumer protection issues: The perspective ofthe "Human Sciences". Journal of Social Issues, 47(1), 1-19.

9. Garman, E. T. (2003). Consumer Econonic Issues in America (8th ed.). Mason, OH: Thomast Custom Publishing.

10. Herrmann, R. O. (1991). Paricipation and leadership in consumer movement organizations. Journal of Social Issues, 47(1), 119-133.

11. Xiao, J. J. (1997) Chinese consumer movement. In Encyclopedia of consumer movement (pp104-109). Santa Clara, CA: ABC-CLIO.

12. Xiao, J. J., Higa, M., Hong, G., Widdows, R., Tso, H., & Malroutu, L. (1994). West meets east: Practices of consumer protection in Asia. Consumer Interests Annual (pp355-356). Columbia, MO: American Council on Consumer Interests.

臺灣經濟建設中的勞工和勞工法

田 憲 生

美國丹佛大都會州立學院

摘要：二十世紀後半葉，臺灣在經濟發展方面的成就是有目共睹的。
在此發展過程中，臺灣的勞工階層發揮了巨大的作用。這支教育水平相當高
的勞動大軍通過自己的辛勤勞動，極大地推動了臺灣經濟各個方面的發展與
壯大，同時亦不斷地改進自己的生活水平並促進了臺灣的政治民主化進程。
同時，臺灣政府的經濟政策，教育政策和勞工政策也都在臺灣的經濟起飛中
起到了極大的引導、促進和鞏固作用。本文將嘗試對臺灣的勞工、勞工運動
和臺灣政府的勞工法律在臺灣經濟發展中的作用進行初步的探討，也希望能
喚起學界同仁與各方人士更大的關注並促進我們對臺灣進一步的瞭解。

　　研究亞洲的學者一般都同意如下共識：臺灣作為一個資源並不豐富的小島，在二十世紀後半葉在經濟和政治等方面都取得了巨大的成就。在相對短的時間裏，臺灣從一個以農業為基礎的社會飛速發展成為當今世界上工業化，國際貿易和高科技發展等各個方面領先的經濟實體之一。在此期間，臺灣人民的生活也發生了巨大的變化：從農村走入城市，接受更好的教育，生活水平得到大幅度提高。同時，臺灣人民也為自己社會中各個方面的民主化發展感到由衷的驕傲。臺灣與周邊離島共有面積 36,179 平方公里（與荷蘭面積相仿），人口二千三百萬，自然資源並不豐富。但是，臺灣在近半個世紀以來所取得的成就確實驚人的。自 1950 年代以來，臺灣經濟以 8.4%的年增長率持續發展，成為世界上維持最好的經濟實體之一。即使在近幾年東南亞地區金融危機的影響下，臺灣仍舊是恢復最好的。臺灣官方 2000 年公佈的人均國民總產值（GNP per capita）已達 $14,188 ，而標識社會財富分配情況的基尼指數（GINI coefficient）仍保持在 0.371 左右。[1]考慮到臺灣地理面積和人口十分不利的比率，不少學者指出臺灣成功的經濟起飛很大程度上歸功於臺灣人民的卓越貢獻，因為這是 "臺灣從貧窮到富裕，從落後到先進的發展過程中最重要的資產" 。[2]學者們還指出，長期的儒家文化，傳統的家族觀念，日據時期遺留下來的教育體制，以家庭為基礎，以出口為中心的 "衛星工業" 體系，以及臺灣政府所制定的與勞工相關的政策法律和教育政策都在臺灣的經濟起飛中發揮了積極的作用。

---

[1] John F. Cooper, Taiwan: Nation-State or Province? (Westview Press, 1996), p. 131. 于宗先，〈臺灣的故事〉，第一頁。

[2] Paul Liu, "Science, Technology, and Human Capital Formation"in Gustav Ranis ed. Taiwan: From Developing to Mature Economy (Westview Press, 1992), p. 360-361.

　　毫無疑問，一支受過良好教育的勞動大軍是臺灣經濟發展過程中最可貴的資產。傳統儒教一向鼓勵勤儉和教育，這在臺灣和大陸都是一樣的。而一向被認為對現代化發展有阻礙作用的家族體系，在臺灣政府巧妙的運作下不但沒有影響臺灣的經濟發展，反而促進了臺灣國際化的進程。自1895年臺灣被日本佔據以後，尤其是1902年日本政府決定在臺灣實施大規模的改革計劃後，臺灣的教育體制開始從傳統的禮教學習向現代西方的教育模式過渡，即向注重科學技術和實用性教學的方向發展。與此同時，婦女受教育的機會得到很大的改善。1902年臺灣在校就讀學生人數只占學齡人口的 3.21%，而到了第二次世界大戰結束時，這一數位已上升到 71.31%（其中男性學生占 80.86%，女生占 60.94%）。更重要的是，人們對教育的態度有了很大的變化，開始更加注重科學技術、機械常識和現代化企業管理，而不只是單純的理論學習了。這一轉變的直接後果是臺灣勞動人口中"能讀'寫'計算和進行科學研究，將新技術應用到實際生產當中並在企業管理中更加注重經濟因素"的人數大大增加了。[3]

　　1949年，國民黨政府在大陸戰敗退守臺灣，但在臺灣推動教育發展的努力並未停止。與土地改革和工業發展一起，教育被列為國民黨政府最重要的任務之一並得到相對數量的資金。教育資金在臺灣國民總產值中的比率從1950年代到1990年代基本上是逐年增長。例如，1951年這一比率是 1.73%（約合新臺幣44億元），到了1998年，此比率已增至 6.55%（新臺幣55.7億元）。對教育的一貫重視使臺灣今天擁有 7,700 所學校（包括小學、初中、高中、各類技術學校和大學），在校學生人數超過五百萬。從地理面積來看，就是說臺灣每一千平方公里就有學

---

[3]　行政院新聞局，〈中華民國一覽〉，第 110-112 頁。

校 214 所。1988 年，臺灣約有 365,000 學生從初中畢業，其中 340,000 人升入高中或技校（占 94%）。同一年，84,000 高中生畢業，其中 56,000 人進入高等院校學習（占 67.5%）。而從技術學校畢業的 159,000 學生中，39,000 繼續進入高等院校學習（占 24.7%）。無論如何解讀，這些數位只能說明臺灣的教育事業已經趕上了許多發達國家或者說與其並駕齊驅了。這一發達的教育體制給予年輕的一代充分的準備，一旦進入勞動市場，他們將進一步推動臺灣的經濟發展。

臺灣的經濟起飛可以追溯到 1950 年代早期。這一期間，臺灣政府的工業發展十分注重"進口替代"政策，也就是說，對進口產品嚴格限制以節省外匯和保護民間企業的發展，並逐步建立工業基礎。此外，政府還設立低利率貸款幫助許多民間企業。總的來說，"進口替代"政策保護並刺激了自己本土的工業，同政府的土地改革政策一起很快地穩定了經濟形勢，並為 1960 年代的經濟起飛打下了基礎。進入 1960 年代以後，臺灣的出口工業飛速擴大，1953 年至 1989 年平均每年 18-19%長率發展。1980 年代末，臺灣外貿已占國民總產值的 78.8%（1952 年只占 23%）。[4]

與政府發起的企業一樣（如高雄出口加工區等），許多以家庭為基礎的"衛星工廠"對臺灣的經濟起飛也做出了很大的貢獻，而婦女尤其表現突出。1960 年代和 1970 年代，政府提出"變客廳為工廠"的口號，成千上萬普通民眾，包括大量婦女，開始加入工業勞動大軍。他們不分晝夜工作，拿極低的工資，飽受剝削，而且由於家族關係的原因受到嚴格控制，根本無法組

---

[4] Thomas B. Gold, "Taiwan: In Search of Identity"in Steven M. Goldstein ed. Mini Dragons: Fragile Economic Miracles in the Pacific (Westview Press, 1991), p. 29.

織如何有意義的勞工組織和勞工運動。[5]正如學者們指出的，臺灣的"經濟奇蹟"其實就是建立在這些"小規模，以家庭為中心，以出口為方向"的衛星工廠中千千萬萬工人的辛勤勞動之上的。儘管這些小工廠使許多臺灣民眾擺脫了赤貧的經濟狀況，並使臺灣的經濟在國際競爭中得分，但必須承認，這些成績卻是在廣大工人飽受剝削而無處揚聲的情況下取得的。[6]

　　臺灣政府在不同時期的政策都程度不同地為臺灣的經濟起飛做出了貢獻。二次大戰之後，大量美援和有利的國際貿易形勢除外，政府的"求生存，求發展"的口號很大程度上幫助臺灣穩定了局勢，使政府能夠越來越多地重視民眾的教育。例如，1960 年代，政府要求臺灣所有的工人必須至少受過六年教育。1968 年，這一要求上升到九年教育。毫無疑問，這一政策極大地提高了臺灣的勞工質量。除此之外，政府還不斷對各項經濟政策做出調整以應付時刻變化的局勢。例如，1960 至 1970 年代，政府逐漸放棄中央計劃經濟的模式，開始向市場經濟方向發展，並開始了臺灣"面向世界"的走向。五、六十年代的勞動密集型生產，逐漸由資本密集型生產所代替，"先輕（工業）後重（工業）"的工業轉化政策也相當成功。當然，在這一過程中錯誤是難免的，但總的來說臺灣政府的經濟政策在幾十年中確實為臺灣的經濟發展引出了一條成功的路子。[7]

　　隨著臺灣經濟的起飛，一個新的勞工階層也誕生了。但是，與其他發達國家甚至發展中國家相比，臺灣的勞工階層卻從來沒有形成一個影響局勢的勞工運動。不少研究者曾花了不少時間研究這一現象。他們之中有人注意到臺灣工人避免與雇主發

---

[5] Hsiung Ping-chen, Living Room as Factories: Class, Gender, and the Satellite Factory System in Taiwan (Temple University Press, 1996), p. 111-129.

[6] Ibid., p. 145-146.

[7] 于宗先，〈臺灣的故事〉，第 27-34 頁。

生衝突，是因為他們大多數都是小型私人企業如 "衛星工廠"
的雇員。而這些 "衛星工廠" 則幾乎全部是家庭企業，依靠家
庭成員的合作運行的。大部份工人，尤其是女工，從來也沒有
把自己看成是真正的工人。還有許多工人只是想工作一段掙上
一筆錢去開辦自己的工廠而已。這些以家庭為中心、以家長制
為管理體制的小工廠員工流動性極大。這樣就成功地阻止了真
正的無產階級的形成，當然也就使工人階級意識的形成機會變
的很微小了。[8]許多人（包括相當多的工人）也意識到並同意勞
資之間的關係不應搞得過於緊張，因為頻繁的勞資衝突會減弱
臺灣產品在世界市場上的競爭力，而勞資之間的 "和睦" 關係
幾乎就成了臺灣經濟是否能夠生存下去的問題了。

　　當然，1987 年以前臺灣的政治形勢對任何有組織的勞工運
動也是十分不利的。

　　國民黨政府在與共產黨鬥爭中建立起來的戒嚴法，1949 年
以後也來到了臺灣。根據政府規定，工會的組成是得不到政府
鼓勵的，罷工更是絕對禁止的。雖然臺灣確實有一個 "中國勞
聯" （CFL），而且各個行業的工會都必須屬於它，但在人們眼
裏，這個工會只不過是政府的裝飾花瓶而已。因為超過一半的
工會領導人是國民黨員，許多還是國民黨控制的立法院成員，
工會的資金來源主要是政府資助，而且它從來也沒有組織過任
何罷工行動。[9] "勞聯" 自從在 1949 以前在大陸建成以後一直
追隨國民黨，即使到了臺灣以後也還是一直忠實於國民黨的領
導。但這並不是說，勞聯什麼也沒作，毫無權力，因為它確實
與不少雇主打過交道，反映工人的抱怨（但從來沒有討論過工

---

[8]　Gold, "Taiwan: In Search of Identity"in Goldstein ed. Mini Dragons, p. 34.

[9]　Ibid, p. 60; Also see Gary S. Fields, "Living Standards, Labor Market, and
　　Human Resources"in Ranis ed. Taiwan: From Developing to Mature Economy, p.
　　417.

資的問題)。總的來說,勞聯不能、也不可能代表臺灣廣大工人的利益向雇主討價還價,而在多種情況下受到政府保護和支援的資方一直占主導地位。

　　然而,臺灣工會的會員人數與其他國家相比反而是相當高的。例如在 1987 年(戒嚴法廢除的一年),臺灣工會會員達一百八十七萬,並一直在不斷增長。另外由於工人對正式工會的不滿還有不少獨立於正式工會之外的盟、會在不斷組成。一個自稱為臺灣勞工運動同盟的獨立工會也建立起來了,主要代表一些想與正式工會區分開來的行業工會。1990 年代,百分之三十四的臺灣工人屬於某一工會,而美國工人中只有百分之二十是工會會員。[10]同時,工會的影響力自 1970 年代也開始逐步上升,雖然 1975 年政府頒佈的勞工法依然對勞工運動設置了許多障礙。例如,這一勞工法規定行業工會只能在單一企業中組成,這樣組成全國範圍的行業工會就成為不可能的事情。由於工會在改善工人工資、工作時間和工作環境方面無能為力,加上政府經常支援資方的立場,因此,臺灣在 1987 年以前不存在任何意義上的勞工運動。

　　1987 年,國民黨政府最終廢除了戒嚴法。1988 年,罷工也被承認為合法行為。

　　1980 年代晚期和 1990 年代早期,臺灣經歷一場"中等程度"的罷工潮。這次工潮涉及鐵路、公共汽車、郵政等主要行業,但工潮的根本目的是爭取工人的權利而不是關於工資。可以說,自 1980 年代開始的政治民主化浪潮和不斷增長的勞力短

---

[10] Walter Glenson, Labor and Economic Growth in Five Asian Countries: South Korea, Malaysia, Taiwan, Thailand, and Philippines (Praeger, 1992), p. 60-61. Also see Ranis ed. Taiwan: From Developing to Mature Economy, p. 417. 由於不同學者採用不同統計方法,所以所得出的工會會員人數不盡相同,但總的趨勢是一樣的。

缺現象，推動了臺灣的勞工運動。因為政治民主化造成了反對
黨挑戰政府權威的局勢，勞動力短缺的現象也大大縮小了雇主
的機動空間。自 1987 年以來，臺灣有一千二百個工業工會和二
千三百個行業會、盟誕生。1987 年和 1989 年，勞工黨和工人黨
分別組成，但由於它們比較激進的政治觀點，廣大工人對它們
並沒有給予很大的支援。臺灣的勞工運動是否能在臺灣社會中
取得重要地位如今仍然是學者辯論的焦點。

　　不過臺灣政府倒是對勞資關係的前景十分樂觀，並一直致
力於促進雙方的 "和睦關係"。1984 年頒佈的《勞動基準法》
和其他法則顯示出政府確實是在努力改善勞資雙方的合作關
係，該法的基本目的就是 "提出最低工作環境基準，保護工人
權益，加強勞資關係，並促進社會和經濟發展。" 臺灣各黨派
領袖也都基本同意保持勞資 雙方之間的良好關係是臺灣企業
生存和臺灣經濟保持其競爭力的大事，因為頻繁的勞資衝突只
會引起企業移往外國，造成更多的失業，對臺灣經濟、社會的
持續發展十分不利。[11]

　　為了實現勞資關係和睦的目的，臺灣政府在制定新的和改
進老的勞工法方面下了不少功夫。例如，截止到 2000 年，1984
年頒佈的勞動基準法已經經歷了四次修訂，勞工保險條例得六
次修訂，而勞資爭議處理法和工會法分別經歷了五次和八次大
規模的修訂。[12]截止到 2002 年夏，臺灣政府共頒佈了 70 多部有
關勞資關係、工作環境、勞工福利、勞工保險、工作場所安全、
勞工檢查、職業訓練和考試、職業介紹、殘障工人照顧等法律
和規定。[13]

---

[11] 于宗先，〈臺灣的故事〉，第 61-63 頁。
[12] 勞工委員會，〈勞工法規輯要〉（臺北，2002）。
[13] 勞工委員會，〈勞工法規輯要〉（臺北，2002）。

　　根據這些法律規定，任何有三十名工人以上的工廠或單位都應有工業或行業工會。（讀者注意，許多小型、以家庭為中心的工廠通常不會有三十名工人。）所有十六歲以上的工人都有權利和義務參加本行業的工會，雖然不參加工會也不會受到任何懲罰。當然，公職人員不包括在此之內。這些法律規定也為工人提供了詳盡的保護和權益，並且澄清了勞資關係中許多過去不甚明瞭的規定。例如，新頒佈的法律對工傷事故賠償和最低工資規定都給予清晰的解釋，雖然不少人指出目前的問題是如何貫徹執行這些法規，尤其是最低工資問題。新法規還規定，工人在一單位工作一定時期以後（各行業不同）均可享受法律規定的相關福利。不過，人們也注意到，不少雇主常常在工人達到符合享受福利的規定年限以前將他們解雇。新法規對退休福利也作了詳盡的規定。例如，工人在一家工廠工作十五年後（總工作年數超過二十五年以後）並年齡超過五十五歲，均可享受退休福利待遇。但是這一規定也有一大問題：臺灣很多企業根本無法生存十五年以上，而且不少雇主無法按規定及時將資金轉入企業的退休基金帳戶。[14]隨著臺灣勞動力的逐漸老化，這已經成了臺灣政府急需解決的問題。由於東南亞各國有力的競爭，尤其是近年來自中國大陸方面的激烈競爭，臺灣作為廉價勞力市場的地位已經一去不復返了。臺灣政府和人民所面對的挑戰是嚴峻的，所以近年來臺灣的政府官員、學者、勞工領袖等都在努力尋求可行的解決方法，以便找出一條維持臺灣經濟持續發展的路子來。[15]

---

[14] Cooper, Taiwan: Nation-State or Province? p. 132-133. Fields, "Living Standards, Labor Markets, and Human Resources"in Ranis ed., Taiwan: From Developing to Mature Economy, p. 418-426.

[15] Fields, p. 426.

　　儘管面對許多棘手的問題，臺灣在世紀之交在各個方面的表現還是十分令人曙 目的。根據行政院勞工委員會提供的資料，臺灣的勞動人口已經經歷了許多質量上和數量上巨大變化。例如：臺灣 1960 年的在職職工人數是 3,473,000，而到了 2000 年，這一人數已增長到 9,491,000（其中男性占 60%，女性 40%）；全部男性人口的 70% 和女性人口的 46% 屬於勞動大軍的一員。勞動人口中受過高等教育的比例已從 1964 年的 3% 上升到 2000 年的 27%。勞工人口的內部組成也經歷了巨大的變化：

　　1960 年至 2000 年之間，服務行業雇員從占總勞動人口的 29% 上升到 55%，從事工業生產的人數也從 21% 增長到 37%，而從事農業生產的勞動人口則在同時期從 50% 下降到 8%。這與發達國家的發展進程極其相似。臺灣的失業率一直比較低，常年保持在 2% 上下。但自 1995 以來由於臺灣和世界經濟結構性的變遷以及近年來世界範圍的經濟蕭條，臺灣的失業率也有了較大幅度的上升。過去幾十年來，臺灣工人的收入的上升也是令人羨慕的。1960 年臺灣勞工的月平均收入是新臺幣 8,847 元（NT$8,847），到了 2000 年已升至新臺幣 41,874 元（相當於 1,341 美元，增長 3.73 倍）。同時期工人每月勞動時間卻大幅度下降，從 1980 年的每月 215 小時降至 2000 年的 190 小時。自 1950 年勞動保險法施行以來，多於 394,000 家企業參加進來，為 7,830,000 工人提供了保險。政府還啟動了低利率貸款，幫助職工購買或建造自己的住宅。截止到 2000 年，政府已發放了價值新臺幣 2,368 億元的貸款，使 169,000 個家庭受益。由於政府對安全工作場所的重視，工傷死亡人數大幅度下降：1989 年 871 人死於工傷，到了 2000 年，這一數位已下降到 647 人。為了幫助工人適應新時代工作的要求，尤其是在高科技工業方面，臺灣政府已在全島建立了 13 所職業訓練中心。除了這些訓練中心以外，許多私營企業、組織和學校等也都發起了職業再訓練專案。至 2000 年，多達 675,000 人（包括失業職工，老年人，婦女，原駐民，以及殘障人士）受惠於這些職業訓練專案。[16]

2000 年五月，臺灣政府又頒佈了幾條有關勞工的新法規，其中包括兩性工作平等法和重新訂立的勞工保險條例。前者基本上與任何發達國家的兩性平等法相同，不但貫策了"同工同酬"的原則，而且十分認真地對待諸如職稱評定平等對待和防止工作場所性騷擾等事項（婦女每月"例假"期間甚至可以享受一天假期）。而新的勞工保險條例則為工人失業期間提供失業補助，職業再訓練和醫療保險等。不管怎麼說，臺灣政府在照顧勞工方面所做的工作是相當不錯的。[17]為了面對二十一世紀新的挑戰，保持臺灣經濟的發展勢頭，臺灣政府最近又為自己設立了三個新的目標。這三個目標（同時也是政府"施政主軸"）分別是：

1. 有準備的勞動力
2. 安全的工作環境
3. 人性化的勞動條件

根據臺灣政府對這些施政主軸的解釋，臺灣勞工在二十一世紀將面對經濟自由化、全球化的發展趨勢，所以必須具備"知識化且有彈性的工作能力"才不會在競爭中被淘汰。而"改進勞工安全衛生設備，推動自動檢查機制，減少災害發生，降低職災率"則是保障勞工能在安全的環境中工作的必要條件。同時，為了達到經濟發展的目的——提升人的生活福旨，勞工作為經濟生產的主體應該受到合乎人性的待遇，而政府的職能就是"極力促成勞資雙方基於相互尊重，共同建立人性化的管理

---

[16] 勞工委員會，〈中華民國勞工情勢要覽〉，第 4-10 頁。
[17] 勞工委員會，〈兩性工作平等法及附屬法規〉，〈勞動保險法〉（臺北，2002）。

制度。"[18]這些新的施政方針無疑將在提高勞工的競爭力和改善勞動環境、工資、退休福利、健康保險方面起到積極的作用，從而促進勞工體系的民主化。

回顧二次大戰以來臺灣勞工的發展史，人們不得不承認其巨大的進步，而其經驗也確實值得其他國家尤其是發展中國家學習。雖然臺灣戰後發展的計劃受到西方較大的影響，但毫無疑問也有其十分獨特的地方。鑒於缺乏自然資源的環境，臺灣充份利用了自己特有的財富，那就是教育程度較高的勞動力，不但克服了自然條件的先天不足，而且在幾十年中創造了巨大的財富。同時，由於意識到和平和穩定是吸引外資的基本條件，所以二戰以來臺灣政府總是竭力創造和維護勞資之間的和睦狀況，雖然這常常意味著一些民權的喪失（如戒嚴法期間），而勞工則經常是吃虧的一方。不過這種和睦環境確實起到了促進積極發展的作用，並為臺灣在發達國家、地區之中謀得一席之地。

當然，臺灣今天也面臨著其他發達國家所面臨的各種問題。例如，高速的發展和人口的大幅度增長開始威脅自然環境，而經濟發展帶來的財富也引起諸如"貧富不均、生活糜爛、色情與吸毒泛濫、暴力與搶劫頻傳、家庭離散增加"等等現象。同時，"爆發戶"心態和"白吃午餐"心理和忽視工作倫理等等現象也在威脅著臺灣經濟的發展勢頭。臺灣由於近年來已經失去了廉價勞動力的優勢，並於最近加入世界貿易組織，所以未來所面臨來自全世界的競爭也是可以想象的。臺灣同大陸的關係也是臺灣經濟持續發展的一大挑戰，如果不能妥善對待、改進，勢必造成一系列的損害。意識到這些問題，臺灣政府在改進福利、教育和勞資關係的同時，也大力提倡傳統的勤儉奮發的美德，"富不過三代"已經成了許多人的口頭禪。總之，我

---

[18] 勞工委員會，〈中華民國勞工情勢要覽〉第 14-15 頁。

們今天可以看到臺灣政府和民眾確實是在努力保持經濟發展的
勢頭，並積極地為世界經濟的共同發展貢獻力量。[19]

[19] 于宗先，〈臺灣的故事〉，第 58-74 頁。

第二部分

兩岸關係與兩岸政策

用對策論分析臺灣問題

聶　光　茂

美國斯蒂爾門學院

摘　要：

　　此文將臺灣問題視為三個棋手：大陸、臺灣、以及美國之間的一場博弈。文章檢查了這三方的戰略目標與策略手段。北京的目標是重新實現統一。為此它有兩個策略手段來實現這一目標：和平統一與使用武力。臺北方面在確定其對大陸問題的政策上有極大的分歧，從而形成兩個互相對立的戰略目標：獨立與統一。究竟推行那一個目標則由執政黨的政治傾向來決定。其策略手段的應用則與其戰略目標向一致。華盛頓方面也有兩個交替使用的戰略目標以及與之相適應的策略手段：一是通過與中國進行"接觸"的政策來維護台海地區的和平與穩定；另一個替代的政策是通過打臺灣牌來"遏制"中國。通過分析這三位棋手間的戰略互動及計算它們互動後的獲利或受損的回報值，該文章的結論是在無美國介入的情況下即使臺灣方面由獨派掌權，大陸和臺灣最終實現和平統一是合呼邏輯的結局。在三方對局的情況下（此時我們假定臺灣一方是由傾向獨立的政黨主政），我們先假設美國執行與中國大陸交往的政策。這意味著美國執行"一個中國"及不支援臺灣獨立的政策。同時按臺灣關係法向臺灣出售武器。這樣的結果一方面限制了臺灣走向獨立，另一方面減少了中國大陸使用武力攻打臺灣時獲勝的機會。從而使台海兩岸的關係維持在一種不獨不統的暫時穩定狀態。如果華盛頓的決策者通過鼓勵臺灣獨立這張臺灣牌來推行遏制中國大陸的政策。其結果必然會引起一場臺灣海峽的戰爭。

一、引言

　　臺灣問題起源於 1946 至 1949 年間國共兩黨之間的內戰。1949 年，中國共產黨打敗了國民黨建立了中華人民共和國（以下簡稱中國或北京）。國民黨則退駐臺灣，並聲稱在臺灣的中華民國政府（以下簡稱臺灣或臺北）仍對整個中國擁有管轄權。1954 年，針對中國可能入侵臺灣，美國與臺灣簽訂了一項共同防禦條約。自 1949 年至 1990 年代，臺北與北京都遵循"一個中國"的原則。雙方都認為臺灣是中國的一部份，都致力於臺灣與大陸的最終統一。然而，北京與臺北在誰擁有對中國的主權這個關鍵問題上有分歧。作為臺灣問題對局的第三者的美國一直很深地捲入中國人的事務之中。在 1949 年前後的相當長的一段時間裏，美國一直是國民黨的盟友。自從 1949 年中華人民共和國成立，華盛頓拒絕承認新的北京政府，但卻支援臺北的立場，選擇承認只控制著千分之三中國領土與百分之二中國人口的臺北當局為代表全中國的合法政府。

　　在 1970 年代初，美國總統尼克松和他的國家安全顧問亨利・基辛格推行了一項新的"緩和與交往"的外交政策，用以取代過去二十多年中所推行的"冷戰與遏制"的政策。其結果，華盛頓的中國政策變為爭取與北京關係的正常化。美國的這一新的對華政策的直接目的是：第一，儘快結束不得人心的越南戰爭；第二，聯合中國以對抗蘇聯。在這一國際關係的大對局中，臺灣對美國來講其重要性要小得多。1979 年，華盛頓結束了它與臺北的外交關係，正式承認北京為中國的唯一合法政府。然而，美國在同一年裏又新訂立了一個《臺灣關係法》。通過該項國內的法律，美國繼續在軍事上支援臺灣。[1]

---

[1] 美國政府於 1979 年建立的"臺灣關係法"為美國向臺灣提供安全保障提供

　　1990 年代初，由於蘇聯瓦解及冷戰結束，中國作為美國遏制蘇聯的合作夥伴的價值消失了。與此相反，華盛頓不願意看到北京的共產主義統治幸存下來。不但如此，中國經濟的快速增長表明北京可能會成為美國的潛在的對手。[2]基於這樣的考慮，臺灣似乎能被美國用來遏制中國。其結果是美國向臺灣出售的武器不但質量上更先進，數量上亦有所增加。[3]美國事實上已成為臺灣武器供應的主要來源和在臺灣問題對局中的重要的參與者。

　　2000 年 3 月 18 日，臺灣民進黨候選人陳水扁被選為中華民國（臺灣）的第十任總統。作為一個主張臺灣獨立的政黨—民進黨贏得總統席位這還是第一次。這也是國民黨自 1949 年將其中華民國政府遷至臺北以來第一次失去了對臺灣的統治。在競選過程中，陳水扁宣稱臺灣不是中國的一部分，因為它（指中華民國政府統治下的臺灣）已經是一個獨立的國家。在贏得這場選舉後，陳企圖軟化他在中國問題上的立場。儘管在他的就職演說裏，陳沒有提及北京所關心的 "一個中國" 的原則，[4]但

　　了政策依據。依照該法，美國應向臺灣提供用於防衛的武器裝備。詳見 Winston Lord "The United States and the Security of Taiwan," U.S. Department of State Dispatch 7, no. 6 (5 February 1996): 30.

[2] 請參見 Richard Berntein and H. Ross Munro, The Coming Conflict with China (New York: Alfred A. Knopf,1997)；同時在美國，有相當大數目的保守的政治家認為中國是美國的一個潛在的敵人，他們的觀點可從引起轟動的考克斯報告中找到。請參見 U.S. National Security and Military/Commercial Concerns with the People's Republic of China, Select Committee, U.S. House of Representatives, Christopher Cox, Chairman (the U.S. Government Printing Office, Washington, D.C. 1999).

[3] 請參閱 Wei-Chin Lee, "U.S. Arms Transfer Policy to Taiwan: From Carter to Clinton," Journal of Contemporary China (Princeton University), vol. 9, no. 23 (March 2000): 53 – 75.

[4] 北京關於一個中國的最新解釋是，"世界上只有一個中國，臺灣與大陸都屬

他宣佈只要北京不對臺灣動用武力，臺灣不會尋求獨立。但是對北京來說，"一個中國"的原則是中國與臺灣和平相處的基礎。北京已經表達得十分清楚：如果臺灣當局搞獨立或無限期的拒絕與大陸討論統一，他將用武力來保衛其領土完整。[5]臺灣海峽因此而繼續存在著緊張局勢。中國與臺灣都準備著它們之間的一場戰爭的可能降臨。[6]

二、作為一場博弈對局的臺灣問題

　　對策論（或稱作博弈論）是研究多個策略間的相互作用的科學。它處理決策單元或局中人的優化決策問題。在多個決策單元中，沒有一個能夠對其他的決策單元施行完全的控制。但每一個決策單元所作出的決策往往會影響其他決策單位的決策。對策論所討論的問題包括在不同水平上的衝突、合作，或兩者兼有。在一場對局中，一個決策單元可以是一個個體，一個集體，一個公司，一個國家，或一個國家集團。

　　對策論自從 1944 年問世以來，[7]數以百計的有關對策論的書籍及文章已被發表。其中大部份文章應用對策論於經濟學方面的問題。然而有些有價值的論文已開始運用對策論於政治學

於一個中國，以及中國的領土不容分割。"

[5] 請參閱《北京周刊》2000 年三月六日第十六至二十四頁上刊登的中華人民共和國國務院臺灣事務辦公室與國務院新聞辦公室發佈的 "一個中國原則和臺灣問題" 的白皮書。該白皮書提出了北京對臺灣動武的三個條件：其一、臺灣以任何名義從中國分裂出去；其二、臺灣被某外國入侵或佔領；其三、臺灣當局無限期的拒絕通過談判和平解決海峽兩岸的統一問題。

[6] 請參閱 Susan V. Lawrence, "Breathing Space" Far Eastern Economic Review, June 1, 2000, 16-17.

[7] 一般認為近代對策論的奠基者是馮‧諾意曼及摩根斯坦。請參閱 John Von Newmann and Oskar Morgenstern, Theory of Games and Economic Behavior (New York: Jogn Wiley & Sons, Inc., 1944).

和國際關係的研究中。[8]這些研究揭示，以國家為決策單元的國際政治中，每個國家都追逐其自身的利益。為了實現最大的國家利益，一個國家可以應用經濟、外交及軍事威脅等不同的策略手段。

　　這篇文章是運用對策論於臺灣問題的一個嘗試。在這篇文章裏，臺灣問題被看作是由三個局中人：中國（或北京）、臺灣（或臺北）、及美國（或華盛頓）之間的一場博弈。由於每一場博弈的結局將受到每一個局中人各自所追逐的戰略目標及他們所用的策略手段的深重影響，所以，在下一節裏，在進行對策論分析之前，我們將先討論這些局中人的戰略目標及它們所採用的策略手段。

三、三個局中人的戰略目標與策略運用

　　以上討論簡要的介紹臺灣問題如何成為由中國、臺灣、及美國三方進行的一場博弈。這一節將討論這三個局中人所追求

---

[8]　請參閱以下有關書籍：Thomas C. Schelling, Strategy of Conflict (Cambridge: Harvard University Press, 1960); Martin Shubik, Games For Society, Business and War: Towards a Theory of Gaming (New York: Elsevier, 1975); Peter C. Ordeshook, Game Theory and Political Theory (New York: Cambridge, 1986); David M. Kreps, Game Theory and Economic Modelling (New York: Oxford University Press, 1990);　Robert Gibbons, Game Theory for Applied Economists, (Princeton, New Jersey: Princeton University Press, 1992); James D. Morrow, Game Theory for Political Scientists (Princeton, N. J.: Princeton University press, 1994); Pierre Allan and Christian Schmidt (eds.), Game Theory and International Relations: Preferences, Information and Empirical Evidence (Brookfield, VT: Edward Elgar Publisher, 1994); K. M. Fierke, Changing Games, Change Strategies: Critical Investigations in Security (New York: Manchester University Press, 1998); and Jon Hovi, Games, Threats and Treaties: Understanding Commitments in International Relations (Washington, D.C.: Pinter, 1998).

的戰略目標和他們所運用的策略手段，為在下面的兩節中的對
策論分析作好準備。

（一）中國

1. 戰略目標

　　中國政府在 2000 年發表的題為《一個中國原則和臺灣問
題》的白皮書和其他有關臺灣問題的官方文件裏，北京關於臺
灣問題的基本目標是實現與臺灣之間的和平統一。與臺灣之間
的重新統一一直是北京議事日程上第一位的戰略目標。北京政
府在 2000 年十月提出的中國在二十一世紀的三項中心任務
是：繼續推動國家的現代化建設，實現國家的最終（與臺灣）
的統一，以及維護世界和平與促進人類進步。[9]對北京來說，
臺灣問題關係到中國的主權、領土完整及國家尊嚴。北京的對
台政策一直得到中國人民的支援。[10]在中國的歷史上，特別是
從中國在 1842 年的鴉片戰爭中敗給了英國到 1949 年中華人民
共和國成立，中國曾經遭受西方列強和日本的多次入侵。[11]中
國人民飽嘗了由於領土完整和國家尊嚴的喪失所帶來的屈
辱。其結果，中國人民尖銳地批評那些割讓領土的領導人為賣
國賊，而褒獎那些對捍衛國家統一和維護領土完整者為民族英
雄。[12]1990 年代以來，中國的民族主義思潮再次湧現，並極大

9　〈十五展藍圖，新世紀三要務〉，《大公報》2000 年 10 月 12 日（電子版）。

10　從 1995 以來，在中國進行的多種民意調查顯示超過百分子九十五的大陸中
　　國人支援在必要時用武力解決臺灣問題。請看《解放日報》2000 年 3 月 17
　　日版（電子版）。

11　關於外國對中國的入侵及中國人對這段歷史的見解請參閱毛澤東的〈中國革
　　命與中國共產黨〉。該文章被收集於《毛擇東選集》第三卷。

12　舉例來說，李鴻章由於代表清朝廷在與外國人強加予中國的不平等條約上簽
　　了字而被中國人民指為賣國賊。張學良曾是中國國民黨的一位高級將領，由

地影響著中國人民在臺灣問題上的觀點。[13]所以，與臺灣實現重新統一已成為 13 億中國人的共同意願和國家優先考慮的事項。沒有一個中國領導人可以不採取必要的行動阻止臺灣獨立，而幸存於政治舞臺。基於這些因素，北京除了堅持與臺灣的重新統一沒有別的選擇。

除此之外，由於臺灣的經濟與大陸的互補性以及臺灣的地理位置，北京的領導人還有其他重要的戰略理由要與臺灣實現統一。作為亞洲四小龍之一，臺灣在中國大陸的投資以及大陸一臺灣一香港之間的貿易是中國經濟成長的重要因素。[14]在地理位置上，臺灣地處中國的前大門。如果臺灣被一個與北京相敵對的政治勢力所控制或被一個與北京相敵對的外國所佔領，該敵對勢力將利用臺灣來遏制中國。在此形勢下，中國朝向世界的這個前大門將被封鎖。當前，北京擔心美國與日本的聯盟會利用臺灣來遏制快速成長的中國。所以北京將不允許臺灣獨立或被任何外國勢力所控制。

於堅決主張低抗日本軍隊對中國的入侵而於 1936 年的西安事變中兵諫當時的中華民國政府的領導人蔣介石。事後被蔣長期監禁達五十多年。因而被中國人民譽為民族英雄。

[13] 關於自 1990 年代以來日益增長的中國的民族主義，請參閱宋強等人寫的《中國可以說不！》以及其他有關書籍。

[14] 請參閱 Suisheng Zhao, " Economic Interdependence and Political Divergence" in Suisheng Zhao, Across the Taiwan Strait: Mainland China, Taiwan, and the 1995-1996 Crisis (New York: Routledge, 1999); Enbao Wang, "The Economic Relationship between Taiwan and Mainland China" in Baizhu Chen and Shaomin Huang, The Asian Economic Crisis and Taiwan's Economy (Beijing: Jinji Chubanshe, 2000); David Shambaugh, Greater China: The Next Superpower? (New York: Oxford University Press, 1995). The Chinese worldwide believe that economic cooperation of the Greater China (the mainland, Hong Kong, Macao and Taiwan) is the key for China's revival.

2. 兩個策略手段

中國有兩個策略手段來實現與臺灣的統一：和平方法與使用武力。在 1979 年以前北京一直準備以武力解放臺灣。1979 年以後，隨著中美關係的正常化，北京轉為採用 "和平統一，一國兩制" 的政策來處理臺灣問題。首先，1979 年 1 月北京向臺灣當局呼籲以和平方式實現統一。北京提議雙方應先實行三通（即通商、通郵、通航）及四流（即學術、文化、經濟、及體育方面的交流）作為逐步消除雙方之間的對立以及增進相互理解的第一步。[15]在 1980 年代，當時中國的最高領導人鄧小平提出了用 "一國兩制" 的模式用來解決香港、澳門及臺灣問題。按照這一模式，作為一個特別行政區的臺灣在與中國重新統一後其目前的社會及經濟的系統將保持不變。臺灣將享有高度的自治權：它將繼續擁有它目前的行政、立法和司法權，以及某些外交事務權。除此以外，臺灣還可保留自己的軍隊。[16]在 1990 年代，北京在統一的條件上作了更多的讓步。它建議在一個中國的原則下，雙方可以討論任何問題包括統一後的國旗、國歌和國名。[17]

中國已經分別於 1997 年和 1999 年成功地將 "一國兩制" 的模式運用於香港（前英國殖民地）及澳門（前葡萄牙殖民地）回歸中國的實踐中。為了實現在 "一國兩制" 基礎上與臺灣的和平統一，北京當局鼓勵臺灣居民訪問大陸以增加相互瞭解。

---

[15] 請參閱中國大陸全國人民代表大會常務委員的〈傳給臺灣愛國者的資訊〉Beijing Review 22, no. 1 (January 5, 1979): 15-17.

[16] 按照北京提出的承諾，統一後，臺灣將享有比香港及澳門更多的自治權。例如，臺灣將保留它的軍隊以及臺灣的領導人將在中央政府中擔任象國家副主席這樣的重要職位。

[17] 臺灣至今一直延用中華民國的國名、國歌、及國旗，但沒有得到廣大國際社會特別是聯合國承認為一個擁有主權的國家。

可是奉行臺灣獨立路線的臺北的李登輝[18]及陳水扁政府採用各種政策措施企圖冷卻臺灣海峽兩岸間的社會與經濟交流。例如，1997 年臺灣總統李登輝提出了"戒急用忍"的政策，限制台商在大陸的經商與投資。[19]2000 年民進黨的陳水扁上臺後，推行著與李登輝類似的政策。三通及四流均進展緩慢。

但是很清楚，北京亦準備了在必要時使用武力對付臺灣的另一策略手段。為了警告那些主張臺灣獨立的勢力，北京在《一個中國的原則及臺灣問題》的白皮書中聲稱如果臺灣宣佈獨立，外國武力入侵臺灣，或臺灣當局無限期拖延談判和平統一，中國將會使用武力。[20]人們已經看到，由於民進黨在臺灣執政，島內主張獨立的勢力已經得到增強，北京開始重新檢查它的和平統一政策，並考慮使用武力實現統一的可能性。頻繁的針對臺灣的演習表明，北京已對使用武力予以極大的關注。

（二）臺灣

1. 兩個戰略目標

臺北的戰略目標比較複雜。民意調查的結果顯示，多數臺灣人既不贊成臺灣獨立，也不同意按照北京的一國兩制模式立即與大陸統一。臺灣的民眾認識到臺灣獨立將導致與中國大陸之間的一場戰爭。因此，他們害怕因為獨立而引起一場戰爭。但是，他們尚未準備好去接受臺灣成為中華人民共和國的一個

---

[18] 國民黨內的大多數黨員主張與中國大陸實現統一，但做為國民黨的主席與中華民國總統的李登輝，卻是一個堅定的主張臺灣獨立的領導人。自 1990 年代後期以來他的台獨傾向尤為明顯。

[19] 請參閱 Suisheng Zhao, "Changing Leadership Perceptions," in Suisheng Zhao (ed.), Across the Taiwan Strait: Mainland China, Taiwan and the 1995-1996 Crisis (New York: Routledge, 1999), pp. 99-125.

[20] 請參閱注釋 5。

特別行政區。多數臺灣民眾願意維持現狀並保持與大陸和平相處。[21]

　　實行明統暗獨政策的國民黨的李登輝總統自1990年代以來就開始領導臺灣朝向獨立。[22]1999 年李登輝在接受新聞媒體採訪時甚至提出了中國和臺灣是兩個國家的所謂的"兩國論"，將其台獨立場明朗化。由於北京的堅決反對以及美國表態不予支援，兩國論只好被擱置起來。但在李登輝的鼓勵之下，支援台獨的勢力在臺灣獲得了很大的擴張。這在某種程度上導致了民進黨的陳水扁在2000年臺灣的總統選舉中以微弱的多數擊敗了其對手宋楚瑜，從而贏得了這一選舉。與此同時，支援獨立的政治勢力在臺灣的其他各種選舉中亦贏得了較多的席位。

　　新當選的臺灣總統陳水扁自 2000 年以來，繼續奉行李登輝的獨立政策。他的政府拒絕接受 "一個中國" 原則。陳水扁本人甚至拒絕承認自己是 "中國人"。然而，基於來自北京以及島內主張統一的勢力的壓力，陳在他的就職演說中表示，只要北京不動用武力，他不會宣佈臺灣獨立。

　　除了主張獨立的民進黨，島內有兩個主要的反對黨：國民黨和一個在 2000 年新成立的親民黨。他們反對臺灣獨立，雖然他們並不完全同意北京提出的 "一國兩制" 的統一模式。這兩個黨加上反對獨立的新黨以及無黨派人士，他們在臺灣的 "立法院" 擁有相對多數的席位。他們對陳水扁的大陸政策常常予以抵制和反對。在 2004 年的總統選舉中如果反對台獨的勢力獲勝，臺北的大陸政策可能會變為以接受與大陸的和平統一為主導。

---

[21] 臺灣島內在有關統一、獨立等與中國關係方面的民意調查問題上總是引起各種爭議。但是占大多數的臺灣民眾在希望與大陸保持和平方面意見一致。
[22] 請參閱注釋18。

以上分析表明，臺北與大陸的關係的戰略目標可以是"統一"，也可以是"獨立"，決定於哪個政治勢力——親統一還是親獨立——在主導臺灣的大陸政策。

2.兩個策略手段

臺北的大陸策略手段應與其戰略目標相一致。如果親獨立的領導人贏得了對大陸政策的控制，他的戰略目標必然是朝向獨立。為了實現這一目標，臺北的策略手段可以有以下的內容：繼續保持與大陸的分離狀態，拒絕接受"一個中國"的原則，拒絕承認臺灣是中國的一部分，繼續開拓臺灣的國際空間，繼續爭取加入聯合國，繼續從美國或其他來源購買先進武器，以及通過院外活動企圖說服美國國會支援臺灣獨立。

如果親統一的領導人贏得了對大陸政策的控制，他的戰略目標應該是朝向統一。為了實現這一目標，臺北的策略手段可以有以下的內容：接受"一個中國"的原則，推動與大陸之間的三通與四流，與大陸談判正式結束雙方的敵對狀態，以及最終完成與大陸的統一。

（三）美國

1.兩個戰略目標

自 1979 年美國和中華人民共和國建立外交關係以來，華盛頓的官方中國政策以及它在臺灣問題上的立場就是所謂的美國的"一個中國"政策。這一政策可以被總結如下：(1)美國承認中華人民共和國是中國的唯一合法政府；(2)美國接受"世界上只有一個中國，臺灣是中國的一部份"的立場，不支援臺灣獨立；(3)在美中建交後不久，美國國會通過了一項特別立法，即

1979 年的《臺灣關係法》[23]——該法的關鍵點是它責成美國的
行政當局向臺灣提供臺灣自身防衛所需的能力以及在臺灣的安
全遇到危險時要與國會商討；(4)美國鼓勵台海兩岸進行和平協
商，並表示願意接受台海兩岸的任何和平解決辦法。

　　自 1979 年中美建交以來，從吉米‧卡特到喬治(W)‧布希
共六屆美國政府一直執行這樣一個 "一個中國" 的政策。與中
國這樣一個大國建立正常的關係符合美國的利益，但是如果中
國威脅用武力統一臺灣則不附合美國的利益。因此，為了限制
中國用武力攻打臺灣，華盛頓制訂了《臺灣關係法》。按照這項
美國的法律，美國在臺灣問題中把自己扮演成了一個保護人的
角色。[24]北京如用武力攻打臺灣將使美國這個臺灣的保護人處於
一種進退兩難的尷尬地位。

　　除了在臺灣問題上的這一官方政策外，在美國國會、新聞
媒體和學術界，在中國與臺灣問題上有著與行政當局不同的聲
音：他們認為應當遏制崛起的中國。[25]在這些勢力的壓力下，華
盛頓有時會偏離它的 "一個中國" 政策。例如在 1992 年，美國
貿易代表卡拉‧希爾對臺灣進行了一次突破性的訪問。她是自
1979 年中美關係正常化以來第一位訪問臺灣的內閣水平的美國

---

[23] 請參閱注釋 1。

[24] 請參閱 Michel Oksenberg, "Taiwan, Tibet, and Kong Kong in Sino-American
Relations," in Ezra F. Vogel (ed.), Living with China: U.S.-China Relations in the
Twenty-First Century (New York: W.W. Norton & Company, 1997), pp.53 － 96.
同時請參閱胡偉星的《海峽武力衝突後國際間的反應》，載於何頻主編的《解
放軍攻打臺灣》（Mississauga, Canada: 明鏡出版社, 1995），pp. 334-61.

[25] 例如，美國的傳統基金會曾發表了一系列親臺灣與反中國的文章。比如，理
查德‧費舍（Richard D. Fisher）解釋， "為什麼中華民國理應獲得美國的堅
定的支援"，其理由包括：一、臺灣是美國的第七大貿易夥伴；二、臺灣正
朝著完全的民主制度過渡這反映了美國的民主理念；三、臺灣的民主會對中
國有正面的影響。

官員。就在差不多同一時間，喬治・布希總統宣佈他已決定向臺灣出售一百伍拾架 F16 戰鬥機。這一項交易明顯違反了 1982 年八月十七日達成的美中聯合公報。1995 年，克林頓行政當局給予臺灣總統李登輝簽證，准許他訪問他的母校康奈爾大學，並在美國推行他的臺灣獨立主張。美國的這一連串偏離"一個中國"政策的行動，最終導致了 1996 年的臺灣海峽危機。[26]通過穿越臺灣海峽的導彈試驗，北京向華盛頓及臺北遞送了一個資訊，警告他們不要偏離"一個中國"原則。這一危機之後，華盛頓退回至他的"一個中國"政策。

　　然而，某些美國國會中的親臺灣的有影響的成員繼續推動改善美台關係，強調作為一個自由民主的臺灣在亞太地區的重要性。國會通過了一系列提升臺灣地位的決議。[27]例如，2000 年 2 月 2 日，美國眾議院以 341 對 71 的多數通過了《臺灣安全增強法》。[28]該法案要求華盛頓與臺北之間保持軍事上的直接接觸，要求國防部就對臺灣安全的威脅進行年度評估，並定期向國會提出報告。[29]2000 年 3 月 3 日，參議員羅伯特・托裏西利明確斷言，臺灣獨立是美國的利益所在，因為臺灣獨立可以被有效地用來遏制中國這一政治與軍事強權。參議員托裏西利的觀點可能代表那些支援《臺灣安全增強法》的議員們的聲音。

　　儘管某些國會議員在臺灣問題上有不同的聲音，美國政府

---

[26] 1996 年三月基於警告臺灣不要繼續滑向獨立，以及美國不要背離它的"一個中國政策"，中國向臺灣的兩個港口城市高雄和基隆周圍五十海裏的海面各發射了兩枚短程戰術導彈。

[27] 有關這方面的廣泛的討論，請參閱 Jian Yang, Congress and U.S. China Policy (Huntington, NY: Nova Science Publishers, Inc., 2000).

[28] 2000 年二月一日美國國會眾議院以 341 對 70 票通過了 2000 年臺灣安全增強法用以增強臺灣與美國的軍事關係。該法案預期將不會被美國參議院通過，所以將不會成為美國的法律。

[29] 請參閱 2000 年二月十一日的亞洲周刊（電子版）。

的基本目標是與中國建立一個積極的關係，並維護臺灣海峽周圍地區的和平。華盛頓非常清楚，臺灣海峽兩岸之間的對立有可能會將美國拖進一場戰爭。這是美國政府所不希望的。所以華盛頓必須十分小心地處理可能偏離"一個中國"的政策並防止轉向"遏制中國"的戰略目標。

2. 兩個策略手段

為了實現在臺灣問題上的兩個戰略目標，華盛頓採用了與之相對應的兩個策略手段。首先，為了實現"與中國建立積極的關係以及維護臺灣海峽和平與安全"的戰略目標，華盛頓採用了"一個中國"的策略。該策略包括美國堅持並重復它的"一個中國"政策，不支援臺灣獨立，但同時按照《臺灣關係法》向臺灣出售武器，堅持臺灣問題必須以和平方式解決，以及鼓勵臺灣海峽兩岸進行談判。其次，如果華盛頓用另一個戰略目標"遏制中國"來替代"與中國相接觸的"的目標，美國可以向臺灣出售超出自衛能力的先進武器，支援臺灣的獨立勢力，制定臺灣安全增強法用以增強與臺灣的軍事關係，並將臺灣納入提議中的戰區導彈防禦系統。

四、對策論分析之一：中國大陸－臺灣對局

在這篇文章裏，我們將臺灣問題表達成一個正規格式（Normal form）的博弈對局。為了簡化分析，我們先假定在這場對局中只有兩個博弈手：中國大陸與臺灣。在這場對局中，中國的戰略目標是實現與臺灣的統一。它有兩個策略選擇：和平手段（策略：和）及武力手段（策略：武）。臺灣亦有兩個策略：與大陸談判實現統一（策略：統）及拒絕談判與堅持走向獨立（策略：獨）。以下我們用四個水平的支付率來測量每個局

中人的盈利或損失：

　　—水平 3　　表示該局中人將獲得巨大利益

　　—水平 1　　表示該局中人獲得的利益將大於其遭受的損失

　　—水平-1　　表示該局中人獲得的損失將超過其獲得的利益

　　—水平-3　　表示該局中人將遭受重大損失

　　在圖一中的支付率表的每個小格內，第一個數位是中國獲得的支付率，第二個是臺灣獲得的支付率。

　　在前面的章節中，我們已經談到，不同的領導人在臺灣掌權，將帶領臺灣人民走向不同的戰略目標。傾向統一的臺灣領導人將統一視為獲利（支付率為 1），但會把從中國分離或獨立視為受損（支付率為-1）。與此相反，親獨立的臺灣領導人將獲得獨立視為獲大利（支付率為 3），但會把與中國實現統一視為一種損失（支付率為-1）。與臺北的見解相區隔，北京始終將和平統一視為最大的收穫（支付率為 3），但將臺灣從中國分離出去視為最大的損失（支付率為-3）。基於以上的這些認識，圖一給出了對應於每個結局的支付率。但是，沒有支付率被分配在圖一(a)和(b)的右下角的方格內，這是因為按照中國在臺灣問題上的政策，如果臺北接受與大陸統一，北京將不會使用武力對付臺灣。[30]

---

[30] 請參閱注釋 5。

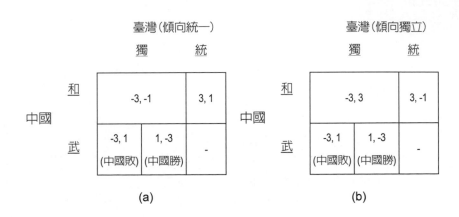

圖一　中國－臺灣對局

　　在圖一(a)中，我們假定臺灣的領導人是傾向與中國大陸實行統一的。所以臺北將與大陸實行統一視為對臺灣有利並將從大陸分離視為不利。北京的態度則不僅與臺北的親統一勢力相類似，而且更進一步將與臺灣實現統一視為獲大利並將臺灣從中國的獨立視為中國的一大損失。不難看出，假如臺灣的領導人傾向統一，產生支付率（3，1）[31]的策略對（和，統）[32]應是這場對局中的唯一的納希均衡解（Nash equilibrium）。它也是這一 "中國－臺灣" 對局中的唯一且穩定的優化解。

　　圖一(b)中的模型是基於假定臺灣的領導人是傾向於實行臺灣獨立的。所以臺北對與大陸實行統一視為對臺灣不利（支付率為-1），並將從大陸分離或獨立視為獲大利（支付率為 3）。[33]然而，如果臺北選用獨的策略，北京幾乎可以肯定會採用武

---

[31] 中國獲支付率 3，臺灣獲支付率 1。

[32] 中國採用策略和，臺灣採用策略統。

[33] 舉例來說，主張獨立的臺灣民進黨將臺灣能在和平中贏得獨立視為該黨的最

的策略，因為我們已在上一節中談到，臺灣獨立將給中國帶來極大的損害，包括失去領土完整、主權與民族尊嚴，使中國的支付率跌至-3。如果北京採用武的策略，其結局對北京與臺北雙方都是未知數，只有等戰爭結束才能有結果。圖一(b)的左下角給出了在兩種可能的結局（中方勝或中方敗）下雙方收到的支付率。

　　雖然對局雙方預先不能準確判定誰將最終贏得這場戰爭，但每個局中人都可以通過對交戰雙方軍事形勢與實力的評估得出各方獲勝的概率，並用此概率計算出交戰各方的期望的支付率如下：[34]

　　(1)中國收到的期望的支付率：$1 \cdot P + (-3) \cdot (1 - P) = 4P - 3$；

　　(2)臺灣收到的期望的支付率：$(-3) \cdot P + 1 \cdot (1 - P) = 1 - 4P$。

　　在這兩個等式裏，P 代表中國獲勝的概率，(1-P)則代表中國失敗的概率（或臺灣獲勝的概率）。如果我們知道 P 或(1-P)，則期望的支付率可以用等式(1)和(2)計算出來。

　　大收穫。

[34] 局中人（中國或臺灣）收到的期望的支付率可按下式計算：

$$u = u_1 \cdot P + u_2 \cdot (1 - P)$$

在這裏　u ＝ 局中人（中國、臺灣、或美國）收到的期望的支付率；

　　　　u_1 ＝ 當中國在戰爭中獲勝（或臺灣在戰爭中失敗）時，局中人收到的支付率；

　　　　P ＝ 中國在戰爭中獲勝的概律；

　　　　u_2 ＝ 當中國在戰爭中失敗（或臺灣在戰爭中獲勝）時，局中人收到的支付率；

　　　$1 - P$ ＝ 中國在戰爭中失敗的概律。

有關期望支付率計算的細節可參考 James Morrow，Game Theory for Political Scientists (Princeton, N. J.: Princeton University press, 1994) 中的第二章以及 Robert Gibbon，Game Theory for Applied Economics (Princeton, N. J.: Princeton University Press, 1992).

　　現在，參與中國大陸—臺灣對局的兩個局中人須要分別面對以下兩個問題：首先，如果臺北採用獨的策略，北京將在和與武之間作何選擇。其次，如果臺北相信一旦它採用獨的策略，北京將採用武的策略，臺北將在兩個策略對（和，統）與（武，獨）之間作出什麼選擇。

　　為了回答第一個問題，北京需要比較其在選用和的策略時從策略對（和，獨）中所能得到的支付率（-3）與其在選用武的策略時從策略對（武，獨）中所能得到的期望的支付率（4P–3），[請看等式(1)]，並按以下決策程式進行比較：

(1)令此期望的支付率（4P – 3）與源自策略對（和，獨）的支付率(-3)相等：

$$4P - 3 = -3;$$

(2)從以上等式中求出一個"均值概率"其值如下：

$$P = 0.$$

　　這一結果意味著，當臺北選用獨的策略時，中國在這場台海戰爭中那怕只有一點點取勝的可能性，即只要 P 是一個很小的正值，或那怕北京獲勝的概率 P 很小但不等於零，北京總會採用武的策略，因為他收到的來源於武的策略的期望的支付率 (4P - 3) 在 P > 0 時總是大於來源於和的策略的支付率(-3)，（或其受到的損失的絕對值總是小於3）。

　　為了回答第二個問題，臺北需要比較其在選用獨的策略時從策略對（武，獨）中所能得到的期望的支付率（1-4P）[請看等式(2)]，與其在選用統的策略時從策略對（和，統）中所能得到的支付率(-1)按以下決策程式進行比較：

(1)令源於策略對（武，獨）的期望的支付率(1 - 4P)等於源於策略對（和，統）的支付率(-1)：

$$1 - 4P = -1;$$

(2)從以上等式中求出一個"均值概率，其值如下：

$$P = 0.5.$$

從"均值概率"P = 0.5 我們知道，如果在一場台海戰爭中中國方面取勝（或臺灣方面失敗）的概率超過 50%（P > 0.5），在這樣的條件下，由於 1 - 4P < - 1，即由於臺北獲得的（武，獨）策略對所產生的期望的支付率（1 - 4P）低於（和，統）策略對所產生的支付率(- 1)，臺北將願意採用和的策略。但如果中國方面取勝（或臺灣方面失敗）的概率低於 50% (P<0.5)，在這樣的條件下，由於 1 - 4P > - 1，臺北將願意採用獨的策略，以爭取獲得源於（武，獨）策略對帶來的較高的期望的支付率。在這種情況下，一場台海戰爭的爆發將難以避免。

在沒有美國介入的情況下，由於與臺灣相比，中國的幅員遼闊，人口眾多，在總體經濟與軍事的實力上都大大超過臺灣。在這種情況下，我們可以安全地假定在一場台海戰爭中，中國方面取勝的概率將超過 50%(P>0.5)。基於這樣的認識，即使臺灣的領導人傾向獨立，考慮到軍事實力上的懸殊對比，臺北在採用獨的策略時所獲得的期望的支付率會很低。所以它將不得不採用統的策略。這樣，我們可對中國大陸-臺灣博弈對局作如下總結：如果臺灣領導人傾向統一，則策略對（和，統）將是唯一的納希均衡解。如果臺灣領導人傾向獨立，並假定中國大陸在一場台海戰爭中取勝的概率超過 50%，則策略對（和，統）將是唯一的貝葉斯納希均衡解（Bayesian Nash equilibrium）。因此，在中國大陸一臺灣對局中，在兩種不同的臺灣內部條件下，臺灣與中國大陸之間的和平統一都是其合乎邏輯的結局。

五、對策論分析之二：中－台－美三方對局

上一節的討論顯示，中國大陸－臺灣對局將會導致臺灣海峽兩岸的和平統一。然而，美國對臺灣問題的介入使這一博弈對局變得複雜化。正如前面的討論所揭示，美國在臺灣問題上

的主要戰略目標是實行"與中國交往"的政策與和平解決臺灣問題。美國的另一個可能的目標在前面也已討論過，那就是利用臺灣作為其卒子來遏制中國。讓我們先來考慮美國在實施其主要的戰略目標即實行"與中國交往"政策時的策略運用。該策略包括兩個方面的內容：一是推行"一個中國"的政策，不支援臺灣獨立；二是按照《臺灣關係法》向臺灣出售武器，以確保臺灣問題在不受中國的武力威脅下和平解決。這一兩手策略可能會產生兩個結果。首先，在北京的壓力下，華盛頓重復堅持的"一個中國"政策將使臺北在推行獨的策略時受挫。在這種情況下，臺北將不得不改採用一個所謂的"事實上的台獨"（de facto-independence）策略或實獨策略。該策略包括宣稱臺灣的中華民國已經是一個獨立的國家，臺北堅持在政治上與北京"對等"，維持臺灣與大陸之間的分離狀態，並拒絕在"一個中國"的原則下與北京進行重新統一的談判。其次，華盛頓按照其《臺灣關係法》向臺灣出售武器的政策，將使中國在一場未來的台海戰爭獲勝的可能性降低。也將使臺北採用統的策略的可能性降低，採用實獨的策略的可能性升高。

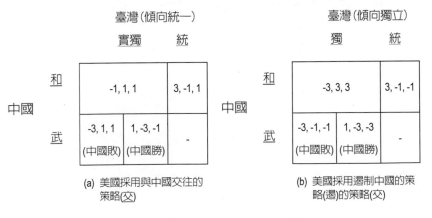

圖二　中－台－美三方對局

　　圖二展示三個局中人：中國大陸，臺灣，和美國之間的對局。在此三方的對局中我們假定臺灣的領導人是傾向獨立的。[35]

　　在圖二(a)及圖二(b)中的支付率表的每個小格內，第一個數位是中國獲得的支付率，第二個是臺灣獲得的支付率，第三個是美國獲得的支付率。

　　圖二(a)展示當美國採用"與中國交往"策略（策略交）時的三方對局。圖二(b)展示當美國採用"遏制中國"策略（策略遏）時的三方對局。比較這兩個"次對局"（subgame），我們發現，在美國採用策略遏時，臺灣可能會採用策略獨，而當美國採用策略交時，臺灣將改採用策略實獨。比較臺北的這兩種不同的台獨策略在北京採用和的策略時所收到的不同的支付率，我們發現，如果臺北採用實獨策略，北京將有中等程度的損失（支付率為-1）；但如果臺北採用策略獨[參閱圖二(b)]，北京將會遭受重大損失（支付率為-3）。與此相對照，在中國採用策略和時，如果臺灣採用實獨策略，則臺灣將獲利（支付率為1）。但如果它採用策略獨，它將獲大利（支付率為3）。在另一方面，當美國採用策略交時，不管臺灣採用實獨或統的策略，只要中國不動武，對美國都是有利的（支付率均為1）。當美國採用策略交而中國採用策略武時，其結局對北京、臺北、與華盛頓三方都是未知數，只有等戰爭結束才能有結果。圖二(a)的左下角給出了在兩種可能的結局（中方勝或中方敗）下雙方收到的支付率。雖然對局各方預先均不能準確判定誰將最終贏得這場戰爭，但每個局中人都可以通過對交戰雙方軍事形勢與實力的評估得出各方獲勝的概率，並用此概率計算出交戰各方的

---

[35] 如果臺灣決策者主張與中國實現統一，華盛頓在臺灣問題的博弈對局中將既無理由介入亦無角色可扮演。其結果，中一台一美三方在臺灣問題上的博弈對局將降低為一場中一台雙方的博弈對局。關於由主張統一的臺灣領導人參與的中一台雙方的對局，請參閱上一節的分析。

期望的支付率。在這裏，我們用 Pe 替代在中國大陸一臺灣對局中的 P 來代表在一場台海戰爭中中國獲勝的概率，這樣在這場戰爭中中國遭到挫敗的概率（或臺灣獲勝的概率）將是（1-Pe）。由於美國堅持向臺灣出售武器，這樣，中國在戰爭中獲勝的可能性 Pe 將小於當美國不介入時的中國一臺灣對局中的 P，也就是說 Pe<P。在一場台海戰爭結束之前，對局各方所能獲得的支付率均不得而知。然而，如果我們知道概率 Pe，我們可以用以下的等式來計算中國、臺灣及美國三方所能收到的在中國採用武，臺灣採用實獨，美國採用交的策略時的 "期望的支付率"：

(3) 中國收到的期望的支付率 $= 1 \cdot Pe + (-3) \cdot (1 - Pe)$

$$= 4Pe - 3 ;$$

(4) 臺灣收到的期望的支付率 $= (-3) \cdot Pe + 1 \cdot (1 - Pe)$

$$= 1 - 4Pe ;$$

(5) 美國收到的期望的支付率 $= (-1) \cdot Pe + \quad 1 \cdot (1 - Pe)$

$$= 1 - 2Pe 。$$

　　為了方便對策論的分析，讓我們用一種與在中國大陸一臺灣對局中使用過的運用決策程式來輔助決策相類似的方法。但在這裏我們採用建立決策函數和策略選用概率來輔助決策分析。決策函數是局中人對兩個替代策略所產生的支付率之間進行比較所得的差值。其中一個策略與戰爭相關，所以決策函數是變數 Pe 的函數。下面我們來介紹中國與臺灣這兩個決策函數。局中人中國的決策函數，是中國從戰爭策略對（武，實獨）中所獲得的期望的支付率（4Pe-3）[參看等式(3)]與從替代策略對（和，實獨）中所獲得的支付率（-1）之差值（4Pe-2）（參看表一）。如果函數值為正（或 Pe>0.5），北京傾向於採用策略武。否則北京傾向於採用策略和。臺灣的決策是臺灣從戰爭策略對（武，實獨）中所獲得的期望的支付率（1- 4Pe）[請看等式(4)]與從替代的策略對（和，實獨）中所獲得的支付率（-1）之差值（2 - 4Pe）（參看表二），函數等於局中人（即臺灣）從戰爭策略對（武，實獨）中所收到的期望的支 付率（1-4Pe）[請看等式(4)]與從替代的策略對（和，統）中所收到的支付率（-1）之差值（2-4Pe）（參看表二）。兩個決策函數都是變數 Pe 的函數。從臺灣的決策函數可知，當北京採用武的策略而中國在一場台海戰爭中獲勝的概率小於 50%時（Pe<0.5），臺灣的決策函數值為正，臺北會考慮選用實獨策略。否則，如果 Pe>0.5，臺北會考慮採用統的策略，此時北京則會採用支付率為 3 的和的策略。

表一　中國可選用的與戰爭相關的策略（武）及替代的策略（和）的決策函數及被選用概率

Pe 中國在一場台海戰爭中獲勝的概率	f 中國(Pe) 中國的決策函數	P(武) 策略武被選用的概率	P(和) 策略和被選用的概率
運算式 =>	4Pe – 2	Pe	1 - Pe
0	-2	0	1.0
> 0 and < .5	> -2 and < 0	> 0 and < .5	> .5 and < 1.0
.5	0	.5	.5
> .5 and < 1.0	> 0 and < 2	> .5 and < 1.0	> 0 and < .5
1.0	2	1.0	0

表二　臺灣可選用的與戰爭相關的策略（實獨）及替代的策略（統）的
決策函數及被選用概率

Pe 中國在一場台海戰爭中獲勝的概率	f 臺灣(Pe) 臺灣的決策函數	P(實獨) 策略實獨被選用的概率	P(統) 策略統被選用的概率
運算式 =>	2 - 4Pe	1 - Pe	Pe
0	2	1.0	0
> 0 and < .5	>0 and < 2	> .5 and < 1.0	> 0 and < .5
.5	0	.5	.5
> .5 and < 1.0	> -2 and < 0	> 0 and < .5	> .5 and < 1.0
1.0	-2	0	1.0

　　其次，讓我們再考慮一種名為"策略選用概率"的變數。它與決策函數線性相關，代表各種策略被選用的概率。它也是 Pe 的另一類函數。如果將 Pe 看作是一個隨機變數，則策略選用概率可被看成沿著 Pe 從零到一呈均勻分佈的一個函數。例如，在中國方面，和與武這一對策略的決策概率都是變數 Pe 的函數。從上面的決策函數分析可知，如果 Pe=0.5，則策略和與武被選用的概率各為一半。如果 Pe=0，由於中國在一場台海戰爭中獲勝的機率為零，加上中國的決策函數值為最小值(-2)，所以策略武被選用的概率應為 0，而策略和被選用的概率應為 1。如果 Pe=1，由於中國在一場台海戰爭中獲勝的機率為 1，加上決策函數值為最大值 2，所以策略武被選用的概率應為 1，而策略和被選用的概率應為 0。依照以上分析，我們可以總結如下：

$$P(武) = Pe，\quad P(和) = 1 - Pe$$

在臺灣方面，可以進行類似的分析，並得出如下結論：

P(實獨) = 1 - Pe，P(統) = Pe

在這裏，P（武）、P（和）、P（實獨）、及 P（統）都是不同策略的被選用的概率，Pe 則代表與臺灣相比較的中國的相對的軍事實力水平（$0 \leq Pe \leq 1$）。

以上分析表明，只要中國的軍事實力與臺灣相比（即 Pe 值）有所提升，中國選用武的策略的概率以及臺灣選用統的策略的概率都將增加。其結果，在中國軍事實力的壓迫下，臺灣與大陸間的重新統一的可能性增加。與此同理，只要中國與臺灣相比的軍事實力有所下降，中國選用和的策略的概率以及臺灣選用實獨的策略的概率都將增加。其結果，臺灣與大陸間保持分離及邁向獨立的可能性增加。

由於北京在臺灣問題上的基本策略手段是和平統一，這意味著當臺灣採用統的策略時，北京不會使用武力。[36]因此在美國採用策略交時，臺灣海峽爆發一場戰爭的概率應當是在臺灣採用實獨的策略，而中國採用武的策略的條件下：

P(台海暴發一場戰爭) = P(武)・P(實獨)

由於 P(武) = Pe 以及 P(實獨) = 1 - Pe，所以

P(台海暴發一場戰爭) = Pe・(1 - Pe)。

如果我們將其對 Pe 求導數，然後讓該導數等於零點，我們將獲得爆發台海戰爭的概率的最大值。該值為 0.25。與這最大值相對應的 Pe 值為 0.5。我們可以從這一結果得出以下幾點蘊涵。首先，如果臺灣的軍事實力與大陸的相匹敵，這意味著 Pe 值接近 0.5。這將是在美國採用交的策略時台海地區相對最不安

[36] 請參閱注釋 5。

全的情勢。其次，如果台海兩岸的軍事實力相對不平衡，反而有利於台海地區的和平與安全。例如，如果北京的軍事實力相對於臺北具有壓倒的優勢，例如，如果 Pe = 0.8，（或 1 – Pe = 0.2），臺北採用統的策略的概率將大大超過實獨策略，所以台海爆發一場戰爭的概率僅為 0.16，大大低於 0.25 這一最大值。而一旦臺北採用策略統，北京將放棄策略武，改為採用策略和，臺灣海峽地區爆發戰爭的可能性隨之消失。反之如果臺北的軍事實力相對於北京具有壓倒的優勢，其結果亦相類似，因為北京採用武的概率減少的速率將快於臺北採用實獨的概論增加的速率。再次，美國按照《臺灣關係法》向臺灣出售武器的政策將導致台海地區的相對的不穩定，因為這將導致台海兩岸間的軍備競賽，致使 Pe 值及（1 – Pe）都將在 0.5 周圍波動。

從以上分析可知，當美國採用策略交時，策略對（和，統）在 Pe>0.5 時以及策略對（和，實獨）在 Pe<0.5 時是兩個"子對局貝葉斯納希均衡解"。而當 Pe 值接近 0.5 時，台海兩岸爆發戰爭的可能性最大。

美國的非主流的戰略目標是通過打臺灣牌來遏制中國。圖二(b)展示美國採用遏制中國策略時中、台、美三方的對局。那些傾向遏制中國的美國決策者希望臺灣從中國分離永久化。所以，他們與傾向獨立的臺灣領導人具有相同的立場，即視臺灣獨立為獲大利（支付率為 3），而視臺灣與中國的統一為一項損失（支付率為-1）。為了遏制中國，華盛頓傾向於向臺灣提供更多的軍事上的支援，並支援臺灣的獨立勢頭。某些遏制政策的支持者相信，通過美國在臺灣問題上的深入及直接地軍事捲入來維持臺灣相對於中國的軍事優勢，將是用來遏制中國及維持西太平洋的安全的最佳手段。[37]

---

[37] 例如美國國會眾議院內那些提出與支援 2000 年臺灣安全增強法的那些議員

　　在以下討論中我們將揭示美國運用策略遏時可能產生的邏輯結果。首先，由於美國的遏的策略鼓勵臺灣獨立，臺北在選用臺灣獨立策略時可以直接採用獨的策略而不必擔心美國可能不支援而改採用其實獨策略。

　　如果我們用 Pc 替代 Pe 代表分析美國採用策略遏而中國採用策略武時中國在一場台海戰爭中獲勝的概率的話，我們發現中國在這場戰爭中遭到挫敗的概率將是 1 - Pc。由於美國強化對臺灣的軍事支援，這樣中國在戰爭中獲勝的可能性 Pc 小於美國採用策略交時的 Pe，也就是說 Pc<Pe。同時由於美國的加深捲入，如果這場台海戰爭不幸爆發，它必將是一場兩個核子超級大國之間的一場大戰。因此，它必對交戰各方都帶來極大的破壞與損失，而沒有任何一方，即使是勝出的一方，能夠在戰爭中獲淨利。基於這樣的認識，在圖二(b)中我們給出了在不同結局下的支付率。在一場台海戰爭結束之前，對局各方所能獲得的支付率均不得而知。然而，如果我們知道概率 Pc，我們則可以用以下的等式來計算中國、臺灣、美國三方在中國採用武，臺灣採用獨，美國採用遏的策略時所能收到的的"期望的支付率"：

(6) 中國收到的期望的支付率 $= (-1) \cdot Pc + \quad (-3) \cdot (1 - Pc)$
$$= 2Pc - 3 \; ;$$

(7) 臺灣收到的期望的支付率 $= (-3) \cdot Pc + \quad (-1) \cdot (1 - Pc)$
$$= -1 - 2Pc \; ;$$

(8) 美國收到的期望的支付率 $= (-3) \cdot Pc + \quad (-1) \cdot (1 - Pc)$
$$= -1 - 2Pc \; 。$$

們。詳見注釋 28。

　　假如中國在一場台海戰爭中哪怕只有很小的獲勝概率，比如說 Pc=0.2，於是等式(6)告訴我們，中國參與台海作戰所能獲得的期望的支付率為-2.6。儘管該支付率很低，但仍然高於在臺灣採用獨而中國採用和的策略時所獲得的支付率（-3）。所以，當中國採用和的策略而臺灣採用獨的策略時，中國將放棄策略和而改採用策略武。如果我們繼續假定中國在一場台海戰爭中獲勝的機率很低，比如說，Pc=0.2，這意味著臺北和華盛頓一側的獲勝的概率很高。儘管如此，當中國放棄策略和而不得不改採用策略武時，美國與臺灣的支付率將從源自策略集（和，獨，遏）的(3)降為源自策略集（武，獨，遏）的期望值的（-1.4）[請看等式(7)和(8)]。這將是一個大的落差，相信臺北與華盛頓都不希望有這樣的結果。如果臺北改採用統的策略，臺北及華盛頓的支付率為（-1），其結局反而會對臺北及華盛頓有利。但這樣做達不到遏制中國的目的。由此可見，遏制中國是一項無效果的政策。

　　從以上對中國—臺灣—美國三方對局的分析，可以得出以下的結論：策略集（和，統，交）在 Pe>0.5 的條件下以及策略集（和，實獨，交）在 Pe<0.5 時的條件下應是兩個"貝葉斯納希均衡解"。美國向臺灣出售武器的政策將導致臺灣海峽兩岸的軍備競賽，從而使 Pe 圍繞 0.5 值的周圍波動使台海兩岸爆發戰爭的可能性相對地接近最大--25%。

六、概括與總結

　　此文視臺灣問題為中國大陸、臺灣、及美國三方之間的一場博弈對局。文章分析中國、臺灣、及美國三方在臺灣問題上所追求的戰略目標及所採用的策略手段。北京的戰略目標是實現與臺灣之間的重新統一。為了實現這一目標，中國採用兩個策略手段：一是採用和平統一策略，二是當臺灣宣佈獨立或長期拒絕與大陸談判實現統一時採用武力解決的策略。臺北有兩個不同的戰略目標。如果傾向獨立的臺灣領導人控制臺灣的大陸政策，則臺灣的戰略目標是追求獨立，而他們的策略手段可能包括拒絕接受"一個中國"的原則以及連續不斷地從美國及其它來源購買先進的武器。反之，如果傾向統一的臺灣的領導人掌握臺灣的大陸政策，則臺灣的戰略目標是追求統一，而他們的策略手段可能包括接受"一個中國"的原則以及一步步地與中國大陸合作實現統一。作為第三個對局者的美國有兩個看起來互相矛盾的戰略目標：一是"與中國交往"，二是"遏制中國"。"與中國交往"是華盛頓在中國—臺灣問題上的主要戰略目標。為了實現這一目標，華盛頓重復強調它的"一個中國"以及不支援臺灣獨立的政策。但在這同時又向臺灣出售武器。在另一方面，在美國至少有一部份政治勢力支援"遏制中國"的戰略目標。為了實現這一目標，美國可以加強對臺灣的軍事支援，利用臺灣的親獨立勢力來阻止與中國的重新統一，以及遏制中國的日益增長的政治及軍事強權。

　　為了便利臺灣問題的對策論分析，首先我們假定該博弈對局僅包括中國和臺灣兩個對局者。並先假定臺灣的領導人傾向統一。在此情況下，我們發現和平統一的策略對（和，統）是這一博弈對局中唯一的納希均衡解。反之，假定臺灣領導傾向獨立以及臺北採用獨的策略。在此情況下，由於北京面對（和，獨）的策略對時會遭受重大的損失，所以當臺北採用獨的策略時，北京將確定無疑的會採用武的策略。在沒有美國介入的情況下，由於與臺灣相比，中國軍事實力上應該具有較大的優勢。在這種情況下，我們可以安全地假定在一場台海戰爭中，中國方面取勝的概率將超過 50%（P>0.5）。基於這樣的認識，即使臺灣的領導人傾向獨立，考慮到軍事實力上的懸殊對比，臺北將不得不採用統的策略。這樣，在假定的中國—臺灣博弈對局中，如果臺灣領導人傾向獨立，但考慮到中國在一場台海戰爭中取勝的概率會超過 50%，策略對（和，統）將是唯一的貝葉斯納希均衡解。因此，在中國—臺灣對局中，在兩種不同的臺灣內部條件下，臺灣與中國大陸之間的和平統一都將是其合乎邏輯的結局。

在中—台—美三方對局中，我們假定臺灣的領導人傾向獨立。當華盛頓採用交的策略時，一方面，它的重復強調的"一個中國"政策迫使臺北採用較少挑釁內容的所謂"事實上的台獨"的策略，或實獨策略，來取代頗具挑釁性的獨的策略。實獨意味著臺北將維持現有的與大陸中國分離的狀態，既不宣佈獨立，也不談判統一。交的策略的另一方面內容是美國按照其《臺灣關係法》向臺灣出售武器。這一政策降低了中國在一場台海戰爭中獲勝的可能性，從而增加了臺北推行實獨策略的信心以及減少了它選用統的策略的概率。由於北京將不會甘心因為自己的軍事實力的相對減弱而使臺灣問題朝著不利於中國與臺灣統一的方向發展，它必然會努力加強其自身的軍事實力。所以美國向臺灣出售武器的政策將導致台海兩岸間的軍備競賽，從而導致台海地區的相對的不穩定。

假如華盛頓執行"遏制中國"的政策，它在臺灣問題上與傾向獨立的臺灣領導人之間會具有許多共同的利益。因此它在臺灣問題上將會有更多以及更直接的軍事捲入。其次，美國的決策者將鼓勵臺北採用獨的策略，同時警告北京不要對臺灣使用武力。但是，這些作法將不能改變中國用武力阻止臺灣獨立的決心，因為臺灣獨立將給北京帶來巨大的損失。這樣的結果，在臺灣海峽爆發一場大戰的結局將不可避免。其結果對交戰各方都會帶來巨大的損失，除非華盛頓停止實行遏的策略。如果臺北改採用統的策略，北京會採用和的策略，其結局反而會對

臺北及華盛頓都有利。但這樣做達不到遏制中國的目的。由此
可見，利用臺灣遏制中國是一項無效的政策。

參考文獻

1. Pierre Allan and Christian Schmidt (eds.), Game Theory and International Relations: Preferences, Information and Empirical Evidence (Brookfield, VT: Edward Elgar Publisher, 1994).
2. Robert H. Bates and others, Analytic Narratives (Princeton, N.J.: Princeton University Press, 1998).
3. Richard Berntein and H. Ross Munro, The Coming Conflict with China (New York: Alfred A. Knopf, 1997).
4. The Standing Committee of the National People's Congress of PRC, "Message to Compatriots in Taiwan," Beijing Review 22, no. 1 (January 5, 1979): 15-17.
5. K. M. Fierke, Changing Games, Change Strategies: Critical Investigations in Security (New York: Manchester University Press, 1998).
6. Robert Gibbon's Game Theory for Applied Economics (Princeton, N. J.: Princeton University Press, 1992).
7. Dennis Van Vranken Hickey, "The Taiwan Strait Crisis of 1996: Implications for U.S. Security Policy," in Suisheng Zhao (ed.), Across the Taiwan Strait: Mainland China, Taiwan, and the 1995-1996 Crisis, (New York: Routledge Press, 1999), pp. 277-9.
8. Jon Hovi, Games, Threats and Treaties: Understanding Commitments in International Relations (Washington, D.C.: Pinter, 1998).
9. 胡偉星〈海峽武力衝突後國際間的反應〉，載于何頻主編的《解放軍攻打臺灣》（Mississauga, Canada: 明鏡出版社, 1995）pp. 334-61.
10. David M. Kreps, Game Theory and Economic Modelling (New York: Oxford University Press, 1990).
11. Susan V. Lawrence, "Breathing Space" Far Eastern Economic Review, June 1, 2000, 16-17.
12. Wei-Chin Lee, "U.S. Arms Transfer Policy to Taiwan: From Carter to

Clinton," Journal of Contemporary China (Princeton University), vol. 9, no. 23 (March 2000): 53 – 75.

13. Winston Lord, "The United States and the Security of Taiwan," U.S. Department of State Dispatch 7, no. 6 (5 February 1996): 30.

14. 毛澤東，〈中國革命與中國共產黨〉該文章被收集於《毛擇東選集》第三卷。

15. James Morrow, Game Theory for Political Scientists (Princeton, N. J.: Princeton University Press, 1994).

16. John Von Newmann and Oskar Morgenstern, Theory of Games and Economic Behavior (New York: Jogn Wiley & Sons, Inc., 1944).

17. Michel Oksenberg, "Taiwan, Tibet, and Kong Kong in Sino-American Relations," in Ezra F. Vogel (ed.), Living with China: U.S.-China Relations in the Twenty-First Century (New York: W.W. Norton & Company, 1997), pp, 53-96.

18. Peter C. Ordeshook, Game Theory and Political Theory (New York: Cambridge, 1986).

19. Thomas C. Schelling, Strategy of Conflict (Cambridge: Harvard University Press, 1960).

20. David Shambaugh, Greater China: The Next Superpower? (New York: Oxford University Press, 1995).

21. Martin Shubik (ed.), Game Theory and Related Approaches to Social Behavior (New York: John Wiley & Sons, Inc., 1964).

22. Martin Shubik, Games For Society, Business and War: Towards a Theory of Gaming (New York: Elsevier, 1975).

23. John Spanier and Robert L. Wenszel, Games Nations Play (Washington, D.C.: CQ Press, 1996), p. 8.

24. Yat-sun Sun, San Min Chu I: The Three Principles of the People, Frank W. Price, trans; The Commission for the Compilation of the History of the Kuomintang (Taipei, Taiwan: China Publishing, n.d.).

25. 中華人民共和國國務院臺灣事務辦公室與國務院新聞辦公室的《一個中國原則和臺灣問題的白皮書》該文曾被刊登在英文版的 Beijing Review2000 年三月六日第十六至二十四頁上。

26. Enbao Wang, "The Economic Relationship between Taiwan and Mainland

China" in Baizhu Chen and Shaomin Huang, The Asian Economic Crisis and Taiwan's Economy (Beijing: Jinji Chubanshe, 2000).

27. Jian Yang, Congress and U.S. China Policy (Huntington, NY: Nova Science Publishers, Inc., 2000).

28. Suisheng Zhao, "Changing Leadership Perceptions," in Suisheng Zhao (ed.), Across the Taiwan Strait: Mainland China, Taiwan and the 1995-1996 Crisis (New York: Routledge, 1999), pp. 99-125.

29. Suisheng Zhao, "Chinese Nationalism and Its International Orientation," Political Science Quarterly, vol. 115, no. 1(Spring 2000): 1-33.

30. Suisheng Zhao, " Economic Interdependence and Political Divergence" in Suisheng Zhao, Across the Taiwan Strait: Mainland China, Taiwan, and the 1995-1996 Crisis (New York: Routledge, 1999).

在戰爭與和平之間
——論臺灣民族主義運動中知識份子的角色及其道德困境[1]

郝 志 東

澳門大學當代中國研究課程

摘 要：

　　台海兩岸漸行漸遠，而戰爭作為一個解決問題的方案也被鄭重提上議事日程。知識份子在社會變革中通常都發揮著非常重要的作用，在台海之間的戰爭與和平這個問題上，自然也不例外。本文檢視在臺灣的中華民族主義和臺灣民族主義運動中知識份子的作用與他們所面臨的道德困境。我們把知識份子看作三個不同的理想類型：有機知識份子，專業知識分子，和批判

---

[1] 本文源自於作者 2002-2003 學年度在臺灣做富布賴特（Fulbright）學者時寫就的一本書稿，作者要特別感該項目所提供的研究資助，感謝臺灣中央研究院的同行們對該文所提出來的一些觀點的批評與建議，特別是張茂桂、瞿海源、林滿紅和吳乃德。本文譯自發表在 Pacific Affairs 2004 年第四期上的英文原文，所以還要特別感謝該雜誌在版權問題上的寬容，感謝三位匿名評審及雜誌主編 Timothy Cheek（齊慕實）教授對英文初稿的批評意見。他們的批評使文章立論更加嚴謹，事實更加充足。兩位同學先行譯出初稿（其中一位是崔輝輝），再由作者仔細修改。她們不畏艱難，鼎力合作，作者表示衷心的感謝。本文不足之處，責任自然由作者自己承擔。

型知識份子。有機知識份子服務於某一個社會運動，他們遵循責任倫理，願意使用在道德上被人詬病的手段，包括對歷史的為我所用，甚至戰爭，來達到建構一個民族國家的目的。專業知識分子力求在民族主義的研究中採取中立的立場，致力於對歷史、對現狀做客觀的描述。他們所遵循的是道德倫理，在這裏表現為"為研究而研究。"批判型知識份子則對國家、對這些制度化的民族主義運動持批判態度，他們所關注的是社會上弱勢群體的命運，是民族主義運動對這些人是否有任何幫助。他們遵循的也是道德倫理，是一些普世價值，如平等、公正與人權。所有這三類知識份子都面臨著自己的道德困境。有機知識份子不得不在"好"的手段與"不好"的手段之間做出一個選擇。專業和批判型知識份子不得不在對社會變革的影響方面是"有效"還是"效果不大"之間做出一個選擇。（和大陸一樣，在民族主義問題上的專業和批判型知識份子在臺灣是少之又少的。）這些分類之所以是理想型分類是因為在實際生活中知識份子的這三種角色是會相互轉換的。即使是某一個知識份子，也通常會有這三個不同的面向。只不過在某個時候、某件事情上，這位知識份子是屬於某一種類型罷了。對知識份子的這些分析，可以幫助我們進一步理解當前臺海局勢為什麼是現在這樣的走向。

　　大陸和臺灣之間的關係是當今世界最撲朔迷離，且一觸即發的情勢之一。[2]支援台獨的民進黨主席陳水扁以約 3 萬票的優勢於 2004 年當選總統，這是中國政府所不樂見的。雖然他怕引發大陸對台的軍事攻擊而不準備更改國旗、國歌和國號，[3]但他仍在組織重修憲法，或多或少遵守了他在競選時的諾言。此外，陳還聘請了大量台獨人士擔任政府要職，支援急獨的、以前總統李登輝為精神領袖的臺灣團結聯盟。台聯黨一直致力於更進一步的"去中國化"，這包括變"中華民國"為"臺灣共和國"，並通過一部能夠反映臺灣事實上獨立的全新憲法。[4]儘管陳並不認為這些目標都是可行的，但他並不對其正確性表示懷疑。

　　在野的國民黨和親民黨尚未從2004年總統大選失敗的打擊中恢復過來，仍然沒有一個明晰的兩岸政策。他們雖然不反對兩岸最終的統一，但也開始認為台獨也是一個可以接受的選項。真正代表中華民族主義的組織僅剩下新黨和中國統一聯盟這樣的組織，然而它們在臺灣民族主義的高潮中已經被邊緣化了，尤其是統盟。

　　中國政府願意和平統一，但若臺灣形成法理上的獨立，也不排除將會使用武力達到統一的目的。隨著臺灣人中華民族主

---

[2]　不同的名詞有不同的內涵，作者特別聲明"中國"與"大陸"在文章中是混用的，正如"臺灣"和"中華民國"被混用一樣。它們都指一個帶有歷史和文化底蘊的政治實體。

[3]　這是大陸政府對台獨運動能夠忍受的底線。

[4]　台聯的正名運動旨在剔除政府機構或其他民間組織名稱中的"中國"和"中國人"這樣的字眼，代之以"臺灣"或"臺灣人"。隨著臺灣民族民主運動在二十世紀八、九十年代的快速發展，越來越多的臺灣人認為臺灣無論是在文化、歷史還是在政治方面都已經是一個與中國大陸完全不同的國家。但中國大陸堅稱臺灣仍是中國的一部分，若臺灣堅持獨立，大陸將不惜一戰，統一中國。本文對知識份子角色的討論正是以這種國家認同的衝突和危機為背景的。

義的日益減弱，台獨運動的日益增長，而中國政府又不能視大
陸的群眾性民族主義於不顧，且願意不惜一切代價阻止臺灣獨
立，戰爭的陰雲於是開始在臺灣海峽上空結集。

　　知識份子在任何社會轉型中都起著舉足輕重的作用。那麼
他們在這些民族主義運動中又承擔何種角色呢？他們將會激化
台海兩岸的矛盾而觸發戰爭，亦或是平息矛盾從而扼止戰爭
呢？他們在扮演那些角色的時侯所面臨的困境又是什麼？這些
正是我們要研究的課題。在這篇論文中，我將首先解釋知識份
子的理想類型。然後，我將分析他們在臺灣各種民族主義運動
中所扮演的角色，即有機的、批判型的和專業的角色。我還將
分析他們所面臨的兩難困境，特別是責任倫理和道德倫理之間
的矛盾。本文想要說明的是，知識份子們如何扮演這些角色，
以及他們如何處理這些倫理上的困境決定了他們正在以何種方
式、在何種程度上影響著這些運動的方向，也即戰爭或和平的
方向。

　　這篇論文主要採用了歷史比較法和闡釋法。我們談論的事
件將會被放在歷史的大環境中來考察，臺灣的發展自然就必須
和大陸的以及其他地方的發展聯繫起來。我對臺灣知識份子的
訪談、他們所寫的文章、所做的演講都將用來幫助我們理解我
們所要闡明的主題。

一、知識份子角色及其道德困境

　　在最近出版的一本關於中國知識份子政治社會學的書裏，
我建構了一個理論框架來分析知識份子的角色。[5]知識份子這個

[5]　見郝志東 Intellectuals at a Cross-Roads: The Changing Politics of China's
Knowledge Workers (Albany: SUNY Press).　我的分類是建立在諸多學者不
同視角的基礎之上的，這其中包括了 Merle Goldman（古爾德曼）和 Timothy

概念常使人感到困惑，但是對於這個碎片化且相互重疊的群體，我們仍然可根據其知識導向和社會功能進行分類。具體說來，知識份子可依此被分為三種理想的類型：有機的、專業的和批判性的。那麼這每種類型的具體內涵是什麼呢？

首先，廣義地說，知識份子是指那些具有較高文化水平，從事專業工作的人。有機知識份子通常是指像中國古代士大夫那樣的政府官員或為政府做事的人。[6]他們是統治階級的代言人，幫助其鞏固社會和政治地位。此外，他們也可以是無產階級運動或任何其他社會運動的理論創造者和組織者。[7]他們與政治權力的關係是緊密無間的，這也是他們與另兩類知識份子最明顯的區別。在這篇文章裏，政治權力包括國家，也包括在政治生活中越發重要的、已經制度化了的社會運動。本文側重討論在臺灣民族主義和中華民族主義運動中的臺灣知識份子，這些有機知識份子不一定在政府中工作。

典型的專業知識分子是指那些為了研究而研究的人，也就是"為藝術而藝術"。他們通常不參與政治。[8]如約翰·布儒（Breuilly）所言，"許多知識份子遠離公開的政治活動，或是

Cheek（齊慕實）的著作。見 China's Intellectuals and the State: In Search of a New Relationship（劍橋：哈佛大學出版社 2003 年發行）中的第 1 到 20 頁，"Introduction: Uncertain Change." 該書由 Merle Goldman, Timothy Cheek, and Carol Lee Hamrin 編撰。

[6] Antonio Gramsci 最早使用"有機知識份子"這個名詞。見 Selections from the Prison Notebooks，由 Quintin Hoare 和 Geoffrey Nowell Smith 翻譯（紐約：國際出版社 1971 年出版），第 12 頁。本文的用法與此類似。

[7] 見 Karl Mannheim, ideology and Utopia: An Introduction to the Sociology of Knowledge (New York: Harcourt, 1936), 158 頁；A. Joseph Shumpeter, Capitalism, Socialism and Democracy (London: Geroge Allen and Unwin, 1976), 第 154 頁。

[8] 見郝 Intellectuals，第 33 到 44 頁。

因自身利益使然，或是認為事不關己，或是認為這才是合適的、中正的、應該採取的立場。"[9]因為他們試圖中立、客觀，不為政治所左右，因而他們的研究被認為是專業的。這篇論文討論那些在臺灣從事民族主義運動研究，但沒有參於這些運動的專業知識分子們。

　　批判型的知識份子和權力的距離最遠，他們是要批判權力的。此外，他們對社會最底層的人們表示了特別的關注，他們所奉行的是道德倫理。他們是社會的良心。[10]他們的批判通常是建立在自身的專業研究基礎之上的，所以他們又有專業知識分子的特點。本文定義的理想型的批判型知識份子是那些對民族主義運動有所批判的人，並且他們關注的是公平、公正，特別是對那些弱勢群體的公平公正。[11]

---

[9]　見 John.Breuilly, Nationalism and the State, 第二版（Chicago: The university of Chicago Press, 1993），第 48 頁。

[10]　見郝 Intellectuals，第 385 到 391 頁。又見 Edward W. Said, Representations of the Intellectual（New York: Pantheon, 1994），第 113 頁。再見余英時《文化評論與中國情懷》（臺北允晨文化實業股份有限公司），第 94 到 95 頁。

[11]　本文的一位評審指出有必要將"批判型知識份子"這個概念用來指那些廣義上的批判群體，而"不要僅簡單地把這個概念局限於臺灣政治的微觀議題上。否則批判型知識份子就只是和權力相對的孤立體了。"這確實是學者們仍在爭論的問題。Kurzman 和 Owens 認為，自 20 世紀 20 年代"知識份子社會學"建立以來，此領域就被分為三個主要的思想流派（見 Charles Kurzman 和 Lynn Owens，"The Sociology of Intellectuals," Annual Review of Sociology, 28:63-90, http://soc.annualreviews.org/）。一些學者傾向認為知識份子能夠超越自己的階級或黨派立場，能夠代表普遍利益，或普世價值，如"真理"和"正義。"他們的利益與全社會的利益是一致的。所以他們是普世的、超越階級的。持有這種想法的社會學經典理論家有 Mannheim, Parsons, Shils 和 Merton。
另外一些理論家並不認同知識份子的這種所謂"普世的矯揉造作。"他們認為知識份子是有機於某一個階級的，如資產階級，或有機於某一個社會運動的，如民族主義運動。Grasmci, C. Wright Mills, Boggs 和 Said 都是這個學派典型的理論家。當然我們也不會忘記毛澤東的"皮毛論，"即知識份子是

　　有機的、專業的和批判型的知識份子都奉行各自的倫理。後兩類知識份子所奉行的是道德倫理，他們堅信一些最終的和絕對的價值，為了達到自己的目標，他們不會不擇手段。[12]而有機知識份子則奉行責任倫理，如韋伯所言，他們會選擇實用的手段，哪怕是"道德上有疑問的，或至少是危險的方法"來達到他們認為最終是好的目的。[13]例如，20 世紀 50 年代到 80 年代那些以和平方式來追求民主的臺灣知識份子，扮演的是批判型的知識份子的角色。他們信仰的是一套最終的價值，他們要揭露社會中存在的邪惡和不公。他們的手段和目的都是沒有疑義的。但是假如他們使用暴力來爭取民主，那麼他們就是這個

　　"依附"於某一個階級的，"皮之不存，毛將焉附？"

　　還有一些理論家認為知識份子自己就是一個階級，他們有自己的文化資本，並以此賺取豐厚的利潤。他們的普世主張也使他們和其他社會團體發生磨擦。持有這種想法的理論家包括 Julien Benda, Lewis Coser, Pierre Bourdieu, 和 Alvin Gouldner。

　　知識份子的普世主張和他們認為自己是一個階級的主張在這裏似乎可以被融合在一起：他們都指向一個自在自為的階級。但問題是假如他們是普世的，他們就不是階級的，反之亦然。知識份子研究中所揭示的一些事實告訴我們，知識份子可以像 Kurzman 和 Owens 所分析的那樣，既可以是普世的，也可以是階級的，還可以有機於某一個階級。所以，世界上也許並沒有純粹的、普世的、批判型的（或專業的）知識份子，雖然我們仍然可以討論知識份子的理想類型。在作為理想類型時，我與評審的觀點是一致的。我們在這篇文章裏所討論的廣義上的批判型知識份子，或知識份子的批判性，的確是普世的，因為他們堅持公平和正義的理念，反對狹義的民族或國家的利益。但是我們也強調他們角色的轉換、道德的兩難和這樣做的後果。所以從所有這些意義上講，我和這位評審的看法有相同的地方，也有不同的地方。

[12] 關於這些價值觀的討論，見 Lewis A. Coser, Men of Ideas: A Sociologist's View (New York: Free Press, 1965), 第 208 頁; Max Weber, From Max Weber: Essays in Sociology, 由 H.H.Gerth 和 C.Wright Mills 編輯 (New York: Oxford University Press, 1946), 第 121 頁。

[13] 見 Weber, From Max Weber, 第 121 頁；關於道德兩難的討論，也請見郝 Intellectuals，第 50 到 56 頁。

社會運動的有機知識份子。他們所奉行的是一套不同的倫理。他們的手段是可以被質疑的。

　　這裏的兩難是：暴力是有後果的，在道德上是可以被人們所質疑的。但另一方面人們感覺暴力比非暴力通常更有效。因此，是否使用這種在倫理上有問題的方法常造成一個倫理兩難。批判型的或專業知識分子是不會使用暴力的，他們致力於非暴力，堅持用自己認為是正確的手段。假如當官、推動歷史車輪的前進要以犧牲他們的正直秉性為代價，他們就寧可不做官。所以，當知識份子面臨這樣的選擇時，他們有這樣的兩難：犧牲道德，但是可以更有效地按自己的想法改變社會，還是保持自己的道德完整，但是在社會變革上沒有太大的作為。這些都是我們在分析民族主義運動中的知識份子角色時要探討的。

　　最後一個要注意的問題是，這三種知識份子角色對同一人來說是可以相互轉換的。我們談論的是理想類型。例如，一個批判型的或中立的專業知識分子可能去做官，同樣，一個有機知識份子也可能脫離官場。此外，知識份子當官以後，可以在一些問題上持批判型知識份子的觀點，而在另一些問題上持有機知識份子的觀點。一個專業知識分子也可以有批判性。換句話說，知識份子的角色和他們的觀點傾向是動態而不是靜態的。這是我們在觀察知識份子角色時不能忽視的一個層面。雖然他們會在這三種角色間遊走，但在某個時期、某件事情上，他們通常只有一種傾向，否則他們要得嚴重的精神分裂症。在這種不斷尋找在某時某地某事上扮演何種自認為是最合適角色的過程中，知識份子的政治作用便得到了最大的彰顯。他們在試圖擺脫倫理困境的時候，也是他們發揮最大作用的時候。

　　我們現在依次來分析這三種知識份子角色，有機的、專業的和評判型的，和他們各自的倫理兩難。我們也將看到他們各自影響政治的程度。

二、有機知識份子的作用和他們的兩難困境

我們先討論哪些人可以被看作有機知識份子，他們都在做什麼。然後我們再來看他們面臨的兩難困境。

（一）誰是有機知識份子，他們在做什麼？

臺灣民族主義陣營中的揚旗者是民進黨和台聯黨。他們認同"臺灣共和國"。這是一個未來的、無論在文化上還是在政體上都與中華人民共和國和中華民國不同的國家。其他的台獨組織還有多以知識份子構成的、來自臺灣各地的北社、中社、南社、東社，以及像群策會、[14]臺灣綜合研究院、臺灣智庫那樣的一些智囊團。[15]另外還有於 1991 年成立的臺灣教授協會。[16]

台獨陣營或泛綠陣營中[17]知識份子的主要訴求是在文化上和政治上獨立的、和中國平起平坐的臺灣國。他們組織臺灣正名的活動，[18]在報紙和雜誌上寫文章闡述台獨運動的理念，並且譴責那些對中國還有感情的人。像北社、南社這樣的知識份子團體，除了與政府腐敗作鬥爭之外，還鼎力支援台聯黨的立法委員候選人，遊說政府官員加大臺灣教育本土化的力度，並要求政府採取實際行動爭取早日加入聯合國。[19]台獨陣營的出版物包括《臺灣新聞》（漢語週刊），《南方快報》（電子報）[20]，以及

---

[14] 在組織名稱的使用上，中文和其英文譯名不盡相同。

[15] 與蕭新煌的訪談，2003 年。

[16] 有人質疑參與黨派活動人是否還是知識份子，但是參與黨派活動的知識份子自己通常認為自己仍然是知識份子。這些人是執政黨（民進黨）的或臺灣民主主義運動的有機知識份子。

[17] "綠"來自民進黨黨旗的顏色，"藍"來自國民黨黨旗的顏色。

[18] 見 http://home.kimo.com.tw/hohohi.tw.

[19] 見 www.twsociety.org.tw; www.north.org.tw, 和 2003 年與鄭正煜的訪談。

[20] 見 www.southnews.com.tw.

《臺灣公論報》。該運動還有兩份中文報和一份英文報也即《自由時報》,《臺灣日報》,和《臺北時報》。

主張統一的組織有夏潮聯誼會和中國統一聯盟。如我們之前所言,它們規模小且不具影響力,但他們卻敢說話,而且經常組織一些活動。2003 年 3 月 1 日,又一新智囊團——鏡社——成立。它提倡在大陸與臺灣間建立某種聯盟。[21]這些是 "中華民族主義" 的有機知識份子。例如,統盟的知識份子們針對台聯在 2002 年 5 月 11 日舉行的正名集會,進行了反制遊行。然而他們寡不敵眾,在和台聯的衝突中,統盟的主席王津平等掛彩受傷。[22]但是他們並不氣餒,之後又在 5 月 19 日舉行了反獨示威。但正如蕭新煌指出的,他們與大陸人士的交流可能多於和島內人士的交流。[23]他們被邊緣化了。

正如對立陣營的團體那樣,夏潮和統盟除舉行集會外,還創辦論壇、召開會議。比如 2002 年 10 月 24 日,他們在臺灣國立師範大學舉辦了紀念光復節的大會,第二天他們又舉行了抗議日本佔領釣魚島、抗議前總統李登輝支援日本佔領釣魚島的集會遊行。[24]此外,在 2003 年 3 月 30 日和 31 日,夏潮和國立臺灣大學的東亞文明研究所聯合舉辦了一次研討會,討論日本在臺灣的殖民統治。

---

[21] 見 2003 年與葛永光的訪談。

[22] 見 2002 年與王津平的訪談。

[23] 見 2003 年與蕭新煌的訪談。蕭可以說基本上是臺灣民族主義運動的有機知識份子,但在這裏,他提供的是一個客觀的事實,正像一個專業知識分子那樣,儘管他並不是沒有自己的價值判斷。

[24] 大陸和臺灣政府都認為釣魚島是自己領土的一部分,但日本也稱自己擁有釣魚島主權。臺灣前總統李登輝支援日本人的主張,被傾向統一的人們視為漢奸。而民進黨政府認為李前總統有他的言論自由,不過他們也還視釣魚臺為臺灣宜蘭縣的一部分。

統派的刊物包括《海峽評論》月刊、《遠望》月刊、《統訊》月刊，和《國是評論》。兩份中文報紙和一份英文報紙通常對中華民族主義持友好態度。他們是《中國時報》、《聯合報》，以及《中國郵報》。不同電視媒體的立場不同，通常也被認為有獨立和統一之分。

　　國民黨和親民黨的大陸政策相似。他們不反對未來文化上和政治上的 "一個中國" ，這是一個民主的、多民族的國家，但這個中國不是中華人民共和國。我們可以說他們也是屬於一個 "有可能統一" 陣營中的一員，也即泛藍陣營。自 2004 總統大選以來，國親兩黨說他們不排除將台獨作為未來的一個選項。他們想走一步看一步。也就是說，他們贊成憲法一中，但他們也要在聯合國爭一個席位，經濟、社會和政治的互動也要循序漸近。[25]他們和台獨陣營知識份子的不同之處在於他們通常並不反對他們的 "中國人" 身份。但是在強大的台獨勢力面前，在 2004 年總統大選失敗之後，國親兩黨如何找到自己的立足點，這是攸關他們將來能否有機會再執政的問題。

　　這個泛泛的統一陣營和比較堅決的台獨陣營之間有一些重要的區別。[26]夏潮和統盟都相信社會主義，不過不一定是中國那種。他們中的一些成員在兩蔣時代是持不同政見者，並且受到過蔣的迫害。[27]自 20 世紀 70 年代後，他們與勞動黨一起組成了島內的左翼，不過這個左翼現在的力量非常薄弱。夏潮聯誼會實際上是 70 年代左翼的夏潮雜誌的繼承人。也許正是因為這些背景原因，他們很少與國親兩黨發生關係，也少有聯合行動。這點與台獨陣營的情況完全不同。他們是社會主義、中華民族

---

[25] 見《聯合報》，2003 年 4 月 18 日；www.knt.org.tw;www.pfp.org.tw.

[26] 見 2002 年與陳福裕、王津平的訪談；又見郭紀舟《70 年代臺灣左翼運動》（臺北：海峽學術出版社，1999 年），359 頁。

[27] 見王小波《交鋒：統獨論戰三十年》（臺北：海峽學術出版社，2002 年）。

主義的有機知識份子，但不是中國共產黨、國民黨和親民黨的
有機知識份子。[28]

（二）有機知識份子的倫理兩難

如我們之前所言，典型的有機知識份子願意使用在道德
上頗具爭議的方法來達到他們認為是倫理正確的目的。就獨
立和統一來說，陣營的雙方都相信他們所走的路才是臺灣的正
確道路。為了儘快達到他們各自的目的，典型的有機知識份子
必須採用最有效的方法，這其中就包括了戰爭。如果暴力曾經
使中國革命獲得成功、在某種程度上使臺灣民族主義和民主化
得到發展，那麼類似的方法也將促成各種民族運動的發展。這
些類似的方法有哪些呢？以下是兩個道德上有爭議的手段的
例子。

第一，為了有效地推進他們的運動，有機知識份子們作為
稱職的民族主義者，為了佔領輿論市場，會不惜使用扭曲的方
法來達到自己的目的，包括篡改歷史。支援台獨的有機知識份
子們會強調臺灣和大陸分離的那一百年歷史，而故意忽略臺灣
和大陸在一起的那二百年。支援兩岸統一的有機知識份子的做
法則恰好相反。他們強調日據時期臺灣民眾的抗日活動，而忽
視日本人在臺灣現代化方面的作為，儘管這些作為並不一定是
以利他為出發點的。獨立陣營的有機知識份子盛讚日本的文
明，而不考慮日本人當年在亞洲所進行的是一場大規模的帝國

---

[28] 與北社、南社、臺灣教授協會等其他臺灣民族主義知識份子組織相比，夏潮
和統盟的力量在當下臺灣政治環境中顯得微不足道。我曾問時任統盟主席的
王津平，如果他們不是一個政黨，也不和國民黨、親民黨結盟，那麼他們在
臺灣政治上能有什麼作為呢？他覺得問題很好，但他也覺得在當前的形勢下
確實也沒有什麼太多可做的。

主義侵略戰爭，千百萬人為此喪失了生命。[29]一方強調臺灣文學
與中國大陸文學明顯不同，而另一方則強調傳統和現代的臺灣
文學都是中國文學不可缺少的一部分。當然，他們兩家都不全
錯，也不全對。[30]

　　勒南（Renan）曾說過，"若想建構一個民族國家，則必須
先將自己國家的歷史扭曲。"[31]著名的史學家霍布斯鮑姆也曾說
過類似的話："一個研究民族、民族主義的嚴謹的史學家必定
無法成為一個堅定的政治民族主義者……因為民族主義對人們
的要求是嚴謹的史學家所不能承受之重"。[32]這條評論，不僅適
用於史學家，還適用於社會學家和政治學家等，尤其適用於有
機知識份子們。當他們對歷史採取實用的態度時，他們已經不
再是專業人士，不是嚴謹的史學家、社會學家或政治科學家，
而變成了一個有機知識份子。但是他們仍然想成為專業人士，
並且自認為是專業知識分子。這就是我們所說的兩難，何去何
從是有道德後果的。

　　第二，為了有效地推動自己的民族主義事業，有機知識份
子必須盡可能地誇大他們所認為的對方的缺點，這樣才能最大
限度地發動群眾。正如中國革命的歷史告訴我們的那樣：敵友
之間的界限越分明，黑白越分明，群眾就越容易被發動起來。
毛澤東說，"誰是我們的敵人，誰是我們的朋友，這是革命的

---

[29] 林滿紅在她的《晚近史學與兩岸思維》中（臺北麥田出版社 2002 年，第 195
到 202 頁），也提到類似的觀點。

[30] 見蕭阿勤《1980 年代以來臺灣文化民族主義的發展：以"臺灣（民族）文
學"為主的分析》（臺灣社會學研究 1999（3）1-51；Contemporary Taiwanese
Cultural Nationalism （London and New York: Routledge, 2000）.

[31] 該段文字被 Hobsbawm 引用。見 E.J. Hobsbawm, Nations and Nationalism Since
1780: Programme, Myth, Reality, Second edition (New York: Cambridge
University Press, 1992), 第 12 頁。

[32] Hobsbawm，Nations，第 12 到 13 頁。

首先問題。”就是用這種方法，毛成功地調動了千百萬人民為革命戰爭服務。在這個時候，如果你想擺事實、講道理，你便顯的沒有說服力，你就會被排斥在運動之外。

　　以下是臺灣民族主義和中華民族主義陣營中有機知識份子們的一些典型言論。有的話說得極其誇張和極端，有些是你在威權時代的臺灣和文革時代的大陸所習慣聽到的。這些話都是從有機知識份子們的各類出版物中摘抄下來的，包括我之前提到的那些出版物。在這裏我沒有寫出每句話具體的出處。如我之前說過的，知識份子在不同時期、不同的問題上立場是會轉換的。如果我們假定某人說過什麼話，那麼他就是哪一類型的人，也就未免太簡單了。知識份子的人格是一個非常複雜的東西。根據下面這些話來斷定一個人的絕對立場是不公正的。所以我沒有把說話者的名字附在後面。我們應該把這些話看作典型的有機知識份子的言論，或者一個專業知識分子在表達他的有機性時所說的話。[33]

　　一個有機於臺灣民族主義的知識份子會說：

---

[33] 匿名的評審們指出作者沒有標明這些語句的出處。原因是這樣的。我在臺灣的研究過程中，曾考慮過使用兩個個案，即臺灣兩位元知識份子的作品，來解釋有機知識份子和專業知識分子在實踐上的區別。我徵求了張茂桂教授的意見，問他可不可行。但他的答案是否定的。他的理由是在臺灣這樣劍拔弩張的政治氣圍中，知識份子通常謹言慎行，不願意被劃為非獨即統、非統即獨的絕對分類之中。把人們關進鴒籠太容易了。他說知識份子也經常抗議別人對自己進行了不確切的描述、不當的分類。如果我使用那兩則個案，我也就已經將他們分類。我會說這不是我的本意，但讀者並不會這麼想。將人們如此分類正是我所不願意看到的結果。張所觀察到的知識份子對這些描述的抗議，也間接地印證了我們用理想類型類來描述知識份子這種方法的優越性，即將知識份子看成是可以改變立場、轉換角色的社會群體。我們必須找到一個方式來刻畫他們，而這篇文章就是這樣一個嘗試。不過，兩個陣營有機知識份子的這些言論在他們的出版物上都是可以找到的。我們在前面也引述過這樣一些出版物。

中國是我們的敵人，但是有人試圖把臺灣出賣給中國。他們是台奸。

凡是反對我們獨立建國的人都是我們的敵人。

統派的知識份子把中華人民共和國當作他們的祖國。他們和失去政權的國民黨一起，是共產黨的第六縱隊。

國民黨和親民黨掌權就會恢復威權統治。

大前研一在提出所謂包括臺灣的中國聯邦時有著不可告人的目的。

那些和中國有聯繫的人們是“半山，”是機會主義者。

那些為中國講話的媒體、組織和個人在危害我們的國家安全，應該受到懲罰。他們的言論應該受到嚴格管制甚至取締。

那些為國民黨講話的人是中華民族主義的文化打手。

原住民是受到煽動才來質問到底誰才是真正的臺灣人。

只有人格被扭曲的人才說自己既是臺灣人又是中國人。

中國情結是危險的，應該被切斷。

在1990年代之前統治臺灣的，不是殖民主義，就是帝國主義。

在國民黨之前，中國人從來沒有統治過臺灣。

一個有機於中華民族主義的知識份子會說：

“一邊一國”是一個新陰謀。這是台獨勢力和美日帝國主義者勾結的結果。

那些支援台獨的人是美帝國主義的走狗，是日本皇民。

他們鼠目寸光，無法克服自己的島民心態。

他們想把外省人都趕到海裏去。

台獨運動目前正走入一個死胡同。

李登輝和陳水扁都是漢奸。

支援台獨的人數典忘祖。

那些為日本殖民主義者大唱頌歌的人都是三腳仔。

那些反對中國統一的人必將得到粉身碎骨的下場。

臺灣人民不應該跟著陳水扁走向滅亡。

正如我們所見，通過誇大對方的 "缺點，" 利用煽動性的語言，典型的有機知識份子所遵循的是責任倫理：他們用道德上有疑問的手段以便最大限度地達到他們認為倫理上好的目標。一旦這樣做，他們也就違背了自己的專業角色。這些知識份子沒有遵循道德倫理，因為後者要求他們公正、中立和客觀。有機型知識份子為國家、為社會運動創造理論，做它們的代言人，宣傳它們的意識形態，並做它們的領軍人物。這些知識份子是有黨派之見的，他們也必須有黨派之見，才能成為有機知識份子。這就使他們面臨著一個倫理困境：一方面，專業主義要求他們對政治保持客觀的立場，保持一定的距離，但另一方面，行動主義又要求他們參與黨派活動，要善於利用煽動性的辭藻。

這種矛盾也是批判性話語文化和現實主義的政治文化之間的矛盾。Gouldner 認為批判性的話語文化要求人們根據聽眾或讀者自己的判斷來確定一個人的論點是否有道理，而不是由講話者的地位與權勢來決定他講話的正確與否。[34]有機知識份子的 "受眾" 不僅僅是有權有勢者，普通的聽眾、讀者也有判斷能力，也在對他們的發言進行評判。作為知識份子，他們在忠於自己的政治事業的同時，還需要忠於自己的專業主義。他們的言論固然要受到政治現實主義的究詰，但是他們也要接受專業主義的考量，不管他們是支援台獨還是支援統一。

---

[34] 見 Alvin Gouldner, The future of Intellectuals and the Rise of the New Class, (New York: Seabury Press, 1979), 第 28 頁。

　　這種對專業主義和政治事業的雙重效忠會導致有機知識份子在自己言論中的自相矛盾。他們一方面堅守黨派之見，另一方面有試圖奉行專業主義。2003 年我在臺北參加了一個以言論自由為主題的論壇。其間一位先生的發言很發人深省。他說當人們在國家認同問題上感到迷惑時，民進黨政府有必要採取手段，壓制一些言論，光大另外一些思想。我說如果這樣的話，現在的新政府和威權時代的蔣政府又有什麼區別呢？他說儘管如此，壓制仍然是必要的。這就是我們所講的有機知識份子的雙重人格，或分裂人格。為了有效地推進一個運動，他們必須忍受這樣的折磨。

　　有機知識份子一方面知道在倫理上怎樣做才是正確的，但是另一方面，卻又為了自己的政治事業而做一些倫理上受人詬病的事情。這種道德上的緊張總是在折磨著他們，他們或許要長期忍受這種緊張的折磨，並徘徊於倫理衝突的十字路口。但在尋找協調這種衝突的過程中，有機知識份子也正在尋找一條他們自認為是最好的途徑來改變社會，處理國家認同的矛盾。他們相信自己的做法對臺灣是有利的。如果這便意味著戰爭，那就會讓戰爭爆發好了。他們就是這樣，通過任職於政府，做政府的謀士，或組織社會運動，來影響著政府的決策。

三、知識份子的專業角色和他們的倫理困境

　　典型的專業知識分子只對解決技術或社會難題感興趣，他們竭力使自己遠離政治。在這一節中，我們將討論那些研究民族主義問題但不參加民族主義的政治組織和活動的知識份子上。他們通常不上電視節目、辯論政治問題。他們的具體特點如下。（注意有機知識份子和批判型知識份子也會具有這些專業主義的特點，只不過這些並不是他們最重要的特點。我們現在

討論的仍然是理想型的分類。）

　　首先，他們的遣詞造句會非常謹慎。他們的研究著作會盡力避免使用"日據"或"日治"這樣的字眼。這兩個詞代表了不同的政治觀點。前者對日本在臺灣的殖民統治持批評意見，常為有統一傾向的人們所使用。而後者則為獨立陣營的人們所喜愛，他們認為日本人對臺灣的貢獻是了不起的。專業知識分子如果需要使用這樣的字眼，他們也會將它們混用，以便使自己看上去沒有偏袒任何一方[35]。另外，在提到雙方陣營中的人士時，他們不會使用煽情文字。他們不會像有機知識份子那樣使用"賣台"或"認賊做父"這樣的字眼。

　　更重要的是，專業知識分子要比較全面的描述歷史，而不是有意遺漏或忘掉部分史實，正如 Hobsbawm 所說的那樣[36]。要做到這一點，一個歷史學家或是社會科學家需要"在進入圖書館或書房前把自己的政治信仰拋在身後。"

　　韋伯很可能是最早區分有機和專業兩種角色的理論家之一，儘管他沒有使用我們現在使用的辭彙。在他那篇著名的"以科學為職業"的演講中，韋伯談到教授的職能[37]。他說教授可以有兩個功能。當他們在政治聚會上發表演講時，他有堅定的政治立場，他扮演的是典型的有機知識份子的角色。他們在這樣的集會上或是在報紙雜誌上所發表的一些激烈言辭是他們爭取選票壓倒競爭對手的一種手段。這些話語是他們對付敵人的利刃，它們是武器。

　　然而，韋伯說，如果一個教授在課堂上也使用這樣的話語，那將是一種極不負責任的行為。在這裏，語言是科學分析的工

---

[35] 見 2003 年與王甫昌的訪談。政治上，王同情台獨，但他力求做客觀、專業的研究。

[36] Hobsbawm, Nations，第 12 到 13 頁。

[37] Weber，From Max Weber，第 145 到 147 頁。

具。它是疏鬆土壤的犁頭，使人們能夠突破思想的桎梏。假如課堂上在討論什麼是民主，教授就有責任來分析民主的各種不同類型，它們如何運作，之間的差異如何，民主與不民主的政權有什麼相同和不同。孰好孰壞，其間的價值判斷只有學生才可以做。不論在什麼情況下，教授都不能將自己的立場或價值標準強加給學生。作為這種專業化的一個例子，我在這裏引用一段韋伯關於教師為什麼要為學生提供反面例子的討論。

> 一位能夠給學生以啟發的老師（也就是我們在這篇文章裏講的專業人士），其主要任務就是要教他的學生看到那些對於自己的觀點來講是“不方便的”的事實。我這裏指的是他們的黨派觀點。對於每一個政黨的每一種觀點來說，總有些極其不方便的事實[會證明這些觀點的不完善或不正確]，這對我對你都一樣。我相信如果一個老師能夠迫使他的學生經常意識到這些事實的存在，那他完成的就不僅僅是一個教學任務。我用“道德成就”這個詞語來描述還遠遠不夠，儘管對這個不言而喻的事情來說，這個詞已經顯得過於宏大。[38]

顯然，韋伯對那些混淆了自己的政治身份和專家學者身份的教授們很不滿意。他甚至認為這是一個道德問題。[39]

---

[38] 同上，第 147 頁。

[39] 類似的觀點請見 William H. Kilpatrick, "Limitations upon Academic Freedom for Public School Teachers", Teachers College Record, 1935 年，第 37 卷，第 94 頁。他說，"假如這個問題是有爭議的，而教師則只教授一家的觀點，那末這既是不道德的，也是不民主的。教師的責任是逐步地教會學生如何思考有爭議的問題，如何做出自己的判斷。這才是培養民主社會公民的辦法。"請見 http://www.tcrecord.org/Content.asp?ContentID=7624. 臺灣政治大學的教授邵宗海先生在與本文作者交談中也講到了區分這兩種角色的重要性。他一

　　當然，韋伯也認為老師們不可能完全成功地把個人的喜好摒棄在教室的大門之外，但是如此一來，他們的一言一行就只能受到自己良心的制約了。韋伯隨時準備向我們證明，"從我們歷史學家的著作中就可以看到，無論何時，一旦科學家們引入他們自己的價值取向，對事實的全面理解就終止了。"[40]

　　專業知識分子和有機知識份子之間的這個區分同樣也為研究民族主義的學者製造了困難、迷惑，包括那些研究台海兩岸的國家認同的學者。他們在多大程度上可以保持自己專業主義的姿態？如果他們在課堂上這恐怕會容易些。但假如他們在報紙上發表文章又該如何處理？他們需要站邊嗎？他們需要署名說他們是某某大學的教授或是中央研究院的研究員嗎？如果他們署名了，是不是就犯了韋伯所批評的道德錯誤，即以自己的專業地位去不正當地影響自己的聽眾或讀者。但是影響民眾正是他們在報紙上發表文章的目的。當然他們也可以僅僅是簽署個人的名字或者自己所屬某政治組織的名字，然而如此一來，他們的影響將會被大大地減輕，因為讀者不知道作者的背景。那麼專業知識分子是否應該去影響他人呢？如果答案是肯定的，他們應該如何去做呢？

　　度曾經置身於政治活動中，但最後決定完全放棄他的政治身份，專心教書研究，因為前者會損害後者。一旦被貼上標籤，就很難再把它撕下來。

[40] 見 Weber, From Max Weber, 第 146 頁。一位評審懷疑專業知識分子能否做中立的學術研究。這確實是專業知識分子所必須面對的困難，因為他們總是在受到自己政治立場的影響，以及其他諸多社會、經濟等因素的影響。但正如 Weber 和 Hobsbawm 所觀察到的一樣，一個專業知識分子總是可以採取一些手段使自己盡可能地做到客觀。當然我們不能期望知識分子做到絕對的 "專業、" 絕對的 "客觀"，就像我們也不期望有機、批判型知識分子做到絕對的 "有機" 和絕對的 "批判" 一樣。這就是我們在這篇文章裏所談到的知識份子的複雜性與能動性。

　　下面這件事是有機知識份子會做而專業知識分子不會做的。[41]這是一位記者對在印度居住的 13 歲男孩的採訪。這位男孩是西藏小難民，曾經參加過西藏的抗議活動，哥哥在一次抗議活動中被抗暴員警打死了。

　　——你恨中國人嗎？
　　——是的，我恨他們。
　　——你想報復嗎？
　　——是的。

　　有機知識份子會問一些誘導性的問題，因為他有自己的立場，但是專業知識分子不會這樣去問問題，尤其是在採訪兒童的時侯。但是一個誘導性的問題能夠更有效地激發人們的感情。
　　臺灣的知識份子和其他地方的知識份子一樣，總是處在專業化還是政治化的矛盾之中。這是兩種不同的角色，它們並不總是能夠重合在一起的。做一個專業知識分子就像時代的過客，站在人行道上目睹歷史事件的發生。他/她所做的一切，對社會的變革可能並不產生什麼直接的影響，儘管專業知識分子的工作與有機知識份子的工作同等重要。[42]這就是他們的困境。專業知識分子遵循道德倫理，在國家認同問題上會做自己認為是正確的事情，儘管他們會感到無助與無力。但是也正是這種困境構成了專業知識分子工作的能動性與有效性。也正是這種專業工作，這種同時也存在與有機知識份子和批判型知識份子中間的

----

[41] 見 Pierre-Antoine Donnet，Tibet：Survival in Question, 由 Tica Broch 翻譯 (London and New Jersey: Zed Books Ltd.,1994)。第 113 頁。
[42] 關於這點的更多解釋，請看郝 Intellectuals，第 57 到 58 頁；Robert Merton，Social Theory and Social Structure（New York：Free Press，1968 年出版），第 266 頁。

專業性，使得有機知識份子的黨派立場得到制衡。專業知識分
子並不能告訴人們應該不應該打仗，因為這也涉及到一個價值
取向問題，個人的價值取向是無法強加到別人頭上的。但是專
業知識分子可以對人們的行為進行分析，告訴我們在什麼情況
下，他們在如何走向戰爭，或者如何走向和平。但是無論在臺灣
還是在大陸，在民族主義研究中的專業知識分子少之又少。

四、知識份子的批判性角色和他們的倫理困境

　　正如我們前面所談到的那樣，批判型知識份子具備一定的
專業知識，特別關注社會最底層的境況，對權勢持批判態度。
他們奉行的也是道德倫理。在國家認同的衝突中，或是在獨立
還是統一的問題上，他們更加關注公平和公正而不是某一個特
定的結果。他們提出的問題是，在任何一種政治安排中，誰蒙
其利，誰受其害？和平或戰爭對誰有利，對誰有害？它能為普
通老百姓帶來什麼？這裏我們或許可以摘錄甘地的一段話供我
們參考：

　　　我們先來看一下你曾經親眼目睹過得那些最貧窮、最無助
　　的人的命運，問一下你自己，你想採取的下一步行動是否
　　對他們有利，他們從中能得到些什麼？你能讓他們重新掌
　　握自己的生活和命運嗎？換句話說，你能使千百萬遭受肉
　　體和精神雙重饑餓的同胞取得[真正]自治的權利嗎？想到
　　這些問題，你就會發現你自己的行為或許不無瑕疵，你自
　　己或許並不那麼偉大。[43]

---

[43] 見 Yael Tamir，Liberal Nationalism (Princeton, New Jersey: Princeton University
Press, 1993)，第 95 頁。

批判型知識份子不是首先抱定某種態度，或是統一，或是獨立，或者聯邦，或者邦聯，或是戰爭，或是和平。他們會像專業知識分子那樣分析不同選擇的後果，然後決定哪條道路對街上的普通民眾最有利。這也是公平即正義的原則。[44]你的選擇是既有利於精英人物也有利於平民百姓嗎？在批判型知識份子看來，公民意識、公民權利與義務必須超越任何血緣上的聯繫或文化上的傳承，它們也必須超越戰爭與和平的抉擇。[45]

批判型知識份子的這種特點也可能出現在有機知識份子和專業知識分子身上，但在後者身上並不明顯。舉例來說，批判型知識份子會關注從大陸來台的新娘或沒有合法身份的打工者的人權，但是典型的臺灣民族主義和中華民族主義的有機知識份子則更關心在這個問題上他們應該如何保護自己的民族利益和黨派利益。他們更關心的是一旦這些新娘獲得了公民權之後是否會支援他們的民族主義事業。他們可能也會對這些新移民所面臨的困難表示同情，顯示他們還有批判性的一面。但是這種同情的多寡卻是由他們的黨派利益所決定的。[46]

做社會的良心主要是批判型知識份子的特點。他們也具有最多的批判性話語文化，因為他們對權勢最不屑一顧。像專業知識分子那樣，他們奉行道德倫理。對於他們來說，和平與正

---

[44] 見 John Rawls, A Theory of Justice. 修訂版（Cambridge, Massachusetts: The Belknap Press of Harvard University Press, 1999）．

[45] 見江宜樺《自由主義，民族主義與國家認同》（臺北揚智文化，1998 年出版）第 163 頁。

[46] 在臺灣的諸多弱勢群體中，有許多因中國內戰而家毀人亡的老兵，於 20 世紀 80 年代以來，迎娶了更年輕的大陸新娘。關於大陸新娘議題的複雜性，請見趙彥甯《移民、國家與社會科學研究——以‘大陸新娘’的研究為例》。http://hermes.hrc.ntu.edu.tw/csa/journal/23/journal_park159.htm. 對由此而引起的衝突，請見 http://www.chinanews.com.cn/n/2003-09-20/26/348801.html 中的描述。

義是其努力奮鬥的目標，戰爭則是永遠不能接受的答案。但他們面臨的困境和專業知識分子一樣，站在人行道上目睹歷史事件的發生而自己卻無能為力。然而他們對和平與正義的執著卻可以在某種程度上平衡有機知識份子的黨派之私。

在臺灣有兩個知識份子團體大致可以代表批判型知識份子。其一為成立於1989年的"澄社，"它仍然在臺灣政壇扮演著某種角色。其二為"公平正義聯盟，"又名"泛紫聯盟，"成立於2003年。之所以稱為"泛紫"是因為其政治立場處於泛綠和泛藍陣營之間。反戰的知識份子，無論是什麼戰爭（？），也應該被看作是批判型知識份子。

據澄社創立人之一楊國樞所言，該社在成立之初有21位成員，他們都很關注社會與經濟的平等和政治的民主。[47]他們想發出第三種聲音，一種客觀、獨立的聲音。他們要關注政治、批判政治。但他們自身卻不參與政治、不競選公務員。一旦成為政府官員，他們將自動脫離本社。他們後來也正是這樣做的。而且在20世紀90年代臺灣的民族主義運動如火如荼之時，社內那些對臺灣民族主義或中華民族主義感覺比較強烈的成員也與澄社分道揚鑣了。這其中就包括楊國樞自己，還有胡佛和李鴻禧。[48]澄社於是堅持站在無黨派人士的立場上來批判政治。他們發表了一系列宣言，對臺灣的政治發展表達意見。他們組織評判立法委員的表現，並呼籲政黨、官員、軍隊退出媒體的管理層。

第二個批判型知識份子的社群，公平正義聯盟，主要由代表勞工、婦女、長者、教師和殘障人士的團體組成，召集人為簡錫堦。這個組織擔心政客們太忙於在國家認同問題上的爭

---

[47] 見楊國樞《我們為什麼要組織澄社》（中國時報，1989年6月22號）
[48] 見瞿海源《澄社十年》（《當代》，1999年5月1日）

鬥，而忽略了普通人的日常所需，給人民的福旨帶來威脅。該聯盟的成員之一張茂桂指出：當政治侵入學術，當媒體不得不選邊站的時候，我們離家庭分裂的那一天也許已經不遠了。[49]

　　這裏至少有二個兩難。第一，縱使這些批判型知識份子所討論的問題非常重要，他們所能吸引到的聽眾人數卻遠遠少於民族主義政治家和有機知識份子們所能吸引的人數。他們的影響力是有限的。雖然泛綠、泛藍陣營似乎都很歡迎泛紫聯盟的出現，但是他們覺得當前國家的政治生活中到處都充斥著國家認同問題，人們情緒比較激動，在這個時候，這個新組織到底能起多大作用，還是值得懷疑的。[50]澄社前社長瞿海源也感歎學術界對政治的影響力是大不如前了。在他的一本政治評論集中，瞿將學術界人士的政治批判比作 "狗吠火車。"[51]正如專業知識分子那樣，批判型知識份子也感到無能為力。

　　第二，如果他們想要增強自身的影響力，他們就必須進一步介入政治。但這樣一來，他們就有變為有機知識份子、從而失掉他們作為批判型知識份子身份的危險。他們就有黨派立場了。舉例來說，在 2003 年 12 月，澄社發表了一個宣言，批評立法院剛剛通過的公投法，說它是反民主的，說公投應被用於解決民族認同的問題。他們的宣言僅僅在《臺灣日報》上發表，而《臺灣日報》是支援台獨的。[52]看起來至少在這個問題上，澄社是選邊站了。他們的立場和泛綠的立場是一致的。像這樣的

---

[49] 見 http://news.cqnews.net/system/2003/11/26/000332233.shtml. 作為一個有機知識份子，張曾經起草過民進黨的一個宣言，但在這裏他扮演的是批判型知識份子的角色。

[50] 同上。

[51] 見瞿海源《針砭：瞿海源評論集》（臺北圓神出版有限公司 2002 年出版，第4 頁）；又我與瞿在 2003 年的個人訪談。

[52] 見 http://taiwandaily.com.tw，2003 年 12 月 3 日；2003 年與瞿海源的訪談。

宣言多發表幾個，澄社不是也變得有了黨派之私了嗎？他們還
是我們定義中的批判型知識份子嗎？

　　由於泛紫聯盟反對激烈的民族主義政治，他們就可能被視
為泛藍的同盟軍，泛綠的敵人，因為後者急切地想解決國家認
同問題。[53]在 2004 年的大選中，泛紫聯盟甚至準備推舉自己的
總統候選人，他們還鼓勵選民投廢票。更有甚者，這些行為使
他們看起來更像是有機知識份子，他們這樣做會使自己喪失批
判型知識份子的地位。但是他們應該如何處理這個既想具批判
性又想具影響力、魚與熊掌很難兼得的矛盾呢？普世價值和黨
派觀念之間是否有一條界線，這個界線應該如何劃分？

　　那些反戰的、把和平作為一項絕對的普世價值的知識份
子，也很容易被捲入台海問題的選邊戰之中。2003 年，大約 500
名知識份子簽署了一份反對伊拉克戰爭的聲明。因為泛綠政府
支援美國的對伊戰爭，所以大部分泛綠知識份子在這個問題上
保持沈默。而大部分泛藍知識份子則明確表示不贊同美國的對
伊戰爭。如果臺灣海峽爆發戰爭，可以想像會發生同樣的分歧、
同樣的貼標籤。因為預防戰爭就意味著要與大陸尋求和平，這
似乎就意味著向臺灣的敵人投降，正如泛綠指責泛藍的那樣。

　　面對以上的種種困境，一個批判型知識份子會發現很難既
堅守普世價值又看起來不是在台海問題上選邊站。像專業知識
分子那樣，他們也很難有太大的影響力。儘管如此，這兩類知
識份子在適當的時候適當的情況下還是可以起到重要的平衡作
用，在臺灣海峽未來的戰爭與和平問題上制衡有機知識份子。

---

[53] 族群平等行動聯盟是另一個最近成立的批判型知識份子團體，它已被批評為
泛藍陣營的同盟軍。號召族群平等被視為對臺灣人身份認同的壓制。見《臺
灣日報》2004 年 1 月 24 日。

五、結論

在本文中，我們詳細地分析了誰是有機知識份子、專業知識分子和批判型知識份子，他們在臺灣的民族主義政治運動中，尤其是在戰爭與和平的進程中，發揮著怎樣的作用，以及他們所面臨的困境。有機知識份子服務於臺灣或中華民族主義運動，他們遵循責任倫理，願意使用在道德上會被人詬病的手段來達到自己民族主義運動的目的，比如扭曲歷史、誇大對方的缺點來增加自己的影響力，甚至使用暴力，包括戰爭。但作為知識份子，他們還是要面對"怎麼辦"和"應該怎麼辦"的矛盾，這也是責任倫理和道德倫理之間的矛盾。

與此同時，專業知識分子則遵奉道德倫理，做著他們認為是正確的事情，不像有機知識份子那樣使用具有煽動性的話語，並試圖更全面地審視歷史。但是面對民族主義的激情，他們也無能為力。批判型知識份子堅持民主、公正、平等與和平，但是應者寥寥，影響力甚小。像專業知識分子那樣，他們也面臨著各種不同的道德困境。儘管如此，專業知識分子和批判型知識份子的工作仍然是知識工作的重要組成部分。他們是民族主義運動中重要的平衡力量。[54]

本文強調知識份子角色的這些分化僅僅是理想型的分類。有機知識份子在某些時候某些情況下也會具有專業知識分子和批判型知識份子的特點，後面兩者同樣可以承擔有機的角色。舉例來說，泛綠和泛藍的知識份子都反對政府腐敗，許多人也不願意打仗，他們甚至還可以對大陸新娘、無正式身份之打工者表示真誠的關心，儘管這種關心遠不如批判型知識份子那樣

---

[54] 這篇文章旨在提出知識份子角色以及他們的兩難境地這樣一個議題。今後的研究需要做更多的文本分析，更多的訪談，以便對於他們的兩難困境有一個更好的理解。

來得懇切。專業知識分子和批判型知識份子也可搖身一變成為
一個激烈的民族主義者，也即有機知識份子。知識份子的地位
與角色是可以轉換的。在這個轉換過程之中，他們尋求最能影
響社會變革的途徑。在權衡機會、變換角色、處理倫理困境的
過程中，他們發揮著自己的政治作用。他們通過選舉政治，通
過社會運動，通過和其他類型的知識份子的互動，或者通過協
調自己身上不同的三個知識面向，在發揮著自己的作用。在瞭
解了他們在做什麼之後，我們就可以比較清晰的瞭解他們在民
族主義運動中、在戰爭與和平問題上所扮演的角色。[55]

---

[55] 關於中國內地民族主義以及知識份子在兩岸戰爭與和平問題上的影響，請見
本文作者即將發表的另外一篇文章，"Between War and Peace: The Role of
Nationalism in China;s U.S. Policy-making with Regard to Taiwan," 載於 Hao
Yufan 和 Lin Su 所編 Societal Pressures on China's U.S. Policy-making. 待出版。

經濟全球化背景下海峽兩岸經濟關係的走向及對策

陳 甬 軍

廈門大學經濟研究所教授

廈門大學臺灣研究中心研究員

美國約翰霍普金斯大學富布萊特研究學者

晏宗新

廈門大學經濟研究所博士研究生

摘 要：

　　本文將未來海峽兩岸經濟聯繫置於經濟全球化這一大背景下，結合各種影響因素，從一般性、產業結構變化、政策特點來具體探討 21 世紀初期海峽兩岸經濟關係發展的走向，並提出相應的對策建議。

　　新世紀影響臺灣海峽兩岸經濟關係的主要經濟因素是經濟全球化的發展。本文將海峽兩岸未來經濟聯繫置於經濟全球化這一大背景下，結合 21 世紀初期各種影響因素，如美日經濟衰退、加入世界貿易組織等，從一般性、結構變化、政策特點來具體探討 21 世紀初期海峽兩岸經濟關係發展的走向，並給出對策建議。

一、新世紀初期影響兩岸經濟關係發展的主要因素

　　當前臺灣海峽兩岸經濟發展所遇到的問題，一方面是其多年發展過程中逐漸形成的內部矛盾未能有效處理、化解所致，另一方面，也與經濟全球化所帶來的外部環境變化有密切聯繫。外部經濟環境變化以及內部經濟發展的需要決定了海峽兩岸經濟良性互動具有重要的現實意義。21 世紀初影響兩岸經濟的因素至少包括以下幾個方面：

1. 經濟全球一體化是影響兩岸經濟關係的主導趨勢。經濟全球一體化（Global Economic Integration）是世界經濟變化的根本特徵。目前正發展的經濟全球化，不是一個突發事件，而是持續多年的發展趨勢及過程。現階段的全球化過程固然是近百年歷史發展的延續，但它發軔於 20 世紀 80 年代，基本上是由國際貿易的發展、國際直接投資（FDI）迅速增長、資本國際流動加快、經濟自由化政策的推廣和以資訊技術為代表的現代科技進步所促成。它決定了各個國家或地區必須順應經濟全球化的潮流，積極參與國際分工與合作，提高產品的競爭力。經濟全球化的外在表現形式包括區域化合作加強和解決世界貿易爭端機制作用擴大。

    (1)區域化合作加強。區域經濟整合是世界經濟發展不平衡的產物，是國際貿易競爭日趨激烈的必然結果，參加區

域經濟合作決定一個國家或地區的經濟發展前景。就亞太地區而言，鑒於其涵蓋範圍大，各成員國或地區背景複雜，以強調地緣、人緣文化與歷史淵源和現實經濟聯繫為特徵的次區域聯繫整合已展開，並藉此形成“核心區”，梯度推進。表現有：其一，自1989年“亞太經濟合作組織”建立以來，亞太經濟合作就提出“開放的地區主義”，推進貿易自由化，並確立到2020年實現地區貿易和投資自由化的目標。其二，東盟國家與中、日、韓的“10+3”首腦會議提出要加強在經濟、社會和人力資源開放等方面的合作，表明東亞區域合作正在走上制度化，最終有可能形成“東亞自由貿易區”。中國政府在2001年的“10+3”會議上還提出了由中國與東盟率先簽訂自由貿易區協定的建議。其三，中國大陸與港澳臺的“中華經濟區”也在進一步的討論中。

(2) 國際合作機制作用增強。世界貿易組織（WTO）作為解決國際貿易爭端的機制，祖國大陸與臺灣已於2001年底相繼成為其會員。世界貿易組織規則的目的是降低關稅壁壘和鼓勵國家和地區之間的貿易和投資，有利於按照世貿組織成員間的關係準則來規範相互關係。加入世界貿易組織後，一方面，兩岸間的貿易將會有較大增長。臺灣方面將逐步取消對大陸進口貨品的限制，從而使大陸對臺灣出口機會增加。這雖然會減少臺灣對大陸貿易的順差，但兩岸貿易在正常的市場機制下發展，會更符合雙方經濟發展的客觀需要，貿易總量的增長，結構的相互補充，對兩岸經濟發展均會有益促進；另一方面，有利於兩岸投資增長。現在兩岸投資關係基本上是單方向的，而且臺灣方面對台商對大陸的投資設置了種種障礙，加入世界貿易組織後，這種限制客觀上就要被解除。

2. 以美、日為首的西方發達國家還沒有從經濟衰退期恢復，對兩岸經濟具有較強的衝擊力。面對經濟全球化的挑戰，日本經濟陷入長達 10 年的衰退，至今沒有完全復蘇跡象。1997 年爆發的亞洲金融危機，對這一地區的絕大多數國家的經濟衰退影響還沒有完全消除。美國經濟前幾年出現硬著陸，特別是"911"事件後，經濟增長速度明顯放慢，而且美國經濟的調整，不可能是短期調整。[1]這對兩岸經濟將產生比較強烈的影響。由於亞洲國家正在由對美傳統的單一的"市場依賴"逐漸轉變為包括"結構依賴"在內的雙重依賴，更使亞洲經濟蒙上陰影。長期以來，亞洲國家一直利用美提供的第一順差市場實現出口導向型的經濟發展戰略，造成對美貿易的"市場依賴"。同時，亞洲國家發生金融危機之後的結構調整，力圖通過參與美國新經濟的國際分工來提升產業結構和在國際分工中的地位，又形成"結構依賴"。對中國大陸來說，在中國的出口依賴度，尤其是對美出口依賴度很高的情況下，美國進口需求的減少與貨幣的貶值，勢必會對中國經濟增長帶來不利的影響。而對亞洲發展中國家和地區的主要出口市場，美國和日本的經濟衰退，更導致出口貿易減少並造成貿易保護主義的重新抬頭。從短期看，亞洲經濟增長取決於美國、日本經濟的復蘇速度；從長期看，亞洲經濟有一個從粗放經營到集約型增長的轉變過程。亞洲國家和地區都存在著一個如何通過引進資本、技術，加強宏觀管理和制度革新，發展高科技，改造傳統產業，從而優化產業結構，實現現代化的趕超目標的問題。

---

[1] 參見華民、周鵬：《美國經濟增長減速及其國際效應》，《世界經濟》2001 年第 8 期。

3. 海峽兩岸經濟在 21 世紀初期自身發展的特點，決定著各自
   的利益與政策選擇空間。新世紀初期，臺灣產業面臨產品
   升級機會不足、資源外流、土地成本過高、電力供給不足、
   資金與技術結合困難、研究發展投入不足等轉型的障礙。
   在傳統產業向大陸轉移的過程中，新的產業的定位與形成
   還沒有跟上。中國大陸經濟保持了較好的增長勢頭，雖然
   發展水平比較落後，但經濟總量可觀。但是，中國大陸雖
   然保持了較高的經濟增長率，其 7-8% 的經濟增長速度還是
   不能滿足其巨大的勞動力就業和發展經濟的需要，而且長
   期依靠財政擴張政策也有問題。大陸相對落後的經濟結構
   水平要求其更為積極地參與國際市場。因此兩岸的經濟聯
   繫具有特別意義：一，中國大陸既是臺灣產業廉價勞動力
   的來源，又是臺灣產品的出口市場；二，臺灣地區的資金、
   技術、企業管理水平，市場營銷能力又是大陸發展中相當
   欠缺的。兩者互補性很強。

   總的來看，在經濟全球化的大趨勢下，以兩岸特殊的歷史
背景、資源互補性和經濟利益為動力，兩岸經濟聯繫具有越來
越加強的內在動力和外在壓力。

二、全球經濟一體化：海峽兩岸經濟關係發展的一般分析

　　由於歷史的原因，兩岸經濟在基本條件與發展進程方面，
存在頗大的差異。主要表現在：(1)經濟發展水平的差異。(2)原
有體制的差異。大陸經濟曾長期處於計劃經濟之下，目前正逐
步向市場經濟過渡，但這一轉變並沒有完成。臺灣經濟是一個
以私有制為基礎的市場經濟體制。(3)經濟開放程度的差異。目
前大陸經濟的進出口貿易依存度已經達到 40% 左右，正在迅速
進入國際市場。臺灣經濟是典型的外向型經濟，對外依存度更

高。(4)適應市場經濟的人才與意識的差異。

　　但是，兩岸不僅具有同文同種的歷史文化背景，具有血緣和地緣的天然聯繫，而且兩岸經濟具有較強的互補性，主要表現在：(1)從大陸看，幅員遼闊，物產和人力資源豐富，工業基礎和技術力量較雄厚，科學基礎研究水平較高，市場容量巨大，高科技開發能力較強。面臨的主要問題是，建設資金不足，中低層應用科技人才缺乏，企業的行銷管理經驗不足。(2)從臺灣看，開拓海外市場，發展農業科技，開發國際市場、推進科技成果產業化及培養管理人才等方面成績顯著。其問題主要是：資源缺乏，市場狹小。(3)在發展高新技術產業方面，兩岸也各有優勢：臺灣在高新技術產業化、市場化方面有著很強優勢，尤其是在電子資訊產業方面；而大陸則在基礎科學的研究力量和高科技產品的市場需求方面優於臺灣。

　　對大陸來說，(1)可從臺灣引進資金、技術與現代化管理，得到收益；(2)吸引台商對大陸投資，促進經濟增長與就業；(3)加強兩岸經濟合作，有利於科技成果產業化。大陸雖在基礎科學與應用科學有較強的實力與水平，研究成果頗豐，但科技成果的應用與產業化不甚理想，臺灣則有較多的經驗與成就。對臺灣來說，超出本島範圍進行資源配置，將更有利於發展優勢產業與特色產業，在更大範圍內參與國際分工。

　　從現實看，兩岸經濟聯繫將遵循經濟全球一體化的發展趨勢及加強經濟互補的方向邁進，主要表現在：

1. 生產與消費的全球化合作。主要表現在：(1)臺灣擴大對大陸的貿易市場。目前臺灣對大陸的進出口貿易總額，這幾年每年約為 400 多億美元，對大陸的出口大大高於進口，每年約有 200 多億美元的順差。大陸已成為臺灣第一大貿易順差地區。由於臺灣進出口貿易總順差小於對大陸的貿易順差額，因此如果沒有對大陸的貿易順差，臺灣對外貿易就可能由順差變逆差。(2)促進臺灣經濟發展。2001 年臺灣的 GDP 約為 2800 億美元，而向大陸的出口約為 273 億美元，向大陸的出口值為其 GDP 的 9.8%。近年已經高達 10%。可見，對大陸的出口在臺灣的經濟發展中起了重要的支援作用。(3)有助於臺灣實現以高科技產業為主的製造中心的目標。將臺灣建成以高科技產業為主的製造中心，是臺灣曾提出的 "亞太地區營運中心" 的重要內涵之一，大陸對高科技及其產品均有較大的需求，同大陸發展合作無疑有助於對實現其目標有促進作用。(4)大陸在台港澳等貿易與直接投資的帶動下，經濟尤其是製造業得到極大發展，勞動力密集產業在國際市場上已具有很強的競爭力。

2. 區域經濟合作在形成中。海峽兩岸的經濟合作成為最現實的選擇，並表現出很強的生命力。以中國大陸、臺灣及港澳地區為主體的 "中華經濟區" 正在加速形成中。世界銀行預測，到 21 世紀上半葉，該經濟區將成為國際經濟的第四極，與美、歐、日並駕齊驅。1999 年經濟學諾獎得主蒙代爾教授於 2000 年 3 月觀察海峽兩岸經濟發展後指出： "展望亞洲區域經濟大勢，兩岸加入 WTO 後，應形成一個中華經濟圈"。此後他於 6 月 12 日在臺北的國際資訊會上又指出：海峽兩岸可以形成一個經濟圈，扮演次級區域經濟的角色。[2]

3. 兩岸經濟具有較強依賴性。潘子卿、李子奈通過建立一個 "祖國大陸對臺灣宏觀經濟聯接模型"，從商品貿易方面定量研究臺灣對祖國大陸經濟的依存度。研究表明：臺灣對大陸的商品出口依存度較強，1992-1998 年對祖國大陸的

---

[2] 紐約《世界日報》2000 年 6 月 12 日第 1 版，轉引自鄭竹園：《加入世貿組織後兩岸經貿關係展望》，載《海峽評論》2000 年第 8 期。

貿易順差對同期 GDP 年均增長率的貢獻率達 17%，已超過投資增長對 GDP 增長的拉動作用。如果祖國大陸每年100%地削減從台進口商品，不僅會使臺灣地區名義 GDP 與實際 GDP 的年均增長率分別下降 0.5 與 0.22 個百分點，而且還將造成其居民收入、民間消費、投資、固定資本形成、進出口、就業等的整體下滑。其中對居民收入水平和就業情況影響最大。當然，如果祖國大陸完全削減從台進口商品也會對自身經濟運行產生不利影響，但這一影響相對來說要小得多。在類比期內，大陸實際 GDP 與名義 GDP 年均增長率將分別下降 0.01 與 0.02 個百分點。[3]

4. 資本對勞動的支配力進一步加強。從投資來看，自 1990 年代初台當局開放台商來大陸投資以後，台商在大陸投資發展十分迅速，投資專案從 1990 年的 1 千多家發展到現在的 6 萬家，合同投資額達 600 多億，實際投資額已達 300 多億美元。投資廠商由初期的從事中下游的工業生產為主的中小企業擴大到從事中上游為主的大型企業及企業集團，形成大中小企業並重發展，上中下游企業相互關聯投資的格局。投資領域從輕紡製造業擴大到高技術產業，投資地域也迅速擴大。臺灣對大陸投資，已占台對外投資的首位。從大陸方面來看，臺灣地區投資占外來投資的第二位，僅次於香港。

5. 地區經濟許可權的相對弱化。兩岸加入世界貿易組織後，由於臺灣經濟自由化，國際化程度均高於大陸，臺灣對大陸限制性的經濟政策將面臨巨大壓力。按照世界貿易組織的非歧視原則、國民待遇原則等，臺灣當局的 "戒急用忍"

3　潘子卿，李子奈：《臺灣對祖國大陸經濟的依存研究：一個基於聯接模型的分析》，《世界經濟》2000 年第 12 期。

　　政策將不攻自破。

　　但是，這還是一個發展中的過程，遠沒有達到充分發揮各自的比較優勢後應有的水平。從兩岸經濟關係的現實來看，存在著：(1)兩岸貿易的不平衡；(2)兩岸投資的不平衡，大陸幾乎沒有對臺灣投資；(3)投資領域和地理位置的不平衡。從投資領域看，在傳統產業合作較多，且小規模的企業投資多而大規模的企業投資少；東部投資多而西部少；(4)功能上的一體化和體制上的非一體化並存等問題。

三、經濟全球化對海峽兩岸產業結構的影響分析

（一）產業外移：兩岸產業互補的經濟要求

　　過去 10 年臺灣傳統產業生產幾乎都呈現衰退，製造業的成長基本上都依賴電子資訊業。但在前幾年全球資訊電子業不景氣的衝擊下，製造業也出現嚴重衰退。於是有人歸結其原因為產業外移而形成空洞化（hollow out）。一國或地區經濟衰退的原因，可概分為兩個部分，一是景氣迴圈處於衰退期，另一則是長期競爭力下降所致。根據張隆宏巨集的分析，前幾年臺灣製造業主要是面臨短期景氣迴圈的衰退，而長期的出口競爭力雖然似乎也有下降趨勢，但不是很明顯。[4]我們的分析認為，臺灣經濟衰退的原因主要不是產業空洞化，而是在於臺灣正處在從傳統的外向型經濟向科技集約型現代經濟發展的轉型期，因而台商選擇向大陸投資是符合經濟原則的。主要理由如下：

　　1. 產業資本外移是經濟增長到一定階段後的必然現象。從雁行理論來看，臺灣在雁行排列中的地位比較靠前，經濟發

---

[4]　張隆宏：《臺灣製造業景氣波動與長期成長趨勢之探討》，《臺灣經濟研究月刊》第 24 卷第 10 期 2001 年 10 月。

展到一定程度，其產業就會有外移的要求。1990 年代前後是其產業資本開始加速外移的轉捩點。根據弗農的產品生命周期理論，理論上可以說明產業資本何以會在不同的階段，在不同發達程度的國家或地區之間發生轉移，以及由這種分工模式所決定的產業轉移特徵。以臺灣資訊產業來說，發展具有兩個特質，一是許多產品已經進入成熟期；另一是廠商具有群聚效應。這會左右產品的競爭優勢。從國際貿易理論中的產品生命周期理論可以知道，成熟型的產品，技術障礙較小，誰能以較低的成本生產，誰就具有國際比較利益。就後者而言，資訊科技產業上下游關聯性高，這種關聯不僅在成本面，而且在技術面也很高，從而使該產業產生群聚效應，因而產業外移是經濟發展到一定階段的必然現象。

2. 臺灣產業資本外移是其經濟結構調整的內在需要。臺灣三大產業結構在不斷優化，第二產業工業的內部結構也在不斷優化，高資本密集產業和高技術密集產業的生產力指數成長最快。從臺灣支柱性的資訊產業來說，到大陸投資主要目的有三，一是尋求生產基地；二是擴大銷售市場；三是尋找技術來源。這種資本外移是其經濟結構調整的內在需要，同時也說明臺灣會在設計平臺上更上一層。

3. 產業外移不會造成臺灣產業的空洞化。根據國際產品生命周期理論，處於雁行排列中的國家或地區，一方面向後進國家或地區轉移自己正在淘汰的產業，另一方面接受先進國家或地區轉來的產業資本。現在臺灣淨流入的是機械工業、化學和電子電器等技術密集度高的產業資本；淨流出的卻是食品、紡織等技術密集度低的產業資本。

4. 祖國大陸是台資外移的最佳選擇。兩岸經濟與產業結構存在著一定的差異，這是兩岸間互補互利的基礎，也符合雁行理論的轉移要求。在臺灣產業升級初期，傳統產業中的中小企業大量外移，其中絕大多數轉移到祖國大陸，為1990年代台灣產業升級進展做出貢獻，如不轉移，在整個經濟環境惡化下，會有大量企業倒閉。按經濟規律要求，中小企業走後，大企業緊跟其後是必然趨勢，所以才有1990年代初大企業開始到大陸投資的現象。

（二）比較優勢：兩岸產業結構分析

一國或地區的產業結構狀況既受其經濟發展水平的制約，在開放經濟條件下，又與相關國家或地區的產業結構相互制約和影響。分析兩岸產業結構的變動，既要考慮兩岸當前的產業結構現狀，又要比較其比較優勢，然後放在經濟全球化背景下來分析互動的趨勢。

1. 臺灣與大陸產業發展階段的比較

(1)臺灣產業發展階段已向發達國家靠近。除了產業發展的趨勢有所改變之外，近年來臺灣製造業不論是在生產還是在出口的產品結構上都有顯著變化。在生產方面，若以傳統工業、基礎工業及技術密集工業來分，可發現傳統工業生產毛額占製造業比重逐年下降；從 1987 年的41.95%下跌至 1997 年的 31.28%，減少 10.67 個百分點；而技術密集工業則上升了 7.86 個百分點；基礎工業上升了 2.81 個百分點。若由各產業比重變化趨勢來看，臺灣製造業的產業結構向大型化、集中化的趨勢發展，尤其是電力及電子機械器材業占 GDP 的比重超過 20%。在出口方面，高勞力密集產品占總出口比重，由 1989 年的43.45%逐年下降到 1998 年的 34.55%；高資本密集產品出口比重，自 1989 年的 26.59%上升到 1998 年的

29.30%；高技術密集產品占總出口的比重，1998 年達 40.91%，較 1989 年的 24.25%高出許多。重化產品的出口比重，由 1989 年的 44.53%上升到 1998 年的 63.83%。相同的，高科技產品出口比重由 1989 年的 33.92%提高到 1998 年的 49.44%。臺灣出口結構已向先進國家的水準調整。[5]臺灣在生產及出口結構方面明顯偏向技術密集產業，在人力結構方面也有升級現象。這都在說明臺灣製造業結構在向發達國家靠近。

(2)大陸產業的發展階段層次較低但在提升中。由於 20 多年來積極的改革和開放政策，利用其廉價的勞動力和豐富的資源，以及港澳臺的獨特的背景，中國大陸經濟發展很快，並逐漸形成一些競爭優勢。從大陸與臺灣的經貿關係看，兩岸合作主要是建立在投資帶動貿易的基礎上。臺灣利用大陸的資源，出口很多中間原料及零部件，對臺灣產業結構升級起了重要推動作用。但隨著這一進程，出現了新的情況。其一，中國大陸產業技術升級。以技術密集產品出口比重來衡量，2000 年中國大陸高技術密集產品出口比重已提升到 25.86%，此水準約與臺灣 1989 年的水平相當。廣東、上海、北京這些發達地區之產業結構逐漸與臺灣趨同，產業群逐漸形成。其二，大陸的進口替代發展迅速。一方面原有勞力密集產業在中西部有很大發展空間，另一方面，由生產下游的產品帶動原料產業發展，投資業從勞動密集逐漸轉變為資訊電子產業。在台商在中國大陸投資的產業中，2000 年以製造業所占比重高達 91.40%為最高。細產業中，投資比重

5　《2000 臺灣各產業景氣趨勢調查報告》，財團法人臺灣經濟研究院，1999 年 11 月。

較高產業有電力電子業（28.02%）、基本金屬及金屬製品業（8.31%）、塑膠製品製造業（7.83%）、食品及飲料業（7.48%）。因此，從短期看，大陸還不足以形成影響臺灣的產業競爭力。總的來看，雖然大陸發展空間廣闊，廣大的西部還有勞動密集產業發展的很大空間，但是大陸產業結構水平還很低。

2. 大陸與臺灣產業的比較優勢

從靜態比較利益看，臺灣"中華經濟研究院"的范錦明先生在對臺灣與大陸工業部門勞動生產力的比較中，發現大陸優勢產品主要表現在：(1)勞動力密集型產業。(2)資源密集型產業。有些產品如煤、石油、棉花、鐵之類，大陸資源豐富，成本較低。(3)某些資金密集型產業。如大陸在某些重工業早已大量投資，具有規模經濟。從大陸而言，與臺灣產業相比較，在競爭上比較有優勢的前 12 項產業為：原油及天然氣、金屬礦產、糧油加工品、飼料、煤、家用電器、其他化學製品、石油及其他化工原料、醫療藥品、其他從屬粗製品、石油煉製品等。從臺灣而言，相對大陸有競爭優勢的產業有：資訊電子業、塑膠及其他化學材料、化學纖維、非酒精飲料、化學肥料、水泥、陶瓷製品、電力及燃氣、玻璃及其製品、水泥製品、制材及合板、汽車及機車、生鐵及鋼鐵初製品。[6]

從動態比較利益看，在臺灣產業發展過程與投資過程中，臺灣當前的產業主要有四種類型。第一類，投資及產業均蓬勃發展型。依序為：一、電子與電氣產品製造業；二、石油及煤製品製造業；三、金屬基本工業。第二類，台島內投資為主，產業穩定成長型。依序為：一、機械製造業；二、化學品製造

[6] [香港]廖光生編著：《兩岸經貿互動的隱憂與生機》，臺北 1995 年出版。

業；三、金屬製品製造業。第三類，到大陸投資帶動島內產業低成長型：一、非金屬及礦產物製品製造業（如建材業）；二、食品及飲料製造業；三、運輸工具業；第四類，對外及對大陸投資蓬勃。島內產業萎縮型，就嚴重程度依序為，一、皮革、毛皮及製品製造業；二、雜項製品業；三、成衣服飾業；四、竹木、藤、柳製品業；五、精密器械製造業；六、造紙及印刷業；七、紡織業；八、橡塑製品業。[7]可見，臺灣到大陸積極投資或呈現萎縮型的產業剛好是大陸正發展的產業。

　　從兩岸產業互動方向看，除了上述各自的比較產業優勢發展外，兩岸產業在以下兩方面有很大的互動性。

　　其一，在工業方面。大陸與臺灣在知識密集型高新技術產業的某些領域各有一定的優勢。(1)臺灣在資訊與通訊技術方面有較大優勢，而大陸則在核子技術、生物工程與航空航太方面有較大優勢，各自可以發展自己的優勢部門，相互補充。(2)臺灣還有相當數量的勞動密集型產業，這些產業在臺灣發展的條件日益不利，其中的一部分可以向大陸轉移，特別是向正在加快開發的西部地區轉移。(3)兩岸在產業發展上的橫向與縱向分工協調均有很大餘地。(4)在服務業方面也存在許多互補互利，互為供需，合作發展的廣闊領域。(5)人力資源的運用與合作將更為深入。大陸需要通曉現代經營管理、現代金融服務、市場仲介等業務的專業人才，臺灣則需要基礎與應用方面的科技人才。這正好是兩岸人力資源結構互補。(6)中國大陸通過接受包括臺灣地區在內的產業轉移，將成為世界性的製造業中心。而臺灣的製造業將從傳統性工業走向精緻化，生產少量多樣高品

---

[7] 張家銘：〈學者陳麗英：臺灣是大陸投資現代化的夥伴〉，原載《管理雜誌》（臺北）2000,10.（316）.70-74。轉引自人大複印報刊資料《台、港、澳經濟》2001 年第 9 期。

質產品；重化工業成為臺灣支柱性產業，以供應內需市場及下游外銷產業為主；高附加價值之技術密集產業成為帶動製造業成長之主力。

　　其二，在農業方面。當前兩岸農業交流主要包括間接貿易與投資等。一方面，兩岸農產品同質性高，距離又近；另一方面，兩岸經濟發展程度不同，農業發展條件具有互補性。臺灣在資金、技術方面可充實大陸農業的短缺，大陸則在市場及資源方面，可彌補臺灣的不足，推動兩岸良性的農業交流。兩岸農業具有以下幾方面的合作空間：(1)在解決漁業糾紛、資源保育、產品走私、疫病傳染等問題方面具有合作空間。(2)臺灣從大陸進口臺灣較缺乏的原料。大陸則從臺灣進口高級漁產品、土特產品及加工食品，以滿足經濟發展對高級食品的需求。(3)在農業投資上，臺灣可帶給大陸農業部門資金、技術、品種及管理等好處，臺灣還可以著眼大陸市場開拓，利用大陸廉價原料、人力，作為加工出口的基地。(4)兩岸技術合作方面也大有可為。臺灣在熱帶及亞熱帶農業科技與管理技術方面領先甚多，大陸則在種原的存量方面佔有優勢，雙方積極互惠將提高競爭力。在農業方面，雙方產業分工將可能呈現如下的趨勢：(1)依比較利益原則，臺灣從大陸進口農業加工原料，並將農漁產品出口到大陸高消費水準地區，達成產業的垂直分工；(2)擴大資金、技術與資源的交流，逐漸選擇適當專案將垂直分工提升為“地區分工”與“專業分工”。臺灣生產高技術、高競爭力及高品質的產品為主，對台生產不經濟的產品，可大陸生產並運銷來台。

（三）競爭優勢：兩岸產業結構的趨勢分析

　　臺灣產業要永續經營，保持競爭優勢，不能缺少全球化的觀點與能力。大陸市場是臺灣產業的希望，限於本島土地狹小、

資源有限，內需市場的發展在未來更是有限，臺灣產業必須要
往外發展，才足與已發達國家競爭。

　　臺灣是靠製造業起家的，因此臺灣未來新的產業是創造高
附加值的製造業。要以高附加值的製造業為支柱，去發展六大
支援體系。即：上游的支援體系即創新與研發體系，如產品設
計、功能設計、新的組合等，將臺灣建造成一個設計產業的平
臺；下游建立成一個物流、資金流、資訊流三者合一的供應鏈
管理中心；創業投資體系和運籌管理體系，使臺灣成為區域的
轉運站，且航空與航海都成為區域轉運中心；一個高科技產業
的籌資中心；以及金融支援體系等。[8]

　　大陸產業將來發展的重點在：一方面，繼續雁行模式中的
角色，不斷接納港臺等轉移的產業。由於中國大陸的就業人口
壓力，發展製造業將是一個長期的目標。另一方面，利用資訊
化時代的優勢，進行跳躍性發展，在高新技術產業上加強與臺
灣地區的合作。既利用人力密集和資源密集的優勢，保證產品
競爭力，又積極參與以美國為首的資訊產業時代的國際分工，
提升產品競爭力。

四、促進海峽兩岸經濟合作與發展的對策探討

　　在經濟全球化下，海峽兩岸應積極發展兩岸經貿，同時促
進兩岸社會分工與發展。一方面，要求以各自的社會、經濟背
景為出發點，積極發展自己的優勢產業和產品，通過提高產品
競爭力和完善兩岸經貿條件，適時適度向縱深挺進。

---

[8]　吳進泰：《臺灣製造業所面臨的問題及未來發展方向——專訪‘中央研究
　　院’中山人文社會科學研究所朱雲鵬研究員》，《臺灣經濟研究月刊》，第24
　　卷第10期，2001年10月。

1.優勢發揮：促進兩岸經濟發展的現實基礎

兩岸經濟發展呈明顯的梯度結構，相互之間既有同構性，又有明顯的差異性和互補性。現實的選擇是必須根據兩岸的優勢，揚長避短，在經濟全球化背景下，享受資源更大範圍配置，提升各自競爭力。一是發揮比較靜態優勢。上述分析表明，臺灣在資訊產業、技術密集產業、電子與電氣產品製造業、服務業等方面有明顯優勢。雖然傳統製造業近來市場競爭力下降，主要原因歸結為產品開發滯後，技術進步慢。但只要抓住這些產業的技術改造，就能享受產業成熟期收益，並提升其技術含量，積極轉換經濟結構，向發達國家水準前進。二是發揮動態比較優勢。充分利用美國、日本經濟結構調整之際，把一批傳統行業進一步向大陸轉移，按照"因地制宜、發揮優勢、分工合作、協調發展"的原則，積極發展和壯大自己的優勢產業。今後應發揮兩個方面的產業傳導功能：一是接受美國、日本的產業輻射，積極發展新經濟產業並參與世界分工。從臺灣來看，21世紀製造業發展的方向為：傳統性工業走向精緻化，生產少量多樣高品質產品；重化工業成為支援性產業，以供應內需市場及下游外銷產業為主；高附加價值之技術密集產業成為帶動製造業成長之主力；因應勞動力之持續流失且品質要求日益嚴謹，生產將持續走向自由化；因應國際貿易之變動趨勢，跨國性大公司將成為發展之主幹；經濟發展與污染防治兼顧；提升產業研發力，使技術創新進步成為經濟成長的動力。二是把傳統產業向大陸轉移。

從大陸來看，目前尚處於工業化中期階段，在西部地區還很不發達。但是在勞力密集型，資源密集型產業方面有明顯的優勢，如皮革、毛皮及製品製造業；雜項製品業；成衣服飾業；精密器械製造業；造紙及印刷業；紡織業；橡塑製品業等。因此，要積極利用外資，促進經濟增長和就業，加快工業化進程。主動和積極地接受臺灣產業輻射和產業轉移。同時，在直接投資方面，吸引美國等資訊產業中的大跨國公司到中國來投資，使中國有機會參與資訊產業的國際分工。同時，利用基礎科學和特區發達城市已有的優勢，積極參與國際分工，提升高新技術產業，在新型產業中爭得一席之地。

2.提高產品競爭力：兩岸產業結構有效轉換的實現途徑

從臺灣來看，將不具有比較優勢的產業如勞動力密集和資源密集產業轉移到大陸，可大大降低產品成本。同時實現傳統產業的技術改造，發展精緻製造業和服務業，提升產品競爭力。對經濟轉型中的大陸來說，提升產品競爭力：(1)要與企業改革和發展結合起來。要抓住有可能建立起競爭優勢產業中的若干企業，讓其形成專業化的生產體系的現實優勢。沒有相對優勢的企業，放手讓其進入市場，由市場決定其生存；(2)要重視市場供求；(3)講究競爭策略。企業參與競爭手段除價格競爭外，還有非價格競爭和企業兼併的廣闊領域。在市場進入方式上，一方面，可以優惠條件加強與當地銷售機構合作、委託代理或經銷；另一方面，也可以獨自或與本地工商企業聯手，以控股收購當地工商企業、新建銷售機構等方式深入市場深處。從而形成具有競爭優勢，適應市場要求的有輻射效應和擴散效應的產業結構。

3.完善貿易條件：兩岸經濟良性發展的保障機制

在"一個中國"原則下，順應經濟全球化的大趨勢，打破政治局限，減少政治障礙，運用 WTO 貿易爭端解決機制，處理兩岸經貿中出現的問題。同時世界性區域經濟合作日益加劇之勢力為兩岸合作提供了進入 21 世紀世界經濟格局的要求，要發

揮福建省在推動兩岸合作中的區位優勢,建立海峽兩岸經濟試
驗區,使兩岸在經濟地理佈局上形成相互呼應的格局,推動進
一步的經濟整合關係。還要以中華文化特別是閩南文化紐帶為
動力,為兩岸經濟的良性發展提供文化上的保障。

參考文獻

1. 周明偉:《加入 WTO 後臺商在大陸的新趨勢》,《廈門特區黨校學報》,
   2002 年第 1 期。
2. 陳甬軍:《世界經濟全球化與中國經濟市場化》,《開放潮》,2001 年第 3
   期。
3. 方星海,宋順峰:《提升國際競爭力──臺灣經驗及其對大陸的啟示》,
   中國經濟出版社 1998 年 6 月出版。

美國與臺灣關係述評：1979-1989

許 光 秋

美國 Friends 大學歷史系

摘 要：

中華人民共和國與美國建立外交關係後，臺灣政府重新檢討其對美國的政策，重新制訂對美方針及策略。與此同時，臺灣也重新評估其大陸政策與方針。臺灣與美國的關係出現了新的發展，但也出現新的問題與摩擦。然而，臺灣海峽兩岸的關係卻有了新的發展。本文擬簡述 1979 至 1989 期間臺灣與大陸在政治、經濟關係方面的發展，以及臺灣內部政治局勢的變化，然後論述臺灣與美國在政治、軍事、經濟貿易、文化科技等方面的交流和發展。

　　1978 年 5 月，美國國家安全顧問訪問北京，商議與中國政府建立外交關係。年底 12 月份，美國總統卡特正式宣佈與中華人民共和國建立外交關係，於 1979 年 1 月 1 日生效。卡特在公佈中同時宣稱，美國將終止與臺灣的官方聯繫，撤出所有在臺灣的美軍，廢除 1954 年《美國臺灣共同防衛條約》。卡特政府這一宣佈對臺灣政府的打擊很大，是美國與臺灣關係的一個重要轉折。本文擬從 1979 年中華人民共和國與美國正式建立外交關係到1989年北京天安門事件的發生這十年期間探討美國與臺灣關係的發展，以及美台關係對中美關係的影響。

一、《臺灣關係法》

　　從 1978 年 7 月到 12 月期間，當華盛頓和北京進行談判時，美國參議院和眾議院已開始批評卡特政府的對北京政策，他們聲稱卡特 "拋棄老朋友，忘記了美國的道德責任，美國在太平洋的利益受到威脅，" 等等。為此，參眾兩院開始草擬《臺灣關係法》。在他們的《臺灣關係法》的草案中，他們稱臺灣是一個主權國家，臺灣應該保留他們的官方代表在美國，臺灣可以購買美國軍火以防衛臺灣領土。

　　在《臺灣關係法》辯論時，卡特總統聲稱，如果《臺灣關係法》違反北京和華盛頓所簽定的建交聲明，他會否決《臺灣關係法》。事實上，白宮一直試圖說服國會議員在修改《臺灣關係法》時，避免提及 "兩個中國"，"一中一台"。否則，北京會感到憤怒，並會強烈抗議。但國會議員反駁說，雖然我們不能稱臺灣為一個國家，但我們應該把臺灣作為一個友好的政府來對待。

　　經過了幾個月時間的討論，眾議院 339 票贊成，5 票反對，參議院 85 票贊成，4 票反對，這個議案獲得了國會的通過。儘

管卡特總統不同意《臺灣關係法》的一些提法，他還是在 1979
年 4 月 10 日簽了名，使之成為法律。《臺灣關係法》公佈以後，
北京和臺北都尖銳地抨擊這一法案。

（一）北京的反應

北京發動了一系列評論，嚴厲的批評這個法案。在 4 月
份，鄧小平對幾個來華訪問的參議院議員說，《臺灣關係法》
實際上已經否定中美關係的正常化，粗暴地干涉中國的內政。
儘管北京政府很憤怒，但在處理這個問題上，顯得很謹慎，因
為中國也需要美國的幫助，特別是在經濟上的援助。如果與美
國鬧翻，中國就得不到美國經濟上和技術上的援助。事實上，
當美國副總統蒙代爾在 1979 年中訪問北京時，也已經答應在
5 年之內給中國提供 200 萬美元的貸款，同時允許中國購買美
國的飛機、通訊設備以及一些限制出口的商品。因此，中國政
府只是在口頭上的批評，並沒有採取任何措施來激化中美之間
的矛盾。

另一方面，鄧小平採取友好的對台政策。他提出臺灣可以
保留自己的政府、軍隊，但必須由北京中央政府主持外交，代
表中國。他對美國國會議員說，北京不會用武力解決臺灣問題，
除非臺灣拒絕與北京進行談判，以及蘇聯介入臺灣問題。

但是在 1980 年，北京開始抱怨《臺灣關係法》。北京抗議
卡特政府繼續出售武器給臺灣，尤其是出售 FX 戰鬥機。北京稱
美國對台出售武器，實際上是執行 "兩個中國" 的政策。

1981 年，北京對美國對華政策批評越來越嚴厲。雷根上臺
後，他採取友好的對台政策。由於雷根政府的支援，臺灣政府
斷然拒絕北京提出的解決兩岸關係的九點建議。臺灣聲稱，大
陸中國還沒有放棄共產主義，兩岸政治與經濟相差太大，現在
還不是談統一的時候。

　　臺灣之所以持強硬的態度，是由於美國的撐腰，特別是美國對臺灣武器的出售。為此，中美之間再次展開談判，以尋找一個解決問題得辦法。

（二）臺灣的反應

　　臺灣希望與美國保持外交關係，但這顯然不現實。因此，臺灣同意與美國維持非官方的關係。臺灣政府也知道美國國會有很多同情臺灣的議員。他們都認為卡特政府為了與中華人民共和國建立外交關係，也不惜放棄美國多年的老朋友。臺灣受到了卡特政府的不公平對待。因此，那些同情臺灣的議員對白宮施加壓力，增加對臺灣的武器出售。1980 年，美國與臺灣恢復軍售談判，其中包括先進的戰鬥機。為此，北京政府表示憤怒，批評美國干涉中國的內政。在這種情況下，北京與華盛頓有開始了談判。

二、"八一七公報"

　　中美談判從 1981 年 11 月開始，經過半年多的討論，雙方在 1982 年 8 月 17 日發表了一個關於臺灣武器銷售問題的聯合公報，簡稱 "第二個上海公報"，或 "八一七公報"。在這個公報中，雙方重申一個中國的概念。中國重申臺灣問題是中國的內部事務。北京將尋找一個和平解決臺灣的途徑，但沒有保證不武力犯台。美國承認中華人民共和國為中國唯一合法的政府。美國政府聲稱不再執行一個長期的對台武器銷售計劃。美國將在數量上和質量上逐漸減少對臺灣的武器銷售，以致最後達成一個妥協解決臺灣問題的協定。

　　"八一七公報" 的發表，對臺灣震動很大。臺灣政府為此重新檢討它對美國的政策，重新制定對美的方針及其策略。因此，臺灣與美國的關係出現了新的發展。

1982 年以後，中美關係得到改善，因此美台關係也相應得到改善。從 1982 年到 1989 年的天安門事件這段時間，美國也及時地改善與臺灣海峽兩岸的關係。由於簽定了"八一七公報"鄧小平可以把臺灣問題放在一邊，以便全力改善中美關係。北京政府在這段期間繼續全力反對美國對臺灣的軍售。在這幾年裏，臺灣也積極開展"外交"，以便開拓國際空間。在華盛頓，國家安全會，國防部，國務院緊密配合，在改善美中關係的同時，也加強了美台關係。

三、美台政治軍事關係的發展

自從民進黨在臺灣成立以後，一些主張臺灣獨立的組織也紛紛成立。他們積極遊說美國國會議員，以擴大他們在美國的影響及爭取美國國會的支援。臺灣人公共事務會於 1982 年成立。該會成立後，對臺灣政府持反對與批評的立場，並在美國國會議員中積極地進行遊說工作。在他們的推動下，1983 年 2 月，美參議院佩爾（Claiborne Pell）等三名議員聯合在參議院提出一項關於《臺灣前途決議案》。隨後，他們將這項議案提交參議院外交委員會討論，這個提案提出，臺灣問題應於不受威脅的情況下，按照臺灣可以接受的方式和平解決。由於中國外交部的強烈抗議，參議院才沒有通過這個決議案。中國政府認為這個議案嚴重干涉中國內政。但是，佩爾仍繼續努力，於 1985 年再次向參議院提出《臺灣民主修正案》。這個修正案刪除了中國政府強烈反對的"和平解決，不受威脅，按照臺灣人民可以接受的方式"等字句，代之以"美國期待臺灣的前途和平解決"等字眼。因此，這個議案獲得外交委員會口頭方式表決通過。

　　正當台獨的主張獲得美國部分議員的支援的時候，劉宜良案嚴重損害了臺灣的民主形象，台獨的主張獲得更多議員的贊同。華裔美籍作家劉宜良因為批評臺灣當局而於 1984 年 10 月 5日在加州被人殺害。臺灣情報局涉嫌利用竹聯幫分子殺害劉宜良。這一案件引起了索拉茲（Solorz）等國會議員的憤怒。為此，美眾議院外交委員會亞太組在 1985 年舉行關於劉宜良案的聽證會。聽證會的目的在於瞭解劉宜良的實情，並查清臺灣情報人員是否從事恐嚇、騷擾那些在美國批評國民黨政府的華人。如果發現有這些違法活動，美國政府可以以此理由停止對臺灣的軍售。聽證會通過了一個 49 號共同決議案（House Concurrent Resolution 49）。與此同時，參議院外交委員會也準備劉宜良案件。參議院的決定促使臺灣政府被迫迅速審判涉案嫌犯。1985年 4 月，臺灣國防部軍事法庭和地方法院判處一批嫌犯無期徒刑或有期徒刑。在美國的壓力下，臺灣政府迅速草判嫌犯，但劉宜良案無疑給美國與臺灣的關係帶來消極的影響。

　　為了促進臺灣民主化運動，1987 年，美國國會通過了一個關於國務院權力的修正案。該修正案提倡促進臺灣民主運動。與此同時，參議院外交事務委員會主席佩爾和眾議院外交事務委員會東亞委員會主席索拉茲及其它國會議員，成立了一個促進臺灣民主化委員會。在 1989 年，索拉茲發表了一個在美臺灣人的調查報告，該報告提出，近萬名在美臺灣人主張臺灣獨立。美國國會議員插手臺灣內部政治事務的行為，對臺灣國民黨政府提出了有力的挑戰。這些國會議員提出，他們之所以關心臺灣的民主化及臺灣的前途，是因為臺灣是美國一個非常重要的貿易夥伴。除此之外，美蘇冷戰雖然結束，但臺灣對於美國維護它在太平洋的利益，具有一定的戰略意義。

　　因此，"八一七公報"以後，美對台軍售成為雙方關係發展中十分重要的一環。從 1982 年到 1989 年，美國對台軍售在質的方面沒有提高，但為了不違反"八一七公報"的原則，美國對台軍售在量的方面則以每年 2000 萬美元的速度遞減：1983年，美國出售 8 億美元的軍事武器給臺灣，1984 年降為 7 億 8 千萬美元，1985 年降為 7 億 6 千萬美元。在對臺灣出售的武器中以戰鬥機為主，同時包括 C-130 大型軍事運輸機，麻雀空對空導彈，查波爾（Chaparral）地對空導彈。

除此之外，美國工業界通過商業渠道轉讓高級軍事科技給臺灣，例如最先進的愛國者地對空導彈技術，製造先進獵潛艇的技術等。美國政府雖然沒有參與協助臺灣設計及發展高性能的戰鬥機，但美國好幾家大型公司，例如通用電力公司（General Dynamic Corporation），葛瑞公司（Garrett Corporation），國際裏爾席格勒公司（Lear Sigeler International）等公司及時幫助臺灣研製新型戰鬥機。在美國公司的幫助下，臺灣於 1988 年 12 月成功地生產出第一架仿製美國 F16 型的戰鬥機。因此，"八一七公報"發表後，臺灣實際上從美國方面獲得更先進更高級的武器裝備。

四、美台經濟、貿易的發展

自從 1979 年《臺灣關係法》通過以後，美國與臺灣經濟貿易得到迅速的發展。1979 年，美國對臺灣的出口是 30.3 億美元，美國從臺灣的進口是 50.9 億美元；到 1989 年，美國對臺灣的出口達到 110.3 億美元，美國從臺灣的進口達 240.3 億美元。在這十年裏，美國消費者由於購買大量的價格便宜、質量上乘的臺灣商品而受益不少。與此同時，美國在臺灣的投資也逐年增加。1979 年，美國在臺灣投資是 8000 萬美元，到 1989 年到達近 5 億美元。在這十年期間，美國人在臺灣的投資達 120 億美元，已構成臺灣外資的 40%。

　　有兩個原因造成美國臺灣間經濟貿易的迅速發展。第一是美國方面的作用：雖然 1979 年美國斷絕了與臺灣的官方關係，但美國仍然是臺灣的最大外國市場。與此同時，美國一直促使臺灣開放市場，降低關稅，減少其他不利於臺灣對外貿易的障礙，使臺灣成為一個經濟上開放的地區。第二是臺灣方面的作用，也是更加重要的因素：臺灣與美國經濟貿易的迅速發展是由於臺灣人民的堅定決心、力量、智慧和有效的經濟貿易政策。在這十年期間，臺灣政府扶助中小企業，鼓勵對外貿易和投資，以及推行"買美國貨"的政策。

　　當然，美台經濟貿易關係也不是一帆風順，也存在不少問題和衝突。貿易赤字是一個主要的問題。隨著臺灣經濟的發展，美國的對台貿易赤字也直線上升，從 1979 年的 26 億美元增加到 1989 年的 130 億美元，超過了對日貿易赤字。為了削減貿易赤字，美國國會開始制定有關法案。1986 年，美國國會通過了一個法案，取消臺灣獲得美國優先援助的資格，廢除臺灣產品進入美國市場的免稅規定。1988 年，美國國會通過了貿易與競爭法案，該案 301 條款規定，美國將對那些對美國產品進入該國市場設立限制的國家進行貿易報復。由於臺灣在購買美國產品的數目上一直沒有很大的增長，加上在進口美國煙酒問題上也沒有與美國達成協定，臺灣幾乎被列上美國報復的黑名單。1989 年，美國開展一場要求發展中國家購買美國產品的運動。華盛頓聲稱：如果臺灣還不立即對美國產品開放市場，美國將會抵制臺灣產品。

　　臺灣對美國的指責也提出質疑。雖然臺灣政府承認，為了保護臺灣自身的工業發展，部分美國產品是被禁止進入臺灣，例如，1982 年，臺灣政府禁止石油化學工業產品進入臺灣，以保護和促進臺灣石化工業的發展。為了限制美國藥品流入臺灣，臺灣政府拒絕承認美國食品與藥品管理局制定的健康與安全標準，並限制美國藥品進口。

臺灣政府對美國的指責也提出反駁。他們說，美台貿易赤字的根源主要是美國商界沒有生產出合適的產品以吸引臺灣的消費；美國工商界也沒有認真研究臺灣文化，以制定他們的銷售戰略計劃，美國人完全不瞭解臺灣市場的需要，也不瞭解臺灣民眾的消費心理。在臺灣市場上，美國產品遠遠比不上日本產品；日本產品更迎合臺灣的需要。臺灣也聲稱，按照個人平均消費來看，臺灣已買了不少美國產品，每年每個臺灣人購買200美元的美國產品，而美國人每年每人才購買10美元的臺灣產品。

另外，在仿冒和侵犯智慧產權和工業產權方面，美國和臺灣也存在衝突。在1979年以前，臺灣從來沒有過有關國際版權的協定。臺灣政府從不追究那些盜印、翻印錄音帶、錄影帶、書籍、電腦軟體的公司和個人。為此，臺灣成為世界聞名的仿冒輸出地區，大量臺灣生產的仿冒產品出口到世界各地。

臺灣的仿冒產品也大量流入美國。1984年2月5日，美國政府首次公佈由美國國際貿易委員會提出的對國外進口仿冒商品調查報告。該報告指出，外國仿冒品大量流入美國和其他國家，造成美國每年有13萬人失業，工商界每年損失80億美元。有些仿冒品質量極差，對美國消費者健康帶來一定的危險。貿易委員會研究所完成的問卷調查共搜集了151項仿冒品，其中臺灣廠商生產的占91項，占所有仿產品的60%。仿冒品包括成衣、鞋類、汽車零件、電腦等。臺灣成了43個主要仿冒國家及地區之一。例如，美國的聯合必珠（Union Carbide）公司生產的常好牌（Ever Light）電池在拉丁美洲和中東一直很暢銷。但很快，臺灣的冒牌貨常明牌（Ever light）電池開始大量地在此地區傾銷，使美國公司於1983年起訴臺灣商人違反商標法，法院最後判決臺灣商人罰款僅267美元。

在美國政府的壓力下，臺灣政府下決心取締仿冒行為。1983年，臺灣立法院修訂了商標法。同年 3 月，美國與臺灣政府首次舉行保護工業產權會議。1984 年 4 月，美國與臺灣智慧產權協會在臺北召開第二次會議。美國希望臺灣嚴厲手段制止非法仿冒品。1984 年 11 月，臺灣與美國就保護工業產權巴黎公約實質內容簽訂雙邊協定，以保護工業產權。為了加強對制止仿冒品活動的領導，臺灣政府將原來隸屬於經濟部的查禁仿冒商品小組提升至行政院，指派政務人員擔任召集人，以協調臺灣反仿冒工作。為了進一步取締仿冒活動，臺灣立法院於 1985 年修訂《商標法》與《著作法》，其中《著作法》範圍已包括對電腦軟體的保護。臺灣工商界為抵制仿冒行為，也於 1984 年 3 月成立“全國工商反仿冒工作委員會”，以協調政府推行反仿冒活動。在政府及工商界的密切配合下，臺灣政府的反仿冒活動初有成效。據 1985 年 6 月美國海關統計，被查獲的進口仿冒商品中，來自臺灣的已顯著減少。1982 年臺灣仿冒品占美國緝獲仿冒品總額的 56%，但到 1984 年，已迅速降至 2%。1985 年，美國參議院在國會一次對各種仿冒品及保護智慧產權會議上指出，臺灣是執行反仿冒品最有成效的地區之一。

臺灣雖然在反仿冒品的運動中取得一定的成就，但每年仍有不少臺灣仿冒品流入美國，特別是在電腦軟體方面。然而，臺灣的仿冒品難以斷絕，東西方文化衝突也是一個主要原因。不少臺灣人認為，仿冒不是一個違法行為，能夠仿冒，本身就是一個很精明的行為。仿製雖然對西方人來說是不道德的和違法的，但對中國人講，仿製不違反中國的傳統道德。自古以來，中國人就喜歡臨摹名畫，仿製有名的藝術品出售。而仿製也有利於促進現代最新技術的傳播。為此，在保護智慧產權和工業產權方面，美國與臺灣還存在不少問題，有待於解決。

五、美台文化科技的交流

從 1979 年到 1989 年這十年中，美國與臺灣在科教文化交流方面也取得了一定的發展。美國得獎學者和專家經常來臺灣講學。在 1980 年 12 月，美國的諾貝爾獎獲得者經濟學家蘇兒士（John Schultz）博士首次來臺灣講學。1981 年 11 月，美國經濟學會會長赴台講學。同年 2 月份，美籍華人著名諾貝爾獎獲得者丁肇中到臺灣講學。

1980 年 8 月，美國律師協會的華盛頓特區和波士頓地區的會長訪問臺灣，與臺灣的律師進行交流。從 1981 年 7 月到 1983 年 6 月，37 個美國教育工作者團體訪問臺灣，包括了 100 多名大學校長。在 1982 年 7 月，1980 年度諾貝爾經濟學獎獲得者勞倫斯‧克萊恩（Lawrence Klein）博士，帶領一個有 6 名專家組成的代表團，對臺灣進行為期三周的訪問。隨後，另一名諾貝爾經濟學獎（1979 年度）獲得者亞瑟‧羅易斯（Arthur Lewis）教授也對臺灣進行了二周的訪問。1982 年，第八屆美中關於大陸中國的學術討論會在臺灣舉行，58 名美國學者參加了這次會議。

太平洋文化基金會是一個於 1974 年建立的私人基金會。1979 年到 1989 年期間，這個基金會在促進美國與臺灣文化交流方面也發揮了一定的作用。1980 年，來自伯明罕（Brigham Young）大學的歌唱家，由於得到這個基金會的贊助，到臺灣進行訪問。1981 年，伯明罕大學再次派出國際民間舞蹈團到臺灣訪問。1982 年，在這個基金會的支援下，加利福尼亞大學埃文分校（University of California at Irvine）派出合唱團到臺灣訪問。在同一年，紐約的各國舞蹈公司也到臺灣訪問演出。

與此同時，臺灣也派出不少文化團體到美國訪問。從 1978 年到 1989 年，臺灣派出了 60 多個藝術代表團訪問美國。1987 年，臺北市中國古典管弦樂團在美國演出。

　　在美國與臺灣文化文化交流方面，學生的交流是一個很重要的專案，來美國留學的臺灣學生不斷增加。1989 年，全世界有 23 萬學生在美國留學，其中 3 萬多來自臺灣。臺灣留學生數量之多，僅次於來自大陸的留學生，居第二位。1989 年，美國在臺灣的學生是 900 人，大部分都是學習中文。

　　由於臺灣政府鼓勵臺灣留學生回臺灣服務，1988 年和 1989 年期間，不少臺灣的留學生紛紛回台工作，還有些擔任政府的職務。在 1989 年的臺灣內閣成員中，擁有博士學位的比例超過美國。臺灣政府官員中獲得美國學位的數位也比世界上任何一個國家或地區都高。

　　在旅遊方面，1979 年，美國政府發出 48,000 旅遊簽證給臺灣民眾。1981 年，從臺灣去美國旅遊的是 76,000 人，到 1985 年，增加到 130,000 人。在這十年期間，由於臺灣經濟的發展，人民生活水平的提高，以及臺灣政府開放的旅遊政策，大大地促進臺灣民眾到美國的旅遊。

　　當然，美國與臺灣的文化交流方面也遇到問題。中國和美國建交以後，在 1979 年 1 月 31 日簽訂文化協定。這項文化協定提出促進兩國文化交流。雖然這個文化交流協定對美國與臺灣的文化交流影響不大，但也造成一些困擾。例如，1980 年，臺灣派出游泳隊到夏威爾參加國際比賽。由於臺灣游泳選手戴有中華民國的標誌，大會在中國的壓力下，禁止臺灣選手參加比賽。中國政府也積極邀請美國政府官員和美國民眾訪問中國大陸。到 1989 年，美國每年有十萬人訪問大陸。與此同時，大陸每個月也派出 150 個代表團訪問美國，促進中國與美國之間的文化交往。

　　在科教交流方面，美國臺灣科技合作協定自 1980 年續訂以來，美國提供的技術援助有增無減。美國環境保護技術便是其中一個例子。在這過去的 20 多年中，由於臺灣政府過分強調經濟發展，忽視了環境保護，加上臺灣面積小，人口密度大，環境污染成為一個突出的問題。為此，在 1985 年，臺灣邀請美國杜邦（DuPont）公司幫助籌建一個二氧化鈦工廠，以處理化學污染。杜邦公司已同意在臺灣建立一個價值 1 億 6 千萬美元的亞洲最大的企業。後來，由於設在印度的杜邦公司的化學工廠發生泄漏事件，造成幾千印度人死亡和感染，這個計劃才被臺灣放棄。在 1986 年，臺灣政府規定企業每年必須花費十分之一的投資資本用於環境保護。1987 年，臺灣政府公佈它的第一次全面環境保護計劃。為此，在隨後幾年裏，臺灣不斷引進美國環境保護技術和設備。

六、結論

　　自從中國與美國在 1979 年建立外交關係以來，美國與臺灣的關係受到一些影響。但是，臺灣為了突破國際上的孤立處境重返國際社會，採取了較為靈活的外交政策。它不再堅持它是中國的唯一合法政府，願意容忍名稱的改變而加入國際組織，甚至同意雙重承認的可能性。為此，美國與臺灣的非官方關係得到維持和發展。

　　在軍售方面，美國雖然聲稱尊重"八一七公報"，但同時也按照《臺灣關係法》向臺灣出售軍事武器。美國對臺灣軍事雖然在數量上有所減少，但在質量上並沒有降低。為此，中國政府不斷抗議美國政府違反中美 1982 年公報。在這期間，臺灣獨立的主張也受到部分美國國會議員的支援，但這些主張並沒有獲得甚麼國家的支援。與此同時，美國國會議員也大力促進臺灣民主化的運動，以使臺灣在太平洋地區發揮一定的影響和作用。

　　在經濟貿易方面，《臺灣關係法》促使美國和臺灣地區的經濟貿易往來一直保持增長。美國商人在臺灣投資也不斷增加。

臺灣在 1989 年已經成為美國的一個重要的經濟夥伴。雖然美台經濟貿易發展很快，但也存在一些衝突，主要表現在仿冒品問題上。臺灣政府也採取積極措施，以減少臺灣的仿冒品輸出。到 1989 年，臺灣政府已取得一定的成效。

在文化科技交流方面，從 1979 年到 1989 年期間，美台雙方政府部門和民間組織都作出了努力，取得一定的成效。由於文化交流的結果，美國民眾對臺灣有進一步瞭解，臺灣民眾對美國文化技術也有更加深入的認識。美國的文化價值觀也被越來越多的臺灣人所接受，而美國科技也在臺灣的經濟發展中，發揮了重要的作用。

參考資料

1. 張金越（King-Yuh Chang）主編，《臺灣關係法下的美國與臺灣：實踐與前景》。臺灣國立政治大學國關中心 1988 年出版。

2. 邱宏達（Hungdah Chiu）等主編，《執行臺灣關係法：26 年來的回顧》（Implementation of Taiwan Relations Act: An Examination after Twenty Years）。美國馬裏蘭大學法律學院 2001 年出版。

3. 詹姆斯・拉薩特（Martin L. Lasater）：〈軍事里程碑〉（The Military Milestone），見《美國與臺灣文獻檔案彙編》（America and Island China: A Documentary History），斯蒂芬・P・吉貝特（Stephen P. Gibirt）和威廉・卡賓特（William Carpenter）主編，馬裏蘭；美利堅大學出版社 1989 年出版。

4. 湯普森・李（Thompson Lee），〈恢復均衡〉（Restoring the Balance），見《中國自由評論》（Free China Review），November 1992: 42-43.

5. 曹俊漢：〈確保我國在亞洲開發銀行的會籍〉，見《聯合報》，1983 年 1 月 4 日。

6. 烏元彥：〈臺灣為什麼要參與聯合國？〉，見《神州時報》，1994 年 9 月 30 日。

7. 〈臺灣控制環境保護〉，見《南華早報》(South China Morning Post)，June

30, 1986。

8. 楊艾俐：〈掀起人才回流浪潮〉，見夏瑞娟編《再創臺灣新契機——從農業到高科技》，臺北：經濟與生活出版公司，1984年。

9. 文馨瑩：〈經濟奇跡的背後——臺灣美援經驗的政治分析〉，臺北：自立晚報社，1990年。

美國對臺灣政策的歷史演變與特點

李 小 兵

美國奧克拉荷馬大學

西太平洋研究所副所長

摘 要：

　　當前中美關係中最具有爆炸性的問題是臺灣問題。由於臺灣當局愈來愈明顯的台獨傾向，臺灣問題已經成為可以影響中美關係全局性走向的主要變數，成為世人關注的焦點。本文探討了臺灣問題的實質和美國對台政策的歷史背景，著重分析了中國讀者最為關心的問題：美國政府對台政策的基本點是什麼？歷史上美國政府對台政策是如何制定的？2004 年美國總統大選後對台政策的延續性和主要變數是什麼？本文的要點：（1）1950 年的韓戰改變了臺灣在美國亞太戰略中的地位；（2）從 1950 年到 1972 年，美國積極插手臺灣；（3）美國在越南的失敗迫使其調整對華政策；（4 ）美國政府的 "兩手政策" 及冷戰的終結；（5）克林頓政府：從理想主義到現實主義；（6）小布希反復不定的四年和 2004 年大選。結論：臺灣問題是能夠顛覆中美關係的最大隱患。由於它的不可預見性和美國國內政治的介入，臺灣問題十分複雜，非常危險。中美兩國政府都應對此高度重視，避免捲入一場不必要的軍事衝突。

　　美國是經濟最為發達的西方頭號強國，是當前世界上唯一的超級大國。中國歷史悠久，人口眾多，是經濟增長迅速的世界上最大的發展中國家。美中兩國關係的發展不僅與兩國人民的利益密切相連，而且關係到亞太地區的穩定和世界和平的大局。但是，近年來美中關係風雲變幻，起伏不定，主要原因之一是臺灣問題。臺灣問題是中美關係中最具爆炸性的問題。

　　臺灣之所以成為一個國際問題，主要是由於美國政府對華及對台政策所造成的。二十一世紀的臺灣問題已經變得十分複雜。不僅涉及到國家主權，戰略地位，政治安全和商業利益，同時還涉及到國際關係，意識形態和民族尊嚴。瞭解美國政府的對台政策及對華政策，掌握其歷史背景和演變規律，對認清當前形勢，應付突發事件，有著十分重要的現實意義。

一、從“甩手不管”到“插手臺灣”的二十年

　　在第二次世界大戰期間，美國總統佛蘭克林. 羅斯福第一個提出建立一個統一、繁榮、民主和對美國友好的中國。羅斯福的繼任杜魯門總統上臺初期，延續了羅斯福的對華政策。他採取了一些措施，企圖促進中國的戰後和平，防止內戰爆發。他在 1945 年授權駐華大使赫爾利，促成了國共兩黨的重慶談判。1946 年，他又派遣馬歇爾將軍來到中國，扮演和平天使，調停國共之間的軍事衝突，結果是乘興而來，敗興而歸。中國爆發全面內戰。

　　杜魯門政府為了維護美國在中國的既得利益，向國民黨政府提供大量的軍事援助，落下挑動中國內戰的罪名，美國在東亞的政策，因此遭受最慘重的失敗。1949 年，中國共產黨在大陸奪取政權之初，杜魯門政府對臺灣一度採取“撒手政策”。

　　中華人民共和國在 1949 年宣告成立之時，杜魯門政府內外
交困，外有蘇聯的挑戰，內有共和黨人的譴責。這樣的形勢下，
朝鮮戰爭突然爆發，給了杜魯門一個政治上求之不得的機會。[1]
戰爭爆發兩天之後，杜魯門命令美國在遠東地區的部隊介入戰
爭，並派遣美國海軍第七艦隊封鎖了臺灣海峽。隨後，以美軍
為主的聯合國部隊無視中國政府的一再警告，北上越過三八
線，把戰火燒到鴨綠江畔。1950 年 10 月，中國人民志願軍跨過
鴨綠江，進行了一場保家衛國的抗美援朝戰爭。美國對中華人
民共和國的軍事圍堵政策自此形成，開始了中美關係史上對抗
的二十年。

　　由於冷戰的國際大氣候，美國的對台政策由“甩手不管”轉
變為“保護臺灣”。1953 年朝鮮停戰以後，駐台美軍有增無減。

　　作者在臺灣臺北市拜訪蔣緯國將軍時，問到美國對台政策
在其全球冷戰中的地位。蔣緯國將軍的回答是：「美國在韓戰中
認識到臺灣的戰略地位。」蔣緯國將軍說：「先父蔣介石先生曾
經講過，臺灣是一艘永不沈沒的航空母艦。後來，美軍駐遠東
總司令麥克阿瑟將軍在訪台以後，把老太爺這句話拿出去，說
臺灣是美國的“不沈的航空母艦”。」蔣緯國將軍強調指出：
美台雙方對於這一地區在冷戰中的戰略意義已有共識。[2]

　　1954 年 9 月初，中國人民解放軍福建前線炮兵轟擊金門等
福建沿海島嶼。11 月，浙江部隊對浙江沿海島嶼進行海空襲擊，
並作登陸準備。1954 年 12 月，美國總統艾森豪維爾批准了美國

[1]　鄧鵬，李小兵，劉國力：《剪不斷，理還亂；美國外交與美中關係》（北京：
　　中國社會科學出版社，2000），243-245 頁。
[2]　作者于 1994 年 5 月 27 日在臺灣臺北市榮總醫院拜訪了蔣緯國將軍（蔣緯國
　　是蔣介石先生的兒子，蔣經國的弟弟）。蔣緯國將軍對作者提出的有關美國
　　對台政策的一些具體問題，作了詳細解答。採訪時在座的有臺灣“中華戰略
　　學會”秘書長范英將軍及兩位同行的美國教授。

與臺灣當局簽定"共同防務條約"（安全防務條約）。從此以後，美國政府承擔了臺灣和外島的軍事防務。

杜魯門以後的三屆政府都沒有修改對台政策。1952 年大選中，民主黨失去了佔據長達 20 年之久的白宮。共和黨總統艾森豪威爾獲勝後宣稱一定要徹底清理民主黨"在華盛頓留下的爛攤子"。艾森豪威爾是軍人出身，在外交方面沒有經驗而且缺乏想像力。他起用共和黨參議員、右翼代言人杜勒斯為國務卿。他重視中央情報局，把它作為美國冷戰政策的主要工具。在艾森豪威爾的支援下，中央情報局在國際上大規模地開展顛覆活動，甚至暗中雇用學生、教授、律師等作為美國在海外的反共別動隊。艾森豪威爾政府繼續推行遏制共產主義的政策，美蘇對抗有增無減，美中關係仍然處於敵對狀態。

甘乃迪在1960年大選中僅以微弱多數擊敗共和黨候選人尼克松，上臺時威望不高。雖然他當時只有43歲，是歷史上最年輕的美國總統，但他雄心勃勃，爭強好勝，喜出風頭，固執強硬，風流浪漫。甘乃迪的求勝欲望極強，他的冷戰策略不是坐守愁城，而是主動出擊。他在美蘇對抗中立場堅定，擺出一副決不妥協的姿態，在民眾心目中重新建立了美國必勝的信念。在 60 年代國際勢態已從兩極世界向多極世界轉化的複雜情況下，甘乃迪面對中蘇分裂、拉丁美洲革命、第三世界國家的獨立運動以及歐洲中立主義的發展，積極主動，全面出擊，恢復了美國在新的世界格局中的領導地位。他的國務卿臘斯克（Dean Rusk）評論總統時說，甘乃迪像一把火，把他周圍所有的人都點燃了。[3]可見，冷戰不僅是軍備與國力的競爭，也是心理與信念的競爭。甘乃迪使美國能在氣勢上壓倒蘇聯。儘管甘乃迪僅

---

[3] Thomas G. Paterson, ed., Kennedy's Quest for Victory (New York: Oxford University Press, 1989), p. 14.

在任兩年多，但他是威望最高的美國總統之一，僅僅排在開國之父華盛頓、解放黑奴的林肯以及擺脫經濟蕭條並贏得二戰勝利的羅斯福總統之後。由於甘乃迪窮于應付越南戰爭、古巴危機和蘇聯的挑戰，無暇顧及中國。據說他曾經考慮過給毛澤東主席寫封親筆信，但因為手下的人的勸阻，放棄了這一打算。歷史的機遇轉瞬即失。

　　在 1958 年 8 月中國人民解放軍大規模炮轟金門和 1962 年的臺灣海峽危機以後，現存的海峽兩岸相互對峙的格局基本確定下來。中國政府堅持對臺灣的主權，始終表示其最後統一臺灣的決心。臺灣的國民黨當局則依靠美國的軍事支援，佔據臺灣，等待並希望有朝一日重返大陸。但是，在 50 年代末 60 年代初，蔣介石的"反攻大陸"政策，有了些實質性的變化。

　　作者在臺灣臺北市採訪郝柏村將軍時，提到了這個問題。郝柏村將軍在當年金門炮戰時，是國民黨金門前線炮兵總指揮官。他後來在軍隊和國民黨政府中相繼擔任參謀總長、國防部長、行政院長等職。郝柏村將軍在採訪時詳細敘述了國民黨大陸政策在 50 年代末 60 年代初的轉變。蔣介石在 60 年代初提出：反攻大陸以"主義"不以"武力"，"三分軍事，七分政治"，"三分敵前，七分敵後"。蔣介石去世以後，其子蔣經國任總統期間，堅持"三民主義統一中國"的政策。[4]

　　美國華人政治學教授郝雨凡博士認為：在 50 年代和 60 年代，美國對臺灣的基本政策目標是，"既要保證臺灣掌握在國民黨當局手中，不使中共得到臺灣，又要避免被拖入國共兩黨的武裝衝突之中。同時，又要避免直接捲入沿海島嶼的防務。

---

[4] 作者于 1994 年 5 月 23 日在臺灣臺北市郝柏村辦公室對這位當年金門前線指揮官進行了採訪。郝柏村將軍回顧了 50 年代和 60 年代國民黨軍方的戰略意圖，以及大陸政策的發展與變化。採訪時在座的還有兩位同行的美國教授。

最終目的，是防止臺灣與中國的統一。"[5]

在甘乃迪任職期間，美國在越南戰爭中的捲入越來越深。1963 年 11 月，甘乃迪在德克薩斯州達拉斯市遇刺身亡。副總統約翰遜宣誓就職。約翰遜繼續推行甘乃迪的政策，使越南戰爭迅速升級。在 1968 年總統競選中，越南戰爭是辯論的焦點。共和黨候選人尼克松擊敗對手，以保證退出越南戰爭的許諾而當選為總統。在艾森豪威爾手下做過多年副總統的尼克松深知：雖然千百萬美國人民希望結束美國在越南的戰爭，但是他們不願以投降來換取和平。

尼克松是一位出身卑微的總統。他喜歡出風頭，樂於鋌而走險。公眾認為他以冷戰和反共起家，是一個老謀深算的政客。誰也沒有料到他會跟 "紅色中國" 打交道。尼克松手下的國家安全事務特別助理基辛格滿腹韜略，擅長縱橫擺合之術。他認為：共產黨國家各有所需，互有矛盾，並不是鐵板一塊。基辛格在 1971 年和 1972 年間，開展秘密外交，穿梭於北京、莫斯科、巴黎（與河內和談的地點）之間。他說服尼克松，推出 "緩和政策" （Détente），分別與中國和蘇聯對話，進而制服北越，使其在停戰撤軍的協議書上簽字。

1972 年 2 月，尼克松成為歷史上第一位訪問中國的美國總統。他在北京受到毛澤東主席、周恩來總理等中國領導人的接見。中美兩國政府共同簽署的《中美上海聯合公報》宣告了兩國關係進入了一個新的歷史時期。尼克松總統在簽字之後說，"這是改變了整個世界的一周。"[6]尼克松的名字也載入中美邦交正常化的史冊。

---

[5]　郝雨凡：〈臺灣問題：潛在的定時炸彈〉，郝雨凡與張燕冬主編：《限制性接觸；布希政府對華政策走向》（北京：新華出版社，2001），184 頁。

[6]　H. R. Haldeman, The Ends of Power (New York: Times Books, 1978), p. 98.

　　長期以來，中美台史學界一直認為：中美兩國領導人在尼克松總統訪問期間，決定將臺灣問題暫時擱置一邊，集中考慮中美之間共同關心的戰略利益。不少人因此而批評尼克松政府：對中共妥協，拋棄臺灣。

　　作者就這一個問題，在1997年請教過基辛格博士（Dr. Henry Kissinger）。基辛格否定有關 "對中共妥協" 的說法。基辛格在回答作者問題時強調指出：他在1971-1972年與北京談判期間，從未拋棄臺灣。美中雙方是在互相讓步的基礎上達成協定的。[7]

　　2001年4月，美國政府對大量的美國外交文件進行解密。其中包括尼克松和基辛格在 1971-1972 年與北京談判期間的絕密文件。在紐約長島大學任教的歷史學教授夏亞峰博士，對新近解密的美國外交文件進行了認真的研究。他發現：基辛格在秘密談判中，對臺灣問題討價還價，不肯輕易讓步。特別是基辛格在1971年7月和10月與周恩來的秘密談判中，臺灣問題是雙方爭論的焦點。值得注意的是：正是由於美國不肯輕易放棄臺灣的立場，使北京解除了對華盛頓的疑慮，從而建立了一些信任，發展了工作關係。中國領導人也在認真考慮，如何作一些政策上的調整，以便與美國達成協定。[8]

　　回顧1950年到1972年的美國對台政策，是美國政府從 "甩手不管" 到 "插手臺灣" 的二十年。美國對台政策既是根據美國的具體利益制定的，也是根據當時的國際形勢制定的，是多邊關係的產物。中國對美政策，以及中美兩國間的互動，也是影響，甚至決定美國對台政策的極為重要的因素。我們應該接

---

[7] 1997 年 9 月 16 日，基辛格博士在奧克拉荷馬大學國際關係研討會發言後，對作者提問時的回答。

[8] 夏亞峰（Xia Yafeng）, "The Taiwan Issue in Sino-U.S. Rapprochement Negotiations," Li Xiaobing and Pan Zuohong, eds., Taiwan in the 21st Century (New York: University Press of America, 2003), pp. 316-338.

受美國國內對臺灣當局不同觀點存在的客觀事實，瞭解其內在
聯繫與矛盾，掌握互相制約的因素。

蔣緯國將軍在作者的訪問中對此有一段很貼切的分析。蔣
緯國將軍認為有兩個不同的美國。一個是以美國人民為主，講
求美國精神，助人，愛人，希望中國強大的美國。另一個是自
私，狹隘，不希望中國強盛，想要中國長期分裂，東方長期落
後的美國。兩種美國意識在對臺灣政策和對中國政策的制定中
各有一套理由，互不相讓。有時這個為主，那個為輔；有時不
知哪個是主店，哪個是分號。他回憶說，家父蔣介石在世時，
一直希望看到一個統一和強大的中國。在這一點上，蔣介石與
毛澤東是有共識的。在中美關係正常化二十年後的今天的美
國，對待臺灣和中國的不同看法仍然存在。

二、"面離心不離"，採取"兩手策略"的二十年

1972 年以後，美國一直在中國和臺灣之間扮演一個"兩面
派"的角色。美國政府一方面試圖改善同中國的關係，承認中
國對臺灣的立場。另一方面，卻又竭盡全力保持與臺灣的關係。

由於尼克松受"水門事件"的影響於 1974 年被迫下臺，副
總統福特得以就任第 38 屆總統。福特是美國歷史上唯一沒有經
過選舉就當上副總統，又沒有經過大選而入主白宮的總統。他
和國務卿基辛格繼續執行尼克松的"緩和政策"與大國外交。
當 1976 年大選臨近的時候，美國朝野對福特政府外交政策批評
的聲浪越來越高。民主黨總統候選人卡特更是大力抨擊基辛格
的"秘密外交"，批評福特在與蘇聯領導人的限制軍備會談中
隱瞞細節，放棄原則。

在 1976 年的大選中，卡特僅以 2%的微弱多數擊敗福特。
卡特上臺後，反對基辛格的"大國外交"，強調美國對世界事

務的"全面參與"（Participant America）。面對蘇聯咄咄逼人的攻勢，他首次明確提出了"人權外交"的理念。人權外交的提出是為了給美國在跟蘇聯的角逐中佔領道德的制高點。但是，卡特繼續了共和黨的緩和政策。

1979 年 1 月，卡特政府與中華人民共和國政府建立了正式外交關係。這並不是因為卡特有特別的膽識，他只是做了一件"水到渠成"的好事。美國和中國在臺灣問題上都作出了一定程度的讓步。美國從臺灣全部撤軍，並廢除了美台《共同防務條約》。中國政府默認了美國在建交後繼續對台出售防禦性武器的要求．

當時，中國的文化大革命已經結束，第二代中國領導人表現出務實的外交精神。鄧小平是第一位訪問美國的中國領導人。鄧小平認識到中美兩國的共同利益遠遠大於雙方的矛盾與分歧。因此，他十分關心建立平等互利的中美關係，並且強調中美關係搞不好不行。世界上政治經濟許多方面的事情沒有中美兩國間的合作就辦不好。中美兩國關係要"求同存異"，"鬥而不破"，是鄧小平的戰略思想。70 年代末和 80 年代初期，中美兩國在經濟貿易、文化教育、科學技術等領域開始了全面的接觸與交流。

由於冷戰的巨大慣性和美國國內政治的特點，卡特政府的對華政策受到國會裏共和黨人的反對。卡特以美國傳統政治手段來對付阻礙美中關係發展的反動派，即：以"兩手策略"和妥協的方式，"進兩步，退一步"，保持政治上的平衡，不必為美中關係付出太大的政治代價。

卡特政府在與臺灣斷交後，主持制定了《與臺灣關係法》，就是這種實用政治的表現。一方面，他要平息國會裏共和黨人的反對呼聲；另一方面，他也想保留與臺灣的關係，作為制約中國的因素。《與臺灣關係法》從法律上確立了美國與臺灣的關係。儘管美國政府與臺灣國民黨政府斷絕了外交關係，卻依然是藕斷絲連，在經貿、科技、文教等方面保留著雙邊關係。美國政府據此繼續干預中國的內政。

在《與臺灣關係法》的推動下，美國與臺灣的經濟關係得到加強，臺灣的經濟也得到迅速的發展。美國政府在臺北設立"美國在台協會"，臺灣政府在華盛頓、紐約、舊金山、休斯頓和幾個美國的大城市設立"北美事務協調會"，起著非官方的"大使館"和"領事館"的作用。美台關係在美中建交後，繼續得到發展。

支援卡特的人認為，卡特以"平衡與妥協"的方式來換取可行的對台政策，是他的特殊貢獻。反對他的人認為，這是卡特政治上無能的表現，是為他自己開脫責任的手段，《與臺灣關係法》給美中關係的健康發展埋下了"定時炸彈"。

卡特的共和黨對手雷根則把他說得一無是處，指責他把美國引上衰落之路。雷根在 1980 年的大選中擊敗卡特，連任兩屆，成為美國人民擁護的總統。雷根是職業演員出身，善於表達，能說會道。他在冷戰中立場堅定，旗幟鮮明，八年中自始至終地著眼于長遠戰略。他重新打起反蘇的大旗，大力發展軍事力量。雷根總統在職期間美國軍費開支為 2 萬億美元，是美國歷史上在和平時期軍費開銷最多的一屆總統。其中他積極設計與準備的"星球大戰"（Star War），或"戰略防禦計劃"（Strategic Defense Initiative）最為出名。雷根的強硬路線與干涉主義改變了美國民眾對冷戰前途悲觀失望的心態，人們看到了美國將要贏得冷戰勝利的曙光，這是雷根成為最受歡迎的美國總統之一的重要原由。

由於雷根總統思想上趨向保守，堅持他的反蘇反共立場，中美關係在他任職期間出現嚴重的倒退。他增加對臺灣的軍事援助，使美中兩國在美國對台軍售問題上在起糾葛。經過艱難的談判，雙方在 1982 年 8 月 17 日簽署了《中美八一七公報》。該公報明確規定：美國不謀求執行一項長期對台軍售的政策，不僅在數量和質量上對台軍售不得超過中美建交時的水平，而且美國將逐年減少對台軍售，以至最終停止。

然而，雷根繼續玩弄"兩手策略"。雷根政府在與中國簽署公報的同時，又向臺灣作出對台軍售的六點保證。其中包括：美國政府不設定終止對台軍售的日程表，不重新修改《與臺灣關係法》，不改變關於臺灣主權的立場。美國政府繼續為臺灣當局打氣撐腰。

迄今為止的所有美國總統裏面，老布希對中國的瞭解最透徹。老布希出身商人，是個言行謹慎的人。1974 年，中美在對方首都建立了史無前例的"聯絡處"，布希擔任第一任美國駐中國聯絡處主任。1976 年至 1977 年，他擔任美國中央情報局局長職務。雷根任職期間，作為副總統的布希為其干涉主義的外交政策立下不少汗馬功勞。

入主白宮以後，布希總統繼續雷根的外交政策。但是他生性保守和謹慎，在內外政策上都強調穩妥與適當。布希保守的態度與被動的方法使美國政府在八十年代末與九十年代初世界上發生天翻地覆的變化時，沒有能走在事件的前面。當然，布希的穩健作風大大減少了他在驚濤駭浪中觸礁的危險。

作為一位有豐富外交經驗的現實主義者，布希總統在風雲變幻的國際環境中始終保持著冷靜的頭腦，布希沈著應付德國的統一和蘇聯的解體等重大事件，積極提高和鞏固美國的國際地位。在任職期間，布希不僅跟中國領導人建立了相互信任，而且對中國人民產生了感情。中美兩國的關係發展比較順利，雙方開展了多層次多渠道的合作與交流。不幸的是，1989 年夏天中國局勢發生動蕩，布希政府隨和一些國家對中國進行全面制裁。

　　布希總統在任期間，對台政策仍然採取"兩手策略"。他在
臺灣和中國之間，左右搖擺，找平衡，"走鋼絲"，以謀求美國
的最大利益。1991 年，布希政府借國際上反華的大氣候，以強硬
態度協助臺灣當局參加在漢城舉行的"亞太地區經濟合作會
議"。這一年的 11 月，布希政府又同意支援臺灣申請重返"世
界關貿總協定"。但更為嚴重的事件是，1992 年 9 月，布希決定
向臺灣出售 150 架美國武器庫中最先進的 F-16 戰鬥機。同時，
向臺灣出售 4 架更為先進的 E-2T 鷹眼式預警機。這將大大提高
臺灣的空中作戰能力。1992 年是美國總統的大選年，布希不願
看到在德克薩斯州（他的政治大本營）製造 F-16 戰鬥機的工廠
關閉，造成大批工人失業。[9] 老布希在面臨當年大選的不利局
面，為了討好選民，挽回敗局，決定違反中美之間的三個聯合
公報，對臺灣出售先進戰機，再次破壞中美之間的互相信任。
　　美國四年一次的總統大選，似乎已經成為美國對臺灣政策
的一種明顯的"制度性搖擺"（Institutional Swing）。每逢大選
之年，總統候選人們便以"戰鬥者"的姿態出現，攻擊中國，
取悅臺灣，著眼於國內政治與宣傳。新總統上臺後，又以"妥
協者"的方式與中國改進關係，著眼於國際戰略與利益。同時，
限制對台軍售，有限發展和臺灣的關係，直到下屆選舉。[10] 人們
不禁要問：為什麼在美國的大選中，對臺灣政策問題總是浮出
臺面？

---

[9] 每架 F-16 戰鬥機的售價為 4 千萬美元，每架 E-2T 預警機的售價為 1 億 7 千
5 百萬美元。詳見 Richey D. Harvey, "Arms Sale and U.S.-China-Taiwan
Relations," American Review of China Studies 3, no. 1 (Spring 2002), pp. 27-34.

[10] Xiaobo Hu and John Boardman, "Institutional Constraints in American China
Policy-making: The Role of the U.S. Presidency," in Xiaobing Li, Xiaobo Hu and
Yang Zhong, eds., Interpreting U.S.-China-Taiwan Relations (New York:
University Press of America, 1998), pp.49-66.

　　第一，冷戰意識仍然在一些美國政客的頭腦中作祟。在冷戰中，臺灣是美國對抗亞洲共產主義運動的前沿，臺灣政府是美國反華反共的長期盟友。冷戰後，中國是世界上幾個不多的繼續發展和壯大的社會主義國家。在一些人眼中，支援臺灣，反對中國，大方向是對的，只會得分，不會丟分。

　　第二，對臺灣政策在冷戰後的美國外交政策制定過程中，日益政治化，政黨化。美國憲政體制的特點是通過兩黨制來限制總統或國會的權利。兩黨之間常常只是為了反對而反對。挑起事端和製造磨擦是多黨政治的固有規律。對台政策和對華政策是最容易借題發揮的領域。90 年代以來，國會更多地參與對台政策，各方面各階層的政客也紛紛出來指手畫腳。

　　第三，美國的對臺灣政策在很大程度上是根據其經濟利益和貿易發展而制定的。在大選之年，常常有些人出來，特別是美國工商界的代言人，利用機會，強調對臺灣政策的重要性，以便推動和發展美台經貿合作關係。

　　老布希總統在海灣戰爭後一度成為深得民心的總統，民意測驗表明其支援率高達 90%，為此很多觀察家認為布希競選連任總統是穩操勝券。然而，美國民眾迅速把目光轉向經濟問題和內部事務。布希在外交方面的威望和他在內政方面的消極名聲形成鮮明對比。有些民眾甚至抱怨總統在外交方面花了太多的時間而疏忽了國內事務。民意的轉向使 46 歲的民主黨人克林頓在 1992 年當選總統。克林頓根據民意的變化提出經濟優先發展的競選綱領。

三、克林頓政府對台政策：從理想主義到現實主義

　　克林頓出身貧寒，可是天資過人。他在 1992 年戰勝老布希以後，缺乏外交方面的經驗。而且他生活作風隨便，時常沾花

惹草，鬧得華盛頓滿城風雨。但是克林頓機敏過人，善於應變。他不僅躲過政敵的"槍林彈雨"，免於被彈劾的厄運，而且把共和黨殺了個人仰馬翻。他成為羅斯福以後唯一連任兩屆的民主黨總統。美國民意調查表明，認為克林頓是一個勝任的總統在 1992 年的民調中占 48%，而在 2000 年底上升到 62%。

由於缺乏外交方面的建樹，克林頓在 1992 年大選中重彈理想主義的高調，攻擊老布希的務實外交和對中國的軟弱。在 1993 年 1 月入主白宮以後，他仍然不能擺脫"選舉政治"的影響，繼續按競選時期定的調子制定對台政策和對華政策。在他執政的第一年中，其對台與對華政策具有濃厚的理想主義與自由主義相混合的意識形態色彩。換句話說，克林頓政府以美國社會的價值觀念和"以我為中心"的是非標準來制定並實施對臺灣和對中國的政策。

1994 年，克林頓政府逐步擺脫意識形態的影響，轉向務實外交，著眼於亟待解決的具體外交問題。1994 年 7 月，克林頓政府提出了"接觸戰略"。其宗旨是利用美國的實力和獨特的地位，通過政治、經濟、軍事、外交、文化等各種途徑與各國交往，在全世界推進民主自由和市場經濟，維護美國的領導地位和全球利益。

克林頓政府的新外交戰略包括"有選擇的接觸"和"集體安全"兩個方面。有選擇的接觸特別關注有經濟和軍事實力的大國之間的關係。俄羅斯、歐盟、中國和日本等對美國尤其重要。[11]大國之間的衝突對美國利益構成嚴重威脅，因此美國外交的中心任務是防止大國之間爆發戰爭。克林頓政府開始認識到

---

[11] 有選擇的接觸戰略的代表作包括：Robert Art, "A Defensible Defense; America's Grand Strategy after the Cold War," International Security 15, no. 4; Andrew Goldberg, "Selective Engagement: U.S. National Security Policy in the 1990s," Washington Quarterly 15, no. 3.

中國戰略地位的重要性和與中國展開接觸的必要性。集體安全或合作安全的戰略思想認為，國際經濟相互依賴已經成為事實，國際戰略相互依存也正在成為現實。集體安全成功的可能性超過以往任何一個歷史時期。美國可以通過聯合國等國際組織來協調集體安全，並向所有潛在的侵略者表明，任何侵犯別國主權或領土的行徑都將受到國際社會的有力抵制和反擊。[12]作為聯合國安理會常任理事國，美中兩國對國際和平與安全有重大的責任，如果兩國加強合作，國際和平事業就有希望。與此相反，如果美中兩國在聯合國經常搞對抗，那麼聯合國和其他國際組織的工作就必然受到消極影響。可見，克林頓政府對中國的戰略地位與國際地位經歷了一個再認識的過程。

　　同時，從 1993 年秋到 1994 年夏，美國與中國進行了各方面接觸。儘管中美之間的爭論多於認同，但是中國政府的明確立場也促使克林頓政府改變其對華政策，最終將"人權問題"與最惠國地位問題"脫鉤"。從 1993 年 10 月開始，中美逐步恢復了包括軍方在內的較高級別的對話。11 月，克林頓總統與江澤民主席在亞太經濟合作組織領導人非正式會議期間舉行了第一次會晤。克林頓仍然強調，必須改善中國的人權狀況以滿足美國政府為中國最惠國地位附加的條件，美國才有可能為改善美中關係作出努力。中國領導人堅決反駁克林頓政府的立場，無論如何不能接受"人權掛勾"的條件。1994 年 3 月，美國國務卿克裏斯托弗（Warren Christopher）訪問中國。他在與中國領導人會談中發生了爭論，突出地表明瞭解中美在人權問

---

[12] 近年來許多集體安全的倡導者喜歡採用"合作安全"一詞。這一戰略思想的代表作有：Ashton Carter, William Perry and John Steinbruner, A New Concept of Cooperative Security (Washington, D.C.: Brookings Institute, 1992); Janne Nolan, ed., Global Engagement: Cooperation and Security in the 21st Century (Washington, D.C.: Brookings Institute, 1994).

題上尖銳對立的程度。克林頓政府逐漸認識到：如果不將人權問題從對華政策的中心位置移開，美中關係無出路可走。在克裏斯托弗訪華後，克林頓內閣開始分化，有些成員公開表示不贊成克裏斯托弗的做法。不少有識之士樂觀地評論說，克林頓政府"人權挂鈎"的政策改變為期不遠。

　　1994 年 5 月 26 日，克林頓宣佈繼續延長中國的最惠國地位不附加任何條件。以"人權問題"為中心的對華政策，在執行了一年以後，終於與最惠國待遇問題脫鈎。克林頓在他的聲明中同時宣佈：美國政府將對中國實行一項"全面接觸"的政策，目的是"使中國融入國際社會，而不是把它排除在外"。之後不久，克林頓在《洛杉磯時報》上撰文為其政策改變做進一步說明："孤立中國不可能改善人權狀況"。應該從美國在亞太地區有"範圍更廣的利益的角度來看待……與中國的關係"。

　　從 1994 年夏到 1995 年夏，克林頓政府領導人一再宣稱，他們將實行一項"全面接觸的"對華政策，以便與中國建立一種合作的關係。這一年裏的美中關係，確實出現恢復的勢頭。兩國高層互訪增加，在各個領域裏的合作均有進展，克林頓政府還相繼取消了一些制裁中國的措施。

　　對於東亞地區潛在的不安定地區——臺灣海峽，克林頓政府認為：維護台海地區穩定的最佳方法是維持美中關係的穩定發展和促進海峽兩岸的交流和對話。軍事力量不是維持台海和平的最有效的手段。維持台海和平的最有效的方法是增加美中和中台之間的相互依賴。隨著中國對美國市場和臺灣投資的依賴性增加，中國大陸在該地區動武對其自身利益的損害就越大。從實際情況看，這一時期克林頓政府中熱衷於發展對華關係的主要是經貿部門。如果說，美國政治界在對華態度與對華關係的轉變上，由於各種原因，還需要一個較長的時間，那麼，美國工商

界對華關係的轉變已經基本完成。他們要求增強美中貿易，開
拓中國市場，進一步改善對華關係。支援中國的呼聲越來越多
的是來自工商界。克林頓政府在中國的人權問題上承受著道德
壓力；在臺灣與西藏問題上承受著政治上的壓力；但是在經貿
問題上，他卻得到來自各方面的支援，包括國會的支援。

　　然而，1993-1994 年美中關係的正面發展十分有限，而且非
常短暫。克林頓對中國"全面接觸"的政策並沒有從根本上改
變美中關係上下波動、反覆不定的基本趨勢。這一年的恢復與
發展很快被 1995-1996 年的美中兩國間的危機與衝突而取代。
美中關係又從上升的趨勢一落到底，降到兩國關係正常化以來
的最低點。

　　這危機四伏的一年是從 1995 年夏美國允許臺灣領導人李登
輝訪問美國開始，到 1996 年春的導彈演習，克林頓政府派出以
兩艘航母為首的特混艦隊到台海附近，擺出一副不惜與中國一
戰的架勢。什麼是 1995 年李登輝訪美及 1996 年台海危機的真
正原因？本文從以下幾個方面作一分析。

　　第一，"全面接觸"是對付中國的手段，並不是對華政策的
目的。克林頓政府的戰略仍然是維持現有的東亞體系，增強美
國對中國的影響。"全面接觸"可以擴大對華影響，增加對中
國施加壓力的渠道。如在 1995 年初，當美國貿易代表在中美談
判中繼續揚言要就中國侵犯知識產權而對中國進行制裁的同
時，美負責人權事務的助理國務卿在日內瓦人權會議上向中國
發難。著名中國問題專家何漢理（Harry Harding）曾經指出：
克林頓政府 1993 年夏提出的"全面接觸"政策，只是一種"策
略上的改變"。他認為，這項政策的目的是同中國各個方面的
領導人對話。[13]由此可見，"全面接觸"政策是針對前布希政府

---

[13] Professor Harry Harding is Dean of the Elliotte College of International Affairs at

在天安門事件後對中國的"全面封鎖"而提出的。其目的只是
為了繼續保持對華關係，並沒有打算在對華關係上有重大突
破。它只是策略上的權宜之計，並不是經過深思熟慮的長遠戰略。

　　第二，克林頓政府對華策略沒有建立在充分和廣泛的理解
美中關係特殊性的基礎上。"全面接觸"的政策缺乏政府內外
的共識與支援，一有風吹草動，便隨波逐流。克林頓執政期間，
將振興國內經濟作為最優先的施政目標。他專注於國內事務，
對外交不夠關心，致使冷戰後美國外交決策分散化的特點非常
明顯地表現出來。克林頓在外交上將保護美國的"經濟安全"
置於政策的首要位置。他需要為美國產品和資本打開進入中國
市場的大門。他應該瞭解美中關係的複雜性，以便制訂切實可
行的對華政策。其決策層應掌握諸多問題的輕重緩急，考慮具
體的解決辦法。但克林頓政府並沒有這些方面的認真思考，也
沒有拿出長遠戰略。而是炮製出各種概念，例如"全面接觸"、
"擴展戰略"、"預防外交"、"遏制政策"等等。它們都沒
有經過深思熟慮，也沒有相輔相成的執行方法。一旦"全面接
觸"的政策受到疑問與挑戰，克林頓政府只能妥協或放棄，無
法有效地解釋或為其進行辯護。

　　第三，克林頓政府繼續推行對臺灣的"兩手策略"，引起
美中關係的危機。1994年美國國會中期選舉以後，共和黨成為
國會中的多數黨，控制了參議院和眾議院。從此，共和黨國會
與民主黨總統間的政治鬥爭日益激烈。由於克林頓政府對華政
策的分散性和不成熟性，美中關係成為府會鬥爭的前沿，臺灣
問題自然成為雙方爭論的熱點。這是克林頓政府的薄弱環節，
共和黨國會每戰必勝。

---

the George Washington University. His points are cited from his speech at a
congressional hearing on U.S. China policy.

　　為了在國內政治鬥爭中轉敗為勝，變被動為主動，克林頓政府在 1994 年 9 月宣佈調整對台政策，提升美台關係的層次。這一對台政策的調整，進一步證明克林頓政府對美中關係的重要性，以及破壞這一關係的嚴重後果，缺乏充分的認識。中國政府也意識到這一點，堅決反對克林頓政府以犧牲中美關係來換取其國內政治鬥爭的主動。

　　中國政府一直認為：1995 年李登輝訪美決不是一個孤立的政治外交事件。但是克林頓政府極力否認這一點。在國會通過提案之前，美國國務院一直表示不可能允許李登輝訪美。到 1995 年 5 月 17 日，國務院還公開聲稱，李登輝訪美是不合適的。幾天後，國會對此提案表決：參議院以 97 票 1 票的絕對多數通過。眾議院以 360 票對 0 票全數通過，允許李登輝進入美國，參加康奈爾大學的校慶活動。5 月 22 日，美國務院宣佈允許李登輝訪問美國。

　　從美國國內政治的角度來看，克林頓政府屈從於國會的壓力，其推行外交政策的意願及能力都是相當有限的。從對華關係的角度來看，克林頓政府沒有一項切實可行的、明確的對華政策，"全面接觸" 政策也缺乏廣泛的支援與牢固的政治基礎。從中國政府的角度看，克林頓政府出爾反爾，允許李登輝訪問，違背了中美三個聯合公報的原則。中國作出了強烈的反應：宣佈召回駐美大使，並于 7 月 21 日至 28 日在臺灣海峽舉行導彈演習和海空實戰演習。

　　在 1995-1996 年冬，臺灣當局不顧中國政府的一再警告，繼續推行台獨路線，展開 "過境外交" 、 "度假外交" 。臺灣領導人多次出入美國。克林頓政府寬容臺灣政府日益加劇的外交活動。

　　為了重申中國政府堅決反對台獨的立場，在 1996 年 1，2 月間，中國人民解放軍調動 10 萬大軍，集中在面對臺灣的福建沿海。儘管克林頓政府估計到中國不會武力攻台，軍事調動只是對台警告，但是仍然採取強硬立場。

　　2月6日，美國國防部長佩利對台海局勢表示關切。2月7日，助理國務卿洛德在向國會參議院對外關係委員會的報告中指出，如果在臺灣海峽出現敵對行動，"其後果將是極為嚴重的"。[14] 2月中旬，美國國務院對外宣稱：克林頓政府的資深國家安全顧問自1月26日以來舉行多次會議，分析北京的軍事活動。3月4日，中國政府宣佈：人民解放軍將在3月8日至18日在臺灣海峽舉行地對地導彈演習。導彈目標選擇在臺灣兩個最大的港口城市附近的水域。其中之一選在距基隆市僅20公里以外的水面。3月7日，解放軍按計劃向臺灣附近海面發射3枚M-9導彈。

　　面對中國的導彈演習，克林頓政府立場強硬，採取軍事行動。接觸轉為防範；接觸轉為遏制。實際上，接觸包含"軟遏制"的內涵。接觸與遏制作為兩手政策，一文一武，相輔相成，互為補充，互相轉換。國防部長佩利（William Perry）事後回憶說，克林頓政府的臺灣政策是以軍事行動作為後盾的。[15]國務卿克裏斯托弗解釋說，"由於亞太國家都寄希望於美國來維護這一地區的穩定，所以我們不得不採取行動來化解危機局勢。" [16]可見，美國對中國：接觸"與"防範"的手段，都是以維護美國在亞太地區的利益與地位為目的的。美國有影響的美中關係問題專家羅斯（Robert Ross）認為：克林頓政府在導彈危機其

---

[14] 美聯社1996年2月7日新聞稿:〈助理國務卿洛德在對參議院對外關係委員會的報告〉，美國國會，華盛頓。

[15] William Perry and Ashton Carter, Preventive Defense: A New Security for America (Washington, D.C.: Brookings Institute, 1999), pp. 92-93.

[16] Warren Christopher, In the Search of History: Shaping Foreign Policy for A New Era (Stanford, CA: Stanford University Press, 1998), p. 427.

間採取軍事行動，"不是保護他的對台政策。而是維護他的戰略地位，加強美國可以解決爭端的概念"。根據羅斯的研究分析，美中兩國在導彈危機中，軍事行動的物件不同，目的不同，各行其事，各有所獲。[17]為了進一步向全世界表明立場，不在美國的警告下退讓，中國政府於 3 月 9 日宣佈：解放軍部隊將在 3 月 12 日至 20 日在臺灣附近海面進行海空實彈演習。

克林頓政府決定採取軍事行動，以維持東亞地區的戰略格局，維護美國的戰略地位及信譽，即：美國有能力，有責任解決亞太地區的爭端。3 月 7 日，國防部長佩利認為，美國應該針對中國的導彈演習而有軍事反應。他建議派出一個包括航空母艦在內的特遣艦隊，穿過臺灣海峽。但是在內閣會議的討論中，國家安全委員會與國務院的負責人認為不應該採取過分挑釁性的行動。參謀長聯席會議主席沙利卡市維利建議：航母艦隊應遠離中國海岸火力的射程範圍。3 月 10 日，在國防部長辦公室，有關內閣成員繼續討論特遣艦隊的問題。佩利同意採取較謹慎的計劃。會議決定：美國將派出以兩艘航母為主體的特遣艦隊到臺灣當局附近海域。[18]國防部會議之後，佩利在 3 月 11 日發出命令：以 "獨立號" 航母為首的特混艦隊將從沖繩出發，進入臺灣以東海域； "小鷹號" 航母艦隊將從波斯灣出發，進入菲律賓海。從菲律賓海， "小鷹號" 艦隊可以在短時間內支援 "獨立號" 艦隊。在發出軍事命令的同時，佩利在 3 月 11 日發表公開聲明。他指出，兩支航母艦隊的出動是告訴中國： "美國與西太平洋地區的安全和穩定利益相關。我們有強大的軍事力量在該地區為我們

[17] Robert Ross, "The 1995-96 Taiwan Strait Confrontation: Coercion, Credibility, and the Use of Force," International Security 25, no. 2 (Fall 2000), pp. 87-123.

[18] Patric Tyler, A Great Wall: Six Presidents and China (New York: Public Affairs, 1999), p. 33.

的國家利益服務。" [19]

　　儘管美國派出武裝力量到臺灣附近，中國政府堅決維護其國家主權及領土完整。3 月 13 日，中國進行了第四次 M-9 導彈演習。3 月 15 日，中國政府宣佈：人民解放軍將在 3 月 18 日到 25 日進行陸、海、空三軍聯合演習。其演習地區距國民黨佔據的島嶼僅有 10 海浬。

　　由於中美動用軍事力量的目的不同，所以 1995-1996 年台海危機並沒有造成美中軍事衝突。美中各有得失，臺灣獲利較大。美國派出航母艦隊到台海附近，通過武力威懾的手段，達到維護它在東亞地區的戰略地位和戰略信譽的目的。面對中國的軍事演習，美國針鋒相對，不作退讓，以武力對付武力。在一定程度上，美國的軍事行動抵消了中國對台武力威脅的壓力，減緩了東亞各國對台海導彈危機的擔心，提高了美國為東亞安全與穩定不惜一戰的聲譽和信用。當然，克林頓政府也為其武力威嚇付出了相當大的代價。羅斯認為，就美中關係而言，美國軍事行動的負面作用是：首先，越來越多的中國人認為美國不是中國的朋友，而是中國的敵人。美國艦隊進入台海使人們想起 19 世紀帝國主義的 "炮艦政策" 及中國忍辱負重的半殖民地歷史。其次，中國決策層對此出乎意料之外。在他們已暗示美國，中國不會攻台的情況下，美國仍然如此挑釁，稱王稱霸，完全是為了欺侮中國，給北京難堪。再有，中國領導人對美政策的調整與運作的餘地越來越小，與美合作的可能性也相對減少。強硬對策在國內得到越來越多的支援。最後，解放軍將領從中得出結論：對台動武，美國不會袖手旁觀。從而進一步準備與美國作戰。如增強在福建沿海的導彈佈置，加強核潛

---

[19] American Forces Press Service, March 11, 1996 and The Department of Defense News Briefings, March 12, 14, and 16, 1996.

艇的攻擊能力，購進現代級導彈巡洋艦等等。這都是美國武力施壓所至，是美國政府不願看到的。但是，羅斯仍然認為，克林頓政策的得大於失。

在台海危機之後，克林頓政府的對華政策在美國國內受到很多指責與批評。不少國會議員認為這一時期的對華政策是"含糊不清的"；所謂"全面接觸"沒有中心，沒有先後，誤導性極大；派遣美國艦隊與美國根本利益相違背，美中關係應該完全"正常化"。[20]1996 年正值美國總統大選之際，很多政治家分析，克林頓在"導彈危機"後不得不對中國保持強硬姿態，以免對競選有不利影響。

克林頓精通政治，勝他人一籌。1996 年 5 月，他出人意料地宣佈，全面接觸是促進中國發展，不是"遏制"中國。同時，他直率地承認：他在過去處理對華關係上有失誤。這使攻擊他的人無話可說。國會中親華，反華，中間派都認為克林頓在自己一邊，極力爭取與拉攏他。頓時，克林頓在對華政策上變被動為主動，將一片討伐批判的噪音變為擁護讚美的歌聲。6 月，克林頓積極推動國會，順利延長了中國的最惠國地位。7 月，他派遣總統國家安全顧問萊克訪問北京。這是 1989 年天安門事件以來第一位到中國訪問的總統國家安全顧問。在 9 月到 11 月的競選中，克林頓對華政策沒有成為對手攻擊的目標，美中關係沒有像以往那樣成為兩黨鬥爭的前沿陣地。克林頓競選獲勝，連任總統。1996 年 11 月，克林頓獲勝不久，克裏斯托弗訪問中國，為美中首腦在菲律賓首都馬尼拉的會晤做好準備。11 月 24 日，克林頓總統在馬尼拉會晤江澤民主席，並邀請江澤民訪美。

---

[20] Dennis Van Vranken Hickey, "The Taiwan Strait Crisis of 1996: Implications for U.S. Security Policy," in Suisheng Zhao, ed., Across the Taiwan Strait: Mainland China, Taiwan, and the 1995-1996 Crisis (New York: Routledge, 1999), pp. 282-283.

1997 年 10 月，江澤民主席對美國進行訪問，為進一步發展中美兩國"建設性的戰略夥伴關係"奠定了基礎。

克林頓在第二屆總統任職間，進一步認識到美中關係的重要性，特別是經貿關係的重要性。1998 年 6 月，克林頓對中國進行回訪。他向美國人民表明，發展美中關係需要兩國首腦的直接會晤。美中首腦會晤證實，兩國友誼是建立在根本利益基礎上的。克林頓政府在第二屆任職其間，終於提出一個對華戰略夥伴關係，並據此設計出對華政策構架。但是，克林頓沒有，或沒有來得及，為此政策打下政治基礎，提出一套執行政策的方法，並為此大造輿論。克林頓內閣沒有做國會工作，解釋這一關係，建立政治根基。各政府部門也沒有協調運作，具體研究執行辦法。媒體與公眾輿論沒有思想準備，沒有共識，不願勉強接受克林頓政府的新政策概念。"戰略夥伴關係"幾乎被架空，缺乏廣泛的實際意義，無法解決很多具體問題。

在 1999 年，美中關係又從高峰跌到低谷，困難重重，一蹶不振。4 月份，朱鎔基總理訪問美國，未能就中國加入 WTO 而與美國達成協定，使北京大失所望。5 月，美國與北約部隊的導彈炸毀了中國在南斯拉夫首都貝爾格萊德的大使館，多名中國外交官與新聞記者傷亡。中國掀起一股強大的反美浪潮。5 月下旬，美國國會公佈"考克斯報告"，攻擊中國在過去四十多年來一直設法竊取美國核武器的設計與製造的秘密，用以發展自己的核武器。

同年夏天，臺灣領導人李登輝公開宣佈臺灣與中國之間是一種"特殊國與國的關係"。他用"兩國論"來推行臺灣的"金錢外交"、"南下政策"等。之後不久，美國又公開攻擊中國的人權問題。國會開始調查"政治獻金"案，認為中國政府和軍方對克林頓的民主黨進行非法的政治捐款。參議員漢密爾頓認為，1999 年對美中關係來說，是多災多難的一年。由於克林頓沒有及時推出一整套切實可行的政策來履行 "戰略夥伴關係"，使克林頓政府在具體問題面前顯得束手無策。同時，克林頓對美中關係常常採取自由主義的態度，忽左忽右，不僅中國政府對其政策走向捉摸不定，而且美國公眾也常常摸不著頭腦。

在 2000 年 2、3 月間，臺灣第二次總統大選即將來臨，台海危機又起。先是中國軍隊進行大規模演習，然後又有朱鎔基總理對臺灣選民的警告。出乎北京預料，國民黨敗陣，民進黨獲勝。在陳水扁 5 月份就職演說，明確表示 "五不" 以後，台海緊張局勢才逐漸緩和下來。[21]

在 2000 年的美國總統競選中，民主黨總統候選人戈爾強調中國市場的重要性。他要延續民主黨執政八年的政績，以 "繁榮" 為訴求。為確保繁榮必須維持和平。因此，民主黨的亞洲與全球政策是維持現狀，保持和平。其手段是 "交往先行"：在問題演變成危機以前，事先消彌於無形。戈爾主張對中國加強 "前進式" 的積極戰略交往。這與克林頓政府在 1998 年以來對中國進行的交往戰略和預防外交是一致的。小布希在競選中批評民主黨政府對於北京的反應過於敏感，對於將中國置於美國的亞洲政策中心提出疑問。他更明言：北京是美國在亞洲的主要挑戰，是美國的戰略競爭對手而不是戰略夥伴。布希的競選政綱標榜 "有原則的領導"，主張兼顧權力現實與道德理想，強調 "義" 重於 "利"，強調民主自由是美國的首要利益與領導力量的源泉。布希的政策基點與戈爾注重經濟利益的對華政策有所不同。

通過以上對二十世紀後半期美國政府對臺灣政策的歷史分析，我們可以說，美國對台政策的不穩定性，是由於歷史原因

---

[21] 作者於 2000 年 3 月 12 日至 22 日應邀到臺灣觀摩 2000 年總統大選。這是根據當時觀摩的情況和以後看到的資料整理而成。

所造成的。過去五十年的情況如此，今後一個很長時期內，還將會是這樣一種曲線發展。

美國國內高度政治化（或政黨化）的對外政策的制定，以及兩黨的勢均力敵，使其對台政策很難擺脫"鐘擺狀態"。美國經濟的高度國際化和全球性的發展方向，美國社會化的大眾傳播和多元化的民主意識，決定其對台政策與對華政策不可能單方向地平穩發展。

美國的全球外交在冷戰之後與世紀之交，變得保守與被動，操作空間與改變因素都很有限。幾屆總統的外交政策制定幾乎都是被動的，只是根據國際形勢的變化而變化。從表面上看，美國政府的應急對策，危機外交，軍事介入等完全是就事論事，一個事件一個對策。但是，從十年來的歷史上看，它也有一些核心的內容，如保持美國在世界上的領導地位，保護美國的商業利益，發揮美國在國際事務中的影響等。

由於國際形勢的諸多變化，美國冷戰後的外交政策制定有很多的調整與改變。例如，蘇聯的瓦解，東歐的巨變，亞洲金融危機等重大國際變化與歷史事件，為美國總統的決策與調整提供了不少新的操作空間。他們可以擺脫傳統外交模式，減少政黨政治的制約，以新形勢下解決新問題為藉口，在絕大多數美國人還不瞭解這些變化之前，採取主動，調整與改變外交政策。但是，小布希政府繼續推行保守的對外政策，對台和對華政策的制定上仍然沿用舊的框架。[22]

當前，小布希政府內部在臺灣問題上有幾種不同的看法。有人強調人權，布希本人更重視戰略；有人講美國的價值理念，有人注重市場與貿易；有人說"中國威脅"並強調臺灣問題，

---

[22] 李小兵：〈布希政府繼承的外交遺產〉，郝雨凡與張燕冬主編：《限制性接觸：布希政府對華政策走向》（北京：新華出版社，2001），28-64 頁。

有人要求與中國交往，主張由中國人自己來解決臺灣問題。從以上幾個方面的分析來看，布希政府對台政策和對華政策制定的基調將是保守的，被動的。無論美國誰當總統，其底線始終是：觀望與等待為基礎，平衡與談判為手段，保持亞太地區穩定與發展經貿利益為目的，以維護美國在世界上的領導地位為原則。

　　無庸置疑，臺灣問題是中美關係中最重要的的問題。中美關係的重要性超過了當今世界上任何的雙邊國際關係。中美台關係的走向，會給世界的和平與穩定帶來重大的影響。在中美台關係進入一個"山窮水盡"的歷史關頭，我們一定能爭取到有利於兩岸及三方合作的"柳暗花明"的新前途。

第三部分

媒體與政治

全球化趨勢下的臺灣傳媒

洪　浚　浩

美國布法羅紐約州立大學傳播系

　　全球化趨勢自七、八十年代以來首先在經濟領域中開始出現，隨後逐漸擴展到政治和文化領域（Beyer，1994）。在關於全球化的理論中，Wallerstein的理論（1974）主要分析的是世界經濟結構，而Meyer的理論（1980）則把重點放在世界的政治結構上，特別是由各國組成的全球政治系統。Robertson與Chirico的理論（1985）側重於全球化和現代化的關係，強調在以現代化為目標的全球化過程中廣義上的文化所扮演的重要角色。隨著近年來對全球化理論的深入探討，有些理論家，如Luhmann（1990），則更明確地提出了全球化與傳播之間的緊密聯繫，指出隨著高新技術的革命性發展以及由此產生的世界性政治、經濟結構的不斷改變，傳播體系的發展演變將在很大程度上影響整個世界體系的特徵。

　　九十年代以來，各國的傳播學家們對傳播與全球化的關係作了大量研究，從不同角度探討了這個題目（Gerbner, Mowlana and Nordenstreng, 1993；Frederick, 1993；Hamelink, 1997；Downing, 1996；Sinclair, Jacka and Cunningham, 1996；McAnany and Wilkinson, 1996；Mohammadi, 1997；Mowlana, 1997）。研究表明，傳媒的全球化趨勢不但使一些國家的傳媒在許多方面發生了深刻的變化，而且成了推動、促進及深化全球範圍的經濟和政治結構重新組合的催化劑。在全球化這一總趨勢下，傳媒的全球化趨勢主要體現在三個方面：一是傳媒的開放度與自由度的大大增加，即傳媒政策的放鬆、傳媒機構的商業化、私有化等；二是傳媒主要功能與目的的轉變，如從為執政黨的政治和意識形態宣傳服務變成為社會輿論監督和公眾服務；第三，隨著全球性消費市場的形成（包括傳媒消費）以及跨國性或全球性傳媒及文化產品製造業的形成（Robertson，1990；Hamelink，1997），出現了一個全球性的傳媒體系，各國的傳媒系統開始陸續融入這一全球性的傳媒體系。對一些在權威主義模式下的社會來說，全球化還有另外兩方面的影響：一是對威權主義模式下的資訊壟斷體制帶來了巨大的挑戰，二是使過去很多執政者用以維護統治地位的神秘化的東西不再神秘（Lee，1999）。許多傳播學者指出，傳播（communication）的全球化目前主要是通過傳媒（media）全球化體現出來的，而傳播的全球化推動了總的全球化趨勢；傳播的全球化既是全球性政治經濟結構大改變的一個結果，又是推進全球政治經濟結構進一步大變動的動力。

　　八十年代中期以來，在全球化趨勢的影響下，亞洲也出現了一系列經濟和政治結構的大調整。特別是在東亞的一些國家和地區，市場經濟逐漸居於主導地位，出現了中產階級群，實行了以自由民主為目標的政治改革。在這一系列的變化中，這些國家和地區的傳播和傳媒也發生了重要變化。政治與經濟結構的大調整觸動或迫使各國的領導層重新認真審視他們對傳播與傳媒長期所採取的權威主義政策。這樣的變化也同樣發生在臺灣。

　　隨著全球化趨勢強有力的擴展，這些年來臺灣傳媒經歷了深刻的演變，不但呈現出許多國家的傳媒在全球化過程中所表現出來的共同變化趨勢，而且還顯示出不少自己的特點。特別是進入九十年代後，臺灣傳媒在開放與自由化方面的步伐大大快於大部份亞洲國家和地區。

一、八十年代末之前封閉與集權控制下的臺灣傳媒

　　從 1949 年國民黨撤離大陸到達臺灣至今的五十多年裏，臺灣傳媒的演變深深地體現了臺灣政治形勢和政治體制演變的烙印。從五十年代至七十年代，在所謂的“國家安全”需要之下，傳媒的主要任務是配合政府“預防”和“抵制”各種可能的

"威脅"。七十年代後期起，經濟發展才逐漸成為臺灣的首要目標，傳媒的主要功能也因此改變。政治限制也隨之逐漸放鬆，傳媒開始成為一個為經濟發展服務的產業（Taiwan's Media in the Democratic Era, 1999）。

根據 Rubin（1993）的研究，世界各國對傳媒的控制共有五種方式：一是通過對傳媒的壟斷實行直接控制；二是給傳媒機構發放開業執照令其"自我審查"而達到控制的目的；三是借發佈所謂"國家安全條例"或"緊急令"等手段實施管制；四是對傳媒施加各方面的壓力以收控制之效；五是對傳媒或傳媒界人士用暴力實行管制。在八十年代末之前的幾十年中，在自稱是開放的臺灣社會裏，其實上述五種對傳媒的控制方式同時存在。其原因是，臺灣的執政黨國民黨的基本結構是建立在權威主義模式之上的，其對文化、教育、傳媒的控制與影響皆以維護執政黨之地位為宗旨（Cheng, T., 1989）。從 1949 到 1987 年，臺灣一直處在"緊急狀態"之中，集會、結社、組黨及言論、出版自由均被取消；正如 Rampal（1994）所指出的，儘管中華民國的憲法上有言論自由、新聞自由等條文，但僅僅是一紙空文而未付諸實踐。那時，臺灣的傳媒主要是執政黨和政府鞏固權力的工具，而主要不是服務於社會發展和公民對話的媒介；所謂的言論、出版、新聞自由等首先需服從執政黨的政治需要。同時，執政黨利用其掌握的黨、政、軍權力進一步使傳媒在政治上就範到位（Berman，1992）。臺灣作為一個權威主義與精英主義相結合的社會，傳媒在非政治領域內享有很高的自由度，但一旦有任何不利於統治者權力地位的行為就會受到無情的鎮壓（Lee，1999）。

臺灣對傳媒體系實行權威主義模式控制的一個後果是，儘管經濟發展需要傳媒發揮更活躍的作用，但政治上的控制卻造成了傳媒發展的嚴重落後與不足。從 1949 年至 1988 年的 40 年間，臺灣的經濟增長了許多倍，但報紙的種類數量卻長期停滯未增。到 1988 年時全臺灣總共才有 31 家報紙，且受當局規定的限制，每家報紙每天的版面不得多於 12 頁。而且，文化與傳媒機構多附屬於執政黨、政府或軍方，其中三分之一由執政黨、政府或軍方直接擁有，官方報紙的發行量占全臺灣報紙發行量的 80％以上。這樣，私營的商業性傳媒根本無法與官方的傳媒競爭。

二、八十年代以來臺灣傳媒的主要變化

除少數幾個西方國家外，多數國家最初都抵制傳媒的全球化趨勢，臺灣也不例外。當八十年代初全球化趨勢開始向世界各地波及時，臺灣的一些傳媒也紛紛要求政府實行開放政策，但這些要求、努力和嘗試都遭到了當局的嚴厲壓制（Tien, 1988）。傳媒要求開放的努力和政府反對開放的企圖導致了雙方的鬥爭和摩擦。從 1980 年至 1986 年，政府對傳媒"自由化傾向"採取的各項行動次數增加了近 20 倍，沒收和禁止出版物的行動次數增加了近 30 倍（見表 1）。

表 1　臺灣傳媒開放前新聞審查情況

年　　份	1980	1981	1982	1983	1984	19985	1986
政府對傳媒採取行動的次數	16	19	27	33	211	275	302
出版物被沒收或禁止的次數	9	13	23	26	176	260	295

資料來源：International Committee for Human Rights in Taiwan Communique，1987.

　　然而，正如在世界許多國家包括亞洲國家那樣，全球化趨勢的影響是不可阻擋的，它或遲或早會波及到每一個國家和地區。不論是否情願，各國政府都得直面這個趨勢所帶來的影響和連鎖性反應。全球化的強大趨勢最終使得臺灣的傳媒開始朝著自由和開放的方向變化，這個變化以政府 1987 年開始的政治改革為標誌和起點。那時，政府實行了允許成立反對黨、開放報禁等一系列政治改革，大大減少了對傳媒的“自由化傾向”的鎮壓措施，從而改變了傳媒的總體環境。此後，政府又宣佈解除了“戒嚴令”，並於 1991 年進一步取消了“臨時條款”，使得傳媒獲得了前所未有的自由發展的政治和社會空間，由此向開放、自由、與全球傳媒體系融為一體的方向大步邁進。

　　總體來說，自八十年代末開放以來臺灣傳媒主要經歷了三大變化。首先是傳媒的快速發展。概括地說，臺灣的傳媒業已從硬體技術原始、組織機構簡單、資金與人力單薄，發展到了硬體技術先進、組織機構完備、資金與人力雄厚（Lee，1999）。特別是在硬體方面，八十年代後期至九十年代後期是臺灣傳媒在硬體上極其快速發展的十多年。從 1988 年至 1999 年，臺灣的報紙數量增長了十倍，從 1988 年的總共 31 份到 1999 年的 360 份。雜誌則從 1988 年的總共 3,400 份增長到了 1999 年的 5,700 份。至 1999 年，彩電普及率達到了 99.47%，VCR 達到了 57.07%，報紙達到了 52.07%，電腦達到了 28.39%。自 1988 年 1 月政府允許辦新報紙以來，報紙的每日發行總量也從 1987 年的 390 萬份增長到 1994 年的 600 萬份；同時，隨著政府取消了對報紙版面數的限制，許多報紙的版面數由原來的 12 頁增加到 50 頁以上，向社會提供的信息量大大增加了。傳媒的發展不僅表現為報紙和雜誌的數量大大增加了，更重要的是，一大批政治上獨立的或持自由傾向的傳媒也相繼問世，這些傳媒逐漸成為臺灣傳媒體系中一個不可輕視的重要組成部份（Li，1995;

Statistical Data Roc on Taiwan，1999）。

各國歷來對電子傳媒控制最嚴，所以，電子傳媒的開放和發展具有比印刷傳媒擴張更為深遠的意義。在最近的十多年中，在臺灣的印刷傳媒大發展的同時，電子傳媒也經歷了長足的發展。臺灣電子傳媒的開放首先從廣播開始，1993 年政府取消了實行多年的禁辦新電臺的規定，又將 28 個原先由軍方控制的 FM 廣播頻道向社會開放、由申請開辦新電臺者投標取得廣播頻道。這樣，電臺廣播公司 1993 年時總共為 33 家，至 1999 年已發展到 80 家，其中只有 10 家是由政府或軍方擁有的，其餘的全是私營電臺（Li, 1995; Statistical Data Roc on Taiwan，1999）。

電視業的發展更反映出臺灣開放傳媒的步子。1993 年，多年來一直被列為 "非法存在" 的有線電視被合法化了；禁辦新電視臺的法規也被取消了。隨後，全島範圍的電視網由原來的三個增加到五個，電視則由三大電視網發展到五大電視網，增添了公共電視網（公視）及福摩莎電視網（民視）。其中特別引人注目的，是 1997 年六月代表當時在野的反對黨民進黨立場的臺灣第四個電視網——福摩莎電視臺的誕生與開播。這家電視臺的成立與播出是臺灣傳媒在全球化趨勢影響下走向開放與自由的一個最為重要的象徵，是臺灣電視或臺灣傳媒發展史上的一個突破點。與此同時，經過十八年的延緩，公共電視網也終於在 1998 年七月一日開播；這是第一個非官方背景的、以公眾利益為第一位的、以非盈利為目標的、由民間擁有的電視網 。它不僅從此打破了由三大官方色彩的電視網獨佔臺灣電視業、三分臺灣視市場的局面，更是臺灣政治開放、社會向民主化轉型的一個產物，又是臺灣走向多元政治、從權威主義走向自由主義的標誌之一。到 1998 年，臺灣已有 140 多個有線電視系統，播出 70 至 100 個頻道，形成了高度發達的有線電視網，電視在人口中的穿透率從 1991 年的 18%增長到 1998 年的 99.47%，這一增速成為亞洲國家和地區之冠（Yu, 1995; Taiwan's Media in the Democratic Era，1999）。

臺灣傳媒的發展不僅為臺灣傳媒與世界傳媒體系融為一體創造了條件，而且為推動民主化進程提供了必要的物質和結構條件。臺灣傳媒自開放以來出現的第二個變化就是，傳媒在政治傾向上的日益多元化和獨立性，由此不但形成了不同於執政黨和政府的聲音以及社會性監督和批評機制，而且創立出一種新的政治文化環境。在西方的民主國家，傳媒一般儘量避免帶有任何政治黨派傾向。但對臺灣這個走向民主化的社會來說，從過去只有執政黨才能擁有報紙、電臺、電視臺，到今天有代表多種政治聲音的傳媒之出現（代表與反映著各種政黨傾向），是一個重大的進步（Ang, 1990）。

進入二十一世紀以來，臺灣的傳媒進一步向獨立和自主的方向邁進。2003 年臺灣的執政黨與在野黨一致同意制定新的法律，以結束多年來各種政治勢力、政黨或政治領導人對臺灣大眾傳媒的控制，以使傳媒能夠在監督政府工作和實踐社會的民主運作方面更好地發揮效用。臺灣執政黨在 2003 年二月提出建議，要求政府、軍隊以及各政黨都撤出在廣播電視業的運作，特別是在壟斷臺灣電視業的三大電視網中的運作，目的是要使傳媒真正能夠在沒有政治勢力的影響下進行運作（DDP Proposes Measures for Media Reform，2003）。在新制定的法律下，各政治黨派將被禁止投資廣播一類的電子傳媒業，各級議員和政府官員也不能在任何臺灣媒體單位擔任董事長、監事和經理之類的職務。同時，政府機構必須出售現在擁有的上市媒體公司的所有股份 。新的法律更明確禁止臺灣的政治領導人對傳媒的管理和運作施加影響或干涉。這雖然並不是說所有擔任政府公職的人都不可在傳媒業兼職，但新法律草案明令臺灣的

"總統"、"副總統"以及行政院、立法院與考試院的"院長"、"副院長"一律不得干預傳媒的日常事務。新法的目的是為了使臺灣的傳媒真正成為民眾的喉舌，在不受黨派政治的影響下自由地反映和表達公眾的意見和想法，從而真正成為一個獨立、自由、而又負責任的傳媒（Depoliticizing the Media in Taiwan，2003）。

臺灣的這一新舉措顯示了臺灣傳媒在走向獨立和自主的路上又向前跨出了一大步。比如，長期以來臺灣的電視業一直是由三大電視網壟斷著。這三大電視網實質上都有強大的官方勢力作後臺。一個是成立於 1962 年的臺灣電視公司（台視），其背景是臺灣"省政府"；一個是成立於 1969 年的中國電視公司（中視），其背景是國民黨；另一個是成立於 1971 年的中華電視公司（華視），其背景是臺灣軍方。目前，臺灣"省政府"仍擁有台視的百分之四十九股份，國民黨擁有中視的百分之六十八股份，臺灣軍方則擁有華視的百分之七十六股份。這三者都是三大電視網的大的股東，具有說一不二的地位（Lee，1999）。臺灣的傳媒業過去以來一直被多年執政的國民黨壟斷。至今，仍有六十多名政府、議會或軍隊的高級官員擔任著臺灣電子傳媒機構的董事長、監事或經理（DDP Proposes Measures for Media Reform，2003）。因而，儘管臺灣憲法的十一款保證言論自由和新聞自由，但由來已久的媒體的經濟結構卻使媒體嚴重地受著政治勢力、政黨和政治領導人的種種干預和影響（Taiwan's Media in the Democratic Era，1999）。現在的傳媒"自由"則是指不受執政者的直接、明顯的審查而已，而並沒有真正擺脫政治勢力直接或間接、公開或隱蔽的干預和影響。臺灣的民眾早就強烈要求儘快結束臺灣各種政治勢力或政治領導人對大眾傳媒的控制。臺灣的新聞工作者要求，"讓新聞回到新聞工作者的手中"。許多學者則提倡讓"國有化"的電子傳媒業變為"私有化"，因為只有這樣才能使媒體真正成為一個專業機構而不再是一個政治工具（Time Ripe for media Reform，2000）。臺灣傳媒這一兩年來的"非政治化"雖然可以說只是臺灣社會整個民主化進程中的一小步，但卻是臺灣傳媒發展史上新的一頁。

正是因為在臺灣逐漸產生了這樣開放、自由、不受壓制的大環境，言論自由、出版自由和新聞自由才能從一紙空文變成現實。正如 Heuvel 和 Dennis（1993）所分析的那樣，臺灣傳媒的政治多元化、編輯自主化不但使傳媒的報導更加平衡與公正，而且使得整個社會有了一個嶄新的面貌，展現出民主、多元、自由、開放的蓬勃氣象。因此，如果說臺灣自八十年代後期起的變化體現了臺灣社會從"強硬的權威主義"（hard authoritarianism）逐漸轉變到了"柔軟的權威主義"（soft authoritarianism），那麼臺灣自九十年代後期起的變化則體現了臺灣社會的又一個轉型期，即逐漸脫離權威主義而走向自由主義（liberatarism）（Winkler，1984；Gold，1986）。實際上，在全球化趨勢的衝擊下，對任何政府來說，最棘手的問題是到底給傳媒多少"自由"，特別是政治上的自由。因為，"傳媒自由"會帶來一連串的社會連鎖反應，導致一系列對其他方面的自由的社會要求。因此，是否允許新聞自由就常被視為檢測一個社會是否真正實現了民主的首要標準。臺灣在這方面的變化被民主國家認為是一個"重大的社會進步"（Legislature Revises Article 100, 1992）。

臺灣傳媒自開放以來出現的第三個變化是，傳媒體系正日益與全球傳媒體系融為一體。一方面，臺灣傳媒的開放使得世界各國的傳媒產品（包括長期被禁的中國大陸傳媒產品）可以更方便地進入臺灣市場；另一方面，開放也使得臺灣的傳媒界有更多的機會將自己的產品出口到世界各地，成為世界傳媒產品市場上不可或缺的積極的一員。從近年來臺灣迅速增長的電視節目出口上即可明顯地看到這一點。自九十年代以來，臺灣的三大電視公司（中華電視公司、中國電視公司和臺灣電視公司）以分佈在世界各地的三千萬華人、華裔為主要物件，大幅度地增加了電視節目的出口量。從 1990 年到 1995 年，臺灣電視節目的出口量增長了 191%，如此迅速的增長率在世界傳媒界是少有的。這一變化不僅使臺灣成為亞洲地區繼日本、香港、印度之後的又一傳媒產品主要出口者，而且使臺灣的傳媒產品在世界傳媒產品市場上有了一席之地，影響也與日俱增（見表 2）（Yeung, 1990）。

表 2　臺灣三大電視公司節目出口情況

年份	1990-1991	1992-1993	1994-1995
出口節目量（小時）	9,790	14,727	19,535

資料來源：根據中華電視公司、中國電視公司和臺灣電視公司的有關資料以及《臺灣電視年鑒（1996-1997）》的相關資料綜合整理。

三、臺灣傳媒走向開放的內部因素

八十年代以來全球範圍內出現了一股強大的自由民主浪潮，但在許多原來比較封閉的國家和地區，這種外部的影響仍然只能起到誘發、催化和促進的作用。走向自由和民主的進程主要還是靠內部動力。臺灣傳媒的開放過程即是如此。臺灣傳媒的開放與傳播技術的飛速發展無疑有著緊密的聯繫，不過，雖然新技術的出現對傳統的傳媒體制構成了巨大的挑戰，但先進技術本身並不會自然而然地推動社會制度和傳媒體制的進步。臺灣傳媒走向開放的根本原因還是其經濟與社會的變遷和政治發展所產生的政治、經濟動力及需求。

在政治方面，首先是執政者需要通過政治開放（其中的重要內容就是傳媒開放）來樹立自己開明、民主的新形像，以便在與反對黨的政治較量中保住其執政地位。當臺灣經濟的快速發展與它的封閉型政治凸顯出日益嚴重的脫節時，執政黨在與反對黨的政治鬥爭中處於極為不利的地位，既受到反對黨的尖銳抨擊，又受到社會公眾的批評指責。執政者若仍然繼續以往的那種權威主義模式統治，就很難在臺灣內部和國際上生存。因此，出於維護執政黨地位的需要和考量，自八十年代末起臺灣的執政者不得不實行了一系列的政治改革。儘管這些政治改革的主要目的只是為了給執政者塑造一個新的政治形像，但政治上的開放不可避免地"勾動了傳媒開放這支槍的扳機"（Lo, 1992）。

其次，在國際政治層面，臺灣的執政者為了與中國大陸在國際上爭奪政治和道義上的支援，也力圖改變自己以往的威權政體形像，從而向國際社會顯示，臺灣不但在經濟上優於中國大陸，在政治上也大大優於中國大陸的共產主義政體。雖然臺灣與大陸在國際政治舞臺上的爭奪戰從未休止，但自中國大陸進入聯合國後，西方國家紛紛承認中共政府，臺灣在國際舞臺上與中共政府的政治爭奪戰也愈演愈烈。特別是從八十年中期到九十年代，隨著臺灣經濟的起飛，臺灣經濟力量的增強，臺灣在全球經濟中的地位提高了，因此也更希望能在國際上的政治爭奪戰中取得進展。而通過政治開放、向世界展現臺灣的民主社會形像，是贏得國際社會——特別是西方國家——政治、意識形態和道義上對臺灣支援的重要步驟（Metzger and Myers, 1990）。

臺灣傳媒走向開放的另一個動力源於強烈的經濟動機。快速發展的經濟迫切需要有一個開放的、在世界傳媒產品市場上有競爭力的傳媒業來擴大臺灣的海外市場。正如 Karthigesu

（1984）所言，傳媒開放的動力有時是源於政府的考慮，有時是來自私營傳媒機構的強大壓力。在臺灣這樣一個市場經濟體制、權威主義政治結構社會中，傳媒必須承擔雙重功能，一是維護統治者的政治合法性，二是追求經濟利潤（Lee，1999）。又如 Chan 與 Ma（1996）所分析的，儘管執政黨和政府常常把政治和意識形態功能當做傳媒的第一要務，但傳媒本身卻總是把追逐利潤作為其首要任務，在自由經濟體制的社會環境中尤為如此，因為在市場競爭中傳媒必然要靠其利潤生存。

　　傳媒業通常是先進入毗鄰地區的市場，再進入全球性的國際市場。1995 年臺灣提出了成為亞太地區傳媒和文化產品製作中心的目標，以逐步取代香港，並進入世界市場；其傳媒產品的主要出口物件是東亞的一些國家和地區，其次是北美的華人、華裔市場。這既有政治上也有經濟上的意圖。臺灣的傳媒產品出口最先始於電影業，隨後擴大到傳媒和文化的其他行業，電視則是臺灣傳媒向亞洲擴展最快的一個行業（Tsang and Wang, 1990）。九十年代以來，隨著傳媒的開放，臺灣電視節目的出口漸入佳境，從 1990 年至 1995 年三大電視公司的出口值增長了 385%，其盈利也不斷增長（見表 3）。從表 4 可以看出，五年內進口臺灣電視劇的亞洲國家和地區由七個增加到十個，進口的電視劇數量也大幅度增長。過去多年來香港的傳媒產品一直佔據臺灣市場，而臺灣的傳媒產品卻無法進入香港市場；但在 1990 到 1995 年間臺灣出口到香港的電視劇數量增加了五倍多，臺灣傳媒產品已成為香港市場上的重要一員，而香港傳媒以往的優勢地位則不復存在。由於中國大陸和新加坡仍然嚴格控制傳媒，所以臺灣對這兩地的電視節目出口量還不夠大，但正如 Nguyen（1994）所述，“臺灣的傳媒業早就瞄準著具有十二億人口的海峽對岸的那個市場，只等著大陸當局最後解除開放的禁令了。”

表 3　臺灣三大電視公司節目出口值及增長率

年份	1990	1991	1992	1993	1994	1995
出口價值	4,833	5,240	6,310	10,250	14,867	18,600
增長率（%）	---	7.7	16.9	38.4	31.0	20.1

資料來源：根據中華電視公司、中國電視公司和臺灣電視公司的資料以及《臺灣電
　　　　　視年鑒（1996--1997）》的資料綜合整理。

表 4　臺灣三大電視公司向亞洲國家和地區出口電視劇的增長情況

出口國家和地區	1990-1991 出口電視劇（小時）	1994-1995 出口電視劇（小時）
馬來西亞	1,729	2,253
菲律賓	582	1,046
中國大陸	537	735
新加坡	529	826
香港	301	1,734
韓國	55	361
越南	30	241
泰國	0	1,176
印尼	0	52
日本	0	50

資料來源：根據中華電視公司、中國電視公司和臺灣電視公司的資料以及《臺灣電
　　　　　視年鑒（1996--1997）》的資料綜合整理。

三、臺灣傳媒開放的意義及面臨的問題

在傳媒全球化大趨勢的影響下，傳媒的開放促進了傳媒的發展，而傳媒的發展則大大推動了文化交流和經濟發展；在那些實行封閉的威權政治體制的社會中，傳媒的開放則可能轉換傳媒的功能，進而推動政治民主化和社會多元化。

臺灣傳媒開放的重大和深遠意義在於，執政的與在野的政治黨派都已經認識到在一個真正的民主社會，傳媒承擔著監督政府工作的一個極為重要的角色，而任何政治勢力、政黨或政治領導人對傳媒運作的干涉都將明顯或不明顯、即刻或潛在地影響民主社會的運作機制（DDP Proposes Measures for Media Reform，2003）。傳媒不應再是執政黨和政府的政治及意識形態工具，而應成為向公眾提供資訊、反映公眾的需求、呼聲和見解、為公眾的政治參與提供機會、對執政黨和政府實施社會監督的一項必不可少的社會公器，從而在臺灣向民主社會演變的歷史進程中發揮舉足輕重的作用。用傳播學的理論來解釋，即今日臺灣的傳媒已基本上由執政者的意識形態工具轉變成了民主社會中的"第四階層"（Fourth Estate）。臺灣的傳媒已開始扮演"社會的議程設定者"（the society's agenda-setter）、"公眾注意力的製造者"（the public's attention-maker）和"重要事件的決定者"（the important-issue-decider）這樣的社會角色。政府和各政黨制定政策時必須慎重地考慮到傳媒的這些作用。

應當指出的是，臺灣傳媒在朝建立一個真正具有公正的傳播秩序的目標方面還有許多的問題有待解決，並面臨著一些嚴重的挑戰。首先是臺灣傳媒在過去十多年中的超速發展使得臺灣的傳媒市場已經過度飽和擁擠，因而造成超出必要的競爭與拼搶，其結果是為了爭奪市場往往不擇手段以至違反專業道德

甚至法律。媒體內容過份強調或甚至依賴性、暴力或各類醜聞，無限止的低水平上的重覆，以及形形色色低級無聊的情景劇和脫口秀，甚至無中生有的假新聞也常常出現，使公眾傳媒關心聳人聽聞的東西勝過關於對真理的追尋，因此，傳媒產生越來越大的 "信譽危機" （Taiwan's Media in the Democratic Era，1999）。事實上，僅僅依靠單純的市場競爭，是不可能保證產生一個健康、健全、高質量的傳媒業的，因為單純的市場競爭只能導致市場競爭力較量下的 "優勝劣汰"，而這種市場競爭力的 "優" 與 "劣" 未必一定等於質量方面的 "優" 與 "劣"。特別是在當今全球化的趨勢下，由於跨國公司或母公司的巨大財力支援，有些競爭力強的媒體在市場競爭中取勝主要靠的不是自身的質量，而是背後支撐者的經濟實力。其次，臺灣傳媒體制尚未真正、完全地轉變為成熟的自由經營體制，在許多方面還有待改進和完善。一方面，傳媒至今仍受執政當局的"管理"，雖然執政黨對傳媒的直接控制已不多見，但它對傳媒的政治影響之陰影還時隱時現，只是施加影響的方式和程度與過去不同而已，公開、明顯、壓制性的控制已大多讓位於隱蔽、微妙、間接的壓力。另一方面，儘管制定新法律的事已提上議事日程，但官營、黨營的傳媒能否真正做到完全獨立經營，在很大程度上還是取決於執政當局的誠意。根據 Lo、Cheng 與 Lee （1994）的說法，臺灣的電視體系至今仍是個"官辦的商業體"而已，還是受到當局的控制。這樣的局面顯然使得臺灣的傳媒難以真正演好在民主社會中所應扮演的角色。

同時，傳媒業熱衷於興辦媒體或擴大業務規模，而忽視了專業水準的提高和改善，在強調媒體的自由發展時，常有對社會不負責任的做法。這不但使得傳媒與公眾的關係受到損害，也使傳媒本身在民主化過程中的角色和作用大打折扣，在社會變革過程中有時甚至發揮消極的作用。因此，臺灣社會上近年來對傳媒批評不絕，指責傳媒界缺乏一套成熟的傳媒體制所應具備的專業標準和職業規範；還有些批評指出，臺灣社會這些年的“亂象叢生”與傳媒的“不負責任”不無關係，可謂“成也蕭何，敗也蕭何”。

正如在許多社會發生的情形那樣，傳媒的全球化是一把雙刃劍，在促進社會政治進步的同時也會帶來一系列新的問題和挑戰。首先，傳播技術的日新月異加速了傳媒界壟斷的形成（Lewis and Slade, 1994），因為只有財力雄厚的大公司才能不斷地投入鉅資、採用新技術來增強競爭力。走向開放的臺灣傳媒也遇到了同樣的問題，其標誌就是大公司吞併小公司、跨國公司吃掉本國公司。九十年代初全臺灣有數百個有線電視公司，而到了九十年代末，大部份有線電視公司都落入少數幾個財團的手中。在印刷傳媒業，不少新辦的報紙迫於市場競爭的壓力而紛紛加盟少數幾個大傳媒公司，成為它們旗下的報紙（Chen, 1998）。這一趨勢的嚴重後果是，傳媒的多元化受到了限制，對政府的社會監督作用大為減弱、甚至消失（Lent, 1989）。這樣，從政治壟斷下解放出來的傳媒自由又有可能被經濟壟斷葬送掉。

其次，傳媒開放後，各國媒體對西方國家傳媒文化產品的依靠日益加深。過份依賴進口節目的後果是，獨立而又先進的自己的傳媒產業就不易出現和成長，這是走向開放的社會普遍遇到的問題。臺灣媒體對西方國家傳媒產品的依靠在有線電視節目上表現得最明顯（Huang, 1996），因此臺灣政府在九十年代初制定了電視節目進口的有關規定，以通過設定進口限額來保護臺灣的電視業。但在實際操作中執行限額並非易事，因為這不僅取決於臺灣是否有先進而又具競爭力的傳媒業，還需要有一系列相適應社會條件，而形成這樣的社會條件則比遠建設現代化的傳媒業需要更多的時間和努力。

四、結論

　　自八十年代後期以來，傳媒的全球化趨勢推動了許多國家的政府放鬆對傳媒的控制（Vernon，1988），政府或者減少了對傳媒機構的直接擁有權，或者在政策上放寬（Callaghy 與 Wilson，1988）。傳媒開始有了更多的政治和經濟獨立，私營傳媒得到發展，市場競爭機制進入了傳媒業，各國之間文化傳媒產品的交流日益增加，公眾對資訊和文化的需求得到更好的滿足。儘管各國傳媒在全球化趨勢的推動下開放的程度不同，但在東亞國家和地區，由於政治民主化的進展顯著，傳媒開放的步伐也都比較大。不僅臺灣如此，韓國、香港、新加坡的傳媒也都逐步開放，而臺灣傳媒的開放幅度則最大。

　　臺灣傳媒的演變是全球化趨勢和臺灣內部政治、經濟因素共同作用下的結果，而起決定性作用的還是臺灣內部政治方面的進步。臺灣傳媒的開放最根本的原因是由於八十年代末起的一系列政治改革，並與自由經濟和新技術的強大推動有關。傳媒開放後，傳媒的數量、質量和能量大為改觀，而且其主要的社會功能發生轉化，並得以融入全球傳媒體系。從臺灣近年來政治發展的態勢尤其是最近的新舉措來看，今後執政黨和政府對傳媒的影響會越來越小，傳媒將會沿著自由、開放、獨立、自主的道路繼續走下去（Chang, 1999）。當然，臺灣傳媒仍然面臨著挑戰，存在不少問題。欲解決這些問題，不能夠僅僅依靠傳媒自身的力量，還有賴於社會不斷朝著民主、自由、成熟、多元的方向演變（Democracy and Press Freedom, 1999）。只有在一個具有真正獨立的司法體系、自由選舉的政治結構、操作運行良好的政府機構、並擁有一大批受過良好訓練又具備高度社會責任感的政治、知識精英的的社會中，才能真正建成一個開放、自由、獨立的傳媒體系，並使之充份發揮作用。

參考文獻

1. Ang, A. 1990. "Election Coverage Reveals Papers' Various Philosophies," in Reforms and Challenges (Taipei, Taiwan: The China Post Publishing House), pp. 40-41.
2. Berman, D. 1992. Words Like Colored Glass: The Role of the Press in Taiwan's Democratization Process. San Francisco, California: Westview Press.
3. Beyer, P. 1994. Religion and Globalization. Thousand Oaks, California: Sage Publications.
4. "The Broadcasting and Television Law". 1991. Taipei, Taiwan: The Republic of China Government Information Office.
5. "The Cable Television Law". 1993. Taipei, Taiwan: The Republic of China Government Information Office.
6. Callaghy, T. and E. Wilson. 1988. "Africa: Polity, Reality or Ritual?" in R. Vernon (ed.), The Promise of Privatization: A Challenge for U.S. Policy. New York: Council on Foreign Relations Books.
7. Chan, J. and E. Ma. 1996. "Asian Television: Global Trend and Local Processes". Gazette (58): 45-60.
8. Chang, F. 1999. "World Media Leaders Assemble in Taipei". The Free China Journal (May 21, 1999)）, p.1.
9. Chen, S. 1998. "State, Media and Democracy in Taiwan". Media, Culture & Society 20）:11-29.
10. Chen, S. 1991. "Reality Construction of the News Media: A Study of Press Coverage of Social Movement in Taiwan." Ph.D. dissertation. Taipei, Taiwan: National Chenchi University.
11. Cheng, T., 1989, "Democratizing the Quasi-Leninist Regime", World Politics 16: 471-499.
12. DDP Proposes Measures for Media Reform. 2003. Taiwan Journal, February 21, p. 1.
13. "Democracy and Press Freedom". The Free China Journal (May 21, 1999), p.6.
14. Depoliticizing the Media in Taiwan. 2003. Taiwan Journal, February 21, p. 6.

15. Directorate-General of Budget, Accounting and Statistical Yearbook of the Republic of China (1996). Taipei, Taiwan: The Republic of China Government Information Office.

16. Downing, J. 1996. Internationalizing Media Theory. Thousand Oaks, California: Sage Publications.

17. Frederick, H. 1993. Global Communication and International Relations. Belmont, California: Wadsworth.

18. Gerbner, G., H. Mowlana, and K. Nordenstreng eds. 1993. The Global Media Debate: Its Rise, Fall, and Renewal. Norwood, New Jersy: Ablex.

19. Gold，T. 1986. Taiwan Miracle. Armond, New York: Sharpe.

20. Government Information Office (GIO) Achieves (1975, 1996, 1998). Taipei, Taiwan: The Republic of China Government Information Office.

21. Hamelink, C. 1997. "International Communication: Global Market and Morality", in A. Mohammadi ed. International Communication and Globalization (Thousand Oaks, California: Sage), Pp.92-118.

22. Hamelink, C. 1994. The Politics of World Communication. Thousand Oaks, California: Sage.

23. Heuvel, J. and E. Dennis. 1993. The Unfolding Lotus: East Asia's Changing Media. New York: The Freedom Forum Media Studies Center.

24. Hong, J. and Y. Hsu. 1999. "Asian NICs' Broadcast Media in the Era of Globalization". Gazette (61): 225-242.

25. Hu, F. 1990. "Political Democratization and Constitutional Structure". Constitutional Reform (2): 11-47.

26. Huang, J., 1996, "Cable Cat's Cradle", Free China Review 46 (2): 4-15；"Media in Taiwan Develops in Step with Free Society", The Free China Journal (May 21, 1999), p.7.

27. Huntington, S. ed. 1991. The Third Wave: Democratization in the Late Twentieth Century. Norman, Oklahoma: University of Oklahoma Press.

28. International Committee for Human Rights in Taiwan Communique (29), March 28, 1987.

29. Karthigesu, R. 1994. "Broadcasting Deregulation in Developing Asian Nations: An Examination of Nascent Tendencies Using Malaysia as A Case Study". Media, Culture and Society 16 (1): 74-90.

30. Lee, C. 1999. State Control, Technology, and Cultural Concerns: The Politics of Cable Television in Taiwan. Studies of Broadcasting, No. 34, pp. 127-151.

31. Lee, C. 1993. "Sparking A Fire: The Press and the Ferment of Democratic Change in Taiwan". Journalism Monograph, 138.

32. "Legislature Revises Article 100," The Free China Journal (May 19, 1992)）, p.1.

33. Lent, J. 1989. "Mass Communication in Asia and the Pacific: Recent Trends and Developments". Media Asia 16 (1): 16-24.

34. Lewis, G. and C. Slade. 1994. "Japan, Australia and Globalization", Media Information Australia 74:31-39.

35. Li, S., 1995, "Newspapers Are Surrendered by the Fire of Criticism", Commonwealth Magazine (July): 26-28.

36. Lo, S. 1992. "Taiwan Business People, Intellectuals, and Democratization", The Pacific Review 5 (4): 382-389.

37. Lo, V., J. Cheng, and C. Lee. 1994. "Television News Is Government News in Taiwan", Asian Journal of Communication 4 (1): 99-111.

38. Luhmann, N. 1990. Essays on Self-Reference. New York: Columbia University.

39. Nguyen, M. 1994. "Business Is Beaming." Free China Review 44 (9): 54-59.

40. McAnany, E. and K. Wilkinson. eds. 1996. Mass Media and Free Trade: NAFTA and the Cultural Industries. Austin, Texas: University of Texas Press.

41. etzger, T. and R. Myers. 1990. Understanding the Taiwan Experience: A Historical Perspective. Taipei, Taiwan: Kwang Hwa Publishing Co.

42. Meyer, J. 1980. "The World Polity and Authority of the Nation State", in A. Bergesen ed., Studies of the World Modern System (New York: Academic), Pp.109-137.

43. Mohammadi, A. ed. 1997. International Communication and Globalization. Thousand Oaks, California: Sage.

44. Mowlana, H. 1997. Global Information and World Communication. Thousand Oaks, California: Sage.

45. Mowlana, H. 1996. Global Communication in Transition. Thousand Oaks, California: Sage. Republic of China Yearbook 1991-1992, 1995-1996. Taipei,

Taiwan: The Republic of China Government Information Office.

46. Rampal, K. 1994. "Post-Martial Law Media Boom in Taiwan." Gazette 53:73-91.

47. Robertson, R. 1990. "Mapping the Global Condition: Globalization as the Central Concept". Theory, Culture and Society 7 (2-3): 15-30.

48. Robertson, R. and J. Chirico. 1985. "Humanity, Globalization, and the Worldwide Religious Resurgence: A Theoretical Exploration". Sociological Analysis 46:219-242.

49. Rubin, B. 1993. "New Technologies Breach the Five Barriers of Media Control". Intermedia 21 (1): 22-28.

50. Sinclair, J., E. Jacka and S. Cunningham. eds. 1996. New Patterns in Global Television: Peripheral Vision. Oxford, UK: Oxford University Press.

51. Statistics Data ROC on Taiwan. 1999. The Free China Journal, December 24, p. 8.

52. Taiwan's Media in the Democratic Era. 1999. Taipei, Taiwan: Government Information Office.

53. Tien, H. 1989. The Great Transition: Political and Social Change in the Republic of China. Stanford, California: Hoover Institution Press.

54. Tien, H., 1988, "Social Change and Political Democratization in Taiwan", in H. Feldman, M. Kau, and I. Kim. Eds., Taiwan in a Time of Transition. New York: Paragon House.，1988.

55. Time Ripe for Media Reform. 2000. Taipei Journal, July 21, p. 2.

56. Television Yearbook of the Republic of China, 1996-1997. 1998. Taipei, Taiwan: Republic of China Television Academy of Arts and Science.

57. Tsang, K., and G. Wang, 1990, "Indigenizing Foreign Culture: A Case of Taiwan", Journalism Research 43:117-133.

58. U.S. State Department Human Rights Report(1993) (Washington: United States State Department)；The Free China Journal (Jan. 29, 1993).

59. Vernon, R. 1988. The Promise of Privatization: A challenge for U.S. Policy. New York: Council on Foreign Relations Books.

60. Wallerstein, I. 1974. The Modern World System: Capitalist Agriculture and the Origins of the European World-Economy in the Sixteenth Century. New York: Academic.

61. Wang, G, 1993, "Satellite Television and the Future of Broadcast Television in the Asia-Pacific", Media Asia 20 (3): 140-148.
62. Winkler，E. 1984. "Industrialization and Participation on Taiwan: From Hard to Soft Authoritarianism." China Quarterly, (99), pp. 481-499.
63. Yeung, I. 1990. "Program exports". Free China Review 40 (8):20-21.
64. Yu, S., 1995, "DDP-Backed Company Wins License for Fourth Television Station", The Free China Journal (June 23), p.2.

臺灣的政治廣告與選舉

張　文　瑜

臺北中國文化大學廣告學系

摘　要：

　　本章政治廣告與選舉分作以下七節來探討：一、政治廣告的起源；
二、臺灣的政治選舉概況；三、政治廣告的行銷過程；四、廣告文宣的運用
及表現，之中論及負面廣告的策略運用；五、形象塑造及效果；六、結論。
各章節中都以臺灣的選舉案例來加以實證。

一、政治廣告的起源

　　張文瑜（2002）指出，「廣告」的產生，起源於人類商業市場的交易機制。而「政治廣告」的起源更是因為政治結構和社會環境改變，加上有市場的需求等因素而產生的類別。嚴格說來，「政治廣告」的研究從政治傳播而來，兩者關係重疊而且密切。在 40 年代，便有學者涉及這個領域的研究。較為人所知的，有傳播學者拉查斯斐（Lazarsfeld），在美國的哥倫比亞大學做的一連串關於傳播媒介對於選舉影響的研究。而政治學方面，也有五十年代的學者依士頓（D. Easton）、戴逸區（K. Deutsch）的研究，則是從政治傳播的角度涵蓋政治的發展。只是近五十年來，中外的政治人物更善於利用付費的媒體宣傳，來擴大個人特點，試圖引起觀眾注意和引導選民投票的意向等等，政治廣告的類別因而被注意，並廣泛引起討論。

　　政治廣告起源於美國，並且到第一次世界大戰時，被直接用做宣導社會運動（social action）的工具。那時候的廣告代理商的職責和服務範圍，從之前的銷售消費性的產品，轉而成為激起民眾的愛國熱誠，推銷政府公債，還有促銷一些和戰爭有關的活動。從第一次世界大戰的廣告經驗得知，廣告不只能夠販賣商品，還能夠用在政治上的傳播和溝通民眾意見。到第二次世界大戰時，為因應石油危機和戰亂物資短缺，美國的戰時廣告委員（The War Advertising Council），在 1942 年成立。該機構和廣告界運用了政治廣告的手法，進行爭取國家勝利的宣導，號召民眾樂捐等等，成功地穩定了政治局勢和民眾信心。而廣告工業這時候所發展出來的公共服務廣告（public service advertising）型態，對於改善公眾商業利益和提供戰時的商品銷售，來取代一般商品嚴重短缺的窘境，貢獻良多。

「政治廣告」的定義是為了傳達政治資訊給大眾，而以商業付費的方式購買和使用廣告版面或時段。政治廣告所使用的媒體，包括電影、宣傳單、旗幟、廣告看板、網路、報紙、雜誌、收音機和電視等。政治廣告的出現，打破了過去舊式的媒體功能和廣告代理商的服務專案，並且逐漸成為政治人物競相利用的工具。1950 年左右，當電視的使用率在美國越來越普及的同時，銷售肥皂商品的技巧開始轉為來「銷售」候選人。政治廣告已經運用了模糊的政治與商業的方法，把候選人（產品），透過各式的管道及手段，賣給選民（消費者）。瑞夫斯（R. Reeves）通常被認為是成功地介紹電視插播廣告，來銷售美國政治人物的第一人。他在一系列的一分鐘電視廣告中，成功地將艾森豪威爾（Dwight Eisenhower）扭轉成為正面的、人性化的總統候選人，這有別於他真正原本的保守、呆版的、笨拙的個性。自此以後，政治和廣告的結合，不論是好或是壞，改變了我們的世界。

二、臺灣的政治選舉概況

參考臺灣歷年選舉的記錄（2002 年 12 月 2 日），可以得知從 1949 到 2004 年的臺灣政治選舉過程和結果充滿了戲劇性的表現（見表一）。臺灣似乎年年都有大大小小不等的選舉。選舉事件，最常被媒體以簡單的符號語言報導。例如，代表國民黨、親民黨、新黨聯手的「泛藍」，和以民進黨和台聯黨為主的「泛綠」陣營，每天總有爭端情形或政黨對峙被報導。也難怪臺灣民眾住在一個以「政治思維」帶領經濟文化發展的社會，需要忍受每天打「口水戰」的政治和媒體結合的生態環境。新聞媒體動不動就以「2004 年大選的前哨站」來炒熱一般的政治話題。因為媒體及政客的影響，比起其他地區，臺灣民眾對政治的關切度和投票率是比較高的。這樣的日積月累下，多少造就了政治狂熱份子的是非不明，並產生「不論對不對，只問爽不爽」的盲從政黨跟隨者。

　　回顧臺灣地區政治競選及廣告的發展歷史，有三個重要的里程碑，分別是：

1. 1989 年三項公職人員選舉，首次開放電視、廣播之外的大眾傳播媒體供候選人使用。
2. 1991 年第二屆國民代表選舉，開放政黨使用電視競選文宣。
3. 1992 年修正刑法一百條，言論台獨已不再被視為禁忌。

　　臺灣地區的競選廣告發展，歷經這三個重要的年份，文宣空間驟然廣闊，管道和花招也越來越多。

表一、臺灣歷年重要選舉過程及結果一覽表

年代	選舉專案	說　明
2004	總統	3 月 20 日舉行，陳水扁及連戰(搭配宋楚瑜)兩組人馬角逐。
2003	花蓮縣長補選	花蓮縣第十四屆縣長張福興不幸於五月十八日過世，臺灣省選舉委員會開會決定，六月發佈公告候選人登記日期和登記；八月二日舉行補選投票。
2002	臺北和高雄市市長及市議員	臺北市長馬英九競選連任，民進黨推出李應元參選，選前民調馬英九居高不下。高雄市長方面，國民黨推黃俊英迎戰現任市長民進黨的謝長廷。選前一周親民黨公開支援黃俊英，對民進黨產生威脅。選舉結果，馬英九及謝長廷當選。
2001	立法委員、各縣市長	親李登輝人士組成「臺灣團結聯盟」，鼓吹發展具有本土化的臺灣特色，成為民進黨之外，另一台獨色彩濃厚的政黨。國民黨撤銷李登輝黨籍。國民黨、親民黨與新黨商討「泛藍軍」合作的可能性。12 月 1 日舉行民進黨執政後首次立法委員和縣市長選舉，政治勢力重整，立法院中民進黨躍居第一大黨，國民黨地位大幅滑落，親民黨崛起，但三黨皆不過半。
2000	總統	民進黨首次執政。3 月 18 日舉行第二次直接總統選舉，民進黨候選人陳水扁以 39.3%的得票率當選總統，結束

年代	選舉專案	說　明
		國民黨50多年的執政地位。同年5月20日陳水扁、呂秀蓮宣誓就職。失去執政權的國民黨主席李登輝辭去主席職位。以36.84%得票率落敗的宋楚瑜組織親民黨，結合成第三股政治勢力。
1999	總統選戰鋪路	國民黨李登輝準備交棒，「連宋配」（連戰、宋楚瑜）合作不成，國民黨確定推出「連蕭配」（連戰、蕭萬長）。宋楚瑜確定參選，國民黨開除宋黨籍。民進黨前主席許信良宣佈脫黨參選、非新黨黨員李敖代表新黨參選。
1998	直轄市市長	第二屆直轄市市長選舉和立法委員選舉。臺北市市長選舉，由前法務部部長馬英九代表國民黨，擊敗現任市長陳水扁。高雄市市長選舉，現任市長國民黨吳敦義敗北，民進黨謝長廷當選。立法院由國民黨取得過半數席位，民進黨仍然是最大反對黨。
1997	縣、市長選舉	23個縣、市當中，民進黨獲得12個縣、市長席位，首次超出國民黨掌握的縣、市數量，開啟「地方包圍中央」的政治局勢。國民黨政府開始進行「精省」（精簡省政府），停辦省議員與省長選舉。當時的臺灣省長宋楚瑜與國民黨中央發生嚴重歧見。選舉結果，民進黨過半。
1996	總統及國民大會代表選舉	臺灣首次直接選舉總統，現任正、副總統李登輝與連戰代表國民黨，以54%的選票獲勝當選。
1995	立法委員選舉	選舉結果，國民黨在國會中取得多數席位。
1994	省、市長直選	直接選舉臺灣省省長、直轄市（臺北、高雄）市長，同年通過憲法增修條文，直接選舉總統。此後不再經由國民大會投票產生總統。省長選舉方面，國民黨宋楚瑜當選首任民選省長。臺北市市長選舉，民進黨陳水扁當選，中央政府所在地的臺北市首次由反對黨擔任市長。高雄市市長選舉，國民黨吳敦義當選。
1992	立法委員改選	
1991	國民大會代表選舉	全面改選國大代表，在1949年大陸地區選出之國大代表全部退職。
1989	民進黨成立	依據新通過的「人民團體法」，由國民黨外人士組成的民進黨取得合法地位，成為正式反對黨。
1988	現任總統去世	元月，蔣經國總統去世，李登輝繼任總統。
1987		臺灣地區解除戒嚴。

年代	選舉專案	說　明
1977	黨外活動組織化	臺灣在進行地方選舉時，爆發「中壢事件」（許信良脫離國民黨，以黨外身份參選桃園縣長，開票時由於民眾懷疑選舉不公，因而出現嚴重暴力衝突），此後國民黨外人士活動逐漸組織化。許信良當選桃園縣縣長。
1972	增額選舉	開始選舉大陸地區以外的增額國大代表與增額立法委員（補足 1949 年之前大陸地區選出民意代表之外的國會空餘席位）。
1950	地方自治	地方自治意味定期辦理地方公職人員選舉，包括縣、市長、村、里長等地方公職人員選舉。
1949	動員戡亂時期	國民黨政府退守臺灣，宣佈臺灣、澎湖、金門以及馬祖地區戒嚴，開始「動員戡亂時期」。

表格來自本研究整理

三、政治廣告的行銷過程

　　廣告表現是否影響投票行為，成為研究政治廣告的學者長久以來喜好討論的主題。廣告為一種論述的形式，使用我們共通的語言。一旦語言組成訊息後，透過傳遞，強烈而有力地建構了我們對社會、對他人以及對自我的認知（identities）。在這些廣告行銷「政治」的過程中，所有主要的政治競選活動都有所謂的媒體「經理人」（handlers）或競選幕僚團隊，或者是「操盤手」。他們的主要工作之一，是教導候選人如何增進在媒體上的表現。而候選人外表的重要性，在媒體的呈現下，似乎是最重要的因素之一。在製作競選廣告時，背後的競選幕僚團隊及專業人才，會為候選人規劃出完整的媒體形象，最後再利用影響力很大的電視廣告來做宣傳。對於每一場由電視轉播的「演出」，每一次媒體的亮相，都要照劇本來排演。效果最好的方法是恰巧地、不刻意地呈現廣告式的臺詞，並且利用體貼的表達方式，沈思似地咬著下嘴唇講話。有些報導甚至建議選民，多從競選廣告上，而非從新聞報導中，得到有關候選人的訊息。

選民逐漸成為出售最新候選人的電視辯論會及政治廣告的忠實觀眾（張文瑜，2002）。

　　由於專業的經理人和幕僚的介入，使得選戰更加專業化。從募款活動，文宣的設計、郵寄、發送，到電視上的呈現，以及造勢活動等等，都可以一手包辦。因此，理論歸納以下五個重點，作為競選專家的指導原則：

1. 控制傳播媒介，設定議題，創造可被信賴的假事件，從而操控新聞報導的範圍；
2. 為了增加廣告訊息的可信度，儘量模糊廣告和新聞的區別；
3. 以記者的觀點來思考所創造的議題或事件的價值；
4. 使候選人避免遭攻擊；
5. 回應對手攻擊時，能獲得記者的協助。

　　由此可知，政治廣告行銷的重要元素是：經理人或競選幕僚團隊（發訊人），透過大眾媒介管道（channel）發送訊息給閱聽者大眾（receivers）。而之中的議題設定、形象塑造、假事件（pseudo events）製造、記者的參與、負面攻擊、防止被攻擊和反擊等等，都是行銷過程中的種種戰術。尤其近年來，政治電視廣告在推出之前，都成為新聞內容探討的焦點。可見，臺灣政治廣告行銷過程中，議題設定和事件行銷是十分重要的運作。

　　如果再更深一層從「社會行銷」的角度來檢視政治選舉的過程，我們可以發現，一套更具體的 8P 提供了關於選舉的全面性行銷運作方針（guidelines）。基本上，社會行銷在政治選舉上講究的要點是：使用傳播行銷的技巧來改變目標觀眾的行為。而行為上的改變將有助於目標群的健康或整個社會的健全。而另一個類似的定義是：利用社會變革方案的設計、執行和控制，以增進一個或數個目標群體對特定社會議題與理念的接受程度。社會行銷 8P 包括傳統的 4P，即產品（products）、促銷（promotion）、代價（price）、管道（place），加上新的 4P 即公眾（publics）、參考團體（partnership）、政策（policy）、資金（purse strings）。對照廣告傳播的相關因素，8P 分別解釋如下：

1. 1P　「產品」是一種政治參與的行為，或者要目標消費群採用的服務。通常廣告中要求選民以實際投票行動來支援候選人，或者有的廣告勸導選民不要被賄選買票的方式所誘惑，以免觸犯法令；

2. 2P　「促銷方式」是如何使訊息內容被目標物件所知曉，並促使目標物件嘗試並保持行為上的新變化。臺灣的幕僚團隊通常喜好邀請形象較好的演藝人員幫忙站臺，或與音樂晚會一同舉辦政見宣告活動，以此來促銷候選人；

3. 3P　「代價」是目標物件因為採用這些行為而必須付出的時間、精力、金錢等，例如，一些臺灣選民在選舉前會主動去觀看或實地參加選舉的「造勢」晚會所花費的時間與金錢；

4. 4P　「管道」指的是接觸各式媒體的機會與頻率。除了付費的廣告以外，新聞版面或時段，公關技巧下炒作後變成的議題（issues），也是現在常用並能有效引起注意的操作手法；

5. 5P　「公眾」指的是政治活動中的內部和外部的人員，包括活動幹事、宣傳主任、記者等等。通常宣傳部主任擁有選舉預算的生殺大權，因此其人脈關係的好壞與廣闊，決定了廣告文宣品質的成效；

6. 6P　「參考團體」指的是一些意見領袖或菁英，他們足以影響目標群眾的行為。以臺灣歷屆選舉來說，工商界的龍頭老大和已退休的信用好的政治人物，最常在廣告中來代言推薦，因為老一輩的人都認識而且信任他們。而年輕的一代則較喜歡政治廣告中有偶像人物、運動選手或歌手來背書；

7. 7P 「政策」的內容包括政府的法令及規定。美國溫帝漢堡速食店的廣告有句有名的『牛肉在哪裡？』（Where is the beef？），現在，這句廣告標語已經成了近年來的選舉口頭禪，它要求選民去檢視選舉廣告，思考候選人的選舉主張及其對選民的承諾；

8. 8P 「資金」涉及募款、捐獻金錢、販賣紀念品等方式。近年來，臺灣政治人物喜好以簽名會出書的活動，製作帽子、書包、杯墊、吉祥物、T-Shirt 衣物、精美設計品等等，販賣給選民，並且募集選舉經費，把選舉的候選人當作是明星（celebrity）來運作。

四、廣告文宣的運用及表現

　　每到選舉的時候，沿街都是各式各樣的競選文宣品。不論是旗幟、大型廣告看板，或是競選廣告背心、面紙等等，無不充斥著競選廣告。「文宣」屬於政治廣告的一種，在選舉中，佔有重要的地位。以選民的立場而言，大多對政治的認識有限，也不見得熟悉候選人，因此，唯有透過競選期間的「被包裝」普遍傳播的關於候選人的訊息，才能對候選人有一個比較全面性或一般性的認知。原則上，文宣是打入選民心中的一種手法，增加選民的認同，並將一個複雜的政治環境簡單化。鄭自隆（1991；1992；1995）指出文宣的三種作用：

1. 強化作用，以文宣鞏固既有的關係和選票。這是指選民在競選活動之前對候選人已經有了預設立場。這些預設立場，可能是政黨認同或黨性黨德所造成的，也可能是以往媒介報導或親身影響所塑造的。競選活動展開後，選民接觸競選廣告或其他競選文宣的目的，主要是強化自己的預存立場，並將自己的偏好投射在這個候選人身上，對不利這個候選人的訊息則予以拒絕或忽視。

2. 對中間選民予以政見和形象的引導，又稱催化效果。催化效果系針對表面上游離、但內心中對選舉人有隱藏性興趣的人，透過競選文宣，可以使他們的興趣顯明，並促使他們決定投票支援。

3. 轉化作用，對原先不支援的選民予以軟化、柔性化，或降低其反對程度。競選文宣最難的是改變效果，即讓原本支援甲候選人的選民，倒戈變成支援乙候選人。

另外，鄭自隆（1996）指出，競選文宣除了活動預告、呼籲投票、募款等告知性資訊外，依其說服功能可以分為以下四個專案：

1. 陳述政見：未來施政構想的提出，或擘劃遠景；

2. 攻擊對手：攻擊對手政黨、候選人或政黨領袖，攻擊的切入點可以是回溯式（以往政績、投票紀錄、人格爭議），也可以是前瞻式，及某人當選會如何，某黨執政會如何；

3. 反駁批評：對於對手攻擊的回擊，可以站穩立場強勢對抗，也可以否認並展開反擊，當然更可以避開指控，以另一項負面議題攻擊對手；

4. 塑造形象：強調政績，回顧過去，或透過他人保證，或以口號、標籤感性呼籲，來塑造利基、突顯特色，尋求選民支援。

廣告文宣的表現和設計原則不外乎以下幾點（賀光輝與時蓓蓓，1993）：

1. 說服別人前，先說服自己，並避免矯揉造作。

2. 是事實的不要強辯，更忌諱以謊言掩飾。

3. 理性內容，感性表達。

4. 突出重點，排除枝節。例如以漫畫圖片之出奇制勝，運用照片表格活潑版面，尤其以漫畫作為意識征服武器，可收到很大效果。

5. 爭取時效，注意形象識別的效果。在宣傳印刷物上，利用顏色圖案，文字與構圖上的統一感，會給予選民明顯清晰的視覺傳播。在密集宣傳中造成連續性傳播效果，讓選民留下深刻的識別印象。

6. 講究媒體的實用性、廉價性與攜帶性。設計內容搭配日常生活資訊，使民眾願意保留，延長宣傳時效性，如月曆等。

　　而競選廣告標題使用，首先應考慮的是所欲達到的目的，語言必須與整個文案設計整體相配，推陳出新。只有標題、內容與目的搭配得宜，才能發揮效果。其次，人性化的趣味語言，能得到選民的共鳴。例如使用閩南語或臺灣常用的俚語諧音，可增加趣味性。再者，標題需精簡有力，精闢動人。因為有不少的選民屬於「標題讀者」，很少閱讀廣告內容，只以標題來揣測全篇的意旨，所以，對這一類的選民，標題要能畫龍點睛，將訴求的內容有重點地呈現在眼前：易懂、易記、易傳。然而，最有效的標語本身就是耳語。

五、負面廣告策略的運用

　　競選廣告喜愛採用負面「攻擊」（attack）的形式來達到最大的效果。筆者認為，負面廣告（negative ad）包含三種類別：1、提出議題、意見或服務、產品的黑暗面；2、具一定威脅性的用意；3、攻擊競爭對手。負面廣告的層面和範圍大於攻擊性的廣告。

　　表二、表三和表四分別列出 2000 年、2001 年、2002 年臺灣電視政治競選廣告制播的支數及類別。可以看出，近年來的政治廣告多喜好利用攻擊的方式。尤其是 2001 年立法委員和縣市長選舉的電視廣告，則全無闡述政績，多為攻擊對手和塑造

自我形象的內容。2000 年總統大選，總共有 116 支競選廣告。
國民黨播出電視廣告 49 支，民進黨播出 43 支，宋楚瑜陣營播
出 24 支。其中攻擊性廣告分別有：國民黨 24 支，民進黨 23 支，
宋楚瑜陣營 7 支。2001 年的立法委員和縣市長選舉中，總共有
27 支競選廣告：國民黨共有電視廣告播出 10 支，民進黨計有 6
支，親民黨有 8 支，台聯黨有 3 支，而其中的攻擊性廣告分別
有：國民黨 8 支，民進黨計有 4 支，親民黨有 5 支，台聯黨有 1
支。2002 年市長及議員的選舉，共有 29 支競選電視廣告。計有
臺北市長候選人馬英九競選團隊製作 15 支廣告，最後只播出 7
支正面陳述廣告。李應元陣營制播 12 支攻擊性廣告（參考紐則
勳，2003）。高雄市長候選人張博雅制播了 2 支攻擊性的廣告。

表二　2000 年臺灣電視政治競選廣告的支數及類別。

黨派別	2000 年總統大選選舉		
	國民黨	民進黨	宋楚瑜陣營
電視廣告製播總支數	49	43	24
正面陳述	27	12	20
負面攻擊	24	23	7
反駁批評	8	11	2
塑造形象	10	8	7

表三　2001 年臺灣電視政治競選廣告的支數及類別。

黨派別	2001 年立法委員和縣市長選舉			
	國民黨	民進黨	親民黨	台聯黨
電視廣告製播總支數	10	6	8	3
正面陳述	0	0	0	0
負面攻擊	8	4	5	1
反駁批評	1	0	0	0
塑造形象	4	2	4	3

表四　2002年臺灣電視政治競選廣告的支數及類別。

競選人（黨派別）	2002年臺北、高雄市長暨議員選舉		
	馬英九（國民黨）	李應元（民進黨）	張博雅（無黨籍）
電視廣告製播總支數	15（播出7支）	12	2
正面陳述	7	2	0
負面攻擊	0	9	2
反駁批評	0	0	0
塑造形象	7	3	0

　　歸納負面廣告中打擊競選對手的技巧，參考姚惠忠與林志鴻1993的說法，可以發現臺灣選舉案例中最常使用的手法有以下五點，現一一說明：

1. 提出質疑。候選人通常站在選民的立場，向對手提出若干質疑，藉以否定對手或欲使對手現出原形。也就是說，在選戰中，候選人抱著與民同心的態度，說出選民心中的不滿，解釋選民的疑慮。

2. 以下駟打上駟。居於劣勢者位置時，想在短時間內迎頭趕上，可能採取以下打上的方式，藉優勢者的高知名度與社會關注度，提出質疑，並藉喊話、挑戰等方式製造新聞焦點，提升自身的知名度。

3. 隔案開火。對一些看似毫不相關的人、事、物或議題加以攻擊。這些攻擊多是針對某個特定的不良形象，或理念不同的物件，目的是為了藉打擊不受歡迎人物的機會，來抬高自己身價或營造與選民之間的共同感。

4. 巧讖妙喻。簡單明瞭、朗朗上口的宣傳詞語，易懂易記又富有新意，較為民眾所接受。在選戰中打擊對手時，重視運用極具巧思的語詞，將對手不好的特色混入思考，以便將對手予以反形象塑造，並比照出自己的優點，給選民有

即刻而深刻的印象，以達到巧譏妙喻的效果。例如，現任
臺北市長馬英九有「小馬哥」之美稱，來代表年輕、勤奮、
改革的形象。而對手李應元在 2002 年選舉中，則提出要臺
北市民「In」起來的雙關語。這一用語雖然和李應元名字
中的（應）字，並與其提出的 "氣魄" 意念有關（硬起來），
但是仔細一想，為了討好年輕選票，而大膽使用「情色」
語言，稱不上是好的示範。

5. 明褒暗貶，語中帶刺。為了鬆懈對手戒心而以低姿態搏取
選民同情，看似明捧對手，實則在貶低對手，以獲得選票。
採取「哀兵姿態」，收斂自己的氣勢，不斷宣稱自己告急、
危險，以贏得選民的同情票。

　　臺灣的政治選戰，常常在媒體上使用以下四種方式打擊競
選對手：

1. 靜態文宣。包括平面印刷品、看板、旗幟、圖片及漫畫等
等。表達方式則主要有文字、數位、圖片、漫畫、影像。
「文字」為最主要的表達方式，但要注意尺度的掌握以及
證據的真實，用字遣詞均要謹慎處理。「數位」具有實證、
公正客觀的特性，易獲得選民的信賴。數位可包括政治、
社會相關統計數位，也可以是抽樣調查民眾的統計數位。
「圖片」與數位互為表裏的打擊方式，尤其是圖片有更大
的效果，因為圖片是將具體事件加以紀錄並呈現出來，更
易獲得民眾的信任。「漫畫」較像以隱喻的方式呈現打擊
的訴求。同時，漫畫可以藉用誇張的手法，突顯出嘲諷之
處，因為漫畫生動活潑，容易引起選民會心一笑。「影像」
包括錄影帶、錄音帶、電視等，能讓民眾通過影像立刻觀
得候選人的言語、行為與氣勢。而候選人也可藉影像宣揚
自己的特色。

2. 焦點動作。包括演講、遊行、包圍抗議、叫陣挑戰等等。臺灣媒體尤其有所謂「嗜血」的特性，偏好拍攝動作大、戲劇性強、情感落差大的鏡頭。因此，一些焦點動作，最能保證受到媒體的青睞。否則，像 2003 年 3 月至 5 月份的 SARS 疫情一來，所有政治人物的媒體版面和時間全都消失了。

3. 利用耳語。透過意見領袖、椿腳或不特定人選，將自身的優點傳達給所有選民。這種訊息傳播方式，稱為耳語傳播。為了避免被扭曲，確保功效，耳語傳播一般遵循的重要原則有：通俗，精煉，強化預期偏見。

4. 利用黑函。此為最不道德的宣傳方式，並且對選舉文化造成莫大的傷害。黑函通常是針對不確實的點加以攻擊，如誹謗、賄選等。有時是匿名，有時是代稱，或完全做假。此種方式不僅會讓對手蒙受極大傷害，自身也可能遭到報應。黑函也和耳語一樣，須掌握通俗化、精簡化及強化預期偏見等三個原則。

五、形象塑造及效果

在臺灣，政治人物的個人魅力一直影響著其政治生涯的發展。因此，如何透過大眾傳播媒介為其塑造良好的形象，以博得大眾的好感，成為極為重要的課題。長久以來，國民黨在臺灣人民心目中所建立的形象是神聖、威嚴、高高在上。威爾遜（R. Wilson）在臺灣從事研究發現，兒童對政府的認知多半受到政治人物個人的影響。例如，早期對孫中山和蔣中正先生的認識，常常以個人的特質取代對整個政府的認識。陳義彥、陳世敏等人於 1976、1986、1990、1992 年多次對臺灣地區的大學生進行政治社會化研究，他們指出：臺灣學生從小學到大學，對政府認知印象都是以聖雄式的領袖，及意識型態為重要的象徵聯想，這種認同一直沒有改變。而從歷史記載與教育方式方面，國民黨一直被塑造成英雄式的形象，神聖偉大而有些高不可攀，甚至帶點神秘的感覺。相較之下，民進黨所呈現的形象卻是激進、年輕有活力。民進黨成員早期被視為社會的叛亂份子，強烈的政治主張是其特色之一。這些年來，民進黨不斷努力轉型為積極、親民、本土化的形象，企圖在臺灣的政壇上佔有一席之地。在幾次的大型選舉後，民進黨逐漸成為唯一能與國民黨相抗衡的大黨，尤其從 2000 年的大選贏得選舉後，更是備受矚目（蔡屏琪，2001）。

1998 年陳水扁贏得了臺北市市長選舉，成為民進黨第一位取得直轄市行政首長的黨員，這無疑為民進黨打了一記強心針。而陳水扁先生的成長背景結合其律師、民進黨黨員身分，更是為其塑造出「三級貧戶」也可以成為首長的角色。他在任職期間，常常透過媒體宣導其政令，並展現其明確有魄力的、主動走向人群、親自參與各項活動、親民且鄉土化的形象。這和之前國民黨首長的形象－低調、沈默、高學歷、高不可攀－形成鮮明的對照。陳水扁的獨特魅力，透過大眾傳播媒介，在短短幾年間被塑造出來。2000 年選舉，相較于國民黨候選人連戰，顯赫富裕的家世背景，擁有美國一流大學的政治學博士學位，流利的英文等等，陳水扁來自純樸平實的台南官田，為農家子弟，只擁有臺灣大學學士學位，操著一口臺灣腔中文的印象，反而給人以平易近人的印象。在 2000 年大選中，陳水扁競選團隊喊出「臺灣之子」的口號，以「布衣卿相」的姿態，運用了其獨特的個人魅力，再次贏得了選戰。

在每一次選舉中，選民不可能瞭解每位候選人，多數人只能靠獲得的印象去選擇。因為「印象」就是候選人所謂的形象，所以候選人形象的塑造、強化，乃是競選宣傳策略的重心。而形象的塑造可由幾個角度來看：第一、客觀條件，第二、主觀

條件。被傳統接納的角色，如孝子、平凡人的奮鬥、苦學出身
者、白手起家者以及愛國者等，都容易引起大眾的心理反應。
大眾一般同情弱者，接納英雄人物，因此，無錢無勢者，敢於
反抗權威者，改革者，都容易搏取同情或崇拜。有時因為選情
而需要去塑造候選人形象時，也要分析對手的形象來突出自己
形象；例如，如果對手是台獨人士，自己則以愛國志士、希望
兩岸統一的形象出現。有些候選人以社會福利、公共政策、幫
助弱勢團體為訴求，也就是以民眾較為關切的話題引起認同。
當然候選人自己本身的條件也要符合社會的需求，包括年齡、
儀錶、出身、學歷、經歷、政治立場、目前的生活及事業狀況、
語言表達能力、穿著習慣、政治身體語言等。

　　臺灣選戰候選人的形象包裝，有七種不同的方式（鄭自隆，
1992）：

1. 學識：學歷是候選人最重要的資源之一，也是社會用以衡
   量一個人能力的指標。
2. 經歷：服務公職經歷，從事反對運動的經歷。
3. 品德：很多候選人喜歡以品德、操守作為個人特質的主要
   訴求。
4. 過去表現：如果是競選連任者，過去具體的政績是值得一
   提的。
5. 服務精神：據學者研究「服務精神」、「過去表現」、「品德
   操守」是候選人重視的三項個人特質。
6. 家世：包括血緣、出身、派系。
7. 特殊遭遇：如參與抗爭、坐政治監、親友罹難（如二二八
   事件受難者），均可做為個人特質而訴求之。

　　陳惠倫與吳昆玉（1993）研究臺灣選舉候選人的形象塑造，
發現最佳的表達方式有 11 種，其中包括強調傳統之社會角色，

強調早年的生活經驗，強調候選人處世態度，.強調現有的社會成就與地位，以自我期許的方式出現，展現對政治社會的理想抱負，表達對政治環境的參與態度，意識理念的標語，突出特徵的表達方式，顯示鄉土情懷的感情，表達本身與群眾之間的關係。

　　所謂的候選人形象，即選民在簡化一切有關候選人的訊息所產生的印象，作為投票的依據。從臺灣選舉候選人形象塑造的分析中，我們瞭解到，形象在人們認知的過程中扮演著極為重要的角色。研究臺灣近代政治傳播，我們發現，候選人形象與傳播媒介間有著極為密切的關係。

六、結論

　　當前競選廣告對臺灣的發展及海峽兩岸的未來衝擊很大。現任執政的民進黨很會搞選舉，鬧新聞，甚至知道如何去砸下11 億台幣的「置入性行銷」來「控制」媒體言論。這樣一個新的政府，號稱是選舉的機器，卻非常缺乏人才來治理或帶領一個社群。臺灣的經濟每下愈況，失業率卻節節上升，教育改革問題叢生，眾多行業民眾上街頭抗議。但是，熱門的政治話題，卻還被聚焦在「公投」、「廢核四」、「統獨」等意識形態問題之上，絲毫不見對臺灣本島和兩岸未來有任何實質的助益。這一切的「空轉」現象，都只是因為一次又一次的選戰，民進黨和在野的人士不斷啟動選舉的機制。先不論政黨輪替的現象，就當下而言，民進黨因為不當的政治廣告和宣傳方式，所引發的社會、經濟、文化、政治等問題，勢必在短短幾年內耗弱臺灣的各方面發展。

　　彭芸（1989；1993）指出，宣傳的物件是團體的份子，而廣告的物件則是單獨的個體，宣傳是透過符號的使用而促進社會秩序，是社會控制的方法之一。宣傳目的在於增進團體的份子對團體的認同感，廣告的目的不在於個體是否被團體認同，卻在於個人是否能單獨地決定，不受其他人的影響。政治廣告的影響力則多直接從媒體而來，較不受團體成員的影響。政治廣告的目的不在於造成反對者或中立者政治態度之永久性改變，而在於影響個人對某一政治問題的暫時意見，影響一時的政治決定，採取與我有利的行動。

在現今重視政治候選人形象包裝的臺灣社會，選舉的勝與負，已經不是由黨的組織力來決定，而是決定於政治廣告對選民的影響程度。在選舉時如果能夠適當的運用政治廣告，的確能幫助候選人傳達其政治主張，建立候選人的形象，進而爭取選民的支援。以下六點陳述了臺灣政治廣告的影響力：

1. 政治廣告通常會包含大量「政見」的資訊。
2. 政治廣告的傳播過程中，通道與來源互動。例如，候選人在某種媒體上較具影響力，但在其他媒介中之影響力效果較差。
3. 電視政治廣告不會受政黨因素的左右，但卻仍會受到選擇性注意、記憶與認知的影響。
4. 當選民參與較低時，政治廣告比較有效，這種現象在地方的選舉中尤為顯著。
5. 尤其在電規上的政治廣告，對選民的認知層面有最大的效果，可增加人們對候選人及政見的知識。
6. 政治廣告，尤其是電視上的政治廣告，具有行為上的影響，可直接影響選民的投票行為。

當然，也唯有在民主的社會中，政治團體和政治候選人才會有製作政治廣告的自由，因為公平的競爭，是政治廣告的精神，而這種精神無法在政治壟斷的社會裏存在。

參考文獻

1. 張文瑜（2002）。《政治廣告的社會行銷功能研究：以 2000-2002 年臺灣的電視廣告為例》，「2002 年國際傳播學術研討會」論文。臺灣，臺北淡江大學大眾傳播系。
2. 紐則勳（2003）。《2002 年民進黨臺北市長候選人李應元之競選廣告策略—定位行銷理論之檢證》，「2003 年廣告文化與消費心理學術研討會」論文。臺灣，臺北中國文化大學廣告系。
3. 陳義彥（1986）。《我國投票行為研究的回顧與展望》。民意月刊，第 113 期。
4. 陳義彥、陳世敏（1990）。《78 年選舉的報紙新聞與廣告內容分析》。財團法人張榮發基金會國家政策研究資料中心。
5. 陳義彥、陳世敏（1992）。《78 年選舉的報紙新聞與廣告內容分析》。臺北：業強書局。
6. 彭芸（1989）。《政治傳播－理論與實際》。臺北：巨流圖書公司。
7. 彭芸（1993）。《新聞媒介與政治》。臺北：黎明文化。
8. 鄭自隆（1991）。《政治廣告訊息策略及效果檢驗之研究：1989 年臺灣選舉兩黨候選人報紙廣告內容分析》。臺北：國立政治大學新聞研究所博士論文。
9. 鄭自隆（1992）。《競選文宣策略－廣告、傳播與政治行銷》。臺北：遠流出版社。
10.鄭自隆（1995）。《競選廣告---理論、策略、研究案例》。臺北：中正書局。
11.鄭自隆（1996）。《1996 年大選四組候選人文宣策略觀察，「1996 年總統選舉研討會」，論文。臺灣，臺北政治大學新聞系。
12.臺灣歷年選舉回顧（2002 年 12 月 2 日）。
http://news.bbc.co.uk/hi/chinese/news/newsid_2530000/25309652.stm
13.蔡屏琪（2002）。《2000 總統大選候選人之政治廣告形象塑造探討-以陳水扁、連戰為例》。國科會研究報告，編號：NSC90-2815-c-034-013-H。

臺灣廣播電視媒體中的政治*

俞 燕 敏

美國橋港大學

提 要：

　　政治與媒體的關係始終是複雜的，而臺灣的廣播電視媒體與臺灣政治的關係不僅僅是複雜的，而且是相當特殊的。這種關係便是政黨、政府、軍隊不僅可以直接擁有臺灣的無線電視臺，而且還可以參與、操縱、控制無線電視臺的經營和節目的製作。與此同時，無線電視臺還可以享受市場的優勢。在幾乎沒有任何挑戰的情況下，臺灣的三家無線電視臺（台視、中視和華視）分食臺灣市場巨大的廣告利潤。對電視臺來說，他們是既有黨政軍強大的資源靠山，又有絕對保證的廣告市場。他們唯一的責任就是在意識形態上必須效忠當家人。這種既包含了威權因素又包含了市場因素的雙重體制，造成了臺灣廣播電視媒體與臺灣政治的特殊關係。本文將從臺灣廣播電視的所有權、經營權以及節目主持人這三個方面來分析臺灣廣播媒體與政治的關係。

一、前言

　　政治與媒體的關係歷來是剪不斷，理還亂。在民主社會是如此，在專制社會更是如此。媒體既可以傳遞消息，溝通認識，同時也可以成為霸權政治監控社會的幫手，成為意識形態的宣傳工具（Klaehn, 2002）。政治可以利用媒體為其服務，宣傳某種觀點，批判某種論點，樹立某種形象，為某種輿論導向。同樣，媒體也可以利用政治為其服務。媒體對於各種事務可以進行有選擇地報導或不報導。他們可以決定何時報導，以多大的版面報導，給予多長的時間，以頭版頭條的消息出現還是以小豆腐乾一塊的形式在第 32 頁的一個角落裏出現，通過何種措辭、口吻進行報導，等等。媒體報導的內容與方式對公眾對某一事務的瞭解、觀點的形成，其影響是不可否認的（McCombs and Shaw, 1972）。

　　在民主社會裏，政治與媒體的關係是微妙的。雖然媒體大都是私營的，是受市場規律制約的，但是，媒體離不開政治，政治更離不開媒體。政治人物對媒體是既恨又愛，因為他們的聲望可以因媒體的報導而一落千丈，當然也可以因為媒體而扶搖直上，使他們從默默無名的小卒一夜之間成為家喻戶曉的明星。

　　在一個理想的環境中，媒體與政治應該是相互獨立的。政治不干涉媒體；媒體不介入政治。如果政府結構是以行政、立法、司法三方面組成的一套相互牽連，一起運作的三駕馬車的話，那麼，媒體就應該是第四匹馬，獨立於那套馬車，但又有監督那套馬車的責任。誠然，我們並不生活在一個理想的社會裏，政治與媒體之間相互利用的關係亦不足為奇。

　　在臺灣，政治與媒體關係已經不是微妙的，而是公開的，赤裸裸的。這種關係既不是民主社會所應有的，也不是專制社會所常見的。在臺灣，政黨、政府、軍隊可以直接擁有媒體，政府官員和政治人物可以同時又是媒體的經營者和節目的主持人。政治操縱媒體，媒體參與政治幾乎是公開的秘密。政治人物可以通過媒體為自己的黨派宣傳政策；媒體主持人可以為自己的黨派領導人吹鼓抬轎。尤其在競選期間，競選者可以頻頻地出現在自己黨派控制的媒體上，得到大量的、正面的報導，而競選對手則被這些媒體冷落，即使偶爾被報導時，也都是些負面的消息。如果自己本人是競選者的媒體主持人，更是不必花吹灰之力，把自己的觀點告訴受眾，而且還是免費的。這種我中有你，你中有我，球員兼裁判的媒體與政治的關係，完全混淆了在民主社會中應有的監督者與被監督者的關係。

　　臺灣過去50年的歷史形成了臺灣廣播電視媒體與政治的特殊關係。這種關係便是政黨、政府、軍隊不僅可以直接擁有臺灣的無線電視臺，而且可以參與、操縱、控制無線電視臺的經營和節目內容的監控。與此同時，無線電視臺又可以享受市場的優勢，在沒有任何挑戰的情況下，三家無線電視臺分食臺灣巨大的廣告利潤。對電視臺來說，他們是既有黨政軍強大的資源靠山，又有絕對保證的廣告市場。他們唯一的責任就是在意識形態上必須效忠當家人。這種體制結構既包含了威權因素又包含了市場因素，因此這是一種雙重體制的結果。這種雙重體製造成了臺灣無線電視媒體與臺灣政治的特殊關係。本文將從臺灣廣播電視的所有權、經營權以及節目主持人這三個方面來分析臺灣廣播媒體與政治的關係。

二、回顧歷史，面對現實

　　臺灣的三大無線電視臺，臺灣電視臺（台視）、中國電視公司（中視）、中華電視臺（華視），是臺灣電視媒體中歷史最長、經驗最豐富的電視臺。這些無線電視臺都是由臺灣政黨或政府機關占大部分股份，因此他們與臺灣政黨、政府機關和政治人物有著千絲萬縷的關係。

臺灣島上的第一家電視臺是臺灣電視臺。臺灣電視臺於1962年10月10日開播。由於是首家，因此台視打的是"臺灣電視開拓者"的旗號。台視在臺灣電視市場壟斷了整整七年之久。七年之後，中國電視公司（中視）於1969年9月宣告成立，並於當年的10月31日正式開播。當時中視奉"中國國民黨總裁"蔣介石的指示，以中國廣播公司為中心，結合民營廣播電臺及部分有志於電視事業的工商人士，共同集資創辦。中視的開播，徹底改變了臺灣地區電視由台視獨家播映的局面（臺灣電視臺網站：中國電視公司網站）。

兩年之後，由臺灣教育電視臺擴大改組的臺灣中華電視臺（華視）於1971年10月31日正式開播。至此，臺灣電視事業開始形成了一個三足鼎立之勢。在此之後的四分之一世紀裏，臺灣的空中頻道就被台視、中視、華視這三家電視臺所控制、壟斷和瓜分。

為了打破臺灣無線電視媒體的壟斷局面，臺灣"行政院新聞局"決定於1994年1月28日開放第四家無線電視頻道。由於第四家無線電視臺頻道的開放，臺灣的民間全民電視股份有限公司（民視）得以成立。民視是繼台視、中視及華視之後成立的第四家無線電視臺，也是臺灣歷史上第一家民營無線電視臺。民視正式開播是1997年6月11日。民視雖號稱是民間全民電視臺，但事實上是民進黨的電視臺。民視董事長蔡同榮是民進黨黨員、立法委員。民進黨在幕後操縱、控制民視，宣傳民進黨的政策、觀點。在政黨與媒體的相互利用中，民視較之台視、中視、華視有過之而無不及。

到了二十世紀九十年代中期，臺灣無線電波雖已打破三台壟斷的局面，但臺灣民眾對於無線電視臺的經營與操作越來越不滿，希望建立公共電視臺的呼聲越來越高。迫於壓力，"臺灣政府"於 1997 年 6 月 18 日通過臺灣公共電視法。該法的第十一條規定，公共電視屬於國民全體，其經營應獨立自主，不受干涉，並遵守下列之原則：

1. 完整提供資訊，公平服務公眾，不以營利為目的。
2. 提供公眾適當使用電臺之機會，尤應保障弱勢團體之權益。
3. 提供或贊助各種類別之民俗、藝文創作及發表機會，以維護文化之均衡發展。
4. 介紹新知及觀念。
5. 節目之制播，應維護人性尊嚴；符合自由、民主、法治之憲法基本精神；保持多元性、客觀性、公平性及兼顧族群之均衡性（臺灣公共電視臺網站）。

有了公共電視法，臺灣的公共電視臺才算有了成立並運行操作的基礎。臺灣第五家無線電視臺便是臺灣的公共電視臺（公視）。公視在醞釀了九年、籌設了七年、花了五十四億建台費之後，終於在 1998 年 7 月 1 日正式與臺灣老百姓見面。臺灣公共電視臺是一個非盈利性質的電視臺。它與商業電視以收視率為考量不同，公共電視不必依賴廣告生存，因此它可以花時間，花人力、物力製作高質量，有深度的節目。臺灣公視的目標是兼顧各個年齡層次的特點，滿足不同收視群體的需求，為兒童、青少年、婦女、老年人、原住民以及其他弱勢群體製作符合他們口味的節目。臺灣公視的使命是 "製播多元優質節目、促進公民社會發展、深植本國文化內涵、拓展國際文化交流"（臺灣公共電視臺網站）。

　　臺灣的電視市場，經歷了四十多年的發展之後，已經是今非昔比了。今天的臺灣電視市場，除了上面提到的五家無線電視臺外，還有有線電視、衛星電視、直播電視、網路電視、數位電視以及最新的智慧型數位電視。縱觀臺灣電視市場，我們可以看到，臺灣電視市場一開始是台視一家獨霸，到後來發展到台視、中視、華視三家鼎立，各占一方。在最近的幾年裏，由於臺灣空中頻道的開放，公共電視法的公佈與施行，科學技術的突飛猛進，臺灣電視市場的數量已經從原來的一家、三家，發展到今天的數百家；電視市場的類型從開始單一的無線電視，發展到今天的有線電視、衛星電視、直播電視、網路電視、數位電視以及智慧型數位電視。如今的確是各路英雄，爭奪市場。

表一　電視相關事業家數統計

電視（相關）事業	1995 年（家數）	2001 年 10 月（家數)
無線電視臺	3	5
有線電視系統	0	66
有線播送系統	640	15*
廣播電視節目供應事業	18300	11671
直播衛星電視事業	0	7
衛星電視節目供應事業	0	129

資料來源：陳炳宏，2002；臺灣行政新聞局網站，
　　　　　http://www.gio.gov.tw/info/asian-pacific/media-1.html。

三、股權滲透，政媒一家

　　臺灣媒體有一個很奇怪的現象，這就是政黨、政府、軍隊與傳播媒體有著直接的利益關係。其中問題最大的則是電視臺，尤其是無線電視臺。臺灣三大無線電視臺，台視、中視、

華視的資金來源、經濟大權基本上由黨政軍分別控制。

臺灣的第一家電視臺——臺灣電視臺——最初的資金來自於政府、外商和民間三個渠道。當時"臺灣省政府"金融事業單位投資 49%，外商主要是日本的日立、東芝、日本電氣以及富士電視臺等四家公司，他們的投資各占 10%，其餘的 11%由臺灣水泥股份有限公司等民營企業投資（陳炳宏，2002）。目前，臺灣電視臺的官方股份共占 47.39%，股東包括臺灣銀行（14.37%）、華南銀行（7.25%）、土地銀行（7.25%）、第一銀行（7.25%）、彰化銀行（7.25%）、中國廣播公司（5.02%）、臺北國際商業銀行 4.84%）、以及合作金庫（4.02%）等。另外國民黨黨營事業的中國廣播公司也擁有 5.02%的股權（臺灣電視臺網站)。

在臺灣島上成立的第二家無線電視臺是中國電視公司·中視建台時的股東分別為國民黨黨股和民股。黨股有中國國民黨黨營文化事業出資的 60.27%的股份，民股有民營廣播電視出資的 39.73%的股份。1999 年 8 月 9 日，中視股票公開上市，成為臺灣第一家股票上市媒體，為臺灣電視事業從黨營向民營發展走出了重要的一步。

臺灣第三家無線電視臺——中華電視臺——成立時的資金來源於"臺灣國防部"和"臺灣教育部"，其中屬於官股的"臺灣國防部"與"教育部"資金共占 40.15%，準官股（包括黎明文化公司、"臺灣國防部"同胞儲金會及華視基金會）出資共占 46.30%，另外民股約占 13.55%（鄭瑞城，1993；陳炳宏，2002）。到 2002 年，華視的官股仍高達 74.95%（陳炳宏，2002；《中國時報》，2001 年 12 月 12 日）。

下表顯示臺灣四大廣播電視臺成立時的資本額、現有資本額以及股權結構。

表二　臺灣四大廣播電視臺資本額及股權結構

電視臺	主要經營負責人	資本額、股權結構與各規定持股比例
台視	賴國洲 （董事長） 鄭優 （總經理）	一、成立資本額：新臺幣三千萬元。 二、現有資本額：約新臺幣二十六億元。 三、"財政部" 所屬行庫（臺灣銀行、土地銀行、合作金庫）占 25.87%。 四、日商（日本電氣、東芝、日立製作所、富士電視）及國外個人股占 20.51%。 五、政黨轉投資事業（中央日報、中國廣播、華夏投資）占 10.56%。 六、企業、（華南銀行、第一銀行、彰化銀行、臺灣水泥、臺北國際商銀、台玉投資、士林電機廠）占 34.86%。其中華南銀行、第一銀行、彰化銀行仍由政府持有重要股份。 七、個人股份占 8.2%。
中視	鄭淑敏 （董事長） 江奉琪 （總經理）	一、成立資本額：新臺幣一億元。 二、現有資本額：新臺幣三十一億元。 三、政黨轉投資企業股份（華夏投資、中國廣播公司、中央日報）占 41.1%。 四、企業股份（正聲廣播、臺灣霸憐投資、元榮投資、鍊德科技、華信銀行）占 23.35%。 五、個人股份占 35.55%。
華視	周蓉生 （董事長） 徐璐 （總經理）	一、成立資本額：新臺幣一億九千五百萬元。 二、現有資本額：新臺幣二十億元。 三、"國防部" 股份占 26.41%。 四、"教育部" 股份占 9.84%。 五、財團法人股份（華視文教基金會 3.78%、黎明文教基金會 9.73%、國軍同胞儲蓄基金會 9.73%）占 38.69%。 六、其餘民營企業（朝興昌、中興紡織、聲寶、富帝投資、台塑、南亞、台化、大同等）、一般個人與華視員工等股份共 25.06%。

	蔡同榮	一、資本成立額：新臺幣三十億元。
民視	（董事長）	二、現有資本額：新臺幣六十億元。
		三、民間投資股份公司持股占 74.546%。
	陳剛信	四、全民電通投資股份有限公司占 24.452%
	（總經理）	五、自然人股份占 0.002%。

資料來源：臺灣電視公司網站；中國電視公司網站；中華電視臺網站；民間全民電
　　　　　視臺網站；中華民國電視學會，2002；陳炳宏，2002。

　　從持股的結構上來看，台視基本上屬於"臺灣省政府"擁有，中視屬於國民黨控股，而華視則屬於"臺灣國防部"與"教育部"合有。這種由政府、政黨以及軍隊直接介入的經濟結構決定了台視、中視和華視不可能在經營管理與報導立場上持中立、超然的態度。

　　國民黨黨營媒體除了中視以外，還有勁道數位衛星（中天）電視臺、中國廣播公司、以及《中央日報》、《中華日報》等。其中國民黨占中視股份 35%，占勁道數位衛星（中天）電視臺股份 50%、占中國廣播公司股份 97%。與此同時，陳水扁當局在台視、華視、民視也都擁有官股。

　　臺灣無線電視市場經過 30 多年的三台寡占後，"臺灣交通部"為了打破無線電視媒體在臺灣的壟斷局面，終於決定在 1994 年 1 月 28 日開放新的無線電視電波頻譜。空中禁區打破後，臺灣的第四家無線電視臺出現了。臺灣的民間全民電視公司（民視），是繼台視、中視及華視之後成立的第四家無線電視臺，也是號稱臺灣歷史上第一家民營無線電視臺。在民視籌備期間，民進黨結合中小企業斥資近十億台幣，由民進黨立法委員蔡同榮署名向"臺灣經濟部"申請，獲得審議委員會通過，從而獲得民間全民電視臺的經營權（蘇蘅，2002）。民視正式開播是 1997 年 6 月 11 日。民視雖號稱是臺灣民間全民電視臺，但事實上民進黨從一開始就介入了民視的運作與經營。

表三　臺灣電視臺目前主要股東持股比例

股東	持股比例
臺灣銀行	14.37
土地銀行	7.25
第一銀行	7.25
華南銀行	7.25
彰化銀行	7.25
中國廣播公司	5.02
臺北國際商業銀行	4.84
臺灣水泥股份有限公司	4.84
日商東芝株式會社	4.84
日商日本電氣株式會社	4.84
日商富士電視株式會社	4.84
日商日立製作所株式會社	4.84
合作金庫	4.02
華夏投資股份有限公司	2.69
中央日報社股份有限公司	2.57
台玉投資股份有限公司	2.14

資料來源：臺灣電視臺網站。

　　由於臺灣的黨政軍對臺灣無線電視媒體股權的直接控制，無線電視臺對臺灣各種新聞報導的政治色彩甚濃。台視服務於 "臺灣省政府"，中視效忠於國民黨，華視以軍隊利益至上，民視則為民進黨賣力。在競選時，黨派勢力更加明顯。不少觀眾認為無線電視臺在報導大選時有失公正，有為自己的黨派輔選的嫌疑。其實根本不用驚訝，既然國民黨是中視的大老闆，在競選時，中視不為其大老闆唱頌歌，難道還為反對黨抬轎子不成？反之亦是一樣，民視不為民進黨輔選，難道還為國民黨輔選不成？問題的本質不是哪個媒體為誰說話，而是媒體是否在經濟上和政治上是獨立的。如果媒體是獨立的，那麼它就不應該被某個政黨或派別左右，成為某個政黨或派別的喉舌。

　　臺灣的學者與民眾長期以來對臺灣無線電視媒體與政治的
這種關係極為不滿，反對呼聲不斷。他們要求政治與媒體分離，
希望臺灣有一家公正的，不為政治利用，不受市場操縱的公共
電視臺。經過多年的努力，臺灣的公共電視臺（公視）於 1998
年 7 月 1 日正式於臺灣人見面。臺灣公共電視臺是一個非盈利
的電視臺，其運作資金主要來源於"臺灣政府"撥款、企業/事
業贊助以及個人捐贈。臺灣公共電視臺基金會每年得到"臺灣
政府"的撥款為九億新臺幣，其餘部分來源於企業贊助、個人
捐贈以及其他財源，如促銷與節目相關的錄影帶、圖書資料、
教材以及其他副產品；出租攝影棚、剪輯器材、音響效果設備
等。由於企業贊助不同於一般的廣告贊助，不得促銷特定商品
或服務，不能與節目題材有任何關聯或暗示，資助商不得參與
任何節目制播過程，因此公共電視臺相對能夠不受贊助者的約
束，能獨立自主地進行節目創作與製播。

四、人事管理，政媒不分

　　從臺灣無線電視媒體的股份資源中，我們可以看到臺灣黨
政軍的強大勢力。除此之外，黨政軍的勢力還直接滲透到電視
媒體的經營管理。臺灣無線電視臺的歷屆董事長、總經理的人
事安排都有明顯的政治背景。現任台視董事長賴國洲在出任台
視董事長之前，曾是臺灣"中國國民黨青年工作會主任"。同
時賴國洲還是李登輝的女婿。台視總經理鄭優曾是"臺灣行政
院"公平交易委員會兩屆委員和副主任。中視董事長鄭敏淑曾
經擔任過"臺灣行政院"文化建設委員會主任之要職。擔任中
視總經理的汪奉琪曾經有一連串的頭銜，其中包括"中國國民
黨中央黨部秘書處主任"、"臺灣內政部總務司長"、"民政
司長"、"中國國民黨中央黨部文化工作會總幹事"等。現任
華視董事長的周蓉生以前的職務包括"臺灣國防部總政戰部第

五處處長"、"憲令部政戰部主任"、"軍管區司令部政戰部
主任"、"總政戰部副主任兼執行官"等。目前擔任華視總經
理的徐璐和民視總經理陳剛信也許是政治背景比較淡薄的兩
位，但他們的政治傾向並不模糊。現任民視董事長的蔡同榮則
是政治觀點極其明顯的一位。他不僅曾經是民進黨立法委員、
民進黨中常委，在他當了民視董事長之後，他仍然繼續保持他
民進黨立委和中常委的職位。

表四　臺灣廣播電視臺現任主要負責人之主要工作經歷

姓名	電視臺	職務	主要工作經歷
賴國洲	台視	董事長	"中華民國"新聞評議委員會秘書長 電視文化研究委員會兼執行秘書 《人與書的對話》節目主持人 中國國民黨青年工作會主任
鄭優	台視	總經理	"臺灣行政院"公平交易委員會第二屆、第三屆委員 "臺灣行政院"公平交易委員會副主任
鄭淑敏	中視	董事長	"臺灣行政院"文化建設委員會主任 "中華民國"電視學會秘書長 臺北市大安區調解員
江奉琪	中視	總經理	"中國國民黨中央黨部"秘書處主任 "臺灣內政部總務司長"、"民政司長" "中國國民黨中央黨部文化工作會總幹事" 高雄市政府新聞局副處長 臺灣行政院新聞局科長、專門委員
周蓉生	華視	董事長	"臺灣國防部總政戰部第五處處長" "憲令部政戰部主任" "軍管區司令部政戰部主任" "總政戰部副主任兼執行官"
徐璐	華視	總經理	《臺北之音》電臺創辦人及電臺總經理 《自立早報》《面對面》專欄作者 《自立晚報》副總編輯
蔡同榮	民視	董事長	現任民進黨中常委、民進黨立法委員 曾任 FAPA 首任會長*
陳剛信	民視	總經理	兼任中華民國電視學會理事長

*FAPA 為 Formosan Association for Public Affairs 簡稱。

資料來源：本研究整理。

表五　立法委員與媒體經營關係一覽表

姓名	媒體職務	政治職務
許榮淑	風報董事長、北美衛視董事長	民進黨不分區立法委員
蔡同榮	民視董事長	民進黨立法委員
張俊宏	環球電視董事長	民進黨不分區立法委員
周　荃	真相電視董事長兼總經理	立法委員參選人
洪秀柱	勁報 POWER989 董事長、象山多媒體董事、中天頻道董事	國民黨立法委員
陳文茜	夢想家媒體董事長	新科立法委員
林崑海	三立電視董事長	立法委員參選人
雷　倩	太平洋聯網科技執行長	立法委員參選人
蔡　豪	東森媒體科技股份有限公司執行董事、力霸東森實業股份有限公司執行董事、新臺北遷視歐傳播有限公司副董事、民眾日報董事長暨發行人	

資料來源：臺灣媒體觀察經營基金會。

　　以前在臺灣，國民黨一黨獨大，民進黨陳水扁上臺後，為了掌握媒體的主動權，決定對台視和華視開刀，進行人事更換。由於民視、台視、華視都有官股，因此官方就可以派任官股董事。華視當時由於軍方持股過半，軍方可以很快確定董事長與總經理的人選。陳水扁當局派出徐璐為華視副總經理，（現在徐璐為華視總經理）。當時華視的董事長由曾經擔任過"臺灣國防部次長"、"聯勤總司令部副總司令"的李伯偉擔任；總經理由曾經擔任過"臺灣國防部總政戰部第五處處長"、"憲令部政戰部主任"、"軍管區司令部政戰部主任"、"總政戰部副主任兼執行官"的周蓉生擔任（《中國時報》，2000 年 8 月 11 日；中華電視臺網站）。

　　陳水扁上臺時，臺灣電視臺由於官股未過半，官股中又有民股的部分，因此由誰掌握主導權剛開始是還是個未知數。經過再三考慮，陳水扁當局決定同意讓賴國洲出任台視董事長，並指定《自立晚報》社的社長胡元輝擔任總經理職務。雖然賴國洲是國民黨一邊的人（當時他是國民黨青年工作會主任，同時還是李登輝的女婿），但國民黨內部已經發生分裂，陳水扁當局認為賴國洲是最能與國民黨主流勢力進行對抗的人選。因此讓賴國洲出線，是想利用國民黨內部的矛盾，為陳水扁當局服務。用"總統"辦公室主任馬永成的話，陳水扁"政府"是否安排賴國洲當台視的董事長，"就看是不是要和李登輝妥協"（《中國時報》，2000 年 8 月 11 日；陳文茜，2001）。

據《中國時報》報導，由於陳水扁當局堅持讓李登輝的女婿賴國洲擔任台視董事長，原先已經應允出任台視總經理或董事長的張叔明認為台視的人事任命已被政治利用，因此他決定拒絕擔任台視的職務。同時，其他內定的董事如馮建三、司馬文武、黃虹霞等人，也都因同樣原因，拒絕為陳水扁"政府"出任台視董事（林照真，2000）。

雖然民視聲稱他們有所有權與經營權分離的原則，但事實並非如此。民視董事長蔡同榮以民視所有權者的身份，對民視的經營規定方向。他指出"我們（民視董事會）不允許任何民視同仁，利用民視去鼓吹中國意識。所有民視的節目和新聞內容，都要在臺灣意識之大原則下製作"（轉引自蘇蘅，2002）。蔡同榮利用民視強調臺灣意識，削弱中國意識，其政治目的昭然若揭。

臺灣政府通過對臺灣無線電視媒體的人事安排來影響這些媒體的經營。當董事長、總經理以及其他主要負責人都帶有強烈的政治色彩時，媒體中立、公正的原則就被拋棄一邊了。

從這些媒體的經營方針與原則中，我們也可以看出政治的影響。根據中視十五年特刊編輯委員會的報告，中視的經營方針包括如下四條：

1. 奉行國策，宣揚政令，為政府與民眾服務。
2. 配合經濟方針與經濟建設，為工商企業服務。
3. 本"寓教於樂"的原則，為國民康樂與社會教育服務。
4. 提高營養品質，爭取合理利潤，為促進電視方針服務。

中視的經營方針中毫不隱諱地指出，中視將"奉行國策，宣揚政令，為政府與民眾服務"。

民視的經營宗旨則包括以下幾條：
1. 節目本土化，豐富臺灣文化的精神與內涵。
2. 秉持媒體中立精神，貫徹新聞公正報導原則。
3. 經營專業化，所有權與經營權徹底分開。
4. 注重南部經營，扭轉重北輕南現象。
5. 電視臺人員年輕化，追求高效率工作目標。

這些經營宗旨中，最關鍵的是節目本土化，即突出臺灣意識。宗旨中雖然提到所有權與經營權徹底分開，事實上只是說說而已，所有權與經營權根本就沒有分開。

政治影響媒體，不僅局限於無線電視媒體，其他的廣播媒體同樣有這樣的問題。根據 2003 年三月臺灣"行政院新聞局"公佈的清查公職人員經營廣播電視媒體的情況，在 366 家廣播電視媒體中，目前尚有 67 位民選官員和政府公職人員擔任董事、監事、經理、股東或發起人（騰淑芬，2003）。

五、從政從視，政媒兩棲

臺灣政黨、政府、軍隊的勢力不僅控制著廣播電視媒體的經濟命脈，在人事安排上層層滲透，更有甚者，不少民選政府官員還同時是廣播節目的主持人。表六是臺灣媒體觀察經營基金會提供的臺灣立法委員同時擔任節目主持人的名單。

表六　立法委員主持廣播節目一覽表

廣播電臺	節目	主持人	政治職務
嘉義之音 FM91.3	與同榮有約	蔡同榮	民進黨立法委員
雲嘉廣播電臺 FM93.3	與同榮有約	蔡同榮	民進黨立法委員
亞洲調頻廣播網	亞洲知心站	朱鳳芝	國民黨立法委員
中廣 AM 新聞網	時事縱橫談	陳學聖	國民黨立法委員
POWER 新聞 98.9	陳學聖環遊世界	陳學聖	國民黨立法委員
亞洲調頻廣播網	亞洲晚點名	陳學聖	國民黨立法委員
中廣 AM 新聞網	頭家熱線	廖風德	國民黨立法委員
全國廣播公司 FM106.1	午安全國	沈智慧	親民黨立法委員
飛碟電臺	飛碟午餐	陳文茜	新科立法委員

資料來源：臺灣媒體觀察經營基金會。

　　多年來，臺灣民眾、媒界學者以及民間團體都多次提出，政治勢力應退出媒體的運作，臺灣應該建立一個中立、超然的公共傳播制度，為老百姓、為各個群體提供多元而專業的傳播內容，避免媒體的政治偏頗。媒體應該認同多元，尊重差異，促進民主，服務社會。多年來，《臺灣新聞記者協會》曾與臺灣傳播學界的知名人士徐佳士、臺灣資深新聞工作者金恒煒等召開記者會，呼籲政治人物退出媒體經營與節目主持，希望政治人物不要繼續混淆監督者與被監督者的界限。《臺灣媒體觀察經營基金會》也在臺灣上屆大選前與傳媒學者和新聞工作者共同開會，公佈政治人物經營媒體、主持節目的名單，一再呼籲政治人物退出媒體。

　　然而，幾年以後，民進黨立法委員、中央常務委員蔡同榮依然是民視的董事長，並且還打算角逐“立法院”院長。同是民進黨立法委員的張俊宏是環球電視董事長，許榮淑是風報董事長。其他黨派也不例外。國民黨立法委員洪秀柱是 POWER989 電臺董事長，無黨籍立法委員蔡豪是《民眾日報》董事長，無黨籍立法委員當選人陳文茜是《勁報》及《夢想家媒體》董事長。主持節目的朝野政治人物更是不勝枚舉（何榮幸，2001/12/14《中國時報》）。

　　臺灣民眾長期以來一直反對政治人物涉足媒體，不少人採取不同的方式呼籲政治人物退出媒體，但政治人物就是死皮賴臉，遲遲不退。在"政治退出媒體"的呼聲越來越高時，有的"政媒兩棲"人士迫於無奈，表示願意退出；有的則採取能拖就拖，拖不過去再說的態度。民進黨立委、民視董事長蔡同榮至今仍表示他不願意退出民視。他聲稱民視致力本土化，因此他的工作對臺灣民眾十分有益，所以他有理由繼續呆在民視，當他的董事長。他甚至感覺他對民視有一份使命感，似乎民視沒有他就不行了。他還認為，經過這幾年的專業經營，民視已經成為臺灣最大的無線電視臺，對臺灣的本土化和民主化扮演著重要的角色。他強調他雖掛名董事長，但卻尊重專業經營，從來不干涉媒體內容（《中國時報》，2001）。人們不禁要問，既然是掛名，為什麼又把這董事長的職位看得那麼重要，霸佔著位置不退呢？

　　環球電視董事長、民進黨不分區立委張俊宏也不願意退出媒體。他的理由是以前臺灣媒體的問題是壟斷，現在臺灣媒體的問題是泛濫，兩者的問題已經不同。他指出，能與媒體接近的人可分為多種，有所謂的所有者（擁有者）、參與者、財團以及主持人。現在濫用媒體最嚴重、該被管制的恐怕是每天參加叩應的那些人，其次才是主持人。張俊宏說他不反對政治人物退出媒體經營，但要退出應該大家一起退出（《中國時報》，2001）。這一理論倒是很新鮮，聽眾、觀眾（媒體的參與者）是濫用媒體最嚴重的，是最該被管制的，而經營媒體的政治人物倒是可以為所欲為。

　　當然，臺灣立法委員中表示願意退出媒體的也有，譬如洪秀柱、陳學聖、李慶安和許榮淑。勁報 POWER989 董事長、象山多媒體董事、中天頻道董事、國民黨立法委員洪秀柱指出，她在象山集團所有的頭銜都是法人代表，沒有實際投資經營。對她而言，這些職務是"可有可無"的。她表示如果法律明文規範，政治人物不得經營媒體，她將一切依法行事。她認為政治人物確實應該做到利益回避，但焦點不應該只在媒體或私營學校上，更多的政治人物在各類公司行號掛名董事長、總經理，理應一體適用。

　　洪秀柱還表示，真要運用特權或發揮影響力，不一定非要有立法委員或媒體人的身份。有些非政界的知名人物在媒體主持節目，一樣利用言論特權維護特定黨派候選人，攻擊其他黨派的對手，毫無公信力可言（《中國時報》2001）。

　　在上屆大選期間交出主持棒的親民黨李慶安保證今後不會再涉足媒體圈。她表示在她登記參選立法委員後已退出了廣播節目的主持工作。選後也正式向電臺請辭並獲准。她指出儘管法律沒有明文禁止政治人物從事媒體工作，但基於道德規範，政治人物仍然應該與媒體全面劃清界限，最好不要身兼主持工作。在媒體空間裏，政治人物固然可以進行專業的論理，但基於媒體監督政治人物的特點，政治人物應該與媒體有所區隔，不宜再擔任主持工作。事實上，身為政治人物，她覺得自己在主持廣播時必須刻意回避某些鮮明的政治議題，反而縮手縮腳，自限腳步，還不如退出媒體圈。

　　風報董事長、民進黨不分區立委許榮淑指出，風報定位為休閒娛樂媒體，與政治議題無關。但如果立法院真要限制政治人物參與媒體，她也只有遵守法令一途（《中國時報》2001）。

　　在那些表示願意退出媒體的人中間，就誰先誰後的問題上，大家互不相讓。新科立委陳文茜表示，只要陳水扁當局宣佈政府人馬率先退出無線電視臺，民進黨立委蔡同榮辭掉民視董事長的職務，她就立刻辭掉電視和電臺節目的主持工作。

政治與媒體這種結合，不但臺灣老百姓不滿意，有些政治人物也不滿意。民進黨立委林重謨甚至出言不遜，用極度性別歧視的粗話罵人。新科立委、收視率相當高的電視、電臺節目主持人陳文茜反唇相譏，認為林重謨不能因為她橫跨政治與媒體就可以罵她是"妓女"，正如她不會因為陳水扁沒有做到他承諾的政黨退出無線電視臺，就罵陳水扁是"嫖客"一樣（陳文茜，2001）。

民進黨在野時，曾積極主張黨政軍退出無線電視三台，陳水扁競選時對選民的承諾之一就是要制定政策，讓政黨、政府、政治人物退出媒體。在其勝選之前所謂的《傳播媒體白皮書》中，陳水扁指出："一旦威權執政獨大，經濟及媒體受其宰制，傳播活動隨之萎靡不振，公民社會因而失其喉舌。反之，放任私經濟掛帥，政府結構怠忽公益維護，媒體產業畸形蔓生之際，傳播功能亦連帶扭曲，公民社會未蒙其利，卻深受市場脫序之苦"。根據臺灣政治大學新聞系石世豪副教授的分析，陳水扁應允臺灣選民的"傳播媒體政策"的內容，涉及到"臺灣政府"自身的改造，為公民社會建立資訊開放的傳播環境，改善媒體生態，強化傳播功能，甚至提到媒體與公民社會之間的互動關係，積極協助公民在媒體時代把握自身主體地位等不同面向。然而，競選時說的是一套，選上後做的又是另一套。雖然陳水扁當局勝選後，"行政院新聞局長"鍾琴也表示，"新政府"執政後要在一年半到二年的時間內，成立一個獨立的委員會，模仿美國聯邦通訊傳播管理委員會的機制，對媒體進行改革。敦促政治勢力退出媒體，讓媒體有更寬廣的報導空間。"行政院長"游錫堃也承諾，"新政府"將依民進黨黨綱和陳水扁政策白皮書，盡全力落實黨政軍退出無線電視臺之政策，推動黨政軍退出無線電視臺和股權分散修法，"新政府"會成立專案小組，研究如何將無線電視三台的股權還給人民並達到公眾化的目標。然而，陳水扁"政府"上臺後很快就被收編。他們不斷獎勵民視，頻頻接受民視的專訪，邀請民視主管入閣政府。在經濟資源上，陳水扁"政府"還成為臺灣無線電視臺的官股擁有者。在人事安排上，民視、華視、台視的董事長和總經理都是陳水扁"政府"根據政治需要而安排的。至此，陳水扁"政府"避談三退，以拖待變，遲遲不兌現其競選時對臺灣選民作出的承諾（石世豪，2000；郭淑媛 2000；劉添財，2000，陳文茜，2001）。

到了 2003 年的春天，臺灣朝野要求黨政軍退出媒體的呼聲再起。民進黨主席陳水扁在今年（2003）新春後第一次中常會上做出媒體改革的宣示，頗有向 2004 年"總統"大選誓師進軍的味道。會上，陳水扁除了要求自己的民進黨黨職人員、公職人員退出廣播電視媒體經營外，還表示"政府"將全面釋出媒體的經營權。此外，他還責成"立法院"黨團將廣播電視法中有關"黨政軍退出媒體"的條文列為優先，指出法律條款的修正工作必須在本會期內完成（騰淑芬，2003）。

隨著執政黨宣誓黨政軍退出媒體的決心，在野的國民黨主席連戰也要求國民黨黨職人員全數退出廣播電視媒體經營，並在今年年底前將國民黨黨營媒體交付信託。

六、無線電視，何去何從

隨著"黨政軍退出無線電視媒體"的呼聲越來越高，臺灣政治人物退出電視媒體似乎是勢在必行。然而，對於贊成"黨政軍退出無線電視媒體"建議的人，他們之間的爭論並沒有結束。他們現在爭論的焦點是，黨政軍退出台視、華視之後（中

視已於 2000 年 8 月 9 日公開上市，成為臺灣頭一家股票上市媒
體），這兩個電視臺如何處理，是讓它們走商業化的道路還是走
公共化的道路？持商業化觀點的人認為，無線電視臺應該釋出
股權，使電視臺回歸市場運作機制；另一種觀點是實行公共化，
讓政府收購股份，將電視臺轉型為公共電視臺。

　　支援臺灣無線電視臺走公共化道路的人認為英國的 BBC 和
日本的 NHK 是公共電視的典範，臺灣無線電視應該走 BBC 和
NHK 的道路。英國的 BBC 目前有十九個頻道，一年有 1616 億
美元的經費；日本的 NHK 有九個頻道，一年有 1668 億元的
經費；美國公共電視臺的經費是一年 475 億美元。贊成走公共
化道路的人認為將台視、華視轉為公共電視臺，可以使臺灣傳
播生態結構趨於平衡。目前臺灣商業電視臺太多，太發達。眾
多的有線電視、衛星電視、直播電視、網路電視、數位電視等
等使人們眼花繚亂，目不暇接。目前臺灣有線電視臺的覆蓋率
高達百分之八十。因此他們認為臺灣如果能增加一兩個公共電
視臺，至少可以在結構上保證高質量、教育性節目有傳播的空
間。除了結構上的優點外，電視公共化還能在內容上為民眾提
供多種聲音。贊成公共化的人認為臺灣媒體內容看似多元，但
事實上很單一，在許多方面報導嚴重失衡。商業媒體一味追求
經濟效益，在收視率掛帥的情況下，搞花邊新聞、八卦節目，
對弱勢群體的報導極少。對女性、兒童、原住民、弱智者的利
益只是稍加帶過，並沒有真正重視弱勢群體的利益（羅文嘉，
2003；何榮幸，2001A）。

　　臺灣目前有一個公共電視臺。臺灣公共電視臺指出，他們
的節目規劃理念是開啟觀眾全新的媒體視野。公共電視節目不
是以單一的節目吸引大量的觀眾，而是透過整體節目的安排，
以多元面貌的內容來滿足不同族群、不同年齡和不同愛好者的
特殊需求。公共電視節目製作涵蓋的目標包括提供全民可以終

身學習的管道；增進人民對新聞事件和公共事務的瞭解，善盡媒體監督政府的第四權責任；透過對重要議題和觀念的分析和解釋，提供人民對本國和他國豐富文化、歷史的認知，並培養本土關懷和國際視野；增進國際社會對臺灣風土人情的瞭解，使人民接觸多元的表演藝術；提供各種社會團體如少數民族、弱勢團體，公平參與的機會與表達藝術和政治上的意見空間；播映和典藏重要的影視經典作品（臺灣公共電視臺網站）。

理想的公共媒體應該是政府出資，媒體專業人員製作節目。政府、媒體與人事管理相互獨立，互不干涉。媒體運作不受市場左右，節目製作者不為收視率煩惱，不必受廣告商牽制。臺灣公共電視臺是在醞釀了九年、籌設了七年、花了五十四億建台費之後才成立的。要把臺灣現有的無線三台轉為公共電視臺並不是件容易的事。首先臺灣已經有一個公共電視臺，但其收視利率不高，發展不盡理想的現狀使不少人怯而退之。第二，臺灣政府財政困難，不可能將無線三台的股份全部買下。第三，反對公共化的勢力甚強，其中包括國民黨。

國民黨堅決反對臺灣"行政院新聞局"推動的華視、台視公共化，主張成立獨立、超然的"全國傳播委員會"作為監督審核傳播媒體的機制。國民黨在 2001 年年底召開黨內會議，對臺灣媒體與黨政軍的關係達成共識。會議決定支援修改廣播電視法，推動黨政軍退出媒體。會議具體的決議是，第一、支援廣播電視法的修正，黨政軍不得經營或投資廣播電視媒體；第二、不贊成華視、台視公共化，主張官股應通過公開上市的方式釋出股權；第三、仿效美國"聯邦傳播委員會"的構架，成立獨立、公正、超然的媒體監督機制。國民黨文傳會發言人周守訓指出，國民黨反對華視、台視公共化是因為他們認為公共化的做法只是政府公權力介入媒體的又一種方式，不解決根本問題。只有仿效中視，以股票上市的方式釋出官股，才是媒體轉型的公正方向。如果這樣的轉型無法達成，那麼官股也應該由民間接手。也有人提出，這樣的轉型有可能為大財團創造機會，使他們擁有媒體，從而操縱媒體。國民黨官員認為臺灣其實媒體早就形成了優勝劣敗的市場法則，市場機制自然會制約或淘汰經營者（中國時報，2001 年 12 月 19 日）。

七、民眾呼聲，終不敵政

對於臺灣電視媒體的改革，多少年來臺灣民眾有要求，媒界學者有呼籲，傳媒從業人員有壓力，政黨、"政府"有意願。在這千呼萬喚中，臺灣"立法院"終於決定將廣播電視三法，即廣播電視法、有線廣播電視法和衛星廣播電視法合併一起修正。不同的黨派提出了不同的修正版本，其中有臺灣行政院的版本，國民黨的版本和民進黨立法委員羅文嘉的個人版本。經過朝野反復協商，臺灣當局終於於 2003 年 5 月 28 日通過"廣電三法合併版"的相關規定。該規定的相關條文指出，所有政府、政黨以及政府工作人員和黨務工作人員不得經營媒體。如果該修正案通過，臺灣"政府"與政黨勢力就必須依法全面退出廣播電視媒體。

據臺灣島內媒體報導，該規定還新增了"回避條款"，即臺灣當局、政黨及其捐助成立的財團法人不得直接、間接投資，或通過其受委託人直接或間接投資有線、無線、衛星以及頻道事業等（中新網，2003）。

該文件還規定臺灣政府、政黨、政黨黨務工作人員及選任公職人員，也不得擔任有線、無線、衛星以及頻道事業發起人、董事、監察人或經理人，同時規定目前"政媒兩棲"者必須於該規定施行半年內辭去職務或被解除職務。擔任行政職務或黨內職務的政治人物，必須在政媒之間進行選擇。

同時，該規定還引進了媒體“記點制度”，根據媒體的表現，評分記點，以此做為續發執照的憑藉。新聞部門主管人士表示，臺灣未來電子媒體新發執照將第一次九年，續發則六年。由於執照時間長，中間會三年做一次階段性的評鑒（中新網，2003）。

“廣播電視三法”修正案自2002年被提交臺灣“立法院”後，已經橫跨兩屆會期，歷經朝野八次協商，可謂多災多難。如今國民黨和親民黨的代表都已在修正案上簽了字，但最後還是無法通過。國民黨黨籍立法委員洪秀柱指出，國民黨和親民黨為了彰顯改革決心，已經經過多次協商，作出不少讓步，同意“廣播電視三法”的修正草案，並提出了嚴格的排除條款。民進黨主席陳水扁也曾在中常委會上信誓旦旦地宣示，要求黨員及黨政軍退出媒體經營。

然而，這一受大多數臺灣民眾歡迎的修正案終究不敵政治，在“立法院”本屆會期的最後一次會議上觸礁，未能通過。正當臺灣“立法院”準備在2003年6月6日對該修正案進行三讀通過時，“臺灣團結聯盟”卻從中作梗，故意在最後一次關鍵的會議上缺席，致使原本可以通過的“廣播電視三法”修正案破局。不少人懷疑民進黨立法委員蔡同榮背後做了手腳。由於臺灣“立法院”本屆會期已經結束，該案只能延期到下一屆會期開始時再進行討論，表決通過（李恒宇、李亦社，2003）。

“廣播電視三法”未能通過的另一個理由是，現有的條款對民進黨不利，因此民進黨不想讓它通過。立法委員洪秀柱指出，在委員會審查“廣播電視三法”修正案時，當時朝野都同意在條款中放入這樣的措辭：禁止“任何以政府資金所作的公益廣告或政令宣傳廣告，禁止候選人參加演出或以候選人為案例（做廣告），此類廣告一律禁止播出”。但是由於陳水扁“政府”搞了個“阿扁傳真”的電視節目（每周六陳水扁上電視，與觀眾見面、談心），民進黨的官員們考慮到如果這些條款得以通過施行，那麼他們的"阿扁傳真"電視節目就會受到挑戰，他們主子在2004年的大選中就無法仰仗執政黨的優勢，近水樓臺先得月。民進黨人士為了保駕主子，急於"搓掉"這一條款（李亦社，2003）。

正當臺灣朝野越來越多的有識之士意願合作，解決黨政軍介入媒體這一問題時，"陳水扁政府"突然於2003年二月搞出了這個"阿扁傳真"的電視節目。該節目每周六播出。在節目中，陳水扁企圖以慈父、好丈夫的角色，傳達其人生態度與價值觀，與臺灣民眾交陪（鈕則勳，2003）。然而，該節目出現的時間、推銷的方式與節目內容，不能不讓人聯想到這是在用納稅人的錢為競選連任籠絡人心，拉選票。

立法委員洪秀柱還指出，為了避免政治人物藉親友之名操縱媒體，國民黨原先主張一定層級的公職人員、黨職人員在三親等範圍內限制經營媒體，其配偶與直系姻親等投資同一廣播、電視股份不得超過百分之一。然而，臺灣"新聞局"堅持將三親改為二親，國民黨最終也只好妥協同意。

目前臺灣政黨、政務工作人員和民選公職人員中，持有一定數量的媒體股份的，只有民視董事長、民進黨立法委員蔡同榮和民進黨人士（如立法委員周清玉、葉宜津、許榮淑、李明憲、魏明谷等。他們都還持有廣播電臺或電視臺的股份）。民進黨不願合作的意圖已經十分明瞭。民進黨幹事長陳其邁則把"廣播電視三法"未能通過的責任推卸給"臺灣團結聯盟"和"無黨聯盟"。他說是因為"臺灣團結聯盟"和"無黨聯盟"沒有在"廣電三法"上簽字，才無法對"廣電三法"進行三讀通過。外界認為，"臺灣團結聯盟"未在"廣電三法"上簽字是受了蔡同榮的請托，才使"廣電三法"在本屆會期流產。而"臺灣團結聯盟"和"無黨聯盟"拒絕連署，是因為他們的政

治利益未能如願以償。民視董事長、民進黨立委蔡同榮則表示，
"臺灣團結聯盟"不在"廣電三法"的草案上簽字，是因為
"臺灣團結聯盟"主席李登輝要陳水扁不要讓蔡同榮辭去民視
董事長的職務。臺灣《中央日報》的專欄文章指出，蔡同榮的
一邊是民進黨主席陳水扁，另一邊是"臺灣團結聯盟"主席李
登輝。民進黨的立委不聽民進黨主席的話，卻聽"台聯"主席
的話，這中間不是疑雲重重嗎？（李亦社，2003；《中央日報》
"本報專欄"，2003；《中央日報》社論，2003）。

　　在本文結束時，蔡同榮仍未同意辭去民視董事長之職。他
說在"廣電三法"未通過、規範未明朗之前，做任何決定都會
讓愛護他的人失望。一旦修法完成，他自會遵守法律，做出選
擇。民進黨黨內有的勸他退黨，這樣他就可以繼續當他的民視
董事長；也有的勸他辭去董事長的職務，保住立委、常委的職
務。蔡同榮則是兩者都不想放棄。他聲稱，他遲遲不退民視董
事長的最大理由就是要維持臺灣本土化、加強臺灣意識。其實
說穿了，就是要利用民視搞台獨。最近陳水扁已經對民進黨下
指示，任何黨職人員經營廣播電視媒體的都必須在 2003 年 9 月
5 日之前退出。違反者將祭以黨紀處分（李恒宇，2003B）。雖
然蔡同榮在接受民視專訪時指出，他一定會遵守法律，但是至
於"黨主席"（陳水扁）的命令是否遵守，"就比較困難了"。
他強調，黨紀不黨紀，是次要的事，臺灣的整個走向，才是影
響他決定的主要因素。蔡同榮認為，是否退出民視經營權，首
先要思考的是，民進黨做此決定的目的是什麼？面對目前的挑
戰，"陳總統"明年爭取"總統連任"會選得很辛苦。最近宋
楚瑜表示，一旦連宋當選，兩年後加入《世界衛生組織》，並接
受中國的一中原則。基於這樣的原因，蔡同榮認為，為了民進
黨的前途，"宋不能當選，阿扁總統一定要連任"。因此為了
幫陳水扁助選，蔡同榮把持著民視董事長的職位，當然會有利

於民進黨的。(中華資訊網,2003)。但外界還有一個猜測,就是民視可能考慮安排一個"榮譽董事長"的職位。假如蔡同榮辭去董事長職位,他可以接受"榮譽董事長"的職位,繼續參與民視的營運。但是許多民進黨立委私下認為這種安排是"換湯不換藥",不會被輿論接受(林河名,2003)。

八、花邊緋聞,八卦當道

如果最終臺灣政黨、政府、軍隊、政治人物退出媒體,那將是臺灣媒體進行改革的重要一步,因為它將使臺灣媒體真正走上獨立、公正的道路。當然,黨政軍以及政治人物退出媒體並不能解決媒體所有的問題。今天臺灣媒體還面臨新聞炒作、八卦煽情、兇殺暴力等問題。

許多媒體為了搶所謂的"獨家新聞",追求收視率、發行量,不顧社會責任,一味地誇張渲染、煽情弄潮、迎合時尚、嘩眾取寵。惡性競爭導致新聞流於膚淺,高質量、有深度的報導少之又少。不少媒體熱衷於政治人物的隱私、社會名人的緋聞。任何小道消息,花邊新聞都是報導的題材。衝突、暴力、災難、謀殺都成了媒體熱情追蹤的物件。前幾年白曉燕被綁架事件、陳進興挾持南非武官的人質事件、桃園縣縣長劉邦友被槍殺的命案等都是頭版頭條,24 小時跟蹤的報導。

根據老編作者的統計,1998 年 9 月 25 日中視晚間新聞前十五分鐘的消息完全被庸俗的社會新聞所佔領。這些消息依次是砸車案、情殺、車禍、企業家認女糾紛、四千萬綁票勒贖、火災、冤獄賠償等(老編,1998)。

根據臺灣"新聞局"對新聞的側錄以及觀眾檢舉報告,臺灣無線電視臺的新聞節目有以下一些特色:

1. 1999 年 3 月 11 日中視午間新聞和晚間新聞中,報導"湯姆克魯斯夫婦，全裸上陣”的新聞時，螢幕上顯示湯氏夫婦全裸擁抱及親熱的特寫鏡頭約長達三十秒。儘管女主角妮可．基德曼的畫面用馬賽克加以處理，不少觀眾仍感覺這樣的畫面在合家觀賞時嚴重不妥。

2. 1999 年 8 月 11 日華視晚間新聞在報導點心蛋糕商推出情人情趣蛋糕時，播出以女性乳房、男性生殖器造型以及春宮圖案的蛋糕，極其不雅。

3. 台視、中視、華視、民視於 1999 年 9 月 16 日和 17 日晚間新聞播出女郎寫真鏡頭，甚失品味。

4. 中視 1999 年 10 月 19 日晚間新聞播出 “楚瑾寫真集，惹起視覺戰爭” 消息中，有多處寫真照片的特寫鏡頭。在同一晚上播出的 “俄羅斯玩伴女郎，十八歲佳麗脫穎” 消息中，有空中女郎（經馬賽克處理）搖擺身軀，大跳豔舞的畫面（轉引自蘇蘅，2002）。

　　對於各類煽情、八卦消息，臺灣民眾和媒界學者都希望媒體工作人員能加強自律，在報導時加以收斂。但是由於市場因素，媒體為了追求收視率、發行量，常常把職業道德放在一邊。

　　對於新聞的真實性、公正性，臺灣新聞主管部門希望通過評鑒的方法對媒體進行監督。在 2000 年到 2002 年的三年中，臺灣新聞主管部門委託了新聞評議會針對廣播媒體與印刷媒體進行評鑒。從 2003 年起，臺灣 “政府” 決定將廣播媒體與印刷媒體的評鑒工作分開進行。據《中國時報》的報導，新聞主管部門將委託 “財團法人新聞公害防治基金會”，從 “精確、公正、客觀、合適” 等四個方面，對《聯合報》、《自由時報》、《臺灣日報》、《聯合晚報》、《中時晚報》等數家報紙的一至四版的要聞版進行定期評鑒。評鑒結果每兩個月公佈一次。臺灣媒體未來的衡量標準將包括消息來源、新聞查證、平衡報導、公共利益、新聞價值、新聞編寫、商業取向等七個方面。然而，由誰來進行這種評鑒工作，評鑒的公正性究竟如何仍然是個大問題。不少媒體工作人員認為這是臺灣"政府"變相監控媒體的一種方法。臺灣在野黨也認為，這種看似公允的政策，實際上是民進黨為維護自己的利益，為在大選中能扼殺批評它的聲音而制定的政策。國民黨、親民黨等立法院黨團紛紛聲援媒體，批評臺灣當局這種控制媒體的政策。

九、結語

在民主社會裏，媒體和政治是互相制衡的兩個領域。媒體的職責之一是監督政府和政府官員，使民主機制能正常運轉，濫用權力的現象可以及時受到制止。如果監督者與被監督者由同一人擔任，那就談不上什麼監督與被監督的關係，而是自己為自己工作，或者自己管自己了。這樣就免不了會出現為自己唱讚歌、謀利益的現象。在今天的社會裏雖然政治勢力不可能完全退出媒體，但若能在法令上明確規定政黨、政府、軍隊、政府官員不允許擁有媒體，政治勢力不允許參與媒體經營，政府官員不允許擔任媒體節目主持人，這種機制上的約束將為新聞工作者提供一個專業化的環境。

經歷了半個多世紀風風雨雨的臺灣大眾傳媒事業，今天正在逐漸走向成熟。但是，如果政黨、政府不從經濟資源上、經營操作上以及節目主持上徹底退出媒體，那麼臺灣媒體就還沒有成熟。

附錄

表七　臺灣電視事業發展大事紀

時間	重要事件發展
1962/02	教育電視實驗電臺開播
1962/10/10	臺灣電視公司開播
1969/10/31	中國電視公司開播
1971/10/31	中華電視臺開播
1976	臺灣廣播電視法公佈施行
1987	臺灣解除戒嚴
1993/08/11	臺灣有線電視法公佈施行
1997/06/11	民間全民電視臺開播
1997/06/18	臺灣公共電視法公佈施行
1998/07/01	臺灣第一家有線電視公司（基隆市吉隆）開播
1998/07/01	臺灣公共電視臺開播
1999/02/03	臺灣衛星廣播電視法廣播施行
1999/08/03	臺灣核發 107 家衛星廣播電視實驗及境外衛星廣播電視事業執照
1999/08/09	中國電視公司股票上市
1999/11/22	太平洋衛星電視公司開播

資料來源：陳炳巨集《臺灣電視產業組織與經營管理之變遷》，2002 年

表八　四大無線電視臺四年的平均收視率統計

單位：%

電視臺	1998 年	1999 年	2000 年	2001 年
台視	5.8	5.0	2.9	2.4
中視	5.6	4.8	4.7	4.3
華視	2.9	4.2	4.6	4.0
民視	1.8	2.1	4.6	4.2
合計	19.1	16.1	16.8	14.9

資料來源：轉引自蘇蘅（2002）。

*作者感謝臺北中國文化大學廣告系張文瑜教授為本文提供的資料與幫助。

參考文獻

1. 陳炳宏（2002）《臺灣電視產業組織與經營管理之變遷》。在《臺灣電視 40 年：回顧與展望》的大會上宣讀的論文。臺北，2002 年 10 月 31 日 至 11 月 1 日。
2. 陳文茜（2001）〈政治退出媒體 總統應兌現承諾〉，《中國時報》12 月 19 日。
3. 郭淑媛（2000）〈游錫堃：力促黨政軍退出三台〉，《中時晚報》5 月 17 日。
4. 何榮幸（2001A）〈'公共化'的重要價值〉，《中國時報》12 月 14 日。
5. 何榮幸（2001B）〈媒體去政治化 豈可分先後〉，《中國時報》12 月 14 日。
6. 老編（1998）〈中視新聞的前十五分鐘〉，《新聞鏡》第 517 期，第 24-25 頁。
7. 李恒宇、李亦社（2003A）〈黨政軍退出媒體 廣電三法破局綠營內鬨〉，《中央日報》6 月 7 日。

8. 李恒宇（2003B）〈蔡同榮：我會安樂死 不必扁槍斃〉，《中央日報》6月 14 日。

9. 李亦社（2003）〈綠營護航阿扁傳真搓掉廣電三法〉，《中央日報》6月9日。

10.林河名（2003）〈蔡同榮可能辭民視董事長〉，《聯合新聞網》6月 20 日。

11.林照真、何榮幸、徐紀嶸（2000）〈不滿政治力介入 張叔明婉拒任台視總經理〉，《中國時報》8月 11 日。

12.劉添財（2000）〈鍾琴：政治力應退出媒體運作〉，《中國時報》5 月 18 日。

13.羅文嘉（2003）〈廣電媒體改革的第一步〉，《中國時報》6月6日。

14.鈕則勳（2003）〈阿扁傳真最失敗的行銷廣告〉，《觀念世界》3 月 17 日。

15.石世豪（2000）〈傳媒政策別擺蕩在妄動與反動之間〉，《中國時報》8月 12 日。

16.蘇蘅（2002）〈電視新聞在臺灣的發展〉在《臺灣電視 40 年：回顧與展望》的大會上宣讀的論文。臺北，2002 年 10 月 31 日至 11 月 1 日。

17.騰淑芬（2003）〈黨政軍退出媒體，第四權出頭天？〉，《光華雜誌》3月第 066 頁。

18.臺灣媒體觀察經營基金會。

19.鄭瑞城（1993）。〈頻率與頻道資源之管理與配用〉，見《解構廣電媒體 － 建立廣電新秩序》，第 1-73 頁。臺北：澄社。

20.中華資訊網（2003）〈遵守主席命令？蔡語多保留〉，6 月 11 日。

21.中新網（2003）http://www.chinanews.com.cn，5 月 29 日。

22.《中國時報》（2001）12 月 12 日。

23.《中國時報》（2001）〈政媒分界 官民拔河〉，12 月 19 日。

24.《中央日報》社論，（2003）〈誰是阻擋改革的黑手？〉，6 月 10 日。

25.《中央日報》"本報專欄"，（2003）〈利字擺在中間〉，6 月 10 日。

26.Klaehn, J.（2002）"A critical review and assessment of Herman and Chomsky's 'Propaganda Model' European Journal of Communication. 17(2):147-182.

27.McCombs and Shaw (1972) "The agenda-setting function of mass media," Public Opinion Quarterly 36:176-187.

參考網站

1. 民間全民電視公司網站，http://www.ftv.com.tw。
2. 臺灣行政新聞局網站，http://www.gio.gov.tw/info/asian-pacific/media-1.html。
3. 臺灣公共電視臺網站，http://www.pts.org.tw/PTS/htm。
4. 臺灣電視公司網站，http://www.ttv.com.tw。
5. 中華電視公司網站，http://www.cts.com.tw。
6. 中國電視公司網站，http://www.chinatv.com.tw。

第四部分

教育與文化

臺灣的起飛與教育

陳 致 遠

美國北卡 Appalachian 州立大學

摘 要：

　　臺灣的起飛，除了天時、地利、人和等因素以外，很重要的一個因素是對教育的重視和教育的發展。沒有教育的發展，就沒有經濟的起飛，離開了教育為基礎，就談不上政治的民主化；缺少高質量的教育，就無從談高科技；不普及基礎教育，就沒有廉潔的公務員。本文旨在一覽臺灣教育的發展與現狀，使讀者瞭解，現代社會發展的根本在於教育。作者分析臺灣教育方針與體制，教育發展的過程，教育與社會的關係，家庭式教育，教育的改革，教育與現代科舉制等各個方面，並與美國的教育以及中國大陸教育進行比較。

　　臺灣的國民收入一九六三年為人均一百七十八美元，到一九九三年竟達人均一萬零五百六十六美元，三十年增長了六十倍，可謂奇蹟。六十年代中期，正當中國大陸面臨嚴重的政策失誤、經濟紊亂和自然災害，臺灣卻起飛了。

　　一位來自中國大陸的政治學學者曾對我說，臺灣的經濟發展有什麼了不起，還不是靠著蔣介石帶到臺灣的國庫黃金和老美的經濟援助。然而，通過我本人對臺灣的實地考察和研究，我想這個看法不但有失全面，而且過於偏激。首先，沒有臥薪嘗膽的奮鬥，臺灣的經濟起飛乃是神話；其次，世界歷史上不乏黃金堆如山，經濟如山倒的事例。黃金鋪滿城的阿茲台克之都墨西哥曾被為數不多的西班牙冒險家的刀槍所征服；用亞非拉三大洲掠奪的黃金建立起的日不落大西班牙王國卻被工業革命的蒸汽機車擠壓得粉身碎骨。再者，國民黨政府在大陸統治期間獲得的美元也不少，但經濟每況愈下，到撤離大陸時，已到崩潰的邊緣。其四，臺灣人口半個世紀增加了一倍，從一九四九年的一千多萬到今天的兩千三百萬。如果沒有經濟的發展，坐吃山空，就是沒有貪污腐敗，不到五十年，這些黃金也早就耗盡了。

　　如果有人問我，對臺灣的訪問印象最深的是什麼。我的回答是，除了大街小巷，不分晝夜，世界第一流的吃文化，那便是臺灣的教育。

　　筆者以為，臺灣的飛躍，除了政治，天時，地理，人和以外，千條萬條，最根本的一條是教育。沒有教育的發展，就沒有經濟的起飛；離開了教育為基礎的立國之策，就談不上政治的民主化；缺少高質量的教育，就無從談高科技；不普及基礎教育，就沒有廉潔的政府公務員。臺灣政府以教育為立國之本，非常重視包括正規教育，成人教育，幼稚教育，特殊教育，老年教育在內的多種教育。這便是臺灣發展的訣竅。本文旨在一覽臺灣教育的發展與現況，使讀者，特別是要使那些現代精於《資治通鑑》的中華政客們瞭解，現代社會發展的根本在於教育。

　　二十世紀八十年代以來，臺灣的教育占了下面幾個"最"字：世界青少年自然科學比賽的最佳名次中有臺灣；國際歷屆中小學數學、物理競賽，臺灣學生經常名列最前矛，在世界數、理、化中等教育和初等教育評比中，大大超過最先進的歐美國家，臺灣是按人口平均計算學生出國留學最多的地區，臺灣不僅在亞洲而且在全世界是文盲最少的地區之一，臺灣的政府行政部門領導人（長官）是世界上學位最高的地區，臺灣留學美國和歐洲的研究生畢業後是世界所有國家和地區要求回故鄉工作最多的，臺灣的高等學校升學率是世界最高的地區之一。要瞭解臺灣教育成功的原因，先要剖析臺灣的教育方針和體制。

一、教育方針與體制

　　自從上世紀五十年代以來，臺灣開始極度重視教育。這是由於政府中一些有影響的有識之士，開始反省自己在大陸失敗的原因，深切認識到教育對國家發展的重要和深遠意義。經過數十年的努力，臺灣人民既學習西方發展教育的經驗，洋為中用，又結合自己的實踐，揚長補短，既發揚中華民族教育傳統，又具改革精神，不斷創新，發揚光大。臺灣政府和廣大民眾逐步摸索出一套有自己特點的教育體制與模式。簡言之，臺灣的教育是普及與提高並重，正規教育與補習教育齊軌，全日制教育與業餘教育互補，全科與專科參插，職業訓練與文化普及相乘，"空中"與"地上"並行，官辦與民辦結合。既顧及全面和有系統，又不拘一格，百花齊放。既有統一領導，又發揮社會各界積極性。因此，臺灣的教育制度是多面體：一種既多層次，多角度，又多方位的教育體制。

目前，臺灣政府與教育、科學發展直接有關的機構有行政院下屬的教育部，青年輔導委員會，國家科學委員會，原子能委員會和文化建設委員會，及總統府直屬機構中央研究院。由於教育是全民的責任和義務，其他個政府部門也不同程度、直接或間接地參與國民教育、專業教育和職業教育。教育部下設學校教育司和終生教育司。學校教育機構可分為如下範疇。高等教育：包括大學，各類高等教育學院，空中大學及高級進修補校；普通教育：包括高級中學（簡稱高中），國民教育中學（簡稱國中），國民教育小學（簡稱國小）及負責學齡前教育的幼稚園。除了國中和國小外，政府仍鼓勵私人辦中小學，供有錢又願意花錢的家長給子女提供較好的學習環環境；職業教育：包括高等職業學校和中等專科學校；補習學校：包括國中補習學校和國小補習學校；特殊教育：即負責中等和初等教育的特殊教育學校；業餘和成人教育：包括高級進修補校，專科補習學校和"空中大學"（簡稱空大）。

臺灣所謂的國民教育是指國民義務教育。換句話說，就是公民的免費責任教育。臺灣的國民教育與西方的義務教育根本不同點在於，臺灣的國民教育是強迫性的，而不是自願的。義務教育不僅僅以法律為基準，以法律為準繩，而且以法律為手段。政府可以通過司法和執法機關強迫所有的適齡公民就學。如果適齡兒童或青年逃學或拒絕上學，執法機關即警察有權干涉。政府給予警官處以家長罰款和強迫其子女返校的權力。所謂義務教育，從經濟角度來看，就是說，上學是完全免費的，不上學反而要交費。所謂國民教育就是我們通常講的義務教育。國民教育費用全免，免學費，免書費，免雜費，沒有現在中國大陸學校名目繁多的攤派費，是地地道道的全免。

國民教育從小學（國小）開始，到初中（國中）結束，一共九年。已超過學齡而過去沒有機會接受九年義務國民教育的公民，可以參加國民補習教育。國民補習教育包括國中補習學校和國小補習學校。二者是國民教育的一部分，因此也是免費的。筆者認為，臺灣的國民義務教育是世界各國義務教育最成功的之一。目前臺灣的文盲幾乎是零，只有極個別的七八十歲以上的老人還是文盲。美國雖是世界最發達的國家，但文盲數及未完成義務教育者比例並不低。在普及教育上，臺灣可以列在世界最先進國家和地區的行列。筆者在臺灣訪問期間，曾利用緊張的活動日程間隙，有意深入下層，與各界交談。談吐之間，可以看到臺灣人民的教育普及非常之高，連社會所謂最下層的人民，談吐也相當高雅，文化知識水平是美國的下層人民無法比的，也是西歐絕大多數國家無法比的。所謂“國語”（即大陸的普通話）也極為普及，按照語言學的基本標準，人人都講得很規範。然而，目前在中國大陸普通話還遠遠沒有得到普及。

臺灣國民教育結束後的出路，或是進入勞動市場，或繼續升學進入普通高中，或繼續升學進入旨在職業教育的中等專科學校。只有完成國民教育才能合法進入勞動力市場。童工及未完成九年國民教育者，進入勞動市場為法律所不允許。高中及中等職業學校的學生畢業後都既可就業，也可升學考大學和獨立學院，當然也可以邊工作邊讀任何一種高等業餘職業學校。除了義務徵兵制，臺灣人最以為自豪的廉政事蹟之一便是所謂的大學聯考。聯考相當於過去中國大陸的全國大學統一招生考試，但沒有所謂的政治標準，政治表現，和家庭背景（出身）的約束。在分數面前絕對平等，任何權勢和背景都不起作用。除了極少數保送高中學業非常突出的學生提前被選入大學外，參加聯考的大學嚴格按照考試成績和學校的錄取線錄取學生。值得注意的是，臺灣相當一部分留洋的普通大學生是在臺灣考不上大學而家中有權勢或金錢的落榜者。可見臺灣大學錄取的嚴格程度。（筆者在美國某大學任教時，就認得臺灣速食麵大王的公子和臺北市警察局長的小姐。他們因考不上臺灣的大學而來美就讀。）一般大學學制為四年。大學畢業後可進研究所（即研究生院）深造，或進入美國、歐洲或日本的研究生院學習。

從國中補習學校畢業後，學生要繼續深造，可以進入高中職業學校（簡稱高中職）或專科補習學校。在高等教育一級還設有進修補習學院。比如，高雄市國立科學技術學院設有一個“進修補習學院”，供專科補習學校畢業生和其他同等學歷者就讀。除了大學外，公立專科學校也可附設專科補習學校。除了公辦外，還可以私辦。從一九九五年起，政府開始允許私立專科學校設立自己的專科補習學校。由於此類學校經濟效益極好，近年來許多高等和中等專業學府紛紛設立空大和專科學校。到一九九八年已有三十六所公立及私立專科學校設立附屬專科補習學校。

除了各級國民教育學校和其延伸的高中和高等教育外，值得注意的是臺灣的特殊教育，終生教育和所謂的社會教育與世界許多國家不同，獨具特色。

臺灣所稱的“空中大學”是業餘教育的一種方式，主要是通過電訊傳導的非課堂教學，其職能相當於中國大陸的廣播電視大學，進修學院，業餘大學和夜大學，或其他國家的遠端教學系統。“空中大學”建立於一九八六年，服務對象大部為不能進入正規大學的在職或不在職的成人。但是教育方式更加靈活，教育規格更加正規，教育制度更加完備。教師都有正式的編制，不像大陸業餘大學大部分為兼課教師。入學不受任何年齡限制，且學習年限靈活掌握。不但採用電視，而且通過收音機；函授和面授相結合進行教學。“空中大學”的教學對象非常多樣，包括國中，高中畢業後沒有機會升入大學的在職職工，無業者和失業者；願意進行終生學習的老年人及退休者；甚至還包括在押犯人。臺灣政府法務部與 "空中大學" 掛勾，把大學教育帶到監獄中。犯人可以自願選修任何課程，以利自我身心教育及以便刑滿釋放後尋找工作。 "空中大學" 辦學方式也多樣化。可以由省、縣或市政府主辦，也可以大學附設。比如，政治大學（簡稱 "政大"）就有一個空中專科補習學校。空大的課程設置目前還不夠廣泛，僅有公共行政，管理，資訊，商學，人文科學，生活科學和社會科學等專業；技術科學和自然科學目前還沒有得以進入空大的教學日程。

　　臺灣的特殊教育更為與眾不同。西方及世界大部分國家的所謂特殊教育一般指有生理，心理，智力和身心殘障者的教育。臺灣的普通中小學稱為資源學校。而臺灣的特殊教育包含兩種學校，即身障（身體障礙）學校和資優及才能優異學校。前者為智弱者和身殘者服務；後者為出類拔萃者所設。按照臺灣一九九七年頒佈的 "特殊教育法"，特殊教育為國民教育的一部分，因而也是免費教育。各省、市、縣政府為特殊教育行政專責單位。而且身心障礙的兒童入學年齡不是從七歲開始，而是從三歲開始。任何有身心障礙的兒童入學不得遭到拒絕。按照此法，中央政府用於特殊教育的預算不得低於全部教育預算的百分之三，而地方政府用於特殊教育的預算則不得低於全部教育預算的百分之五。孔夫子的教育核心思想之一是 "因材施教"，這一設置非常符合中國幾千年的傳統教育方法。美國則不然，在學校裏按智力，能力分班級是不許可的。在臺灣，資優及才能優異學校是為少數學習成績非常突出，智力發展水平超過一般兒童的學生所設。教育部設立特殊教育工作小組，統籌，規劃，獎勵，幫助，評鑒，強化，輔導各地區的特殊教育工作。

　　美國的學校教學行政是學生第一，第一，永遠第一。學校的管理階層，以企業、商業的治理辦法來經營管理。因此，學生相當於顧客。老師則是為學生服務的。在這樣的指導思想下，必然影響教學質量。然而，臺灣教育界的口號是"學生第一，老師至上"。一方面，這個口號體現了中華文化"師道尊嚴"的傳統，另一方面，充分發揮教師的積極性和教學主導作用。在大學中，真正做到教授治校。相比之下，美國大學教授治校的實際內容已越來越被一些自稱懂教學又不懂學術和教學的職業行政管理人員所剝奪。

以下請看臺灣教育的發展與現狀。

二、教育發展

臺灣的教育經費一九五一年僅占國民生產總收入的百分之一點七三。到一九九七年，教育經費已占國民生產總收入的百分之六點八五。目前在校學生有近五百二十萬人，占臺灣總人口的百分之二十三點八九。也就是說，臺灣人有五分之一強在學校就讀。一九八七年，臺灣有學校六千六百二十八所。教師十九萬五千七百四十二人。一九九七年各級學校達七千五百六十二所，教師二十五萬一千七百六十八人。十年間學校數增加了百分之十四點一，教師人數增長了二十八點六。一九八七年，平均每一千平方公里有一百八十三所學校，到一九九七年增長到每一千平方公里二百零九所。

一九九七年各級學校分佈為，高等教育：大學和高等教育學院七十八所，高級進修補校二百三十一所；普通教育：高中二百二十八所，國中七百一十九所，國小兩千五百四十所，幼稚園二千七百七十；職業教育：高等職業學校二百零四所，專科學校六十一所；補習學校：國中補習學校二百九十五所，國小補習學校三百八十五所；特殊教育：特殊教育學校十七所；業餘和成人教育：高級進修補校二百三十一所，專科補習學校和空中大學二十七所。在校學生人數：大學四十二萬人，高中二十九萬一千人，高等職業學校五十萬九千人，國中一百零七萬四千五百人，國小一百九十萬五千七百人，專科學校四十三萬三千八百人。高級進修補校十九萬七千人，專科補習學校和空中大學七萬九千人。空大十八萬九千人。特殊學校（包括中小學）從一九八六年的十所，三萬三千學生增加到一九九七年的十七所，八萬八千六百學生。所有各級，各類學校平均每位教師任教學生數則從一九八七年的二十六人減少到一九九七年的二十人。

　　從臺北市政府的結構不難看出，臺灣對教育重視的程度。臺北市政府下屬各局中，教育局最龐大，所屬機構最多。臺北有大學兩所，高級職業學校七所，高中二十四所，國中六十所，國小一百四十二所，國小附設幼稚園一百三十所，特殊學校四所，補習學校三所。

　　儘管臺灣的升學競爭激烈，升學率卻很高。一九九七年國中升高中的升學率為百分之九十二，高中升大學的升學率為近百分之六十二。

三、教育與社會

　　臺灣政府把博物館，文物館，圖書館，紀念館，藝術館，音樂廳，戲劇院，藝術廳，文化活動中心，畫廊，甚至動物園，體育場，兒童娛樂中心等劃歸為教育的一部分，由教育部統一管理。臺灣一項基本的教育方針是全民教育和終身教育。這也是中國人"活到老，學到老"精神的體現。臺灣試圖把西方人發明的終身教育同中國"學而時習之"的古老傳統文化揉為一體。與當今大陸政府把大部分以上場地歸為文化、娛樂、休閒、旅遊一類不同，臺灣政府把博物館，文物館，紀念堂，藝術館，音樂廳，劇院，藝術活動中心，文化活動中心，畫廊，動物園，體育場和兒童娛樂中心這類場館當成一種非贏利事業，一種教育方式，稱之為社會教育，即調動一切傳統和現代文化活動形式為全民教育和終身教育服務。國家、省、縣及鄉鎮的教育部門都有自己的直屬文化單位，國家同時允許私人開闢這類以教育為目的的場所，以強化社會教育。以臺北市為例，市教育局所屬的社會教育機構有市圖書館，美術館，國樂團，交響樂隊，體育場，動物園，社會教育館，兒童娛樂中心，兒童交通博物館。這些單位都是非營利的教育機構。

在短短十天的旅程中，我們旅美華人社會科學教授訪問團一共參觀了五個博物館，一個美術館，三個紀念館，一個藝術館，兩個圖書館。這些場所不是免費，就是門票極為低廉。在那裏，博物館和紀念堂不是被當成旅遊產業，而是從事教育的場所。以中研院內的胡適圖書館，臺北市博物館和中山大學附近的文物中心為例，不但不要門票，而且提供免費諮詢服務。博物館還附設圖書館及閱覽室。讀者可以免費閱讀或借閱書籍。在參觀中正紀念堂時，就遇到一群小學生聆聽解說員的講解，並認真地記筆記。學校把這些設施變成了自己的課堂。

"終生學習"的概念是二十世紀二十年代首次提出來的，旨在使人們不把教育限制於學齡青少年，把教育延長于終生。這一教育方略，一方面使人們跟上現代科技知識資訊不斷更新的腳步，一方面在高齡化的人口結構社會使教育成為休閒，養老和退休生活的一部分。使人們老而不老，延長"青春"。到了上世紀六十年代，美國，日本，西歐普遍接受這一觀念，開始規劃終生教育。臺灣教育部於西元一九九八年發表"邁向學習社會的白皮書"，正式提出要把"終生學習"想法體系化，制度化和組織化；把學前教育，家庭教育，社會教育有機的銜接起來。並且立法用"社區學院"這種組織形式把"終生學習"的西方概念同中國的傳統道德觀具體化，且納入體制的軌道。臺灣的社區學院比美國的更加靈活，更加豐富，更加開放，更加具彈性；服務對象更加廣泛；明確定位為所謂"人人學院"的終生高等教育機構。除了相當於大學前兩年的專科授予"副學士"學銜外，還開有各種短期課程，訓練班，授予各類證書，職業執照。學生來去自由，也可以"三天打魚， 兩天曬網"，學分累積，滿分獲證。社區學院的任務主要是滿足本社區內未接受過高等教育的成人繼續進修的願望，學生必須具備高中或具同等學歷者，對年齡、就業、經濟狀況無限制。課程設置多元化，實用化，生活化。除了二年制大學本科及技術，職業訓練外，社區學院還開設家政、一般文化、人文、語文、保健、公共衛生、鄉土、文物、生態保護、勞工、公共政策、兩岸關係、營養、中醫知識、閱讀、外語會話、人際關係、美容、戲劇知識、口才、閩南和客家語等課程，提高居民的文化素養，促進人們的身心健康。教師聘用可專職，可兼職。各社區政府可按社區內民眾的需求自行規劃社區學院的課程設置，組織和管理，中央政府不得干預。

辦社區學院的辦法多樣化，基本上有五條途徑：1. 各級地方政府可興辦；2. 民間團體可以財團法人文教基金會的形式興辦；3. 政府還鼓勵因市場不佳或營運不佳的高級職業學校（高職）和專科學校改建為社區學院；4. 以社會教育為宗旨的社會教育館（社教館）及社區活動中心；5. 各大學和專業技術學院也可利用人力及設備優勢，附設社區學院；6. 公辦民營。即地方政府教育局組成評審委員會，甄選民間文教基金會承辦社區學院。為了充分利用公辦學校資源，許多社區學院就設在中學內。這種把正規和非正規教育相結合，涵蓋學校，社會和家庭的教育體系通過多年實踐，不斷完善。此辦學方向既適應了人均壽命老年化的現代社會特點，又符合技術知識更新高速化的現代職業市場特點。

為了使終身學習制度化，各地區採用終身學習護照制。凡滿十八歲的公民，可以到圖書館申請終身學習護照，憑該護照到各終身學習協辦單位報名。學生學滿一百五十小時正式課程和市民，家庭，職業生活課程及博物館，美術館參觀學習活動後即可獲得終身學習證書。凡獲得三種不同的學習課程證書和任何四張課程證書者，可獲得終身學習楷模證書。市民課程包括歷史、政治、經濟、外交、生態等。家庭課程包括婚姻、藝術、體育、衛生、兩性關係、保健、家庭經營等。職業進修包括電腦、烹調、工商、國畫、美容、宴席、日文、英文、法語、攝影、繪圖、會計、插花、文書、網路、財務、飲調等。還包括第二技藝。

隨著社區學院，"空中大學"的建立，臺灣的全民教育蓬勃發展，出現了子女就學，父母上課，祖父母也讀書的全家上學的景象。過去老的監督小的讀書，現在老小互相促進，人人上進，使每個家庭都變成"書香門第"。社區學院學員從十八歲到八十多歲。有的社區學院夫妻共課桌，全家共課堂。所有這些，都為建立良好的社區環境和社區文化提供了基礎，成為實現臺灣關於建立人文社會基本構想的途徑之一。除了空中大學，許多文化基金會還開設了各類空中文化學苑，開展各種有關文化，藝術，常識，自然，生態，地理，歷史，電影，民族，文物知識講座及有獎徵答活動，使得臺灣人民大眾的文化活動更加多樣化，更加多層次化。

近年來，臺灣政府還直接參與或鼓勵各個社會教育機構建立終身學習網站。目前，臺北市市立圖書館，教育部，及許多大學的成人教育推廣中心都設有終身學習網站。其中許多網站已聯網。學生註冊後，可通過輸入自己的密碼，進入學員資訊區，然後，按所選的課程開課。學習的一切記錄均記錄在電腦中，一旦上課學時滿，學生既可申請終身學習證書。

臺灣政府利用社會閒散資金興辦或參與各種教育活動，鼓勵企業家成立文化基金會。文化基金會除直接辦學外，還參加或組織青少年生活教育，舉辦心靈講座，開展家庭教育，推廣藝術教育，開辦各類講演、大型講座、名人紀念會，組織兒童夏令營，推廣企業文化等活動。

四、家庭教育與社會教育並重

臺灣政府非常重視家庭教育，並把家庭教育作為提高國民教育素質的一部分。世界上很少國家和地區能夠把學校教育和家庭教育並重到如此程度。自古以來，中華文化的傳佈主要是靠家庭教育來完成的，而真正所謂 "學校教育" 的概念倒是西方的舶來品。中國的傳統是家庭造人，非學校造人或社會造人。臺灣在高度重視現代西方式學校教育和社會教育的同時，念念不忘中華古老的造人傳統，以配合學校和社會教育下一代。這一點是現代西方教育嚴重忽視、輕視甚至反對並且失敗的一方面。有趣的是，臺灣提出家長與孩子一起成長這一新的哲學和價值觀，鼓勵父母之間，父母與孩子之間溝通。

在我們代表團參觀學校的過程中，老師告訴我們，老師同家長保持緊密聯繫，定時開家長會，互通學生表現和學業進步的情況。家長有義務隨時用電話同老師聯繫，以便協調步調，聯合對學生施教。最有趣的是，臺灣學校還規定家長要輪流參加學校的教學，課堂裏有一群學生和許多成年人。我好奇地問一位老師，為什麼一個班有那麼多的老師。老師告訴我，一個班僅有一個班主任帶隊，其他都是家長。家長要輪流參加學生的各項活動。在職的父母，可以請假參加子女的課堂和課外活動。按照法律規定，不但政府機構，而且各個企業和事業單位，不論是公立的還是私立的，都必須支援學生的學習活動，盡力給家長准假。

社會和學校還給家長一定的指導，輔導家長管理和教育好自己的孩子。教育課程不但對未來和在職的教師所設，也為家長所設。各種成人學校，包括空中大學，終生教育單位，普通大學都把教育學當作重要課程不但普及教育，也重視對教育者，包括家長的教育。教育是社會的責任，在中華文化中，更是家庭的責任。

五、教育改革

在二十一世紀之初，一個非常重要的議題便是教育改革，以使之適應現代社會發展的需求和社會多元化的環境。臺灣政府行政院建立了教育改革推動小組，通過人事，立法和預算的手段支援教改。政府提出了五項主要的改革方向，即教育鬆綁，教育落實到每位學生，提升教育質量，暢通升學管道，建立終生學習社會。為完成這五項基本目標，採取了以下措施：

1. 延長和健全國民教育。逐步使國民教育下延至五歲幼稚教育和上伸到高中三年教育。提高幼稚園師資水平，改善幼稚園條件及設備，充實幼稚園課程設置。第一步，首先做到使五歲兒童幼稚教育普及率達到百分之八十。把國民教育提高到高中水平更是教改的關鍵措施。延長國民教育的計劃實現後，臺灣的義務教育將從九年提高到十三年。

2. 除了中央政府的主導作用外，在教育管理上和創新機會上，給地方政府更多自主權，辦好各級國民教育。改革課程設置，革新陳舊的教材，使之多樣化，現代化，科學化。

3. 改革大學招生制度，使之更加暢通。以上提到，臺灣的大學聯考可謂廉政的範例。但是也有許多問題；這些問題在大陸招生工作中也普遍存在。比如，只看學生一時一試之表現，不看他們一貫學習表現；只重升學考試成績，不重學習能力，智力和潛力；偏於數學，語文，英文，自然，社會等所謂重點科目，忽視特殊藝能和專長的培養和考核；只重課程學習成績，不重社會服務精神；只為應屆高中畢業生開門，忽視其他同等學歷者等等。鑒於這些問題，臺灣政府決定，從二零零一年開始終止大學入學聯考。大學錄取學生將通過六種渠道。第一種是基本學力測驗。國民中學的學生每年可以參加兩次基本學力測驗。測驗內容有數學，語文，英語，自然科學和社會科學五門。各大學依學生志願按考試和三年學習成績擇優錄取。對象為一切高中和相當於高中程度的同等學歷者。第二種是推薦甄選。願意被推薦甄選的學生首先報名，再由所在學校推薦，最後由參加甄選的大學甄選放榜。對象為所有應屆高中，高職和專業技校畢業生。第三種依各校和地區申請入學。主要招收應屆畢業生及部分其他符合條件者。第四種自學班的學生按三年學習成績高低和個人志願分配入學。第五種保送。學生數理科成績優異者可由所在學校保送進大學。如果有某項技藝或藝術天才，也可被保送。為保證質量，被保送者要通過甄試，才能被大學接受。第六種直升。應屆高中生，按學習成績直接被大學接受。此項辦法使大學的門開得更大，招生面更寬，升學機會更多，學生壓力減輕。缺點是難以控制後門。只有依靠道德和不斷完善的制度來保障。

4. 貫徹孔夫子因人施教的原則。隨著教育的發展和人口老年化，目前臺灣每位老師所教學生可以說是世界各國，各地區最少的之一。臺灣現在提出的口號是把教育落實到每個學生。為了落實這個口號，僅僅降低每個班級學生的人數還不夠，還需要因材施教。和世界上許多地區"放鴨式"的教學方法不同，臺灣重視個人的個別教育。也就是按照每個學生特點，因人施教。

5. 除了校內教學外，學校今後將更加重視課外對學生的教育，以利於同家長配合，幫助學生全面健康成長。新的課外輔導體制除規劃校外專人輔導教師外，還要調動社會志願人員（義工），退休教師，協助學校進行課外輔導。把專業輔導員，教師，行政輔導員和校外力量結合在一起，共同管好學生。並建立校外諮詢網路，協助校外輔導活動。因此，臺灣的教育指的不僅是學校教育，而是全社會的，全方位的，多層次的教育。

6. 加強技術教育，健全勞動技能教育體制。除繼續鞏固和加強已有的傳統高等及中等教育外，增設更多的科技大學，高等技術學院，社區學院，中等專科學校和職業學校。並在現有國中和高中開設技藝班。

7. 加強師資進修和培訓。建立各類學校的終生進修制度，使教師的知識不斷更新，教學法隨技術發展不斷完善、健全；同時採取多渠道辦法培養師資，充實和擴大師資的來源，增設和擴大教師研習中心，進行教師再教育。

8. 修改大學法，提高大專院校學術和教學水平。建立更多的私立大學和學院。擬建立高等教育審議委員會審批新成立的大學和私立大學，學院，技術專科學校的經濟補助。提高大學教學和科研水平，使各大學各具特色，各有所長。

9. 建立整體家庭教育體制。把家庭教育同學校教育，社會教育結合起來。不少教育家建議今後教育部下設家庭教育司，負責家庭教育的政策、方針、規劃、協調、發展、評鑒、推動和發展。建立整體性的家庭教育網路體系。每個區設立一個家庭教育服務中心。該中心可由學校附設，也可由鄉鎮圖書館等社會教育機構同文教基金會合作建立。

六、結束語

綜上所述，臺灣的經濟奇蹟和政治開明化，除了有客觀國際大環境和國內形勢的有利因素的條件促成，最根本的內在原因之一是教育至上的英明決策。沒有教育，就沒有社會結構的變革，就沒有大發展所需要的人才。筆者以為，臺灣的人才觀，同世界許多國家和地區，包括中國大陸在內的人才觀之本質區別在於，臺灣的人才觀是人文的，不是純知識性，技術性和技藝性的。世界許多國家由技術官僚，傳統政客或者商本位的美國式教育家來主導和操掌教育事業。在這些人的眼光裏，教育不過是傳授前人留下來的知識，技術和工藝，為己所用，為今所用；在這基礎上，再加以創新，從而使經濟不斷向上，物質文明得以提高。而在現今社會中，這個物質文明幾乎唯一的衡量標準則是金錢多少。教育越高，物質的佔有越多，金錢地位則越高。難道學校的教育就只能夠包括物質文明的內容，而精神文明的內容就不需要了嗎？中國古代的教育家和許多二十世紀四十年代以前的教育家曾反覆強調德育的重要性。沒有德育的社會就不是文明社會。

　　二〇〇一年，當全美華人人文學科大學教授代表團在亞特蘭大肯餒薩州立大學教育學院長萬毅平博士的率領下參觀臺灣中山大學時，我們在校園裏遇到一群可愛的青年人。他們同我們歡聚在大海之濱，他們有說有笑，天真爛漫，熱情奔放，歌唱自然；他們不問你在美國掙多少錢，有何地位，如何往上爬；他們僅把笑臉和歌聲帶到了你飽經社會滄桑的心田。這使我想到臺灣的青少年學校教育的確與西方教育有異同之處。

臺灣的人才觀是人文的。臺灣的教育內容除了已上談到的科學知識，實用技藝的傳授外，還包囊了人的精神素質，人品，人格的培養；情操，道德和基本文化素養的造就。換言之，這種教育思想就是中華傳統文化和西方現代文化結合的新教育思想之結晶。儘管臺灣的教育還需要不斷革新，革命和完善，臺灣為中華教育，亞洲教育，乃至世界教育指出了一條新途徑，新方向。臺灣的教育思想也許應該對我們這些在物質文明上進入了二十一世紀，而精神上還停留在工業革命時代的教育者有所啟示。臺灣人既接受了西方教育的理念和模式，又從中華古來文化出發對西方教育體制和方向進行了某種程度的挑戰。這種借鑒和挑戰的態度與胡適先生對西方文化的態度不謀而合。也許正是這個臺灣教育模式會成為二十一世紀世界教育革命的重要借鑒。

參考資料

1. 臺灣 "教育改革草案"，2000 年，教育部。
2. 《社區大學》，2001，臺灣高雄縣政府。
3. 《臺灣教育選編》，2000，教育部。

從臺灣社會的發展看臺灣留美運動的興衰

令 狐 萍

美國密蘇里杜魯門州立大學歷史系

摘 要:

　　戰後臺灣經濟從滿目瘡痍、百廢待興、貧窮落後到富裕繁榮的巨大變化,以及臺灣現代化的萌芽、發展與成熟,與臺灣留學生運動的興起、發展與衰落息息相關。從 1950 年代至 1960 年代,臺灣經濟篳路藍縷,到先進國家留學,因而成為一代青年的最高願望。1950 年代與 60 年代,臺灣經濟與美國的巨大懸殊使留美學生很容易地做出滯留不歸的抉擇。從 1970 年代臺灣開始經濟起飛,到 1980 年代臺灣完全脫貧致富,臺灣留學生經濟狀況改善,多數留學生不必打工,依靠個人積蓄和家長資助即可完成留美學業。從 1980 年代起,美國勞工市場的不景氣與臺灣社會經濟的發展吸引一部分留美學生返台工作。到 1990 年代,留美學生的返台率進一步提高,反映臺灣經濟進入國際中心,勞工人才開始流向臺灣。1990 年代後期,留學美國運動開始衰落,許多臺灣青年不再視出臺留學為"正途",而僅有志於短期海外觀光或暑期海外語言學校。這一現象不僅體現臺灣學術研究水平的提高、本土培養的研究人員已具有國際競爭力,也反映臺灣經濟國際化,資訊化的開始。

The Rise and Fall of the Study in America Movement in Taiwan

Huping Ling

(Associate Professor of History, Truman State University, Missouri, USA)

The evolution of the study in America movement in Taiwan reflects the socioeconomic changes of Taiwan since World War II. In the 1950s and 1960s, to study abroad, especially to study in America, had proved to be the priority for most college and university graduates in Taiwan who were attracted by the better educational and occupational opportunities in the United States. Most of the students from Taiwan during this period chose to stay in America after the completion of their education. The economic taking-off in the 1970s and the subsequent economic prosperity in the 1980s in Taiwan began to draw more Taiwanese students back to Taiwan for job placement. Since the late 1990s, young Taiwanese have been less interesed in studying abroad, as a result of the improvement of quality in graduate programs and the increased accessibility to internet sources and information in Taiwan.

一、前言

　　1854 年，容閎取得耶魯大學文學士學位，並於同年年底遠
渡重洋，在去國八年之後，回到祖國，成為我國歷史上第一位
留美學人，更開創留美學人返國、報效國家的先河。1868 年的
中美《蒲安臣條約》（The Burling Game Treaty）中的第七條 "中
國人欲入美國大小官學，學習各等文藝，需照相待最惠國人民
一律優等"，美國政府給予中國學生在教育上的 "最惠國待
遇"，在法律上使中國留學生赴美成為可能。在容閎的反復建
議下，清政府於 1872 年開始選派留學生。

　　1908 年，為了平息中國國內的反美情緒，美國國會通過法
案，決定退還部分庚子賠款，但規定此款必須被用作教育經費。
清政府遂設立留美預備學校，開始系統地長期選派留美學生。
從此，留美學生源源不斷，許多人學成回國，為中國的政治、
經濟、文化、教育的發展，做出了巨大貢獻。

　　1949 年，國民黨政府遷台。戰後的臺灣，經濟凋蔽，百廢
待興。臺灣國民黨當局為了發展工廠製造業，亟需工業技術專
門人材，因此積極贊助有志青年留學，是為臺灣留學運動的第
一波。1970 年代以來，國際局勢的發展使臺灣當局在外交上屢
受挫折。1971 年，臺灣當局被迫退出聯合國，中華人民共和國
取而代之。1972 年，美國與臺灣當局斷交，與中華人民共和國
建立外交關係。許多盟邦也相繼一一與臺灣斷交，臺灣在國際
政治中日益孤立。面臨此政治局勢，臺灣民眾人心惶惶，紛紛
選擇出臺避難一途。同時，臺灣此時期經歷經濟起飛。經濟的
富裕致使更多人有能力到海外留學。臺灣政府也逐步放寬留學
政策。因此，留學美國成為各種出臺途徑中最容易可行之道，
臺灣再次掀起留學美國的浪潮。1990 年代以來，臺灣政局相對

穩定，臺灣經濟持續發展，人民收入穩步提高。與此相適應，留學美國浪潮開始衰退，不僅留美學人返台率增加，許多臺灣青年不再青睞留學，只有興趣於在海外的短期旅遊觀光，或暑期國外的語言學校。

　　戰後臺灣政治經濟形勢的變化與發展，以及與此相適應的臺灣民眾的心理變化，影響臺灣留美運動的興衰。本文將分別討論臺灣留美學生運動的三個階段，即興起階段（1950-1960 年代），高潮階段（1970-1990 年代）和衰落階段（1990 年代後期至今）。

一、第一階段：興起階段，1950-1960 年代

　　這一階段臺灣的經濟篳路藍縷，百廢待興。臺灣當局亟需專門技術人才推動臺灣的經濟建設。臺灣留美學生多經自費留學、政府選派等渠道出臺。在留學期間，臺灣留學生多勤工儉學。而留美學人在完成學業後多滯美不歸。

（一）留學背景與動機

　　1945 年，第二次世界大戰結束。日本投降，臺灣被歸還中國，結束五十年的日據時代（1895-1945）。國民黨政府作為當時中國唯一的合法政府，接收臺灣。戰後的臺灣，政局不穩，經濟凋蔽，其中土地問題尤為突出。大部分土地集中於極少數地主之手，多數農民無地可耕。為了穩定政局，發展經濟，臺灣國民黨當局實行了三階段化的土地改革運動。第一階段，從1949 年開始，實行三七五減租，以抑制大地主對佃農的剝削。第二階段，從 1951 年起，政府將戰後沒收的日本僑民及日本殖民政府的土地低價出售給無地農民。第三階段，從 1953 年開始，為土地改革的"耕者有其田"階段。當局動員土地擁有者將土

地出售，其地價的百分之七十為穀物，百分之三十為政府四大
企業的股份。土地改革運動的成功不僅使"耕者有其田"（百
分之六十五的農民擁有其耕種的田地），更使土地擁有者將其在
地產的投資轉移到工業建設。這一轉變對於臺灣經濟發展有著
深遠的意義。

　　與此同時，美國開始對臺灣提供軍事與經濟援助。1951 年，
美國在臺灣成立軍事援助顧問小組。1954 年 12 月，臺灣與美國
簽訂軍事互防條約。從 1951 年至 1964 年，美國對台一共提供
十五億美元的非軍事性援助，平均每年一億美元。

　　土地改革的成功與美國的經濟與軍事援助，使臺灣當局得
以集中精力發展經濟。1953 年與 1957 年，臺灣當局分別開始其
第一與第二個四年經濟發展計劃。第一次四年經濟發展計劃重
點發展電力、化肥與紡織。第二個四年經濟發展計劃旨在發展
重工業、國防工業、高級科技，並重視就業與人民收入的平均
等問題。工業的發展，需要大批受過良好教育與專門訓練的人
才。當局開始大量雇用受過海外教育的年輕科技人才。

　　此外，臺灣的人口結構也開始發生變化。生育率逐漸降低，
家庭逐漸變小。同時，臺灣家庭收入普遍提高。低生育與高收
入引起人們觀念與生活方式的變化。臺灣的父母親們對待子女
的培養問題也有了不同的見解。家庭中子女人數的減少與經濟
能力的增強，也使得家長有能力支援子女到美國求學深造。

　　這種種社會經濟現象造成了臺灣自五十年代末以來的一股
"留學熱"。大多數大專院校的學生似乎都希望能出臺留學，
特別是對到美國留學的機會，更是孜孜以求。當時臺灣社會流
行的順口溜"來來來，來台大；去去去，去美國；""來來來，
來東海；去去去，去美國"，形象表達了這種社會心態。台大
是臺灣最優秀的公立大學，而東海大學是臺灣私立大學中的翹
楚，這兩所大學因而最受臺灣青年青睞。而去海外留學，尤其

是赴美留學，則成為臺灣大學畢業生的首選。

與一些臺灣留美學人的口述訪談，更具體說明了"留學熱"在臺灣青年中的影響力。D 女士於 1919 年出生於廣州市，其父是地方法官。在抗日戰爭期間，她於廣東襄勤大學讀完了地質學學士學位。1947 年，她遷居臺灣，在臺灣師範大學教書。1952 年，臺灣省政府撥款選拔公費留美學生，規定凡在省立大學教書五年以上的，通過考試，則可獲取公費五百美元的補助金，到美國留學。D 女士立即報名，通過了考試，獲取全省九個補助金名額之一。同時，她又申請了俄勒岡大學地質系的獎學金，遂啟程赴美。[1]

L 女士於 1938 年出生於上海。其父為國民黨政府郵政系統的高級官員，全家於 1949 年隨國民黨政府遷往臺灣。1961 年，L 女士於臺灣成功大學的英國語言文學系畢業。在此之前，她的哥哥已獲取夏威夷大學的甘乃迪獎學金。在哥哥的幫助下，L 女士來到美國某大學學習圖書館學。在談到臺灣當時的"留學熱"時，L 女士說："當時的潮流是，凡是大學畢業生，都要到美國的研究院學習。因為美國的大學接受較多的外國學生，也給予較多的獎學金。雖然也有一些大學畢業生到英國、德國與其他地方，但是美國的大學給予你的選擇性更多。美國的教育制度也與臺灣類似。"[2]

---

[1] 口述訪談第八。參見令狐萍(Huping Ling)，"Sze-kew Dun", Missouri Historical Review, Vol. XCI, No. 1(October 1996): 35-51；參見令狐萍 (Huping Ling) "A History of Chinese Female Students in the United States, 1880s-1990s." The Journal of American Ethnic History 16, no. 3 (Spring 1997): 81-109；參見令狐萍《金山謠──美國華裔婦女史》，中國社會科學出版社，1999 年，第 160-165 頁，第 208-214 頁；參見令狐萍 (Huping Ling) Surviving on the Gold Mountain: A History of Chinese American Women and Their Lives (Albany: The State University of New York Press, 1998), 125-128, 161-166.

[2] 口述訪談第十二。

　　R 女士于 1945 年出生於四川重慶。其父為國民黨軍將領，全家於 1949 年隨國民黨政府遷台。R 女士於 1967 年於臺灣的一所私立天主教會大學的西語系畢業。R 女士選擇西語系的原因是因為外國語言當時是熱門學科。她專攻英國語言文學。R 女士回憶說："我記得剛進入大學後，我回到家告訴父母：大學畢業以後，我要到美國讀研究生。從此，我一心一意向這個方向努力。在我離台赴美之前，我母親說：沒有人真的想讓你離開家，你現在改變主意也不遲。我說：我已經努力許多年了，如果不去美國，我將來會後悔的。" [3]

　　Y 女士是淡江大學 1968 年的畢業生，獲取法國文學學士學位，不久即來美國留學。她在口述訪談中談到當年她如何作出赴美的決定："我們都是在隨大流……那個時候，大學畢業生到海外留學是件時髦事。所以，每一個大學畢業生，只要有經濟能力，或者能得到美國學校的獎學金，都會去留學的。" [4]

　　根據吳瑞北與張進福的研究，這一時期臺灣留學生出臺主要通過如下三個渠道。第一，自費留學。臺灣國民黨當局於 1950 年規定，凡高中畢業，獲得海外大學四年全額獎學金，並經留學考試及格者，可以出臺留學。由於流弊甚多，此一規定於 1955 年被廢除。從 1953 年至 1975 年，當局規定留學以研究生為限，自費留學生必須經過政府考試，方可出臺。此一階段，通過自費生留考的學生共兩萬五千餘人。第二，公費留考。為了適應現代化的需要，培養建設人才，國民黨政府於 1955 年舉行公費留考。1960 年再度實行公費考試制度。多年來，有兩千多人通過此渠道出臺。第三，出臺進修。臺灣國家科學委員會於 1961 年開始製定出臺進修的具體規定，"每年由各公私立大學及研究機

---

[3] 口述訪談第十四。

[4] 口述訪談第十。

構，就具體工作需要詳擬研究進修計劃，推薦適當人選，由國科會斟酌實際情形審查遴定人員出國研究或攻讀學位。"自1961年度開始至1995年度止，有五千人次通過遴選，出臺進修。[5]

沟湧的留學潮，將大批臺灣青年推往太平洋彼岸。根據臺灣教育部的統計，從1950年至1974年，臺灣教育部共批准了30765名大專畢業生到美國留學。[6]

（二）留學生活狀況

從上述口述訪談的案例與資料資料，可以歸納出第一階段臺灣留美學人的如下特點。

第一，許多留學生來自臺灣社會中與國民黨政府有聯繫的家庭。雖然在遷台後，他們的家庭失去了往日的財富與權勢，但均可維持溫飽，其家庭政治經濟背景有助於他們進入臺灣的高等院校，並在畢業後選擇赴美深造。例如 R 女士的個案。R女士的父親是國民黨軍隊的高級將領，她的全家過著優越的生活。1949年，她的父母必須拋棄所有家產，倉皇逃離大陸，隨同國民黨政府來到臺灣。雖然她是家中的次女，她的父母期望她能夠進入大學學習。[7]

第二，絕大部分留學生（80%以上）屬自費留學生。他們必須依賴美國大學發放的獎學金，或者利用暑期或課餘打工繳納學費。

---

[5] 吳瑞北，張進福，《留美學人與臺灣的學術發展》，收錄於李又寧主編《華族留美史：150年的學習與成就──國際學術研討會文集》，紐約天外出版社，1999年。

[6] John T Ma, "Chinese American in the Professions", in the Economic Condition of Chinese　Americans, ed. Yuanli Wu (Chicago: Pacific/Ascian American mental Health Research Center,1980), P67。

[7] 口述訪談第十四。

　　那些沒有獎學金的學生，生活異常艱苦。既然以學生的身份赴美，他們必須在每學期選擇足夠的學分上課，以達到美國移民局對全職留學生的學分要求（每學期至少十二個學分）。不選夠學分，則會失去學生身份，被遞解出境。要讀書，就得交學費；學費便成為自費留學生的最大開銷。為了籌足學費，許多自費留學生在暑期奔赴華人聚居地的中餐館，苦幹一暑期，可以湊足下一年的學費。而生活費用還得靠每日課餘在當地的中餐館或校園打工掙得。許多中餐館因而自詡其為 “留學生的搖籃”，培養出了一代又一代的碩士、博士生。而中餐館也得以運用這源源不斷的廉價勞動力，生意興隆，成為美國華人經濟中的一大支柱。

　　這一時期臺灣留美學人的艱辛生活，被生動地反映在 “留學文學” 中。這些留學文學作家本人，多為留美學人，親身經歷或耳聞目睹了留學生的艱辛生活。他們豐富的個人經歷使他們得以淋漓盡致地再現第一階段臺灣留學生的生活狀況。於犁華的《又見棕櫚，又見棕櫚》與《傅家的兒女們》，及彭歌的《在水一方》均為臺灣留美學人生活的真實寫照。白先勇的短篇小說集《紐約客》中的一篇小說，敘說某臺灣留學生，為了謀生，每天夜晚開著貨櫃車送貨。在沿著西海岸的州際公路上，他絕望地開著車。路的一邊是沈睡的城市，另一邊是呼嘯的大海。這種文學形象生動地表現出臺灣留美學生的孤獨寂寞與只能前進不能後退的背水而戰的境況。

　　擁有獎學金的學生，固然比較幸運，不必為籌措學費而發愁。但是他們同樣經歷了兩種不同文化衝突而引起的 “文化震動”，與語言障礙而帶來的學業困難。D 女士的個案可以充分說明第一階段臺灣留美學人的生活狀況。D 女士於 1953 年來到俄勒岡大學地質系讀碩士研究生。她回憶說：“我在俄勒岡大學的生活很有意思。因為我的獎學金只夠我繳納學費，我必須想其他辦法來支付我的生活費用。我的一個朋友將我介紹給阿爾文‧斯托克斯坦德（AlvinC.Stockstad）和格雷斯‧斯托克斯坦德（GraceStockstad）夫婦。這對夫婦在尤金（Eugene,Oregon）開有一家五金電器商店。他們同意提供我的食宿；作為交換，我得每天給他們做飯、清理房間。剛開始我不會做飯，因為我以前在中國從未做過飯。他們就教我如何做飯。他們又問我會不會用吸塵器，我說我在中國從來沒有做過家務。他們又教我如何用吸塵器，如何清理房間。記得有一次，我在洗碗時摔破了一個杯子，我便告訴他們我會賠他們。誰知斯托克斯坦德太太大笑著說：「如果沒有人打破東西，商店就會關門。」還有一次，我在清理壁爐時，一不小心，壁爐上面的一個飾物掉了下來，打碎了壁爐的玻璃門。我想，這次我可闖禍了。我決定找人修理。斯托克斯坦德夫婦知道後，連忙安慰我：「別著急！我們的房產保險公司會負擔修理費用的。」兩個星期之後，他們找人修好了壁爐門。我很生我自己的氣，也很奇怪他們為什麼還要雇用我。於是，我問他們為什麼要雇用我。他們告訴我：「我們雇用你，是因為你又誠實又討人喜歡。你總是對我們微笑。」這確實是真的。我對待他們像父母一樣尊敬。每當我聽到他們的貨車回來時，我都會跑到門口去迎接他們，幫助他們脫外套、拿帽子，令他們非常高興。他們對我也非常友善，稱我為他們的乾女兒。在我結婚時，他們為我買了婚紗和度蜜月的飛機票。他們的獨子因此而對我非常嫉妒。我是俄勒岡大學地理系當時唯一的女生，但是我儘量保持各科成績優秀。入學第一年，我的英語不太好，聽課時很吃力。我必須在課前閱讀講義，課後再復習講義。斯托克斯坦德太太又自告奮勇為我修改論文。一九五四年一月，我在俄勒岡大學的美術館舉辦了一次個人畫展。我自幼學過南宋水墨畫。我的畫吸引了很多當地的觀眾。幾家地方報紙都報導了這次畫展。俄勒岡大學藝術系的教授華萊士‧鮑丁格（WallaceBaldinger）專門為我的畫做了評論。"[8]

（三）留學生去留

　　這一時期由於臺灣與美國經濟懸殊，故而多數留學生滯留不歸。根據蔣家興的研究，臺灣當局教育部早在 1950 年已頒定"教育部輔導國外留學生回國服務辦法"。行政院又於 1955 年設立"行政院輔導留學生回國服務委員會"，專司聯繫海外留學人士及輔導其返台服務業務。該會在成立十六年之後，於 1971 年由行政院青年輔導委員會（簡稱青輔會）接辦其業務而結束。[9]

　　根據青年輔導委員會的統計，從 1950 年至 1971 年，留學生（其中百分之九十為留美學人）接受輔導回台就業的有 2,341 名，僅占同期出臺留學人數的 7.7%。[10]

二、第二階段：高潮階段，1970-1990 年代

　　這一階段為臺灣留美學生運動的高潮階段。此時期臺灣在外交上經歷多重打擊，在國際上日益孤立，導致民眾紛紛離台。與此同時，臺灣經歷經濟起飛，人民收入普遍提高。許多留學生在留學期間的經濟來源為個人積蓄或家長資助。較多的留學生在畢業後返台服務。

　　此一階段推動臺灣學生留美的原因與前一階段不盡相同。可以分為下列幾種。

---

[8] 口述訪談第八。

[9] 蔣家興，《臺灣的留學教育與國家發展》，收錄于李又宵主編《華族留美史》。

[10] 李保瑞，《加強延攬海外學人回國服務之研究》，行政院青年輔導委員會，頁 3。

（一）臺灣在外交上的困境

1970 年代以來，國際政治局勢發生巨大變化，使臺灣當局的外交頻頻受挫。在美國，公眾的情緒開始發生變化。親國民黨的政客、議員、外交家在逐步老去，而新一代的選民對蔣介石與國民黨政府毫無印象。新上臺的總統理查德‧尼克松及時理解並掌握公眾情緒，開始在外交上與北京接觸。

與此同時，美國的外交理論也開始傾向於注重"新的權力平衡"。新的權力平衡理論認為，新近崛起的中國的軍事力量與日本的經濟力量，使得這兩個亞洲國家在對於美國前途的重要性上，與歐洲處於同等地位，僅次於蘇聯。中國、日本、蘇聯與美國這四個國家均在亞洲相遇，而這四國中只有中國被孤立於國際團體之外。因此，有必要將中國納入國際大家庭。尼克松與其國務卿基辛格更認為國際力量的"多極化"有利於美國，有利於世界局勢的穩定。

在中國，與蘇聯的政治軍事衝突，也使得主張接近美國的務實派力量抬頭。1970 年 10 月 1 日中華人民共和國國慶，美國著名新聞記者埃德加‧斯諾受邀參加國慶盛典。其間毛澤東主席請斯諾轉告尼克松總統可以私人或總統身份訪華。中國隨即又展開"乒乓外交"。1971 年 4 月，美國乒乓球代表團訪華，受到外交部長周恩來的熱情接待。第二年 4 月，中國乒乓球代表隊訪美。

對此，美國積極回應。先解除對中國的貿易禁運，又迫使臺灣當局退出聯合國，再派高級特使赴華安排接洽尼克松訪華的具體細節。1972 年 2 月，尼克松出訪中國，與中國政府簽定《上海公報》。美國政府承認一個中國，與中華人民共和國建立外交關係，與臺灣國民黨當局斷交。在美國之後，許多盟邦也逐一與臺灣斷交，與中華人民共和國建立邦交關係。

　　面對此外交局勢，許多臺灣民眾不僅對"反攻大陸"完全失去信心，更開始擔憂自己的前途，認為在臺灣局勢不保的形勢下的最好出路是出臺避難。

（二）當局留學政策的放寬

　　從 1970 年代開始，臺灣當局放寬留學政策，使留學手續更加簡單易行。1976 年，當局修訂留學規定，留學僅分公費與自費。對於自費留學生，當局不再設定年限，並且取消留學考試。自費留學生僅需提供"出國留學研習證明書"及"留學國語文能力合格證明書"，即可被教育部批准出臺。1979 年，當局再次簡化留學政策，規定自費留學生可以免繳推薦信。1989 年，當局留學政策更加寬鬆，規定自費留學生不經教育部核准即可離台。

　　留學政策的簡化與寬鬆，極大地鼓勵臺灣青年留學美國。從 1950 年至 1989 年，經教育部核准的出臺留學人員達 116,065 人。自 1989 年下半年開放自費出臺留學，留學生人數驟增。從 1991 年起，每年約有兩萬人出臺留學。[11]

（三）臺灣經濟起飛致使更多人有能力到國外留學

　　在 1953 年土地改革成功後，臺灣當局開始利用農業發展的成果，扶植工業發展。從 1952 年至 1970 年，臺灣的經濟成長率平均為百分之九點二一，農業成長率為百分之四點二四，工業成長率為百分之十二點三九，服務業成長率為百分之九點零八。顯而易見，工業有後來居上的形式。[12]

　　從 1962 年起，工業產值開始大於農業產值，臺灣進入"以工業為主的時代"。至 1986 年，臺灣工業產值所占比例達到百

---

[11] 蔣家興，《臺灣的留學教育與國家發展》，第 173 頁。
[12] 臺灣行政院主計處，《中華民國國民所得》。

分之四十七點一。同時當局積極拓展對外貿易，設立加工出口區及工業區，以吸引因從農業為主轉變為工業為主而產生的大量農村剩餘勞動力。

　　1970 年代，臺灣經濟發展的重心轉移到重工業及基礎建設。1973 年，臺灣當局開始十項建設，其中有七項與基礎建設相關，包括：(1)橫貫南北的中山高速公路，(2)桃園蔣中正國際機場，(3)西海岸鐵路幹線電氣化，(4)北部沿海鐵路，(5)台中港，(6)蘇澳港擴建，(7)核能發電廠，(8)中國鋼鐵公司，(9)中國輪船建設公司，(10)石化中心。十項建設在 1979 年完成，耗資 70 億美元。臺灣開始展現出富裕發達地區的外觀。當局乘勝開始推行十二項建設，重點發展技術與資本密集型的工業，包括發展鋼鐵工業，增建核能發電廠，修建橫貫海島公路，完成台中港以及環島鐵路設施，增修高速公路，改善地區性灌溉與疏導系統，建設海堤，增加農業機械化程度，建設新型城市、文化中心、住宅等。十二項建設耗資 57.5 億美元。1985 年，當局又推行十四項建設，重點發展基礎建設，改善現有基礎結構，包括中國鋼鐵公司的第三階段擴建，增修鐵路，修建臺北捷運地下鐵路，電訊通訊設施的現代化，發展四大國家公園，利用石油水利資源，以及保護自然生態平衡等。十四項建設耗資 200 億美元，在 90 年代初完成。

　　以此為結果，臺灣在 1970 年代的經濟成長率達到百分之十，居世界第二，僅次於新加坡。1980 年代，臺灣人民生產總值達 400 億美元，人民人均產值達兩千美元，外匯儲備達 70 億美元。到 1990 年代初，台民人均產值進一萬美元。

　　臺灣經濟起飛的重要成果之一是 "均富" 的實現。社會財富不是集中在少數豪富手中，而是由大多數人民享受。在 1952 年，百分之二十的最高收入者與百分之二十的最低收入者的年收入之比為 15:1；1964 年為 5.33:1；到 1987 年為 4.69:1，此一貧富差距低於美國。臺灣現今自有住宅率已達到百分之八十五。家庭電視機與電話的擁有率接近百分之百。

臺灣人民收入的增加，使得更多的大學畢業生，甚至高中生有能力到海外求學。在自費留學生中，許多人在大學畢業後即參加工作，一邊工作，一邊準備託福考試，申請美國的研究生院。幾年努力之後，被美國大學的研究院接收，工作所得的積蓄也足夠在美國的留學費用。許多臺灣的父母，也有能力為子女提供留學費用。所以臺灣國民經濟能力的增強成為此一階段留學生人數驟增的又一原因。

4. 美國研究院教育的先進吸引臺灣青年留美

美國大學的研究生院，多師資力量雄厚，課程設置靈活多樣，成為吸引臺灣大學畢業生留美的原因之一。許多臺灣留美學生表示他們到美國留學的原因之一是嚮往美國的研究生教育，認為其比之臺灣有過之而無不及。[13]臺灣的許多重點大學，包括台大，研究生院仍師資力量不足，課程設置選擇有限。

（二）留學生活狀況

這一階段的臺灣學生，經濟狀況比前一階段明顯改善。根據筆者的一項調查，在 80 年代與 90 年代的臺灣留美學生中，有百分之七十來自臺灣的業主與職業者家庭，其父母擁有服裝加工業、電腦產品企業，或者就職於銀行或廣告公司。[14]大部分

---

[13] 口述訪談第十五。

[14] 作者對一百多名臺灣留學生所做的調查；口述訪談第四十二、四十三、四十四、四十五、四十六、四十八、五十一、五十二、五十三、和五十五；參見令狐萍 "A History of Chinese Female Students in the United States, 1880s-1990s." The Journal of American Ethnic History 16, no. 3 (Spring 1997): 81-109。

臺灣留學生在留學期間的費用由其父母支付或來自於個人在臺灣工作的積蓄。[15]

因此，此一階段的臺灣留學生與前一階段的臺灣留學生相比，有著不同的留學經歷。一些人認為在美國留學新奇有刺激，而另一些人則認為留學經歷苦樂參半。但是，無論他們的個人經歷如何迥異，大部分臺灣留學生，學習刻苦，成績優異，出色地完成在美國的求學經歷。

在求學的最初階段，語言障礙與文化差異似乎構成許多臺灣留學生的主要困難。K 小姐是臺灣某電腦生產企業主的女兒，於 1993 年自費赴美國留學，專攻金融專業。她訴說了她在美國的主要苦惱。"我們很想結識更多的美國同學。但是他們一般講話很快。如果我們在同一個學習小組，我們常常聽不懂他們發言的大意。我為此感到非常苦惱。如果教授將學生分組討論，一些美國學生不想和我們分在一組，因為我們的英語不如他們的好，因為我們不能向他們一樣隨意地表達自己的思想。我們對這一點感到非常生氣。"[16]

R 女士在七十年代於美國留學，深切感受中美文化差異帶來的"文化震動"。她說："當我初來美國時，生活真是艱苦。我深深感受文化震動。我不認識任何人，我驚駭、恐慌，並且非常想家。在美國的第一年，除非別人和我說話，我不會主動和任何人講話。在饑餓時我不知道如何燒飯。我從我的美國房東太太那裏學會了燒飯。我不習慣於諸如生菜等美國食物。我不知道如何處理沙拉油。現在我意識到，你至少在美國生活五年才會感覺習慣，至少在美國生活十五年才會感覺像在家裏一樣。"[17]

---

[15] 同上。

[16] 口述訪談第五十一。

[17] 口述訪談第十四。

　　除了語言障礙與文化差異，對於許多沒有獎學金又個人資金不足的臺灣留學生，財政困難是最大的困擾。丁文瑤（WendyWen-yawn Ding）的自傳式散文《漫漫長路有時盡》真實生動、細膩深刻地闡述了留學生與其家屬在留學過程中所體驗的酸甜苦辣和心路歷程。一九五八年，丁文瑤出生於臺灣，是家中六兄妹中最年幼的一個。她在大學時學習旅遊觀光專業，畢業後在臺灣一家國際飯店做行政管理工作，待遇優厚，工作輕鬆。一九八一年夏天，她的留學生未婚夫從美國返回臺灣與她結婚。隨後，她到美國與新婚的丈夫團聚。一俟抵美，她開始體驗留學生活的艱苦。她在其散文中寫道：〝一九八一年十二月二十日，千里迢迢，經過二十多小時的飛行，終於抵達奧克拉荷馬州的愛德蒙小城（Edmond, Oklahoma）。迎接我的不是別的，是那漫天漫地伸手不見五指的大風雪和那三個傻裏呱嘰的書呆子，及一部 pinto 小車，不用說，其中一個就是我那分別四個月的先生，另兩位同學便是抓來做小紅帽提行李及開車的幫手。那時候先生正同時修企管碩士及電腦學士的學位，而我們也只不過新婚五月餘，尚在蜜月期間，而孩子卻是在努力避孕中，仍是不請自來了，一時令我慌了手腳……那時候先生尚有一學期才能拿到學位，自己尚且是伸手牌大將軍，而我有孕在身，根本談不上如何打工幫忙賺錢……記得那年聖誕一過，學校才開學，先生便勇於面對現實，一口氣接下了每晨六點到十點，圖書館清潔的工作，其餘的時間修滿了六個學分的課，又在附近的中餐館，接下了周末收碗盤的工作……兩份工，加上全職修課，我幾乎沒有跟他碰面的機會。臘月隆冬的天氣，清晨，天尚昏暗未明，我只能飲泣於窗簾後，望著他一腳高一腳低的的身影，漸行漸遠……先生是陝西人，道道地地的北方胃，不受食米飯、海鮮，愛包子、饅頭、刀削麵，大塊燉肉，而我這個甚少下廚的南方小姐，硬是得挽起袖

子來學和麵、揉麵。一學期下來，倒也能做出些像樣的東西來，
既然在生財，課業上都幫不上忙，那麼唯一能做的，就是給他
足夠的本錢──「好的身體」去衝刺。那時候最開心的事，莫
過於每月領取餐館的工資，及學校的支票，面臨龐大的醫藥
費，我們必須錙珠必較，以求收支平衡……就這樣，他忙他的
打工及課業，我忙著適應新環境，一下子便開春了，而孩子也
在五月蒲公英的怒放中出生了，是個失望中來的女兒……當時
的經濟情況不允許我們在醫院久留，住了一夜便帶著新生兒返
家……更可憐的是返家第二天，便發起高燒來了，自己都被燒
得昏昏沈沈，還得強支著照顧啼哭不休的小嬰兒……趁著先生
上工前的三、四個小時空檔讓他接手看管孩子，自己照著老祖
母土法煉鋼的方法，喝下了一大碗熱薑湯，沖了個大大的熱水
浴，蓋了兩床厚厚的大被，硬是把自己壓出了一身大汗，如此
在經過一陣冷，一陣熱，冷熱交攻下，慢慢的退燒了……學校
放假了，先生也以幾乎全 A 的成績，順利地拿到了兩個學位，
並同時申請到了內布拉斯加州大學，繼續攻讀資訊管理博士學
位。當時由於申請的晚了些，有限的獎學金名額已分配完畢
了，我們也來不及分到，再一次我們又面臨經濟上的問題……
所以暑假期間先生幾乎不分晝夜，除了睡覺，就是打工賺錢，
當然也顧不到我們母女了……到林肯的第二個月，我們意外的
得到了個好消息，因為有位申請到獎學金的學生未能到校上
課，先生便順利的替代了那份獎學金，除了免除學雜費外，每
星期替教授做十二小時的事，領取四百三十元一個月的生活補
助費，不無小補，心安不少。先生在經過一年的努力中，更踏
穩了原本搖晃的腳步，同時我們幾經商量，決定開源以平衡無
法再補貼的存款……我立刻找到了一份端盤子工來打……每
天打完了早工，下午兩點匆匆忙接回了女兒，七手八腳忙出了一
老一小的晚餐，自己草草填了點東西，只待先生回來一交班，

又急駛回餐館趕打晚工。每個周末，總也得弄到十一、二點方能收工……終於八五年的夏天，在全家殷殷期盼中，先生捧著一個博士，一個碩士學位，昂首闊步的踏出了校門，並以相當出色的成績，找到了他的第一份工作，舉家浩浩蕩蕩的遷往俄亥俄州，定居于津小城……"[18]。

中國留學生社區內外的一些社會組織付出了很大努力，來緩解中國留學生及其配偶的困境。"中國學生學者聯誼會"（Chinese Student and Scholar Friendship Association）和"中國同學會"（Chinese Student Association），分別代表中國大陸留學生與臺灣留學生，在全美大專院校中設有分會，幫助中國同學排難解憂，活躍課餘生活，並組織學生社區外的各種社會活動。這兩個學生組織，為留學生適應環境、順利完成學業所必不可少，功不可沒。

（三）留學生去留

儘管留學生活中有諸多困難，大部分臺灣留學生順利完成學業，在美國定居。許多人受雇於美國高等教育與研究機構，另一些人則進入商界，或成為個人企業主或白領職業工作者。

雖然多數臺灣留學生仍選擇在美國就業定居，但是這一階段有更多的臺灣留學生回台服務。從 1971 年至 1991 年，有 24,981 人返台，占留美學人總數的百分之二十點三。[19]從 1992 年起，臺灣留美學生台人數急劇增加。1992 年，有 5,157 人歸台，1993 年為 6,172 人，1994 年為 6,150 人, 1995 年為 6,272 人，呈逐年增長的趨勢。[20]

---

[18] 丁文瑤：《漫漫長路有時盡》，載《世界日報》1990 年 5 月 8-10 日；口述訪談第三十九。

[19] 蔣家興，《臺灣的留學教育與國家發展》，第 175 頁。

[20] 同上。

　　臺灣留美學人的回流趨勢有內因與外因，以及經濟、政治、文化諸方面的多種因素。外因包括美國自八十年代以來勞工市場不景氣，對職業工作者職位的競爭加劇，導致臺灣留學生在完成學業後歸台服務（因此因素不是文本討論的主題，故不在此詳加論證）。而內因則包括臺灣經濟快速成長，國民收入提高，臺灣人才市場供需的不平衡，臺灣政治更加開放自由，回台人員教學、研究、工作環境的改善等。

　　臺灣在 1971 年時，平均人民所得為 410 美元，至 1997 年，已提高到 11,950 美元。在臺北等大城市，人均所得近 2 萬美元，與美國人均所得極為接近（根據 1990 年美國人口統計，美國的人均收入為 2.4 萬美元）。加之臺灣的生活費用便宜，除"住"以外，"衣"、"食"、"行"的費用均低於美國。

　　此外，臺灣人才市場供需不平衡，求大於供。以 1996 年為例，行政院青輔會徵集的就業機會為 10,165 個，而該會受理的就業高級人才登記只有 5,535 人，其中留學歸台者 2,760 名，臺灣本土培養的高級人才 2,775 人。平均每名被登記者有 1.83 個工作機會。[21]

　　在政治上，自 1986 年以來，臺灣開放黨禁，反對黨民主進步黨於 1986 年 9 月 28 日正式在圓山飯店宣佈成立。臺灣民主開始成長，兩黨競爭態勢初具。同時國民黨於 1986 年解除實行三十八年的戒嚴令，臺灣的民主政治開始起飛，使臺灣社會逐步充滿了生力與活力，日趨自由、開放和多元，從"部分民主"進入"完全民主"。國民黨當局又推動一連串的政治改革，包括解除報禁，通過"集會遊行法"，開放大陸探親，國會全面改選，終止動員戡亂時期及修訂通過總統、副總統、臺灣省長及臺北高雄市長直接民選等。

---

[21] 同上。

　　對於回台人員教學、研究、工作環境的改善，臺灣政府也花費了很大力氣。1980 年，國科會主管的新竹科學工業園區正式成立。新竹距臺北四十五英里，距中正國際機場也不過三十四英里。清華大學、交通大學、工業技術研究所和其他教學或科學研究機構都位於新竹附近。從 1980 年至 1996 年，政府共投入 5 億美元於新竹園區。有利的地理條件與政府的各項優惠政策，使新竹園區在十幾年內吸引了一大批臺灣留美學人回台工作。從 1980 年至 1990 年，從美國回新竹去工作的科技人才達五百人，其中大部分人是在 1988 至 1990 之間返回，多為原在美國加州工作的高級科技或管理人員。[22]根據統計，到園區工作的海外學人，從 1981 年的 27 人增至 1995 年的 1,750 位，而其中海外學人回台創業已達 89 家，占園區廠商數的 40%。[23]

　　上述經濟、政治、文化等方面的原因，成為吸引臺灣留美學人回台工作的有利因素。

三、第三階段：衰落階段　1990 年代後期至今

　　從 1990 年代後期起，臺灣青年不再青睞在國外長期學習，而只有興趣於短期的海外觀光或海外暑期語言學校。此一現象反映了臺灣的研究生教育水準與研究水平的提高。本土培養的研究生的實力與返台的留美學人已不分伯仲，返台服務的留美學人與本土培養的研究生相比，在人才市場與就職、提升等方面不一定具有太大優勢。因此，留學海外自然失去往日的吸引力。臺灣研究生教育的發展與國際化，在一定程度上反映臺灣經濟的飛躍發展與國際化。同時，臺灣社會生活的富裕化與國

---

[22] 《世界日報》1990 年 1 月 3 日。
[23] 許炳炎等，《留美學人與臺灣科技的發展》，收錄於李又寧主編《華族留美史》，第 145 頁。

際化使得留學發達國家不再成為經濟發展的必需。

（一）留學運動衰落的原因

1.臺灣研究生教育的發展

臺灣留美學生運動的衰落的主要原因在於臺灣研究生教育的發展，吳瑞北與張進福的論文《留美學人與臺灣的學術發展》，分析概括了臺灣學術發展的四個時期，對本文的論述，頗有啟發意義。第一時期為制度肇建期。從 1949 年國民黨政府遷台至 1967 年國科會的成立為止。此一時期，主要為臺灣學術研究與發展策略方針的設計與制定。第二時期為學術引進期，從 1967 年至 1980 年。這一時期的發展重點是在各個學術領域引進研究的觀念。第三時期為本土萌芽期，從 1980 年代初至 1980 年代末。這一時期重在發展本土學術的國際水準化。第四時期為融合發展期，從 1980 年代末期至 1990 年代後期。這一時期政府在教育上的投資急劇增加，臺灣的研究環境有長足的進步。[24]

臺灣學術研究的發展從一個側面反映臺灣研究生教育的發展。從 1949 年至 1967 年，臺灣的大學教師以自大陸隨國民黨來台與留日者為主，並以本科教育為主，研究生教育幾乎等於零。從 1967 年至 1980 年，本土研究生教育開始發展，返台留美學人與客座教授指導碩士、博士研究生學習國際性研究方法。1980 年代，臺灣研究生教育開始向國際水準化努力。例如，台大電機系在 1980 年首先實行博士論文發表制度。該系要求博士班學生必須要有國際一流水準期刊發表的論文才可畢業。[25]1990 年代，

---

[24] 吳瑞北、張進福《留美學人與臺灣科技的發展》，第 157-165 頁。
[25] 同上，第 161-162 頁。

本土培養的研究生人數急劇增加，研究水平國際化。例如，1971年臺灣本土培養的碩士、博士畢業生人數為 847 人和 23 人，而 1995 年則據增為 12,649 人和 1,053 人，超過了每年留學生回台的人數。[26]本土培養的研究生，積極參與國際會議發表論文，大量投稿國際期刊，與同領域的外國同事進行學術合作。臺灣的研究生教育已達到國際化，在國際學術領域中，扮演著 "既競爭又合作的角色" [27]臺灣研究生教育的國際化，使得在海外深造，不再是提升研究能力，加強人才市場競爭力的唯一途徑。

　　臺灣研究生教育的國際化，反映了臺灣經濟的快速成長與國際化。臺灣經濟已不再仰賴外力而生存發展，而逐漸在國際競爭中扮演平等的角色。

2. 臺灣社會經濟的國際化、資訊化

　　臺灣高度發達的電腦資訊業與國際網路的普及，使得遠渡重洋，取經鍍金不再成為必需。在電腦與國際網路時代，"秀才不出門，便知天下聞。"一台與國際網路相通的電腦，便可將各領域的研究現狀與成果，快速有效地展現。電腦的普及使用率在臺灣已達到相當高的程度。政府大力撥款規劃建立學校電腦化教室、網路教學等，極力普及全國資訊應用能力。臺灣青年，多數對於電腦資訊與網路情報的使用得心應手，在國際網路中如魚得水。國際網路的普及，加快了國際研究成果的流通與運用，學子因而不必負笈海外，便可掌握最新知識。

3. 臺灣社會的富裕、繁榮

　　自 1980 年代，臺灣完全脫離貧窮狀態，進入富裕之境。在八十年代後出生的青年，因而難以想像並理解上兩代人篳路藍

---

[26] 蔣家興，第 175 頁。
[27] 吳瑞北、張進福，第 166 頁。

縷、含辛茹苦的奮鬥精神。雖然當代臺灣青年中不乏生氣勃勃、
積極進取的有為之士，但也有不少青年人，為物質的豐裕淹沒，
貪圖享受，不再情願去"受洋罪"，在美國留學已失去了往日
的吸引力。相反，臺灣青年現在更有興趣於在海外短期觀光旅
遊或註冊於海外的暑期語言學校。許多臺灣青年，在大學畢業
後拼命工作，積蓄資金，是為了到世界各地名勝古迹遊覽。在
每年夏季的國際旅遊旺季中，世界各旅遊勝地遊客中的亞洲
人，多為臺灣與日本人。

更多的臺灣青年，為了增強自身的競爭力，也迫於臺灣社
會經濟國際化的壓力，紛紛參加海外暑期語言學校。一些調查
報告揭示，每年大約有八千臺灣青年男女，奔赴海外暑期語言
學校，進修深造，創造六千五百萬美元的消費市場。以此為結
果，許多專為暑期海外語言班註冊、住宿及旅行的諮詢中心應
運而生。根據一項市場調查，在海外暑期語言班的全部費用，
包括學費、食宿費、交通費、以及文化活動的費用，約二千五
百美元至五千美元不等。[28]

（二）留學運動衰落可能引起的後果

臺灣留學生運動的衰落從正面反映臺灣社會經濟的高速發
展與國際化。臺灣已進入世界發達國家與地區的行列，因此沒
有太大必要向外發展。與此同時，臺灣留學運動的衰落也在學
術界人士中引起擔憂。許多研究院校的領導人與專家，擔心留
學生運動的衰落將會影響臺灣學術研究的進一步發展，長期的
近親結婚會造成劣生的現象，因此呼籲當局各主管部門，制定
相應的政策，撥款贊助留學。

---

[28] Joyce Lin, "Summer a Language Opportunity." Taipei Journal, Vol, XVII, No.26,
7 July 2000, P.4.

四、結語

　　戰後臺灣經濟從滿目瘡痍、百廢待興、貧窮落後到富裕繁榮的巨大變化，以及臺灣現代化的萌芽、發展與成熟與臺灣留學生運動的興起、發展、與衰落息息相關。從 1950 年代至 1960 年代，臺灣經濟篳路藍縷，到先進國家留學，因而成為一代青年的最高願望。來自經濟貧困的臺灣的留學生，必須含辛茹苦，克服經濟與文化的雙重困難，方能功成名就。而留美學生的去留，代表世界勞工移民的趨向，反映世界各國經濟發展的水平。留學運動從實質上講是世界勞工流動的一部分，世界經濟發展與勞動流動的規律證明，勞工的流向總是由發展中國家到發達國家，從世界經濟的邊緣國家或地區到中心國家和地區。因此，1950 年代與 60 年代臺灣經濟與美國的巨大懸殊使留美學生很容易地做出滯留不歸的抉擇。

　　從 1970 年代臺灣開始經濟起飛，到 1980 年代臺灣完全脫貧致富，臺灣留學生經濟狀況改善，多數留學生不必打工，依靠個人積蓄和家長資助即可完成留美學業。從 1980 年代起，美國勞工市場的不景氣與臺灣社會經濟的發展吸引一部分留美學生返台工作。到 1990 年代，留美學生的返台率進一步提高，反映臺灣經濟進入國際中心，勞工人才開始流向臺灣。

　　1990 年代後期，留學美國運動開始衰落，許多臺灣青年不再視出臺留學為"正途"，而僅有志於短期海外觀光或暑期海外語言學校。這一現象不僅體現臺灣學術研究水平的提高、本土培養的研究人員已具有國際競爭力，也反映臺灣經濟國際化，資訊化的開始。

　　本文只是從一個方面來考察臺灣的留學生運動。不可否認臺灣留學生運動的興起、發展、與衰落同時也受所在國的移民政策與就業形式所影響。但此因素不在本文討論範圍之內，在此說明。

* 該論文為曾發表於《臺灣的現代化和文化認同》（Modernity and Cultural Identity in Taiwan，River Edge, NJ: Global Publishing Co. Inc., 2001）中《從臺灣留美學生模式的變化， 看臺灣社會的現代化》一文的修改稿。

談臺灣的拼音改制

羅　　競

美國布魯斯保大學

提　要：

　　二零零二年七月，臺灣教育部將通用拼音選定為官方拼音系統，取代中文拼音和其他並行的拼音方案，引起諸多爭議。爭論的核心是拼音系統的改制究竟利弊如何。本文擬從漢語羅馬化的沿革，北京音作為國語基礎語音的傳統，以及拼音系統的完整，簡捷和接授範圍等幾個角度就通用拼音的採用提出看法。本文的結論是，中文拼音在這些方面毫無疑問地優於通用拼音。拼音改制之舉缺乏基礎。

一、引論

二〇〇二年七月，臺灣教育部將通用拼音選定為官方拼音系統，取代中文拼音和其他並行的拼音方案。這項措施引起了極大的爭議。批評意見大概可以歸納為兩個方面。首先，從現實意義上說，中文拼音已經成為世界上最通用的漢字注音系統，已經被美國國會圖書館和國際標準組織所採用，因而，取代中文拼音給臺灣同外界的交流帶來不變。其次，從音系理論上說，儘管通用拼音的擁護者認為該系統通用簡易，而實際上由於其變體音標的複雜性，通用系統並不簡易實用。擁護者的觀點除認為通用拼音簡易以外，還認為有助於臺灣在注音法上獨樹一幟。

有些評論是從政治角度提出的。例如，《人民日報》二零零二年十月十四號的一篇文章指出，通用拼音的出臺有其政治動機，不能簡單地說成是語言研究的成果。臺灣方面也有類似的論說，例如將通用拼音的動機歸為"共存共榮，"大概就是作為臺灣獨立性的標誌。實際上，語言運動同政治運動的聯繫古來有之，胡適的白話運動就是例子。漢字注音運動本身也是一樣，從最初就同政治有著深厚聯繫。舉例來說，張提飛（音）在 1937 年就曾有這樣的說法："拉丁注音給帝國主義瓜分中國創造了文化基礎。因此，拉丁化運動就是叛徒的一場文化運動。" [1]

然而，應當指出的是，語言系統同政治系統畢竟不同，二者各有各的規律。從邏輯上說，合理的有效的結合似乎應當遵循一個先後的次序。在建立一套語言體系的時候，最好還是將語言規律放在第一位，其次再考慮通過政治手法來鼓吹。而不

---

[1]　De Francis, 240.

是首先將政治需要作為藍圖，將語言事實放在次要地位從而炮製出一套系統。任何政治目的恐怕都無法從一套站不住腳的語言系統中得到益處。可惜的是，通用拼音的創立似乎有本末倒置的嫌疑。這篇文章想對通用拼音的系統作一番粗淺的檢討。

二、漢字羅馬化的發展

漢字的羅馬注音只有三百來年的歷史。而注音的傳統大概是漢字出爐的時候就產生了，只是我們對久遠的系統瞭解不多。最成熟的注音系統要算反切，它是用兩個字來拼一個音。東漢的《說文解字》表現了反切系統已經很完善。依許慎之說，倉頡造字時是仿了鳥雀足迹，可見在很早以前漢字的音與義就已經牢固地結合成一體，音旁已經不再起注音的作用了，從而注音才成了大學問。

羅馬注音大概是從利馬竇（Mateo Richie）和其他西方傳教士那裏開始的。第一部使用羅馬字母注音的漢語字典於一五八八年出版，除使用羅馬字母以外還使用了五個附加符號，其中包括一個送氣音符號和四個聲調符號。到十九世紀末期，由傳教士完全用羅馬字母撰寫的多種中文月刊在福州、上海、廣州、廈門一帶廣為流傳。據說讀者一時竟高達三萬多人。到了一八六七年，英國漢學家托馬斯－韋德出版了一部中文讀本，《Teach Yourself Chinese》書中用羅馬字母給漢字注音。二十世紀初，吉爾斯（H.A.Giles）編寫了一部漢英字典，其中使用了韋氏音標並略加修改。韋氏音標在臺灣（Wade-Giles System）沿用至今。二十世紀初還出現的另外幾個拼音系統也曾經轟動一時，有的至今仍在使用，例如拼音字母（俗稱 bo po mo fo），趙元任的國語羅馬字，瞿秋白的拉丁化新文字，耶魯系統等等。除瞿秋白的拼音系統以外，其他幾個系統可以說都在延續。顯然，通盤來看，最成功的系統還要屬中文拼音系統，不但簡單嚴謹，而且有強大政治後盾支援，使之成為最普及的系統。

從理論上說，如果一套拼音系統可以執行它所拼寫的文字的各種功能，那麼，這套拼音系統就可以喧賓奪主取代文字系統。正如索敘爾早就說過的，書寫系統不是語言本身，而是語言的記錄而已[2]。"取代"問題早在羅馬字拼音時代之初就在醞釀，至今未能成功。其原因普遍認為，首先是漢語的同音字的性質構成嚴重障礙；另外，漢字和漢文化的聯繫有其特殊的緊密性。因此，漢字借助了漢文化的穩定性。

三、中文拼音系統和通用拼音系統的由來

（一）中文拼音

中文拼音方案是中華人民共和國建國後由第一屆人民政府所施行的，在當時被視為推廣普通話的當務之急。"方案"於一九五二年由文字改革委員會提呈國務院審定；國務院於一九五六年設立專門委員會對"方案"進行修改，並於一九五七年呈交全國人民代表大會；後經第一屆全國人大第五次會議於一九五八年二月十一日批准，中文拼音方案開始實施[3]。

這裏需要指出的是，說中文拼音方案的制訂過程受了蘇聯的左右是不正確的。中國政府實際上抵制了蘇聯的影響。文字改革委員會當時面臨著三項選擇：第一，拼音系統的字母是延續傳統的類似於漢字偏旁部首的拼音符號，還是改用外文字母？第二，如果用外文字母，是採用羅馬字母，還是採用俄文字母？聲調符號怎樣選擇？第三，是以單音節字為拼音基本單

---

[2] 索敘爾，《普通語言學教程》。
[3] 徐世榮，《普通話語音》。

位，還是以多音節詞為基本拼音單位？在回答第二個問題上，文字改革委員會頂住了蘇聯的壓力而選擇羅馬字母，也就是二十六個英文字母，外加聲調符號[4]。

到了七十年代，十種原先沒有書面文字的少數民族語言已經用中文拼音外加其他符號的方法建立了文字體系。維吾爾、哈薩克和景頗等少數民族語言原先已有書面語，因其紛繁複雜，後來也被中文拼音取代。

中文拼音方案如下[5]：

			i	u	Ü
b	q	A	ia	ua	
p	x	O		uo	
m	z	e (ê)	ie		üe
f	c	Ai		uai	
d	s	Ei		uei	
t	r	Ao	iao		
n	zh	Ou	iou		
l	ch	An	ian	uan	üan
g	sh	En	in	uen	ün
k		Ang	iang	uang	
h		Eng	ing	ueng	
j		Ong	iong		
聲調	一聲	二聲	三聲	四聲	
	‐	╱	V	╲	

注:
zh, ch, sh, r, z, c, s 為便利發音，後面跟 "i".
er 是卷舌音，如 "兒子".
y, w 屬半母音，放在母音的前面.
ü 在以下音節中寫作 "u"：yun, yuan, yue, ju, qu, xu.
iou, uei, uen 當前面是輔音時寫作 iu, ui, un.

---

[4] Lehman, 52.
[5] 徐, 18-19.

（二）通用拼音

通用拼音在臺灣的創立，如余伯泉學者所述，是基於以下這些考慮：[6]

首先，臺灣有選擇自己的拼音系統的權利。通用拼音可以跟中文拼音"共存共榮。"

通用拼音比中文拼音簡練，例如：

中文拼音	通用拼音
yu, u, u	yu
weng, wen, feng	wong, wun, fong
hu shi	hu shih
j, q, x; zh, ch, sh	ji, ci, si; jh, ch, sh

中文拼音把"翁""文""風"的音標寫為 weng, wen, feng；通用拼音將三字標為 wong, wun, fong，是因為"翁""風"與"冬""通""相串"，"學起來更方便。"

通用拼音採用"h"作為"空韻"，放在"i"之後以保持讀音正確。也就是說，例如"mih"（米）和"nih"（你）這兩個音節，按照羅馬系統應該念"mai" he "nai"，加上"h"問題就解決了。中文拼音的"j, q, x; zh, ch, sh"在通用拼音中被"ji, ci, si; jh, ch, sh"取代，這樣方便於普通話同粵語的轉換。另外，一見到名字的拼法中有 j, q, x 便知道是大陸人。

英語有各種方言，漢語普通話也應當允許區域變化。臺灣華語跟北京普通話不完全相同，臺灣應保持特點，而不是放棄特點。

中文拼音是受了蘇聯的影響，通用拼音保持了漢語音標的傳統。

6　餘，"問答"。

通用拼音便於標寫客家話，有助於說普通話的人學客家話。

通用拼音方案如下[7]

b	ji	a	ai	-ia, ya	-uo, wo
p	ci	e (ê)	ei	yo	-uai, wai
m	si	-i, yi	ao	-ie, ye	-uei, wei
f	jh, jhih	o	ou	yal	-uan, wan
d	ch, chih	-u, wu	an	-iao,yao	-uang, wang
t	sh, shih	er	ang	-iou, you	-un, wun
n	r, rih	yu	en	-ian, yan	-ong, wong
l	z, zih		eng	-iang, yang	yue
g	c, cih			-in, yin	yuan
k	S, sih			-ing, ying	yun
h				-ua, wa	yong

聲符

一聲	二聲	三聲	四聲	自然聲
可不標	／	V	\	0

7　See Tongyong Pinyin Plan.

中文拼音和通用拼音的比較

通用拼音	中文拼音	通用拼音	中文拼音	通用拼音	中文拼音	通用拼音	中文拼音
jha	zha	si	xi	ci	qi	jyu	ju
jhe	zhe	sia	xia	cia	qia	jyue	jue
jhai	zhai	siao	xiao	ciao	qiao	jyuan	juan
jhei	zhei	sie	xie	cie	qie	jyun	jun
jhao	zhao	si(o)u	xiu	ci(o)u	qiu	jyong	jiong
jhou	zhou	sian	xian	cian	qian		
jhan	zhan	siang	xiang	ciang	qiang	nyu	n ü
jhang	zhang	sin	xin	cin	qin	nyue	n üe
jhen	zhen	sing	xing	cing	qing	lyu	l ü
jheng	zheng	syu	xu	cyu	qu	lyue	l üe
jhu	zhu	syue	xue	cyue	que		
jhua	zhua	syuan	xuan	cyuan	quan	jhih	zhi
jhuo	zhuo	syun	xun	cyun	qun	chih	chi
jhuai	zhuai	syong	xiong	cyong	qiong	shih	shi
jhu(e)i	zhui					rih	ri
jhuan	zhuan			wong	weng	zih	zi
jhuang	zhuang			wun	wen	cih	ci
jhun	zhun			fong	feng	sih	si
jhong	zhong						

四、討論

　　設計中文拼音系統大概最起碼要從兩個角度來考慮：第
一，準確；第二，簡潔。這兩條正是通用拼音和中文拼音的所
努力爭取的。中文拼音已經使用了半個世紀，普遍被接受為漢
語普通話語音的規範音標系統。通用拼音的創立是不久前的
事，能否取代中文拼音還要看在功能上是否簡潔準確，和是否
符合創建者所擬定的某些指標，從而判斷通用拼音是否優於中
文拼音。這樣，以通用拼音取代中文拼音才有實際的效益。

　　然而，要作這樣一番考察，首先要確定通用拼音的對象語言和中文拼音的對象語言都是以北京語音為基礎的漢語普通話。這樣的定義有其歷史的基礎。作為普通話的歷史原本的中原語音在元朝就已經成為當時填詞作曲的規範。周德清的"中原音韻"大約作於一三四八年，是當時廣為流傳的韻書8。所謂"中原"指的就是北京一帶。到了五四運動，北京音已經通用於各種文藝形式。二十年代的"國語統一運動"將北京語音定為標準的語音，最後定為國語發音。基上所述，可以肯定，通用拼音所描寫的對象語言，理應是以北京語音為基礎的普通話。否則，如以臺灣普通話為標準語，恐怕就沒有"通用"可言了。因為既然有"臺灣普通話"，自然"上海普通話"，"廣州普通話"也就都成了"普通話"了。

　　通用拼音的作者主張保持臺灣普通話的特點，這也許是該系統在邏輯上的一個溝壑。它對拼音系統的準確性也似乎有影響。比如說"風"，"翁"和"通"這三個字注音為 fong、wong、tong，也許是受了本地廣東話發音的影響。這三個字並不壓同一個韻，中文拼音將他們分別拼寫為 feng、weng、tong。如果說這是臺灣普通話的特點之一，顯然是普通話南遷後在粵語環境中產生的變體。如以此來取代作為主體的漢語普通話，似乎有本末倒置之嫌。好在，fong、wong、tong 的理由是"以 ong 相貫串，以便於學習。9" 通用拼音的作者把美國英語和英國英語的情形同漢語普通話和臺灣普通話的情形作類比，這恐怕有一點強求。倫敦英語同美國英語之間的差別是歷史、文化、地理、人文，和不同國度等等因素所造成；與一衣帶水的海峽兩岸不大相同。

8　徐世榮，1980。

9　餘，"問答"。

　　在拼法上，通用拼音主張簡潔，便於漢語教學。而實際上通用拼音系統並沒有做到十分的簡潔。最大的問題是用相同或相近的符號來表示不通的音，不通於中文拼音的原則，即用不通的符號來表示不同的音。舉例來說，通用拼音以 jh 代替中文拼音的 zh，這樣一來，j 即是舌面音（如 ji），又同 h 構成舌尖音(jh)，發音位置變了卻仍然用 j，容易造成混亂。而中文拼音中 j 只用作舌面音；把 z 用作舌尖音，當 z 同 h 結合後仍保持舌尖音性質(zh)，這樣就保留了兩音之間的聯繫，有助於學習。

　　另一個例子是以 si 代替中文拼音中的 x，以 ci 代替 q，作者的意圖是為了避免當學習者見到中文拼音中的 zh、x、q，誤念作 z、ks、k。然而，從照顧羅馬字母發音規律的角度來說，jh、si、ci 並不具備更好的代表性。如此把輔音和母音結合在一起組成複合輔音音標的辦法比較少見，恐怕也並不簡潔。舉例來說：

	通用拼音	中文拼音
女	nyu	n ü
虐	nyue	n üe
旅	lyu	l ü
略	lyue	l üe
知	jhih	zhi
吃	chih	chi
施	shih	shi

　　在以上這幾個例子當中中文拼音所用字母在數量上少於通用拼音，其便利之處之一是方便鍵盤輸入。另外，像類似於 jhih 的結構，hh 不已，對絲毫不瞭解漢語的人士來說恐怕不知從何下手，很難啟齒。依照本文作者在美國多年的教學經驗，教學的困難不在於識別音標，而在於如何使學生掌握發音。從這個角度說，中文拼音的 zh、x、q 反而有助於抑制學生的母語習慣的干擾。

　　此外，通用拼音的聲調系統似乎有些問題。如果陰平（一聲）和零聲（即自然聲）都屬可標可不標一類，聲調標寫就不系統了。比如說，"臺灣"這個詞中的"灣"字，是標成陰平呢，還是不加音標呢？在使用中文拼音時是肯定要標的。

　　綜上所述，通用拼音與中文拼音相比似乎有兩個嚴重的弱點，第一是系統的繁瑣和缺乏準確性；第二是接受範圍狹窄。在這樣的前提下用通用拼音取代中文拼音的做法恐怕是欠考慮的。至於通用拼音比中文拼音更易於用來溝通客家話和普通話，還需進一步探討。

參考書目

1. De Francis, John. Nationalism and Language Reform in China. New York: Octagon Books, 1972.
2. Lehman, Winfred P., ed, Language & Linguistics in the People's Republic of China. University of Texas Press, 1975.
3. Leon, Pierre; Henry Schogt, and Edward Burstynsky.　La phonologie. Paris: Edition Klincksiek, 1977.
4. "Rewriting Chinese a Foolish Move." The People's Daily, 14 October 2000.
5. Saussure, Ferdinand De. Course in General Linguistics. New York: McGraw Hill, 1966.
6. The Tongyong Pinyin Plan. http://abc.iis.sinica.edu.tw/tp/syllabary.htm (30 November 2002).
7. Tongyong Pinyin Syllable Chart. http://abc.iis.sinica.edu.tw/pinyinfangan.htm (30 November 2002)
8. 徐世榮，《普通話語音》，文字改革出版社, 1980.
9. Yang, Congrong. "Should Proper-names be Translated in Hanyu Pinyin or Tongyong Pinyin?" Lianhebao, 12 July 2002, sec. "Minyiluntan."
10. 余伯泉，《通用拼音問答》，2000 年八月三十日.
   http://www.chinesewaytogo.org/waytogo/expert/pinyin/yu.htm

第五部分

宗教、婦女與社會

佛教——臺灣社會的道德力量

魯　曙　明

美國紐約市立大學布魯克林學院

摘 要：

　　佛教是世界上三大宗教之一。佛教的理論體系博大精深，然而佛教的人生觀卻十分樸實親切。如今的臺灣社會經濟相對發達，人們的教育水準較高，但佛教信仰卻非常普遍，佛殿金碧輝煌，香火旺盛，香客絡繹不絕，百姓家庭和店鋪中燒香拜佛更是日常生活的一個重要部分。毫無疑問，佛教在指導人生，傳播精神力量方面發揮巨大而重要的作用。本文通過在臺灣的實地調查，系統分析研究佛教在臺灣如何發揚社會道德風尚，規範社會行為，影響人際交流溝通。本文的研究資料均來自同臺灣各個階層人士的問卷調查和訪談，被調查的對象有大學生、教師、研究人員、商人、一般平民、機關公職人員、公司管理人員，以及出家和未出家的僧士。重點是從被調查者的親口所述和親身經歷中，發現哪些具體的佛教道理在臺灣社會中的發揮功用。

　　據歷史記載，佛教大約於西元前 500 年發源於古代印度，漢代年間（約西元 139 年）流傳到中國，在唐代（西元 618 年至 907 年）達到鼎盛。在漫長的歷史發展過程中，佛教成了中國文化的一個重要成分，對中國社會、中國人的生活方式、行為習慣以及溝通交際方式，都產生了重要的影響。

　　然而，過去數十年中，佛教在臺灣和大陸的發展和所發揮的作用並不一樣。在大陸，尤其是上世紀六十年代和七十年代的文化大革命期間，佛教同其他宗教一樣被視為"封建迷信"、"四舊文化"、"精神鴉片"。由於文革的洗禮，大陸絕大多數民眾成了無神論者，不相信上帝或菩薩的存在。雖然也有人常去寺廟和教堂燒香拜拜，但多少年來這些建築只是宗教的象徵物，在很大程度上變成了旅遊的景點。但是，我們最近幾次從美國去臺灣參訪，卻看到了臺灣宗教信仰的另一片景象。各種宗教組織，尤其是佛教，在臺灣十分盛行。由於我們在大陸長大，又在美國工作多年，對於佛教相對比較生疏，因此，臺灣之行，使我們對臺灣社會無所不在的佛教影響的印象尤為深刻。旅行沿途，隨處可見各種佛教的廟宇和塑像，街道上許多大小商店和攤點均有各式佛具商品出售，居家和商鋪供佛敬佛，人們在胸前或車內佩掛各式佛像或佛珠。從表面上看，佛教似乎深入到了臺灣人生活的每一個角落，並發揮重要的影響。因此，臺灣的佛教也激發了我們的研究興趣。

　　許多學者曾從不同角度研究了臺灣的佛，有的總結了臺灣過去百年來各種佛教流派的特點，分析臺灣佛教出版物討論的內容，還有的學者（如江燦騰）考察了臺灣佛教在威權統治下的運作模式，討論了佛教團體與政治之間的關係。近來，有學者研究了臺灣新尼僧團體在臺灣佛教中的地位和作用，以及禪作為新型佛教在臺灣的影響力。然而，至今尚沒有學者系統研究佛教作為一種精神力量和道德規範是如何影響臺灣人民的日常生活和行為，更沒有探討佛教是如何影響人們的交際行為，如何影響整個臺灣社會的運作。

臺灣已經成為一個高度發達的社會，民眾的平均生活水準和教育水準在全球遙遙領先。然而，我們感到十分有趣的是：為什麼如此多的臺灣民眾選擇信仰佛教？哪一些佛教信念為人們所普遍接受？佛教團體是如何將這些信念傳播給一般民眾的？民眾又是如何借助與佛教從事日常交際活動的？我們特別想瞭解：臺灣普通百姓是如何看待佛教的？臺灣民眾如何認識佛教在臺灣社會和臺灣日常生活中的重要意義？因此，我決定再次親自深入臺灣社會作進一步調查研究。在台的實地調查，允許我作為調查者充分瞭解各個階層民眾的觀點，體驗他們的生活，並從他們的角度觀察審視世界和生活，最終能夠比較準確地發現臺灣人民對佛教在現代臺灣、在他們實際日常生活中的意義和價值的真實理解。

一、研究方法

為了調查臺灣百姓對佛教意義的真實理解，臺灣人民是如何從事佛教活動，佛教如何成為現代臺灣社會的一種精神力量，本研究採用了幾種不同的調查方法。首先，我們在臺北地區和台中地區的四所大學 189 名本科生作了問卷調查，問卷調查學生來自新聞、廣告、傳播、英文、數學、企業管理、化學、土木工程等八個不同專業，年齡在 19 至 25 歲之間。問卷調查的問題包括：您認為人們為什麼要信仰佛教？佛教告訴我們一些什麼道理？人們為什麼要在家庭、店鋪和寺廟燒香拜佛？您認為佛教在我們的社會和日常生活中有什麼作用？除了問卷調查以外，還進行了大量的當面訪談。訪談的對象包括了臺灣社會的各個不同層面的代表 162 人，其中有大學生，研究所，教授，農民，商人，計程車司機，企業家，宗教研究員，政府官員，家庭主婦，辦公室職員，佛教法師和僧徒。部分訪談單獨進行，但大部分是以小組的形式進行，每組 3 至 12 人不等。訪談的問題與問卷調查的問題基本相同，但訪談中可以深入詢問許多細節問題。調查中一律使用中文，但問卷中允許用英文回答問題。在調查開始時，研究者告知所有參加訪談和問卷調查人員，他們參加此研究專案完全是自願的，所提供的回答只用於學術研究。研究過程當中，沒有人拒絕參與調查的請求。此外，研究者還實地考察了兩家禪寺及其分部，並在台中地區一大型禪寺體驗生活數日，與多位法師和僧侶一同進餐。

總之，通過問卷調查、訪談和實地考察，我們能親身瞭解並體驗佛教在臺灣是如何運作，臺灣各個階層民眾是如何理解佛教的意義，佛教作為一種精神力量在臺灣是如何發揮其作用的。本文將主要對此次研究的結果加以總結，首先考查臺灣不同的佛教團體，它們的運作方式，然後討論臺灣民眾對佛教意義和功用的不同的理解。

二、四大佛教團體

佛教在臺灣的影響究竟有多大，臺灣有多少人信佛教，沒有一個確切的資料，但據估計，臺灣人口中應有四分之一在某種程度上信仰佛教。大多信徒都遵從一位法師。臺灣的佛教團體有四位大法師領頭掛帥，每位大師可謂自成一派，獨樹一幟，因此臺灣人都認為四位法師撐起了臺灣的佛教天地。然而，這些佛教團體之間的差別並不十分明顯，相互間也沒有什麼利益衝突，因為各家都從不同的側重點宣揚幾乎相同的佛教思想。如果說這四大團體之間有什麼不同之處的話，那就是它們分佈在臺灣不同的地區，有不同的大師為領袖，集聚不同層次的信徒，在平時弘法活動中側重點也有所不同。

在臺灣，影響最大的佛教組織可能是慈濟功德會。慈濟的總部設在東北部的花蓮，其精神領袖是一位名叫證嚴法師的尼姑，信眾大多為中上階層人士，其中絕大部分為女性信徒。慈濟的活動主要靠大批的志願者，據信慈濟的出家眾只不過百餘位，而在慈濟名下皈依的佛教信徒多達三百萬。慈濟成立於 1966年，主要活動是慈善工作，醫療衛生，文化教育事業。在過去的二三十年中，慈濟先後建立了醫院，護理學校，醫學院，慈濟大學，還創辦了專門用於弘揚佛教的"大愛"電視臺。在臺灣，只要提起慈濟，人們自然就說到慈濟所從事的慈善工作。據說，慈濟每月定期資助五千餘家庭。每當出現地震，颱風，洪水，火災等重大自然災害時，慈濟總是第一個出現在救援現場。慈濟的這些活動都是在實現其"人間佛教"的理念。

佛光山位於臺灣南部的高雄，因其創始人星雲法師積極推動佛學教育，並讓臺灣佛教走向世界而遐邇聞名。自 1964 年後，佛光山在臺灣和海外先後創建了六所以佛學教育為主導的佛學院，還創辦了四所大學，1996 年在嘉義縣創建的南華管理學院便是其中之一。為推動佛教國際化，佛光山在亞洲、非洲、拉丁美洲、北美洲和歐洲等地建立了 100 多個道場。佛光山被認為是最全面的佛教團體，因為除了傳播弘揚佛學以外，還積極從事慈善事業，參與並推進各種文化活動。由於這些特點，佛光山對於中下層的群眾非常有吸引力。它的主要活動範圍在臺灣南部，但在北部和其他地區也擁有大量信眾。

另一佛教團體，法鼓山，位於臺北市北郊的北投區，由聖嚴法師創辦。法鼓山的特點是重視佛學的學術研究。聖嚴法師本人 1975 年在日本獲得文學博士學位，是臺灣佛教史中唯一獲得博士學位的法師。由於多年來始終致力於佛教的學術研究，並通過自己的翻譯，創作和傳教將佛教介紹到英語國家，聖嚴

法師受到人們的廣泛尊重。此外，聖嚴法師對臺灣佛教的貢獻
還表現在以下三個方面：(1)在聖嚴法師的努力下，佛教與現實
生活密切聯繫，賦予現代世界的現實意義；(2)佛教不僅是出家
人研究的課題，也成為普通百姓的生活興趣；(3)聖嚴法師強
調，佛教不僅應該成為環保的主要力量，而且應該把精神環保
當作根本目標。從某種意義上說，法鼓山和聖嚴法師是臺灣佛
教發展的學術帶頭人，而聖嚴法師被認為是具有先見之明的佛
學大師。

　　座落在臺灣中心位置埔里鎮的中台禪寺，近年來在臺灣的
影響力不斷擴大。人們到中台禪寺皈依佛門，不只因為輝煌而
獨具特色的建築，更因為中台的創始人惟覺大和尚的弘法主
張。近幾年來，惟覺法師及其弟子始終致力於臺灣佛教現代化
運動，讓佛教成為人們生活的不可或缺的一個部分。為了培養
合格出色的弘法人材，中台禪寺創辦了男眾佛學院和女眾佛學
院，學員苦修六年，研習佛教經典，中國古典文學，繪畫，書
法，英文和現代科技。畢業後，學員被送往臺灣各地以及世界
其他地區的精舍（中台禪寺在各地的分部）擔任佛學教師。中
台禪寺也積極從事慈善活動，推動佛學的學術研究，加強臺灣
與大陸以及世界各地之間的佛學交流。然而，惟覺法師弘法的
主要理念是通過佛教改變社會風氣，淨化社會靈魂，提升道德
標準。惟覺法師認為，要實現這些目標，根本是教育。因此，
惟覺法師領導下的中台禪寺，決定從小抓起，從普及教育著手。
在許多熱心人士的幫助下，中台積極創辦了中小學，秉持“中
學為體，西學為用”的原則，培養德智體美全面發展的人材。

　　這裏談到的四個佛教團體，只是大多數臺灣人都比較瞭解
的，是媒體報導比較多的，因而也是在臺灣影響最大的。除了
這四大佛教團體以外，還有許許多多其他佛教組織，只不過它
們規模較小，平時媒體也不太報導，但其影響也不可低估。用

中台禪寺惟覺法師的話說，臺灣的佛教組織，無論規模大小，一般都從事弘法、教育和慈善這三項工作，如果說各團體之間有什麼不同的話，那就是各家在具體實踐中對這些活動的側重點有所不同罷了。

三、主要佛教團體的運作方式

臺灣的佛教團體是如何傳播它們的理念，與社會大眾交流的呢？要回答這一問題，我們需要看看佛教組織的運作模式，佛經教育的體系，定期大型活動，以及媒體傳播等四個方面。

我們發現，這裏所討論的四個佛教團體，經過過去三四十年的努力，在組織管理，資金積累，會員發展以及後勤建設等方面，都打下了相當堅實的基礎。每一個佛教團體都分別以幾個非營利組織的名義在政府註冊，例如"文化教育基金會"，"佛教研究基金會"，"佛學教育基金會"等等，這是因為非營利的宗教組織可以接受財團、企業、商人或其他任何個人的捐贈。上面談到的四個佛教團體，每個都據說擁有兩百萬到四百萬的信徒，而絕大部分信徒每月都有捐獻的義務。許多人認為，經過多年的努力，這四大佛教團體都應該積累了可觀的基金，作為長期運作經費。然而，據中台禪寺高層管理人員的法師透露，資金的使用都有嚴格的審批程式。事實上，每個佛教團體的總體運作均由理事會監控，並設有各層的管理監督體系。

當您深入這些佛教團體組織之中，您就會感覺到，事實上這些佛教團體與現代企業不無二樣，似乎就像是 IBM 公司或是一個縣市級政府。不同部門執行具體的功能，長官和職員，職責分明。您也一定會發現，這些和尚尼姑與一般大眾沒有特別的什麼不同，只不過他們剃了光頭，穿著僧服，吃素，一日三次打坐，張口閉口必言"阿彌陀佛"。他們像一般百姓一樣使用手機，駕駛汽車或摩托車，從取款機中提取個人帳戶的現金。
雖然出家人放棄了他們原有的姓名，但他們仍被允許保留原有
的財產和退休計劃。總而言之，現代的僧仕們採用現代科技、
現代的生活方式思維方式，為現代社會服務。

　　為方便廣大民眾學習佛法，各大佛教團體都在臺灣各地開
辦分部，這些分部被稱為"道場"或"精舍"。在總部受過嚴
格系統佛學訓練的法師，被輪流派往各個分部擔任住持和導
師，弘揚佛法，定期組織並主持各種法會及佛教儀式。當地佛
教信徒可以定期來分部上禪修班，聽法師講經說佛，義務協助
組織各種活動。為方便信徒，各道場或精舍的禪修課程和其他
活動，大都安排在周末，但平時晚上也開設各種層次的禪修班。
來參加禪修課程的信徒，往往還帶著自己的家人或親戚朋友一
道而來。一個周末，我們有幸拜訪了位於臺北市近郊中壢市的
普中精舍，看到男女老少近 400 人，大家都很虔誠地在兩位法
師的帶領下集體誦經。休息時，隨便詢問周圍的人得知，每個
周末他們基本都在這兒度過，連學前班的孩子們都有禪修教材
上課。在臺灣，除了遍佈各地的道場和精舍以外，各佛教團體
還在大學校園設立佛學研究社，安排法師專門為大學生開設佛
教課程。許多大公司和政府部門也都成立佛學俱樂部，供員工
閑餘時間或打坐靜思，或研習佛經，一來可以疏解生活工作中
的煩惱壓力，二來可以清除思想雜念。由於佛教組織如此普遍，
深入到社會的每一個角落，研習佛教者如此眾多，因此，毫不
奇怪，久而久之佛教便自然成了臺灣最普及的宗教。

　　組織"法會"活動是向社會宣傳佛教、加深佛教在社會影
響的另一個重要方法。這裏，我們主要以中台禪寺組織的法會
為例。法會一般分為四類。第一類是皈依法會，願意接受佛教
為信仰，成為佛教信徒的，在親友的陪同下參加，接受修行學
佛，皈依"佛、法、僧"三寶，以佛為師，以法為樂，以僧為

友。然後是接受五戒，即"不殺生，不偷竊，不邪淫，不妄語，不飲酒"，成為在家居士。第二類是剃度法會，在家居士徹底看破紅塵，擺脫世俗，在親友的護送下，決定投報沙門，接受剃度出家為僧，當專業和尚或尼姑。第三類是朝山拜懺法會，提供各種機會讓在家居士和出家僧進一步修行修德，消除業障，以慚愧、懺悔的心反思過去，檢討自己的言行，用實際行動成就菩提。第四類是面向公眾的大型法會，這也是最重要、最有影響的法會。這類法會每年往往舉辦數次，如浴佛節法會，清明法會，盂蘭盆法會，千佛護法法會，據說每次有數萬人參加。這些大型法會的形式多以大和尚誦經開始，隨後舉行各種儀式，讓民眾拜佛、供僧、祭祖，有時還舉辦豐富多采的文藝演出。每次法會的主要目的雖有不同，但其主題則大同小異，即消災，祈求功德，增福延壽，國泰民安，世界和平。許多參加過法會的民眾認為，像中台禪寺每年舉辦的這些大型法會，能讓眾多的民眾懂得慈悲濟世的真意義，同時也因此得到靈魂的洗禮，精神的昇華。

各主要佛教團體還注意充分利用傳播媒體積極宣傳他們的思想和活動，這些手段包括印刷媒體和大眾傳媒。首先，每個主要佛教團體都設有出版社，印刷佛教普及教材、讀物和報刊，供信徒和遊客免費取閱。來禪寺參觀的客人，一般也會被贈送此類書刊或光碟。此外，電視還是一個更加重要的宣傳媒介。正常情況下，打開臺灣的電視頻道，一般都會發現三四個佛教頻道在不停播放，以不同的方式傳播佛經的道理，有大師講經，小組專題討論，回答觀眾提問，還有文藝表演。

總而言之，佛教團體利用了一切可以利用的力量和手段，設法使佛教深入到臺灣的每一個角落。由於所有佛教組織和人士多年來堅持不懈的努力，採用各種有效的方法宣傳，佛教已漸漸成為臺灣文化和生活的一個重要部分。我們也明顯地感

到，佛教已影響著臺灣社會各個層面。許多學者和民眾認為，
人們可能不相信政客和媒體，但都願意傾聽法師講解關於人生
的道理。因此，每當居家、公司或團體有重大活動時，都會想
方設法約請法師親臨主持，以求平安幸福，萬事如意。

四、平民佛教觀

佛教是臺灣最最普及的宗教，在很大程度上能代表臺灣人
的精神世界，因此我們有必要瞭解臺灣百姓是如何認識理解佛
教的。從一般百姓的觀點看佛教，我們可以更加準確地瞭解佛
教是如何幫助構成臺灣人的精神生活，人們如何看待佛教在日
常生活中的意義，如何看待佛教在社會中的作用。這裏，我們
將歸納總結佛教在臺灣普及的主要原因，哪些佛教思想在人們
的日常生活中經常被引用，以及人們認為佛教在他們的生活和
整個社會中發揮什麼作用。

（一）佛教在臺灣普及的主要原因

如上所說，臺灣民眾中有相當一部分人信仰佛教，這是佛
教發揮其社會影響力的一個重要社會基礎。因此，各大佛教團
體舉辦大型活動時，不少社會各界的名流，甚至總統，或親臨
出席，或來電慶賀。各種不同的團體和組織也設法接近佛教團
體，以期利用佛教團體的力量來擴大影響。然而，除了上述的
多種原因（如媒體宣傳、名人支援）以外，我們在研究中還發
現了佛教在臺灣普及的三個主要因素。

首先，佛教作為一種宗教，可以滿足人們的心理需求和精
神需求。許多人認為，物質生活不可能滿足人的追求，因此必
須設法尋求心靈的寧靜和昇華。在平日的生活中，人們可以通
過佛教抒解生活的壓力，藉著信仰佛教來發現解答生活中無法

解決的問題。遇到挫折或感到彷徨無助的時候，借助佛教，獲得一種超自然的力量。心中有了佛教信仰，就有一份精神上的支援，就有了方向。所以，很多人相信，佛教可以讓人寄託希望，可以改變人生，可以尋求心靈的平靜。基於心靈上的空虛，想尋求一種心靈上的平靜與安定，佛教常成為第一優先的考量。人的心靈如果迷失了方向，就需要指引，例如，監獄中的犯人，他們可以通過佛教來獲得解脫和自救。還有許多人認為，佛經中有很多道理，教人向善助人，令人尊崇。這也是人們常說的一句名言："佛法無邊"，即，佛教是一種巨大的智慧。在人生低潮、失望無助時，信仰佛教，心靈便有所寄託，有事可求，有冤可訴，便能忘卻俗世的煩惱。例如，一個丈夫對家庭、婚姻的不負責任，使得妻子在心靈上失去了依靠，她轉而投向佛教來悟得人生中的情愛，領略了人生的真諦，讓她在心靈上有所依偎，進而變得堅強起來。還有人因長年身體不適或生活不順，需要佛教減輕心靈痛苦。佛教同其他宗教一樣，是一個心靈的理療師。人們可以向佛主傾訴自己的心事，訴說煩惱。人做了壞事想贖罪，佛教可以讓人改過從善，藉由捐獻來降低自己的罪惡感。平時，佛主可以讓你在心靈上有所寄託，有一種可以依靠的感覺，特別當你遭受到變故或挫折時，可以得到慰藉。例如，華航空難時，許多家庭遭受劇變，但佛教讓大家知道親友往生之後的所處之地是幸福祥和的，給受難家庭送去慰藉，減少了痛苦和傷痛，在心靈上起到了撫平的作用。

　　其次，信仰佛教是一種文化認同。在臺灣，民眾可以自由表達各種不同的思想和觀點，可以自由信仰任何宗教。然而，臺灣絕大部分信仰宗教者都選擇了佛教，這在很大程度上是因為佛教與中國文化具有強烈的認同。很多受訪者認為，由於歷史背景的傳承，佛教傳入中國較早，流傳多年。一代一代流傳下來，佛教觀念早已深植人心，影響深遠，已成為中國歷史和文化的一個重要部分，很容易為臺灣民眾所接受。由於佛教因襲中華文化固有的傳統，自然成為國人血脈相傳的習俗或習慣。我們調查的物件都認為，臺灣文化接受中國文化影響極深，而中國文化中，又以佛教為大宗，因此，臺灣的宗教文化同樣也深受佛教的影響。佛教文化對中國文化的影響根深蒂固，因此使得臺灣社會有許多人信仰佛教，佛教成為根深於中國社會的一種宗教。有很多人指出，他們信仰佛教，是因為家庭的因素，潛移默化的因素。此外，佛教在臺灣廣受歡迎，也因為佛教有很多教義淺顯易懂，很容易深入民間。例如："舉頭三尺有神明，" "放下屠刀，立地成佛。" 還有學者認為，佛教信仰在臺灣的普及，是因為歷史沿襲下來的傳統。中國人的社會中，很重視倫理道德、孝道、禮教，而佛教有許多觀念與此相符合，例如，向善、不殺生、重禮等等。佛教強調的許多價值觀念和中國人的傳統觀念最為接近，使得臺灣人信仰佛教的人很多。例如，中國人的傳統教導大家要孝順父母，而佛教也要求信徒孝順父母。再者，佛教強調眾生向善，要有慈悲為懷的 "大愛" 精神，許多僧徒認為，這些思想十分接近中國傳統中的 "和諧"、"己所不欲，勿施於人" 等道理，因此佛教能在中國文化中深入人心。

佛教在臺灣成為普遍信仰，還因為它日常生活中的實用價值，以借助佛教實現人生的一些祈求。雖然佛教中不講求信教的功利作用，但我們調查的一般民眾仍然認為信仰佛教一定的實用價值。這裏所說的佛教，並非佛教大師講解的正統佛教思想，而是民間一般人對佛教的理解。如上所述，對許多老百姓來說，佛教和道教、儒教在很多程度上已融合一體，因此，在實際信仰上，大家一般不詳細區別這三種宗教之間的異同。還由於佛教的影響比較大，許多道教和儒教中的信仰道義也往往被理解成了佛教的內容。這裏所說的實用性，其實大多是道教中的一些道理。真正的佛教，是無神明，而且是超脫物質的渴望。臺灣為一海島，對生活環境有些許的不確定性與不安全感，而佛教教義正好可提供一個慰藉的管道。而很多人會選擇此信仰，是希望死後能上西天，為保平安。有人認為佛教可以驅凶化災，可以和一些鬼怪對抗，還可以保平安。所以，一般人都抱著"寧可信其有，不可信其無"的心態姑且相信。例如，受了驚，看風水，都要拜拜，祈求順利。例如，要聯考時，常有人去拜文昌帝君或孔廟，祈求能金榜題名。此外，人們信仰佛教，或為來世修功德，或為前世消業障。一位研究生告訴我們，"我外公生病時，我媽媽就非常勤於念佛。外公去世後，媽媽也一直給外公念佛，希望他能上天堂。"佛教中"輪迴"的觀念，是一種積極的內在態度，在生活不順心的情況下，修修福緣，讓來生能夠更好，甚至可以成佛。當人們遇到無法解決或實際上無法超越的窘境時，通常會求助於宗教給予心靈上的寄託和信仰，繼續生活下去的動力，做些好事，換得福報，以求現狀的改善。例如，一位僧徒說，她丈夫在事業上遇到困難，經濟狀況每況愈下，她決定學佛，吃全素以幫助。果然，她先生的事業不久便有所起色。雖然先生事業狀況的改善還有其他因素，但她認為這是她學佛幫助積了陰德，消了孽障，改變了現狀。

（二）日常生活中常用的佛教道理

我們的研究並不想探究佛學院學生研修的無數條佛教經典。佛學大師每天教誨的千千萬萬條清規戒律，並不是普通百姓在日常生活中經常使用的信念。我們這項研究的目的，是要調查瞭解臺灣百姓經常使用哪些最主要的佛教信念。通過此次調查，我們發現，臺灣人引用四個主要佛教信仰作為指導他們思想和行為的準則。

　　在臺灣人的佛教觀念中，最主要是"清靜"。所謂清靜，即修練。潛心修養，清心寡欲，修身成佛。修練包括修心和修行。修心就是完全按照佛教規矩"嚴格律束自己，""不受俗務所影響"，"追求自我精神的成長"，並幫助他人，超脫肉體，以昇華靈魂。平時在言和行方面，必須誠實，腳踏實地。一般說來，修行指的是出家當和尚或尼姑，但在現代臺灣，佛教法師在提倡"人間佛教"或佛教生活化，鼓勵人們在日常生活中實際修練，體驗佛法，實施佛法。對於臺灣佛教徒來說，人生是一個訓練的過程，活著很辛苦，只要克服，將來一定有好結果。人在今生今世，要儘量消除物質、肉體的欲念，或將這些欲望降到最低點，以求自我澄淨、超脫，免去塵世疾苦。無論是出家眾還是在家居士都講究修行，要大家無所求，無我無私，增長智慧，多念佛號。在實際生活中，堅持吃素，不浪費錢物，必須具備崇高的道德觀，不追求物質享受，不圖名利。

　　第二個觀念是"行善"。人們普遍相信，行善積德，好心就有好報。這一道理勸導人們改過行善，多積陰德。佛經要求大眾向光明面努力，樂於助人，與人為善，說好話，多是勸人為善的正面意義，教導民眾多做善事。做善事會有福報，不因惡小而為之，不因善小而不為，勿為非作歹。這一點與下面講到的第三點比較接近。

　　第三個重要佛教觀念是"報應"，也就是因果論。人們常說，"善有善報，惡有惡報。不是不報，時候未到。"在民間，這是佛教的一個重要理論，也叫做作因果迴圈。佛教沒有偶像的崇拜，神蹟的顯現，一切事物的發生，皆由於個人自己所做過的事而導致的結果，所以才有積德、積福的說法。要想要幸福的好人生，就要常做好事，積陰德，也就是一種修行。因此，這種"報應"說在一般人中具有很大的教化和威懾作用，教導人們要"無欲，""不貪，""不作惡，"否則，死後會墮入地獄。民間另外的說法還包括"現世報，""人在做，天在看，"
"慈悲為懷，""脫離輪回之苦海，"等等。

　　第四個佛教觀念是"慈悲"。慈悲或"慈悲為懷"的真正
意義是不殺生，不傷害任何生命。事實上，慈悲在實際生活中
還有更加廣泛的意義，包括在我們日常的每一件細微的小事中
如何對待他人，慈悲的最高意義是保證社會中各種人際關係的
和諧，如許多人所說，"以和諧的萬物為其理想境界"。臺灣
民眾認為，佛教所說的慈悲者應該具備以下品質：友愛他人，
不和別人爭執，誠實無私，捨己為人；寬宏大量，即待人寬容，
心胸寬大，能原諒別人；人與人之間的躬謙相處之道，做人務
實，心誠，孝順，謙虛，尊敬他人，常懷感恩等等。

（三）佛教的社會功用

　　從以上的討論中我們可以看出，佛教在臺灣人的生活中發
揮一個非常重要的作用。在這次調研中，許多人提及佛教在臺
灣已經成為一種重要的文化，對人們的思維和言行起著重要的
影響。因此，可以毫不誇張地說，佛教已經滲透臺灣社會和生
活的方方面面。然而，佛教在臺灣社會究竟是一個什麼作用呢？
通過這次調查，我們發現佛教在臺灣社會的作用主要表現在以
下四個方面。

　　首先，佛教是靈魂的淨化器。佛教中最根本的一個問題是
"善"，勸人棄惡從善。許多被調查的物件指出，當今社會腐
敗橫流，追名逐利，充滿暴力和犯罪，強調淨化靈魂特別有必
要，讓人們重新找回生活的方向。當人們聚會佛堂，反思自己
的過往行為，討論形形色色的社會現象，他們便能夠更加清楚
地理解人生的意義。佛教教導人們生活中什麼東西值得珍重，
教導人們不要被欲望所左右，不要貪圖物質上的利益和享受，
應該具有崇高的追求和理想。佛教這樣的引導，可以幫助人們

心靈平靜，清洗靈魂和思想上的污垢。因此，信仰佛教被認為是一個靈魂淨化的過程，可以從中發現"大智"，重新找回心靈和生活中必需的安寧。

　　其次，因為佛教有一套具體的行為準則，提倡切實可行的道德價值體系，所以，臺灣民眾認為，佛教的另一個重要社會作用是規範人們的行為。佛教告訴人們什麼可以做，什麼不可以做，什麼是道德的，什麼是不道德的。久而久之，這些教誨自然而然成了人們日常生活中的行為準則。佛教同時還警告人們，如果胡思亂想，行為不檢，將會遇到嚴重後果。事實上，臺灣社會眾多的佛教信徒，他們的存在和行為，對他們周圍的的社會群體自然產生潛移默化的影響，在一定程度上也規範了社會的行為。從某種意義上說，佛教為臺灣社會提供一套無形的法規，無聲地指導著人們的行為舉止和待人接物，而這些佛教道德規範往往比政府頒佈的法規更加有力，更具約束力，這是因為信仰佛教的人都自覺自願地遵循佛教的規則。從這個觀點來理解，佛教被廣泛認為有利於建立一個道德化的社會。調查中，許多人指出，佛教最大的功用就在於它致力於改造人的心靈，建造社會的良知，創造一個人人思善、人人為善的社會。

　　佛教在臺灣還被普遍認為具有穩定社會的作用。社會上存在許多不安定因素，生活和工作都會遇到這樣或那樣的壓力，只有借助宗教的力量才可以安撫。佛教採用平和的、自我反省的方法幫助舒解種種壓力，因此，臺灣廣大信仰佛教的民眾成了臺灣社會穩定的一個重要力量。許多人解釋說，當他們遇到困難，生活、家庭和工作出現危機時，佛教會幫助他們從一個新的角度看待問題，幫助他們從一個具有哲理和智慧的視角來認識人生，因此，佛教會給予希望、支援和鼓勵，讓他們為生活中的種種困擾找到滿意的答案。對於許多生活在社會下層的群眾來說，佛教更成了尋求精神安慰的一個重要手段：如果按照佛經的規矩去做，這輩子勤勤懇懇、辛辛苦苦地勞動，我們就能脫離現世苦海，下輩子過上好日子，我們的子孫也會比我們生活得更好。從這個角度理解，信仰佛經，對於未來充滿希望和期待，可以幫助人們避免暴力行為，消除對社會現實的不滿。

　　最後一點，臺灣民眾相信佛教在社區建設方面能夠發揮很大的作用。臺灣的佛教團體，實際上都在積極提倡集體主義的價值觀，宣揚團體力量的重要性。這主要表現在以下三個方面：第一、信仰佛教的民眾都對自己皈依的組織具有強烈的認同感，即便是在家居士（即未出家的佛教信徒），很可能都上有老，下有小，有自己的職業或事業，但絕大部分每周都定期集體學習修煉，參加當地精舍或道場組織的活動。在這些活動中，信徒們都成了一家人，大家相互幫助，相互支援，以佛團的利益為至高無上。其次，每年每個大的佛教團體都舉行一系列的大型活動，吸引成千上萬的觀眾參加，這些活動不僅成了一般民眾的重要社交活動，還是一種強有力的向心力，將志趣相投的民眾緊緊地團結在一起。第三，也是最重要的一點，佛教團體始終強調“大愛”的觀念，鼓勵大眾通過做義工和捐獻等方式，為社區和全社會盡力。慈濟和中台禪寺似乎在這一方面的工作尤為突出。它們或修建學校，為社會提供優質教育，或興建醫院，為困難民眾提供醫療服務。每當遇到天災人禍，例如地震和其他自然災害，象慈濟和中台禪寺這些佛教團體，都是首先到達現場組織救助工作。佛教團體的這些行動，還感召其他千千萬萬不同信仰的民眾一起參加，為受困者及時送上急需的幫助。因此，臺灣的民眾都相信，佛教團體為社區建設和整合臺灣社會所發揮的作用，在很大程度上，連政府都望塵莫及。

五、結束語

　　以上報告的，是根據絕大部分研究參與者的觀點，對研究結果的總結，而總結的內容只能代表被調查人，並在一定程度上，代表臺灣一般老百姓對佛教的總的認識。然而，這次深入的調查研究，對於我們來說，也是一個讓我們認識佛教的過程，一個接受教育和學習的過程。

　　在調研中，我強烈地感覺到，臺灣百姓信仰的佛教不僅是一種宗教，更是一種智慧，一種生活方式。作為宗教，佛教讓人們懂得生命與死亡的關係，懂得佛的存在，懂得為什麼要信佛，以及怎樣在今生或來世成佛。同時，佛教又是一種智慧，一種哲學，因為佛經提供了許多對世界和人生非常獨到的理解，人們平時口頭引用的許多佛學道理，也充滿非常深刻的哲理。然而，我們認為最重要的一點是，臺灣現在提倡的佛教，已經不是傳統的“消極遁世”的佛教，而是一種“積極入世”的宗教實踐，這也就是許多現代佛學大師所說的“現代佛教”或“人生佛教。”換句話說，在當今臺灣，佛教已經走進了廣大百姓的生活，成了人們日常生活的導師，時刻提醒人們如何在日常生活中的一舉一動中身體力行佛學的道理，成為真正的活佛。臺灣的佛教之所以獨特和創新，就在於它並不要求皈依佛門的信徒削髮出家，而允許願意信仰佛教的但又不能出家的佛徒不削髮，不著僧服，成為在家弟子。正是因為有了這些眾多的在家居士，佛教在臺灣才得到了廣泛的推廣和普及。眾多的在家僧徒，生活工作於社會的每一個層面，以他們直接的言行舉止影響著周圍的一切，極大地幫助了臺灣社會樹立良好的社會風氣，確立道德標準，並在很大程度上強化著社會的道德規範。

　　調研當中，我們接觸的許多學者提到了過去六七十年間臺灣佛教興旺發展的社會原因。上個世紀的六十年代末，隨著臺灣經濟的發展，各種社會弊病也開始出現，人心浮動，道德品質下降，犯罪率上升，當時的社會迫切需要象佛教這樣精神力量來安定人心，提升社會道德風氣。因此，用信徒的話說，佛教在社會中扮演調和的作用。我們在臺灣參觀訪問，也確實感到佛教為保障良好社會風尚所發揮的作用。在西方資本主義國家，如美國，雖然個人主義的價值觀盛行，但是，各種宗教組織，尤其是基督教，十分活躍，為社會的安定團結，發揮不可估量的作用。在美國的所有社區，各種教會每周都組織活動，其任務不僅僅是傳播教義，更重要的是通過教會組織的活動，積極宣揚社會的道德觀。在臺灣，佛教組織也在發揮同樣的作用。

　　我們也強烈感覺到，佛教之所以在臺灣獲得成功，其中一個重要原因是融合了中國傳統文化的內容。臺灣的佛教從大陸引進，但是，臺灣的佛教大師們又將佛教進一步中國化，進一步地方化，尤其是兼容並蓄了許多道教和儒家的思想成分。例如，敬祖神原本完全是道教的傳統，現在很多人都直接去佛殿恭祖先；再者，臺灣人有什麼節慶大事，也設法請佛僧大師主持儀式。佛教中的許多價值觀，如節儉、簡樸、清心寡欲等等，都與道家思想不謀而合。此外，佛教中提倡的許多關於人際關係重要準則，如謙虛、孝敬等，也與儒家觀點相吻合。我們在中台禪寺參訪時，見到惟覺大法師所倡導"中台四箴行"，即"對上以敬，對下以慈，對人以和，對事以真"。我們發現，惟覺法師的四箴行，與孔子在《論語》中的教誨十分相似。從另一個角度看，臺灣的佛教也具有很強的靈活性和可塑性。佛教不同於其他宗教，它並不試圖改變當地的文化，而是積極適應當地的文化，汲取當地文化中的有用有益的成分加以利用，最終使佛教更為居民所接受，成為當地文化的一部分，在地方民眾中生根、開花、結果。正由於臺灣的佛教大師非常有效地將佛學道理與中國傳統文化相結合，貼近老百姓的日常生活，廣大臺灣民眾才發現佛教有用，並自覺自願地信仰佛教，傳播佛教。

佛教在中國發展的漫長歲月中，確實成了非常有特色的中國人的宗教，對中國人的生活和中國社會產生著重要的影響。除了佛教在臺灣地方化以外，我們在調查中還發現臺灣佛教的現代化。隨著現代科技的發展，臺灣佛教界領袖一直在思考佛教如何進一步因應時代的發展變化，迎接未來的挑戰。我們特別注意到了佛教大師們發起的臺灣佛教的 "五化運動"。所謂 "五化 '，是指佛教的" 學術化、教育化、科學化、藝術化、生活化"。具體地說，按照佛教大師的理念，佛教未來要納入學術研究的課題，要進一步研究佛教的科學性，使佛教與教育和文學藝術相結合，找出佛教符合現代人生活的詮釋。我們相信，佛教大師們關於佛教 "五化" 的構想，並非要讓整個臺灣變成一個佛教社會，而是要進一步改革佛教，真正讓佛教成為人民群眾日常生活的一個重要部分。

參考書目

1. 闞正宗，《臺灣佛教一百年》，1999 年，臺灣東大圖書有限公司。
2. 賴永海，《中國佛教文化論》，1999 年，北京中國青年出版社。
3. 吳汝鈞，《中國佛學的現代詮釋》，1995 年，臺北文津出版社。
4. 黃懺華，《中國佛教史》，1990 年，上海文藝出版社。
5. 趙朴初、任繼愈，《佛教與中國文化》，1990 年，北京中華書局。
6. 吳怡，《禪與老莊》，2003 年，臺北三民書局。
7. 聖嚴法師，《中國佛教史概論》，1999 年，臺北法鼓文化事業出版社。
8. 潘桂明，《中國的佛學》，1993 年，臺灣商務印書館。
9. 江燦騰，《臺灣佛教文化的新動向》，1993 年，臺灣東大圖書公司。
10. 江燦騰，《臺灣佛教百年史之研究，1895-1995》，1996，臺北南天書局。
11. 江燦騰，《臺灣佛教與現代社會》，1992 年，臺灣東大圖書公司。
12. 冉雲華，《中國佛教文化研究論集》，1990 年，臺灣東初出版社。

臺灣與新疆少數民族婦女比較

周　　梅
美國奧克拉荷馬大學

一、臺灣少數民族婦女

臺灣原住民主要屬於百越族，他們世居中國大陸南方地區。於 6000 年前遷徙臺灣島。臺灣原住民族群首先分為高山族與平埔族。其次高山族又可分為：泰雅族，賽夏族，布農族，鄒（邰）族，魯凱族，排灣族，卑南族，阿美族，達悟族共九個少數民族分支，總人數約 32 萬，占臺灣地區總人口的 2%。平埔族分為：凱達格蘭族，雷朗族，噶瑪蘭族，道卡斯族，巴布拉族，貓霧捒族，巴則海族，洪雅族，西拉雅族，邵族共十個少數民族分支，約 10 萬人。所有少數民族的婚姻制度均保持了各自民族的禮儀和形式，但有一個共同的特點，即年輕人的婚姻基於自由戀愛，青年男女可自由建立親密關係，享受聯絡的自由，選擇戀愛夥伴，最終決定結婚後，從雙方家庭獲得批准。但是婚禮舉行後，他們又必須嚴格服從該少數民族分支的規矩，禮儀及家族習俗。

臺灣原住民可稱為百越文化的徹底繼承者。泰雅族是第一支離開大陸遷居臺灣島的少數民族，因而它繼承了百越文化的大部分特徵並廣播臺灣地區。他們散居在從海拔 100 英尺到 2000 英尺的 8 個縣區。幾乎所有臺灣少數民族居住在人口稀少的邊遠山區。他們都保留了自己民族的禮儀形式，包括婚姻，婚禮和婚俗。但是婦女的權利和尊嚴與男人一樣受到尊重。

在臺灣社會領域中，鑒於少數民族婦女人口稀少及其所承繼的傳統，其政治角色和社會地位一直不是今日臺灣的熱點問題。但是各地區的立法機構和政府部門愈來愈關注這些少數民族婦女整體的政治和社會訴求，從少數民族婦女在就業，教育，社會保障，醫療保險，政治參與等方面考量，可以清楚地看出臺灣少數民族婦女所處的不利地位和落後狀態。

　　臺灣的民主制度結構和大陸制度區別很大，它是從社會上層開始，而大陸的民主建制是從下層起步。因而代表主要利益集團並反映它們利益的重要性遠遠超過對少數民族婦女的關心。臺灣已經建立起一個經濟保障體系，但已證明只對工作男性有利，這個系統由工作保險的社會保障緯線和大眾健康的醫療保險的經線編織而成，而對年長婦女僅僅有一個社會救濟的支援計劃。以大眾健康保險為例。這個系統設計需要大量改進。尤其是其中反映婦女，特別是少數民族婦女需求的部分要重新認真徹底地考量，原因是在此系統的設計中婦女根本沒有主動選擇的權力；還有就是青年男性為女性在領取醫保數倍的不平等待遇。因而在這樣一個缺乏大眾支援及有限的，有來源的並去承擔長期責任的醫保系統中，婦女只能犧牲她們自身的健康，社會聯繫以及生活質量的改善。

　　在 1982 年部分支援男女平等的女性共同創辦婦女新知雜誌，希望藉由教育宣導喚起婦女的自覺和大眾對婦女議題的關切。為動員更多的婦女，並改善婦女的社會地位和爭取婦女權益，她們在 1987 年將雜誌社的經營型態擴大為基金會，最近幾年，在工作，教育，政治參與，財產權和小孩的監護權方面來說，婦女社會地位的提升與婦女權益的保障，都已經有顯著的進步。從 1980 年代中期開始，越來越多的婦女團體相繼成立，她們也逐漸能夠影響政府的決策以及立法院的立法行動與修正案。此外，雖然現在的婦女普遍意識到男女的不平等，但是大部分的婦女仍然不知道她們的權益是什麼，以及要如何爭取。

　　另一個明顯的例子是婦女的就業率，和發達國家相比，臺灣地區婦女就業率只維持在百分之四十五左右，連續 10 年沒有任何上升的跡象，從雇傭的要求及程序就清楚地反映出對婦女的嚴重歧視，對女性的面試和雇傭過程故意設置許多限制。我們從招工廣告用語中不難發現這樣的用語：“經理職位限於男

性"，"本公司僅招清潔女工"等等。同工不同酬亦是對於婦
女歧視的又一反映，雖然和男性職員具有同等的管理許可權和
職責，女性的工資只有男性員工的 60.92%。反映婦女歧視現象
的第三個特徵為晉升機會，女性管理人員只占領導職位的
9.24%，遠遠低於婦女在競爭這些崗位而取得相應考試的結果。
第四種歧視反映為四種職業工作場所的性騷擾。第一種為性交
換，上司通常利用女性職員滿足自己的性欲望作為她們升職的
交換條件；第二種是充滿敵意關係緊張的工作環境；第三種是
默默無聞努力工作的女性升職機會遠遠少於那些用身體作交換
而碌碌無為的人；第四種是來自於公司客戶的性騷擾。

二、新疆少數民族婦女

　　新疆位於中國西北部，地處亞歐兩個大陸的中心地帶。新
疆維吾爾自治區成立於 1953 年 10 月 1 日，首府烏魯木齊市。
作為中國第一大省，新疆土地面積 166 萬平方公里，占中國大
陸土地面積的 17%。人口 1747 萬（1998 年統計資料），其中 1073
萬為少數民族，占新疆人口的 61.42%。46 個少數民族中主要包
括維吾爾，漢，哈薩克，回，柯爾克孜，蒙古，俄羅斯，錫伯，
塔吉克，烏孜別克，塔塔爾，達斡爾，滿等。
　　1949 年以前，新疆少數民族婦女長期生活在政府，巴依，
上帝及丈夫的多重統治下，她們僅僅是生兒育女的機器，生活
在社會最底層。長期以來，少數民族婦女沒有社會地位，缺少
政治權利，經濟無法獨立，處在自身處境全然不覺之中。
　　1949 年 10 月，中華人民共和國成立，新疆少數民族婦女自
此開始逐漸認識到自身社會地位並努力恢復她們做人的尊嚴。
《中華人民共和國憲法》中明確指出，婦女擁有和男性同等的
政治，經濟，文化，社會和家庭權利，1953 年選舉法規定婦女

擁有與男子同等的選舉權和被選舉權，從此，新疆少數民族婦女終於從舊式家庭陰影中走出，在地方經濟建設中有了一席之地。本文簡單介紹了現今新疆少數民族婦女的社會和政治地位，並嘗試著找出問題和在新的市場經濟的發展中所面臨的挑戰。臺灣少數民族婦女有著不同的經歷，她們人數不多和她們的生活習俗一樣微不足道造成長期社會對她們的忽視。

　　本文簡單介紹了生活在新疆和臺灣的少數民族婦女，講述她們的歷史及生活現狀，通過比較，認識到她們的權利和生活的改進對社會穩定及民主進步具有的愈來愈重要的意義。新疆和臺灣的少數民族婦女有著全然不同的經歷，但在現今的市場經濟發展中都同樣面臨各種挑戰。在社會上的忽視和傳統的壓抑下，她們爭取更多的社會和政治地位，也經歷了各種各樣的問題和困境。如何參政和在政府中的地位根據維婦聯政治宣傳部副部長講 1953 年 12 月，有 90%的少數民族婦女參加了中國第一次全國選舉，歷史上第一次行使了自己的民主權力。在這第一次普選中，村一級人民委員會的婦女代表人數達到了 25%，在縣及民族自治州級人民代表大會中女代表也達到了一定的數額。在自治區人大有來自不同少數民族的 52 名婦女代表，而在全國最高立法機構全國人民代表中，有 3 名來自新疆的少數民族婦女代表。在第一屆普選中，當選的婦女代表達到代表總數的 15%左右。在各級政權部門中也有當選的每一級人民代表大會委員的女性副州長，縣長，區長，更多的是女性村領導及居民委員長主任。

　　為了給婦女創造更有利的機遇，新疆自治區人民政府頒佈了《新疆維吾爾自治區婦女權益保障法實施細則》，《細則》申明，任何一級自治州，縣和市人民代表大會換屆選舉時，婦女代表人數不得低於代表總數的 30%。而村鄉一級人民代表大會換屆選舉時，當選婦女代表不得低於代表候選人總數的 25%。

截止到 1981 年，95%以上的少數民族婦女參加了各級人民代表
的選舉。在各級人民代表大會中，少數民族代表都佔有一定的
比例。

　　一般情況下，在少數民族人口占大多數的地區，村級鄉級
人民代表委員會的少數民族婦女人數總占到 25%左右。在新疆
第六屆人代會上，婦女代表占 22.7%，其中 71%是少數民族女
代表。到了自治區第八屆人民代表大會，共有 133 位婦女代表，
占總代表人數的 23.52%，比上一屆增加了 69 人，上升幅度為
9.89%。參加全國代表大會的婦女代表從第一屆的 3 人上升到第
八屆的 12 人。在自治區政協七屆代表大會中，有 66 名婦女代
表，政協常委中有 12 名婦女代表，從第一屆的 7.8%和 2.86%分
別上升到 15.87%和 12.96%。

　　1992 年，國家頒佈《中華人民共和國婦女權益保障法》，更
加明確具體地指出女性和男子具有同等的政治權利，"婦女有
權通過各種方式參與國家的事務"，"享有與男子平等的選舉
權和被選舉權，在任用幹部時，必須遵循男女平等的原則，必
須注意教育，培養，選拔女性到領導崗位。"新疆〈婦女權益
保障法實施細則〉中指出，"各級政府部門中，女性幹部要達
到一定比例。此規定適用於所有政府部門，社會團體，及國有
企業。注意選拔少數民族婦女到領導崗位是每一級政府部門，
社會團體和國有企業的責任。

　　新疆頒佈實施的各種保護婦女權益的規定和政策為少數民
族婦女參與國家及社會事務鋪平了道路。培養和選拔婦女幹部
已成為各級政府的日常工作。

　　同時，政府還經常就婦女幹部的培養選拔問題展開討論，
調查，並組織專門會議處理發生的問題。在其他條件相同的情
況下，少數民族婦女享受到更加優惠和有利的政策支援。各級
政府部門還主動地建立了婦女幹部儲備系統，根據記錄，新疆

儲備了縣以上婦女幹部 589 名，占所有儲備幹部的 11%。新疆
還提出長期戰略，將少數民族婦女幹部送到沿海開放經濟發達
地區進行幹部轉崗交換，以更有效地學習發展經驗，截止目前，
已有超達 3000 少數民族婦女幹部完成了去疆外的培訓任務，縣
級少數民族婦女領導幹部必須去北京中央黨校完成一定學時的
學習，部門領導必須到民族學院接受固定的培訓計劃。到目前
為止共有 280 名縣級以上少數民族婦女幹部被選送參加上述培
訓和學習，各地州市的政府部門還定期舉辦少數民族婦女專題
講座和培訓，目前全疆範圍內已培訓超 10000 名少數民族婦女
幹部。她們不斷接受管理，生產計劃，還包括財會等。在各級
政府的支援幫助下，新疆少數民族婦女幹部隊伍迅速擴大。在
各級政府和社會事務方面活躍著大量的少數民族婦女幹部。
1950 年，新建各級政府部門工作人員只有 2528 名女性，占全部
政府工作人員的 9.33%。而到了 1994 年底，婦女幹部已達到 23
萬人，是 195 年的 91 倍，占幹部總數的 40.26%，比 1989 年上
升 3.09%，比全國平均的比例高出 8.1%，其中 44.87%為少數民
族婦女。部分被選拔負責極為重要的部門工作了。1994 年的統
計表明，新疆有 5 名婦女為省級領導幹部，占省級幹部總數的
9.8%，其中 4 人為少數民族。在地州級領導幹部中，婦女幹部
有 65 人，占地州級領導幹部總數的 6.6%；市級婦女幹部 907
人，比 1989 年高出 2.71%，其中管理職責的占 15.33%。新疆自
治區 各級政府分為五個級別 ，婦女幹部為 117 人，鄉級政府
四個級別，183 名為婦女幹部，其中的許多人都做出了傑出的貢
獻。海裏且姆.斯拉木為自治區黨委常委，新疆婦聯主席。阿米
那.阿帕爾是自治區人大副主席。帕夏.依夏是自治區政協副主
席。帕提曼是全國政協常委。

三、婦女就業狀況

　　新疆經濟的騰飛發展離不開少數民族婦女的積極參與。反過來這種參與又大大地提升她們在社會中的經濟地位。中國社會制度為少數民族婦女提供了充足的就業崗位。這為少數民族婦女的經濟獨立打下了堅實的基礎。新疆少數民族婦女勞動人口為二百零四萬，占全部少數民族勞動人口的 45.02%。她們為新疆社會穩定和繁榮做出了突出的貢獻。舉例來說，在新疆 13 個主要民族婦女就業比例占其少數民族人口總數的比例相差不大。其中東鄉族為 79.2%，維吾爾族為 76.08%，柯爾克孜族為 71.72%，回族 68.83%，哈薩克族，錫伯族，漢族為 60.22%和 60.58%。但從長遠講，迫於人口增長的壓力，少數民族婦女就業形勢不容樂觀。因為在過去的計劃經濟體制下，少數民族婦女的高就業比例是受到政府的保護得以維持的，現在，中國正在經歷經濟體制的轉軌期，勞動力變成了市場的一部分。由於國有企業管理困境和急劇下降的利潤水平，加之新的勞動就業合同制度，不少企業不願雇用女性工人，特別是少數民族婦女。許多企業經營者認為市場的競爭同樣反映在人力資源競爭上，企業的利潤及勞動力成本比簡單地考慮性別更重要。女性天生地在體力上處於劣勢，而同時又承擔著物質及生育的責任。更多的女性勞力意味著更多的產假，哺乳期，和再培訓，這會大幅增加福利開支。因而會極大地影響企業利潤，增加企業負擔。不少企業只為為數極少的女性準備了工作崗位或根本拒絕女性職工。這種狀況在新疆的勞動力市場上已司空見慣。還有一些企業採取各種辦法迫使女性職工下崗，待業，部分停業，或提前退休（比法定的退休期提前 5 年）。這些人失去工作後，只有極少數的人能再就業，因此對她們來講，下崗待業就是實際的失業。多餘的女性工人總是遭到我們社會的誤解並被認為天生處於劣勢，一位維吾爾女工在企業改制後下崗待業，其丈夫認為她做了丟人的事，毒打她幾近死去，甚至威脅說要殺她。當越來越多的婦女失去工作，返回家中，依靠丈夫或其他家庭成員而生活，她們在家中的社會地位和經濟狀況不斷下降，造成許多家庭破裂。新疆少數民族婦女的就業形勢嚴峻，社會地位降低，面臨著再就業的困局，無力支付生育費用，及更多的下崗慘境。

　　上述問題基於兩個主要原因。第一，新疆地處偏僻，文化和經濟發展相對落後。第二，少數民族婦女相對文化水平較低，缺少基本的知識和教育。在適者生存的市場經濟社會中，明顯處於劣勢。這兩個問題對政府發展西部經濟的政策是極大的挑戰。但是從過去的幾年時間可以看出，這種新政策對少數民族婦女來說是難得的機會，為了面對激烈的競爭，她們自身也必須學習先進的科學技術知識及大幅提高受教育水平。新疆也為她們開辦了眾多的技術專科學校、培訓班和民族院校。

四、新疆的計劃生育狀況

　　計劃生育政策對新疆少數民族婦女的社會，政治地位，就業狀況有深刻的影響。這是影響到男女平等的先決條件。如果婦女從簡單的生育機器解放出來，積極投身於社會經濟生活，她們便會享受到高度的社會，經濟及家庭地位。

　　婦女的充分就業是少數民族婦女投身於社會進步的主要方式，也是婦女贏得經濟獨立的保障，並通過這個過程得以維護，加強並提高她們的其他各種權益。在這個意義上，非常自然的發展趨勢呈現為早婚，早育，多育及集中生育將婦女禁固在家庭的氛圍中浪費了她們經濟領域的發展潛力。早婚早育也縮短了青年人轉變為成熟女性的社會過程，嚴重地阻礙了婦女接受更多的教育和培訓。由於眾多未成熟婦女成為母親及妻子，必須承擔家庭中所有的負擔，早婚對女性的生理與心理健康也造成了諸多負面影響。這種負面影響同時波及到她們的子女，進而也影響了家庭的穩定。早育多育及集中生育造成妊娠女子及新生兒的高死亡率，在 15 到 49 歲的育產期，女性的死亡率明顯高於男性。根據伊犁 1988 年的報告，從 1985-1987 年該地區每 10 萬人口死亡 541.14，主要原因是產婦大出血，占死亡構成的 51.9%，死者多數是自己接生。到 1990 年，只有 26.9% 哈薩克農牧民產婦在醫院分娩。這種狀況造成產婦及新生兒死亡率較高。新疆人口的 77.2%生活在農村，育齡女性（20-39 歲）死亡率高於男性。

由於早婚、早育、多育，少數民族婦女健康狀況低下，死亡率高，平均壽命與男性一致，老年女性少於男性。

早育及多育也使新生兒身體健康惡化。營養缺乏，較少護理造成新生兒死亡率不斷上升。根據第四次人口普查，0 至 4 歲的哈薩克、維吾爾、柯爾克孜、塔吉克族嬰兒死亡率比全國平均水平高 4 倍。較高的嬰幼兒死亡率又刺激人們多生育的欲望，由此形成惡性循環。進而，在貧窮的生活條件下少數民族家庭沒有經濟能力撫養孩子，也無法滿足孩子受教育的需求，首當其衝的犧牲者就是待閨出嫁的女孩，因為對她們的培養被家裏人認為是一種純粹的浪費。這造成了少數民族婦女的教育水平低下，也使她們不能依靠獨立生活方式生兒育女，生活狀況難以改變。

同時，傳統的生育觀念也極大地防礙了少數民族婦女的發展潛力。她們在生育上耗費了大量的時間及精力，尤其是處於 20 歲到 30 歲之間，不斷生育的青年女性，她們無法走出家庭的小圈，接觸身外的世界。太多的孩子使得家庭生活異常繁重和艱難，在這個環境中受困時間過長，也使她們失去了生活中成功的感覺，更讓她們自覺卑微。

　　從 1980 年開始，隨著經濟文化的發展進步，新疆少數民族婦女逐步認識到少生優生的重要行和必要性。早在 1983 伊寧市人大就通過了《少數民族計劃生育》議案。受影響的少數民族人口超達 90%，到 1987 年自覺接受政府計劃生育方案的少數民族婦女人口為：和田 10%，阿克蘇 24.29%，喀什 38.22%，縣鎮 31.7%，鄉村 15.9%。

　　1988 年 4 月，新疆自治區人民政府發佈了《新疆維吾爾自治區少數民族計劃生育暫行規定》1991 年 8 月 15 日，新疆自治區人民政府第 129 次常務會議通過議案，自 1992 年 7 月 1 日起施行的《新疆維吾爾自治區少數民族計劃生育條例》根據該條例第 16 條規定："城鎮漢族居民一對夫妻只准生育一個子女，少數民族居民一對夫妻只准生育兩個子女"。第二十條："夫妻一方為少數民族的，執行少數民族規定。"

　　政府的法律規定強迫少數民族嚴格執行計劃生育政策，越來越多的少數民族婦女情願接受避孕。但顯而易見，傳統並非一日可改變，1991 年的一份報告顯示，在對特克斯縣 125 位哈薩克族已婚婦女調查結果顯示，想要 1-3 個孩子的占 9.6%，要 7-10 個孩子的占 13.6%，24%想要更多的孩子。1992 年在新和縣的調查結果表明，希望要一個孩子的占 0.64%，兩個孩子的占 20.6%，三個孩子的占 47.96%，四個及四個以上的占 38.8%。與城市相比，我們發現，城市人口更情願執行政府的計劃生育政策。1994 年，烏魯木齊市有報告顯示，少數民族願生一個孩子的占 28.8%，生兩個孩子的占 65.9%，生三個孩子的占 4.3%。以此可以看出，如果少數民族婦女真要放棄傳統的生育觀念和行為，確實地達到少生優生，她們仍需做出大量的努力，花更長的時間，如果婦女能夠自己決定生育計劃，那才標誌著她們真正意義上的獨立。

　　總之，新疆少數民族婦女社會政治地位的提升有賴於地方政府的支援和關心，不斷提出維護婦女權益的政策。同時，她們也需要得到社會的理解以及具體行動以促進婦女的進步。越來越多的少數民族婦女幹部是這種不斷增長的政治力量的標誌。在本文的最後，我們還想指出新疆地區少數民族政策隱含的危險。

五、結論

　　鑑於中央和地方政府的支援政策和法規，新疆少數民族婦女的社會及政治地位獲得了空前的改善。但是我們同時還可以看到由於這些政策本身的缺陷易引起的越來越多的負面事件。

　　首先，由國有企業受政府控制轉到現代企業制度的經濟體制改革的主要目的是逼迫企業注重企業效益，努力降低生產成本，管理成本，提高產品及服務質量。就像上述分析的，部分企業會讓婦女工人下崗，尤其是少數民族婦女，以獲得競爭優勢，這將使得眾多少數民族婦女重回貧窮落後的狀態。

　　第二新疆的漢族長期忍受著和少數民族不平衡及差別巨大的政策待遇。但是目前由於潛在的經濟不穩定因素，高教領域及就業形勢的競爭迫使漢族努力爭取公平待遇。這將會進一步加劇社會及政治的不穩定，造成更多的漢族與少數民族的利益衝突。

　　第三，不斷提高對少數民族的教育水平和培訓計劃，在增加他們的知識水平的同時，也使得其中的一部分走向另一個極端。有一部分受過良好教育的知識份子在狂熱的野性驅使下，妄想徹底擺脫中央政府並獲得獨立。其中不乏政府的高級官員及紅極一時的成功商人，像熱比亞一類，她因為洩露國家機密及其它罪行被判刑 8 年，她曾經是全國政協委員。

　　第四，雖然少數民族在新疆地區占人口總數多，他們仍然受政策鼓勵多生多育，以增加人口數量，這使得漢族與少數民族人口進一步失調。現實狀況是越來越多的漢人不願意去新疆。最近幾年，有近 23 萬知識人才及熟練工人離開新疆，而從新疆考入內地的大學生畢業後也競相在外省找工作，以避免返回新疆，而缺乏熟練工程師，知識人才將會放緩新疆經濟發展的步伐，也有背於中央政府西部大開發的長遠戰略。新疆漢族的重要地位影響到社會政治的穩定性。1984 年以前，即在當時中國共產黨總書記胡耀邦實施其對西藏和新疆更多自主權政策以前，兩省區的社會政治秩序相對穩定，而兩地的少數民族亦認識到如果沒有如此數量的漢族，兩省區都不可能有當時的經濟和社會發展。但自 1982 年始，胡耀邦開始實施其給予少數民族更多自治權力的新的民族政策，在新疆主要以維吾爾族幹部取代漢族已有的位置，這使得新疆大量地區發生嚴重動盪和騷亂，正像在西藏執行這些政策後所發生的一樣。所有政府部門的一把手均為少數民族，這嚴重違背了中央政府的意願，同時遺留下地域動盪的潛在禍根。成千上萬少數民族湧上街頭，狂歡慶祝，高呼“趕走漢人”、“打倒漢人”。新疆南疆甚至有不少漢族幹部慘遭殺戮。雖然動盪和騷亂最終被軍隊控制，但是許多少數民族團體已開始接受外國勢力支援，與周邊國家的伊斯蘭組織合作，爭取獨立，採取恐怖主義爆炸和暗殺手段與中央政府對抗。這個政策同樣招來內地許多省市政府的不滿和譴責，因為眾多漢族幹部離開新疆返回內地，給諸如上海，北京，天津這樣的大城市政府帶來安置的困難。因而，最終有超過 80%的從原職位上被強行替換的新疆幹部重回新疆，但沒有幾人能夠再得到原先的工作。

　　因此，在計劃經濟向市場經濟轉軌時期，中央政府對新疆的影響力應該得到進一步加強，以維護和平穩定的社會政治局面。中央政府還應調整其少數民族地區政策，公平公正地對待漢族和少數民族的權益。認識到新疆現實的複雜性，為維持長期可持續發展戰略的重要性是中央和地方政府要面臨處理的嚴峻課題。任何政策的改變和調整都將影響地區局勢，尤其是新疆的少數民族婦女。

　　綜上所述，雖然新疆和臺灣少數民族婦女面臨的問題不同，這些問題，通過少數民族婦女自身的努力，一定的社會的和政府的支援，在可預見的時間內將會得以解決，否則，拖延下去這些問題將會發展到另一極端。

參考書目：

1. 哈力齊耶母.斯拉母《新疆婦女問題研究》，新疆大學出版社，1997 年。
2. 1990 年新疆人口普查報告，中國統計出版社，1992 年。
3. 新疆四十年，中國統計出版社，1995 年。
4. 新疆婦聯，《新疆婦女運動四十年》，新疆人民出版社，1996 年。
5. 新疆統計年鑒，中國統計出版社，1996 年。
6. 新疆年鑒，1985，1988，1990，1995，新疆人民出版社，1982，1989，1991，1996 年。
7. 許霞，董玉芬，《新疆婦女進步與發展》，新疆大學出版社，1999 年。
8. 查端川，曾毅，郭志剛，《中國第四次人口普查分析》，高教出版社，2000 年。
9. 張天路，孫傳勝，馬正亮，《中國穆斯林人口》，寧夏人民出版社，1996 年。
10.鍾孟學，何佳珊，盛逸琴，張伊瑩，《臺灣的故事》，1999 年。
11.《21 世紀婦女發展國際研討會論文集》，中央民族大學出版社，2001 年。
12.鄭玉順，《女性與社會發展》，中央民族大學出版社，2002 年。
13.楊經第，《中國少數民族人權述要》，北京大學出版社，1997 年。

孫中山先生的民族 "求對欲" 以及(大)中國在全球化中的 民族靈魂工程的擴建*

黎　嶽　庭

美國明尼蘇達州立大學

民族與全球學系教授兼系主任

*這是作者 2002 年 7 月 2 號至 18 號應邀在臺灣進行學術交流和社會考察時報告和討論的論文。有關本文的通訊，請聯絡：Professor Yueh-Ting Lee, Ph.D. Chairperson, Department of Ethnic Studies, Minnesota State University, Mankato, Minnesota 56001 USA. Email: Leey@mnsu.edu

摘　要：

　　本文主要討論下列幾個問題：第一，為什麼中華民族主義和民族靈魂非常重要？也就是說，民族為何高於民權和民生？第二，何謂 "求對欲"？孫中山先生如何進行民族求對？他在追求三民主義中有那些矛盾人格表現和缺失？第三，大中國在全球化中如何利用包括孫中山和毛澤東等不同思想和文化進行民族靈魂工程的擴建？

Dr. Sun Yat-sen's Ethnic/National Motivation and Enhancing Chineseness in Globalization

Abstract: This paper addresses several major issues as follows. First, it is discussed why ethnic/cultural identity and Chineseness play a very important role in daily life, and why ethnicity (or nationality) seems to be more important than individual rights or livelihood. Second, what does "human desire (or motivation) to be right" mean? How did Dr. Sun work for Chinese people? What are problems with his San Min Zhu Yi? Finally, it deals with how Da Zhong Guo (the Great China) will enhance its culture and Chineseness in globalization by making use of Dr. Sun Yat-sen's ideas, Maoism and other different cultures and ideologies.

　　近約一個世紀，孫中山先生提出了三民主義——民族、民權、民生。可是今天在這三民主義中，唯獨只有民族主義受到冷落。對華夏民族（或中華民族）主義關心的人，不論是海內外的普通中國公民還是專家、學者，寥寥無幾。具體而言，在海內外相當一批 "民運人士" 或 "政治精英" 眼中，民權（包括民主、自由、人權）很受關注，況且有很多學者樂於做這項研究。民生，不論是中國大陸、香港、臺灣是三民主義中的寵兒，在人們的心目中最受重視。曾經一向以 "政治是統帥是靈魂" 的毛澤東時代的中國大陸，自一九八零年後，開始著手經濟建設和經濟發展，何故也？這是因為民生同中國的經濟及中國人的生活水平有密不可分的聯繫。

　　既然有些人強調民權（如民主、自由、人權），中國大陸、香港、臺灣注重民生及經濟發展，而中國民族主義（如中國人的認同感或華夏魂）卻一直被忽略，那麼，這難道是說中國民族主義和民族認同感（或民族魂）不重要嗎？非也！

　　如果說，中國的人口、中國的土地及其他自然資源是一種硬體，那麼華夏魂（華夏民族認同感）則是一種軟體。在孫中山先生看來，民族主義先於民權和民生主義。可以說，為民族主義而奮鬥構成孫中山先生一生的主要努力（即民族求對欲）。筆者認為，民族主義（包括民族魂或民族認同感）是民權、民生的基礎，是中國穩定、發展、團結、統一和強盛的關鍵。大中國文化，華夏魂（華夏民族認同感）是華夏民族最根本的東西，它涉及到中國在世界舞臺上是崛起、強盛還是被人欺壓和宰割。在論證這一重大問題之前，我們必須先闡明什麼是中華民族（或華夏民族）、中國人、華夏魂（或中華民族認同感）以及大中國文化。

一、何謂中華民族、中國人、華夏民族魂（或認同感）和大中國文化？

　　中華民族，不僅僅指的是漢族，而是以漢族為主體的同時包括壯族、藏族、蒙古族、回族、維吾爾族、滿族、朝鮮族、苗族、臺灣高山族等五十多個大小不一的民族（即大中華民族）。大中國文化也就是中國各兄弟民族文化的總合。雖然有些學者（例如李鍌、邱燮友、周何、應裕康在《中國文化概論》一書中）認為中華民族主要只由漢、滿、蒙、回、藏、苗構成，[1]但是筆者認為這種看法似乎太簡單化了。為什麼呢？因為華夏民族是一個發展性的概念。"華夏"二字是中國各民族融合的象徵或名號。根據中外的考古學家、人類學家以及基因學家的研究，[2]中華民族並非從別的國家或地區遷來，而是發源中國本土，如雲南元謀人、陝西藍田人、北京周口店人可以為證。由於環境的不同和變遷，他們分佈中國各地，形成五大族團－－夏氏族團（居於汦江、漢水、渭水、黃河中上游，後遍佈全國各地）、羌氏族團（居於青海、西藏等地）、狄氏集團（居於新疆、寧夏、蒙古、及東北華北等地）、夷氏族團（居於江淮及很多東北地區）、蠻氏族團（居於華南及中國東南及西南等地）。伏羲與女媧，再到蚩尤帝、炎帝和黃帝都是我們中國人和美洲印第安人的共同祖先。[3]

---

[1]　李鍌、邱燮友、周何、應裕康編著《中國文化概論》，香港三民書局印行，1983 年，第 33-34 頁。

[2]　參見：L。Luca Cavallisforza,Paolo menozzi & Alberto Paizza, (1994) The History and Geography of Human Genes。Princeton,NJ: Princeton University Press。PP。202-206。

[3]　參見王大有《三皇五帝時代》（上下冊），中國社會出版社，1999 年。

在新石器時代（即西元前四千年左右至西元前一千三百年左右），夏氏族團，因洪水泛濫（如夏禹治水）便到處遷移。夏氏族團便和羌、狄、夷、蠻等民族相互混合。各部落擁戴共主，形成一種類似於中央政府的組織，史書上叫 "夏朝"。此時 "中夏"、"華夏"、"諸夏" 及 "區夏" 便是維繫這種新組織的名號。由此可見 "中（夏）華（夏）" 或華夏意指中國人及其各個民族的大匯合，雖然也有 "中國文化/文化中國" 及中國文明等含義。[4]

當我們說到華夏民族或中華民族，其含義是廣義的（即大中華）。漢族只是中華（華夏）民族的一部分，它同其他兄弟民族一樣平等。

除了以上的論述外，漢族從另一個角度來看也是由多民族同化和演進而成的。如果說，漢族（或夏氏族團）本定居於中國黃河流域一帶後因環境變化而遷居全國和南洋一帶，那麼，包括漢族在內的中華民族得以生存則有 "賴於不同民族在不同時期給這個民族輸入的血液"，乃至中國人（例如以前的漢人）在生理上、心理上、文化上不斷演進而不衰退。在這一點上，北宋史學家司馬光在《資治通鑑》中以及近代學者林語堂在《吾國與吾民》中都論及過。[5]就歷史上的例子而言，在春秋戰國時代淮水流域及山東一帶的東夷族，長江中下游的吳民族，浙江、福建、廣東、廣西一帶的越族都被同化為漢族。秦代以後的很多民族（包括入侵中原且掌握政權的少數民族或非漢族）均被漢文化影響和同化。譬如說，南北朝時期的北族（即六朝時的

---

[4] Wei-Ming Tu,(1991) Cultural China: The periphery as the center。Daedallus: The Journal of the American Academy of Arts and Sciences, Vol。120, No2 PP1-32。

[5] 林語堂，《吾國與吾民》（中文版），臺北中行書局，1966 年（修正版），第27-32 頁。又見英文原著。Yu Tang Lin (1935) "My country and my people"。New York: The John Day Company, PP27-34。

韃靼民族），慢慢融入當時的漢文化，而且公開互相通婚。北周時侯的鮮卑（利亞）族，有些學者認為是今天的西伯利亞族，諸如，今天的西北利亞族（即鮮卑族或錫北族）、蒙古族和滿族（或女真族）同中原文化和人民相互混合，相互聯繫及相互影響。[6]

　　司馬光在《資治通鑒》的《隋紀》和《唐紀》中記錄了有一個叫獨孤信的鮮卑族人。他有很多女兒，其大女兒嫁給了北周皇帝，小女兒嫁給了隋文帝楊堅，還有一女兒嫁給了唐高祖的父親。不論得失，隋煬帝楊廣和唐高祖李淵是表兄，都曾是中華民族歷史上的皇帝。他們都是漢族和其他兄第民族混合的代表。即使是大唐帝國的肇基者唐太宗李世民，亦非純漢人，因為他母親姓竇，是鮮卑族人。歷史上以前很多少數民族（如漢代的烏桓，北魏的鮮卑，唐代的突厥、高麗、契丹，宋代的遼和女真，元代的蒙古族人及清代的很多滿族人）成了我們今天所謂的“漢人”。因此，中華民族是一個多民族的大熔爐，華夏或“中華”是中國各個大小民族融合的象徵和名號。

　　不言而喻，華夏（或大中華）民族高於中國的任何黨派、宗教、地域性文化、習俗以及其他團體。一個人只要他或她承認自己是華夏民族（或中華民族）的一員便是中國人。簡而言之，也就具有中國人的認同感。[7]

---

[6]　孟德聲，《中國民族主義之理論和實踐：一個歷史的思想的分析和綜合》，臺北海峽學術出版社，2002 年。另參見 N. Bilik, S. Kan & Y-T. Lee (2002). The ethnic and cultural processes of zhong-Guo (China) as a Central Kingdom and stereotypic perceptions of its national neighbors. In Y-T. Lee, C. McCauley, F. Moghaddam & S. Worche (eds). Psychology of Ethnic and Cultural Conflict. Westport, CT; Greenwood.

[7]　Yueh-Ting Lee,(1994)。"Stereotypes, Ingroup Homoqeneity and social ideality theory in intergrouo contact and companism" Sociological Theory (Teoria Sociologica),3, 162-175.

　　然而從心理學上來嚴格定義，中華民族認同感（即華夏民族認同感或華夏民族之魂）指華夏民族的成員對自己的民族所形成的天然上的情感和理性上的認知圖式的總和。[8] 這種靈魂上的認同感（或華夏魂），是我們華夏民族祖祖輩輩或世世代代在情感上理性上形成且崇尚的一種有形或無形的東西，它反映在我們這個民族的價值觀念或信仰上，反映在有形或無形的歷史文化、心理和生理上（如人格、膚色、行為等），也反映在生態及生存生活方式上（土地資源，生產技術等）。

　　毋庸置疑，大中華文化，華夏民族，中國人，華夏魂（或華夏民族認同感），幾者之間是互相聯繫的。中華（或華夏）民族，它不僅包括漢族而且還有很多其他民族組成的。華夏魂（或華夏民族認同感），是所有的中國人與生俱來的對自己的民族的一種情感和理性上的自發結合。它是中華民族世世代代所形成和崇尚的隱形或顯形的東西。華夏民族靈魂（包括大中國文化，華夏民族認同感）是民權和民生的基石。這種民族魂也高於中國任何黨派、團體、地域性文化或信仰。它不受任何時空限制。它是中國生存、穩定、發展、團結、統一和強盛的支柱和關鍵。"求木之長者，必固其根本；欲流之遠者，必浚其源泉。"[9] 華夏魂（或華夏民族認同感）及中華民族精神乃大中國穩定、團結、統一和崛起的根本和源泉。

（二）人人有 "求對欲"

　　老子說："道常無名，樸雖小，天下莫能臣也。"[10] 真理

---

[8] 康革爾、嶽芳，"中國民族主義和社會的變遷"，《知識份子》，1990 年夏季號，第 20 期，第 39 頁。

[9] （唐）魏徵，《諫太宗十思疏》，載自吳楚材選編的《古文觀止》（下策），香港廣智書局，第 289 頁。

[10] 參看老子《道德經》第 32 章。

或正確的道理，沒有名稱又樸實微小，但天下人不能不遵循它。每個人的一生，不管我們承認還是不承認，都在有意或無意地證明自己，朝我們認為是對的去做或發展——"求對欲"。人人有"求對欲"，包括聖賢，國王總統，將相或社會名流，到普通的黎民百姓或乞丐。由於每個人有自己認為"對"的心理看法和標準，不同的"求對欲"或者不同的對的標準便會引起生死的矛盾，產生人與人之間或團體與團體之間（包括國家、民族、宗教、黨派等）的矛盾和衝突（包括戰爭）。求對欲是個人、社會和人類歷史發展和變化的心理表現和動力。

　　什麼是求對欲呢？回答這個問題既十分簡單容易，但又十分頭疼，傷腦筋。為什麼說很容易呢？因為自從我們一出生，我們的思維、情感與行為等心理都幾乎時時刻刻受到"對"與"不對"的強化，所以，幾乎每時每刻，包括睡覺、做夢在內，我們都有意或無意地想做"對"的事情，朝對的方面發展。這就是我所說的"求對欲。"

　　從社會認知心理學來看，討論求對欲又不是那麼簡單，有時甚至會讓人有點頭疼而傷腦筋。所謂"求"，就是尋找。但是這種尋找必須在一個人的腦子裏思考，斟酌，琢磨。它是一個人的認知過程。這種認知過程有時是有意識、有目的的，有時是無意識、無目的或自動的。"尋求"可以表現於外在的行為上；但是人的行為在大多數情況下是有意識、有目的的。也就是說，一個人的行為是由他內在的思維（或思想、認知）所控制的。我們中國人常說，"三思而後行。"人一般是先思想，先在頭腦中"尋求"，然後才行動。

　　那麼，何謂"對"呢？這個"對"字類似於"是"字。其涵義既廣博又微妙。從宏觀上講，"對"即道，規律，法則，真理，正確的思想、主張或信仰，即公正感，公平心，公式求證，合乎道理，合乎道德，合仁合義，合理合法，合乎邏輯等等。從微觀上看，"對" 是一個人的思想、主張、看法、思維、意見、行為、措施、態度、情緒、情感、意志、語言、外貌等表現是否被本人及他人或物（或環境）所接受。"對" 是人的心理感受和思考。它因人而異，不同的人有不同的 "對" 的標準；"對" 也依時空而異，不同的時代或不同的地方、群體（包括不同的文化，社會，團體，宗教、黨派，人種）也有不同的 "對" 的標準。但在同一團體和社會中，"對" 與 "不對" 由多數人來定。"人云亦云"、"指鹿為馬"、"鴨子過河隨大流" 等 "從眾"（conformity）心理現象，就是人 "求對" 的 "權宜之計"。

最後，"對" 是不斷發展變化的。一個人的經歷、經驗和知識結構如果發生了變化，時代或環境、地方、群體（包括不同的文化，社會，團體，宗教、黨派，人種）發生了變化，那麼人所認知的 "對" 也會相應地變化。以環境為例，中國六七十年代，愚公移山，開荒造田，圍湖填海，在當時是對的。人們受到大自然的懲罰後，今天保護自然環境是對的。美國人用的很多樹木，都是從加拿大砍伐的，因為他們這樣做至少可以保護本國的森林資源和自然環境。他們認為是對的。

那麼，什麼叫 "欲" 呢？"欲" 是一種欲望，動機，期望，動力，內驅力。人的欲望，有的是天生的，有的是後天學會的（即習得的）。"求對" 的欲望也許是先天和後天交互作用而成的，但在很大的程度上是後天習得而成的。早期的行為心理學家霍爾（Hull）、心理分析學家 薩利文（Sullivan）和人本心理學家馬斯羅（Maslow），把人的欲望和動機分為生理欲和社會欲。前者包括與人的生物有機體有關的飲食男女等，後者指金錢、權力、名望等社會欲望和動機。而我這裏的 "求對欲"，雖然在很大的程度上是後天習得，但不是一種純粹的社會欲。它是一個人的生理欲和社會欲的基礎。比如，吃飯是一種生理需要，但你"知道"在什麼地方什麼時候吃什麼東西怎麼樣吃吃多少才合理才是對的。即使是吃飯、穿衣、男女，人們都有意或無意地基於"求對欲。"

"求對欲"中的"對"，同"真、善、美"既有聯繫又有區別。有聯繫，因為它們同人的判斷和思維有關，也因人因地因時而異。有區別的是，"真、善、美"比較抽象，多半屬於哲學和道德的範疇。然而，"求對欲"是心理學所研究的物件，它比較具體，應用很廣泛。在某種程度上，"真、善、美"只是"對"的一部分。"對"，像"道"一樣，大、小、多、少、好、壞、優、劣、長、短、先、後，無所不包、無所不容。可謂"舒之彌四海，卷之不若杯。""對"既可以涉及到人無限大的事情（包括真理、戰爭、科學革命、宗教變革），又可以涉及到人無限小的思維和行為，諸如合理的、"對"的衣食住行和待人接物的思維和行為。孫中山先生所追求的三民主義（民族，民權和民生），就是他的求對欲的具體表現。

每個人的一生，只要他（她）正常的話，也就是說，只要他（她）心理健全而沒有多大毛病，不管我們承認還是不承認，都在有意或無意地證明自己──證明自己是對的或正確的。他（她）在證明自己能幹、聰明、漂亮、英俊、富貴、利他、仁慈；或者他（她）在證明自己具有魅力、與眾不同、堅定果斷等等。人們的每一個行為，都同"求對欲"分不開。作為一個人，孫中山先生也毫無類外。

三、三民主義和孫中山先生的民族"求對欲"

孫先生的三民主義，主要側重民族主義。他自己一生首先是領導反對和推翻滿清政府，後來反對帝國主義和反對殖民主義。可以說，他在民族主義方面的貢獻遠遠大於他對中國民權

和民生的建設。孫中山追求民族主義 （即民族 "求對欲"）有
兩個特點。其一，他融合古今中外的思想；其二，辛亥革命是
他民族求對內容發生變化的分水嶺。

　　第一，十九世紀八九十年代，孫先生被迫流亡海外（日本、
美國和歐洲）。他特別考察了西方國家政治制度和社會情況，並
目睹了西方國家因貧富懸殊而導致的工人運動。同時，他也如
饑似渴地閱讀和研究了歐美國家的一些政治、軍事、經濟、法
律（特別是憲法）、歷史、哲學等著作，包括馬克思和恩格斯的
《共產黨宣言》，法國盧梭的《民約論》，孟德斯鳩的《法的精
神》，美國亨利喬治的《進步與貧困》和林肯的《民有民治民享》。
之外，孫先生非常欣賞孔子的 "大道之行也，天下為公"，孟
子的 "民為貴，社稷次之，君為輕" 和太平天國的 "凡天下田，
天下人同耕"。正如孫先生自己所說，"三民主義實在是集合
古今中外之學說，順應世界的潮流，在政治上所得的一個結晶
品。"[11]

　　第二，在辛亥革命前，孫中山先生的民族求對欲是 "驅逐
韃虜，恢復中華。" 此時，孫中山的民族主義是以漢族反對滿
族。當然，這是孫先生的局限性 （參見下面對孫中山先生矛
盾人格和三民主義的缺失的討論）。但是，在辛亥革命後，孫
中山的民族主義已轉向華夏民族五族共和，同時反對帝國主義
──外國列強。中法戰爭，中日甲午海戰，日本和西方列強瓜
分中國，中國面臨亡國滅種，再加上俄國列寧的反殖民主義的
思想，所有的這些都給孫中山先生在民族主義上進行了重新定
義。[12]

---

[11] 參見周學之編著《孫中山》第 54-55 頁（1999 年，北京，昆侖出版社）。

[12] 參看 pp 352-370 in Marie-Claire Bergere (1998), Sun Yat-Sen. Stanford, CA:
Stanford University Press.

　　不可否定，孫中山先生的一生是偉大的一生，是求對的一生——即追求三民主義的一生。孫中山先生臨終前十七天，即1925年2月24日，知道自己病已不治，預立了三份遺囑，這三份遺囑是《遺囑》、《家事遺囑》和《致蘇聯遺書》。前兩份遺囑由孫中山口授，汪精衛筆錄。《致蘇聯遺書》則是由孫中山以英語口授，他的蘇聯顧問鮑羅廷等筆錄。孫中山口授遺囑時，在場的宋子文、孫科、孔祥熙、邵元沖、吳敬恒、戴恩賽、何香凝、鄒魯、戴季陶等人都作為證明人在遺囑上簽了字。孫中山本來也要簽字的，但是，因為聽見宋慶齡在鄰室悲泣，他不忍心讓宋慶齡傷心，這天就沒在遺囑上簽字。直到3月11日凌晨一時，他自知在世不久，才在遺囑上補簽上自己的名字。孫中山《遺囑》的全文是：

> "余致力國民革命凡四十年，其目的在求中國之自由平等。積四十年之經驗深知欲達到此目的，必須喚起民眾及聯合世界上以平等待我之民族，共同奮鬥。現在革命尚未成功，凡我同志，務須依照余所著《建國方略》、《建國大綱》、《三民主義》及《第一次全國代表大會宣言》，繼續努力，以求貫徹。最近主張開國民會議及廢除不平等條約，尤須於最短期間，促其實現。是所至囑！"[13]

　　孫中山在病危之中，仍念念不忘拯救中國，拯救民眾。當時的中國處於軍閥混戰四分五裂狀態，段祺瑞堅持召開"善後會議"，實行軍閥間的重新分贓，使中國繼續處於軍閥割據的分裂局面。孫中山則極力謀求和平統一，主張召開有各界民眾代表參加的國民會議，決定國家的統一和建設大計，並廢除帝

---

[13] 參看 http://www.sunyat-sen.com/jnzsxs/2.htm#1.

國主義強加給中國的不平等條約，擺脫政治上和經濟上的束縛，從而建設一個新的中國。孫中山在遺囑中諄諄以此為囑，把希望寄託於“喚起民眾”，表現了他強烈的愛國之心和強烈的民族“求對欲”。

孫中山先生一生奔走革命和民族強盛，真正做到鞠躬盡瘁。無論是國民黨人（諸如蔣介石先生），還是共產黨人（諸如毛澤東先生）都對孫中山先生給予高度評價。孫中山先生誕辰九十周年時，毛澤東撰寫一篇題為《紀念孫中山先生》祭文。全文如下：

> “紀念偉大的革命先行者孫中山先生！紀念他在中國革命準備時期，以鮮明的中國革命民主派立場，同中國改良派做鬥爭。他在這一場鬥爭中是中國革命民主派的旗幟。紀念他在辛亥革命時期，領導人民推翻帝制，建立共和國的豐功偉績。紀念他在第一次國共合作時期，把舊三民主義發展為新民主主義的豐功偉績。

他在政治思想方面留給我們許多有益的東西。現代中國人，除了一小撮反動分子以外，都是孫先生革命事業的繼承者。

我們完成了孫先生沒有完成的民主革命，並且把這個革命發展為社會主義革命。我們正在完成這個革命。事物總是發展的。1911 年，即辛亥革命，到今年，不過四十五年，中國的面目完全變了。再過四五十年，就是二千零一年，也就是進到二十一世紀的時候，中國的面目更要大變。中國將變為一個強大的社會主義工業國。中國應當這樣。因為中國是一個具有九百六十萬平方公里土地和六萬萬人口的國家，中國應當對於人類有較大貢獻。而且這種貢獻，在過去一個長時期內 則是太少了，這使我們感到慚愧。

但是要謙虛。不但現在應當這樣，四十五年之後也應當這樣，永遠應當這樣。中國人在國際交往方面，應當堅決、徹底、乾淨、全部地消來大國主義。孫先生是一個謙虛的人。我聽過他多次講演，感到他有一種宏偉的氣魄。從他注意研究中國歷史情況和當前社會情況方面，又從他注意研究包括蘇聯在內的外國情況方面，知道他是很虛心的。他全心全意地為了改造中國而耗費了畢生的精力，真是鞠躬盡瘁，死而後已。像很多站在正面指導時代潮流的偉大歷史人物大都有他們的缺點一樣，孫先生也有他的缺點方面。這是要從歷史條件加以說明，使人理解，不可以苛求於前人的。"[14]

蔣先生和毛先生代表不同的黨派，中國二十世紀的歷史基本上是以蔣毛為代表的兩派鬥爭的歷史。但是在對孫中山先生的評價上，他們是一致的。在中國大陸和臺灣島嶼上，再也沒有一個像孫中山先生的人倍受兩岸人民尊敬和愛戴。然而，孫中山先生也是人。在追求三民主義時，他表現出雙重（或矛盾）人格，也有其缺失和局限性。

四、孫中山先生矛盾人格及其求對欲的缺失

雖然孫中山先生追求三民主義，但是，他有些行為和主張並非十全十美。這種不完美性是他矛盾（或雙重）人格的反映。在〈中國近代名人的缺失〉一文中，王澍先生指出孫中山先生有三個缺失[15]。孫先生的第一個缺失，是言行不一。孫中山先生追求人權，可是連他的黨員都得不到人權的保證。加入國民黨按手摸就是對其人權的踐踏。為此，黃興等一批志士嗤之以鼻，

---

[14] 參看 http://www.sunyat-sen.com/jnzsxs/1.htm#0.

[15] 參見王澍〈中國近代名人的缺失〉一文第 24－25 頁（《讀者》2002 年六號 12 期，原載《大家參考》2002 年 4 月上半月）。

棄之而去。孫先生不能與當時一流仁人志士聯手，也許是他未能成大事主要原因之一。在革命尚未成功前，就搞個人崇拜，這違背了剷除專制的革命初衷。之外，他一方面反對和痛恨帝國主義和殖民主義，另一方面，為了籌措足夠的革命經費，甚至以出讓國土為代價。孫中山先生一方面大談民生，另一方面卻不能對中國的土地進行改革。在這一點上，毛澤東先生早期的 "打土豪分田地" 的土地改革和蔣介石先生在臺灣的土地改革算是成功的。

　　孫中山先生的第二個缺失，是提出有些有毛病的政治口號。起初，孫先生提出 "驅逐韃虜，恢復中華" 是典型的大漢族主義。雖然孫中山先生自己承認 "革命的宗旨，不在排滿，而是廢除專制，創造共和"，[16]但是，"驅逐韃虜" 至少在開始提出來時多少是帶有民族復仇情緒，是基於狹隘的漢族主義。中國歷史上七千年來（炎帝，黃帝，蚩尤帝）各民族一直兼併和融合。藏族人，壯族人，苗族人，作為鮮卑和女真部落後代的蒙古人，滿人和美洲的印第安人還有環太平洋圈的一些民族等等，幾乎都是從伏羲與女媧到炎帝，黃帝，蚩尤帝的後代[17]。故此，中國的的各個民族都是大華夏民族的一部分。然而，孫中山沒有看到這一點。也許這是孫中山先生理論不足之處。

　　王澍先生指出孫中山先生第三個缺失是以黨代政。[18]這為中國蔣介石先生等以國民黨代替天下埋下了伏筆。深受列寧的影響，[19] 1924 年孫中山先生 "以黨建國"，"以黨治國" "黨在

---

[16] 參見周學之編著《孫中山》第 56 頁（1999 年，北京，昆侖出版社）

[17] 參見王大有《三皇五帝時代》(1999 年，北京，中國社會出版社)。

[18] 參見王澍〈中國近代名人的缺失〉一文第 24-25 頁（《讀者》2002 年六號 12 期，原載《大家參考》2002 年 4 月上半月）。

[19] 參看 pp 352-370 in Marie-Claire Bergere (1998), Sun Yat-Sen. Stanford, CA: Stanford University Press.

國上"等一系列主張為中國國民黨專政提供了理論基礎。這可以從孫先生的第三份（即最後）遺囑中看出。具體說，孫中山先生晚年得到蘇聯的幫助，俄國革命的成功給他很大的鼓舞，他親自制訂了聯俄聯共扶助農工三大政策，強調"今後之革命非以俄為師斷無成就。"孫中山臨終前夕，再次把希望寄託于蘇聯，特地口授了《致蘇聯遺書》。這份遺書的中文譯文是：

"蘇維埃社會主義共和國大聯合中央執行委員會親愛的同志：

我在此身患不治之症，我的心念此時轉向於你們，轉向於我黨及我國的將來。你們是自由的共和國大聯合之首領。此自由的共和國大聯合，是不朽的列寧遺與被壓迫民族的世界之真正遺產。帝國主義下的難民，將藉此以保衛其自由，從古代奴役戰爭偏私為基礎之國際制度中謀解放。

我遺下的是國民黨。我希望國民黨在完成其由帝國主義制度解放中國及其他被侵略國之歷史的工作中，與你們合力共作。命運使我必須放下我未竟之業移交於彼謹守國民黨主義與教訓而組織我真正同志之人。故我已囑咐國民黨進行民族革命運動之工作，俾中國可免帝國主義加諸中國的半殖民地狀況之羈縛為達到此專案的起見，我已命國民黨長此繼續與你們提攜。我深信，你們政府也必繼續前此予我國之援助。

親愛的同志，當此與你們訣別之際，我願表示我熱烈的希望，希望不久即將破曉，斯時蘇聯以良友及盟國而歡迎強盛獨立之中國，兩國在爭取世界被壓迫民族自由之大戰中，攜手並進，以取得勝利。

謹以兄弟之誼，祝你們平安！

孫逸仙（簽字）"[20]

---

[20] 參看 http://www.sunyat-sen.com/jnzsxs/2.htm#1.

　　孫中山遺留下的是國民黨和聯俄聯共扶助農工三大政策。國共兩黨都同他有千絲萬縷的關係。在他去世後，中國的黨統治無異中國的皇朝統治。前蘇聯以黨代政，結果在八十年代底全面瓦解。故此孫先生的辛亥革命，並沒有給中國政治體制變更造成質的變化。相反，後來的黨天下和專制導致中國內戰、民族的災難和民主的扼殺。總之，孫中山的三民主義求對欲和求對思維有其局限性。大中國在全球化的民族靈魂工程擴建中必須豐富和發展孫中山思想和其他思想。

五、大中國未來的靈魂工程擴建與孫毛思想[21]

　　筆者認為，中國在大統一團結之前（諸如臺灣和外蒙古回歸），不論是大陸還是臺灣，都必須進行民族靈魂工程的擴建。以華夏民族文化和民族靈魂統一中國的觀點，臺灣的陳立夫先生也有類似的研究[22]。在中國大陸，其首要任務是，在短期或中期的十年、二十年急需要的是如何 "明大道、遵禮法、施德政、淳民風、祭先宗、信神靈。" 中國人，若失去自己七千多年的文明，若失去自己的傳統的價值觀念，那不可能真的能實現自己現代化的目標，更不可能走向全球化的世界。所以，大中國這種靈魂工程的擴建是國泰民安、民富國強的根本保障，也是制約或促使中國經濟發展和科技飛躍的第一資本。

　　但是，大中國進行的靈魂工程的擴建並不是為了在世界上稱王稱霸，或者僅僅是為了狹隘的民族主義；而是為了世界全

[21] 參見 Lee, Y-T. (2000). The 1st Capital Needed for China in the 21st Century's Globalization: Rebuilding Chinese "Dao", "De Governance" and "Socio-Cultural/Psychological Spirit". Paper presented at the 5th Annual Conference by Western Returned Scholars Association, August 8-10, 2000, Beijing, China.
[22] 參見陳立夫〈真理不滅,孔孟之道永存〉一文，刊載於《三民主義大同盟盟訊》1995 年 8 月 25 日，第 6-10 頁。

球（即天下）人類的和平和幸福。在這方面，大中國有其它國家和民族無法相比的兩個優越文化條件（和民族精神）。其一，大中國歷史上從未有過因儒、道、佛等信仰而發生過戰爭和殘殺，相反，猶太教、基督教（包括新教和天主教）、伊斯蘭教因不同的信仰打了幾千年，現在還殺個不停。即使其它民族學習和信仰中國的文化和靈魂思想，也不會同其它宗教發生衝突。這是猶太教、基督教、伊斯蘭教等世界宗教所望塵莫及的。

其二，大中國傳統文化和靈魂思想自古是胸懷天下（即全世界），造福人類。在 2500 多年前，老子告訴我們，"以正治國，以奇用兵，以無為事天下"（《道德經》第 57 章）。在全球，以無為治天下，而不以西方的"霸道"來干預其它民族。老子還告誡我們要行道修德；行道修德的最終目的不是為了自身、小家庭、社區、國家、或民族而是為了普天下的人（或全球的人類）的和平和福祉，"修之於身，其德乃真；修之於家，其德乃餘；修之於鄉，其德乃長；修之於天下，其德乃普"（《道德經》第 54 章）。

作為孔子的老師，老子及其思想也在儒家的《四書五經》中也體現出來了；諸如：在《大學》裏的主張是："大學之道，在明明德，在親民，在止於至善。知止而後有定，定而後能靜，靜而後能安，安而後能慮，慮而後能得。物有本末，事有終始。知所先後，則近道矣。"這雖是儒家學說，也主張一個"道"字。

《大學》接著講："古之欲明明德於天下者，先治其國；欲治其國者，先齊其家；欲齊其家者，先修其身；欲修其身者，先正其心；欲正其心者，先誠其意；欲誠其意者，先致其知；致知在格物。物格而後知至，知至而後意誠，意誠而後心正，心正而後身修，身修而後家齊，家齊而後國治，國治而後天下平。"每個人，不論是最高領導者，還是普通平民布衣，都要修身。這樣才能對天下人類（對世界）有貢獻。

在《論語》中，孔子說，"己所不欲，勿施於人。"又說，"己所立而立人，己所達而達人。"這種中國人的精神，對世界上其它民族也非常適應。更進一步的是，孔子的"大道之行也，天下為公"及其學生子夏的"四海之內皆兄弟也"等思想不僅對中國人，而且對世界其它各民族的人，均有指導和啟發作用。[23]所以，大中國進行靈魂工程的擴建在 21 世界的全球化過程中，不僅有得天獨厚的文化和靈魂信仰基礎，而且能胸懷天下造福人類。

從另一個角度來講，一個 13 億人口的國家和民族在全球化的 21 世紀中同世界的命運息息相通。"中國之禍肯定世界之禍；中國之福肯定是世界之福。"[24]所以在世界全球化的 21 世紀中，北宋范仲淹在〈岳陽樓記〉的不朽名句"先天下之憂而憂，後天下之樂而樂"不僅對中國人而且對世界其它民族的仁人志士，應該起到一種鼓勵和激發的作用。

總之，大中國在 21 世紀全球化過程進行民族靈魂工程的擴建有兩個主要任務。第一，中國本身在短期或中期的十年、二十年內急需要的是如何"明大道、守禮法、施德政、淳民風、祭先祖、信神靈。"第二，它最終的目的是為了大中國的和諧融合統一，也為了世界全球（即天下）的所有人的和平和福祉。

---

[23] 在這一點上，孫中山先生觀點與此是一致的。
[24] 參見李慎之：〈全球化與中國文化〉（見李慎之、何家棟《中國的道路》，2000年。廣州：南方日報出版社。）李慎之、何家棟《中國的道路》，2000 年。廣州：南方日報出版社。另參見 N. Bilik, S. Kan & Y-T. Lee (2002). The ethnic and cultural processes of zhong-Guo (China) as a Central Kingdom and stereotypic perceptions of its national neighbors. In Y-T. Lee, C. McCauley, F. Moghaddam & S. Worche (eds). Psychology of Ethnic and Cultural Conflict. Westport, CT; Greenwood.

　　如何"明大道、遵禮法、施德政、淳民風、祭先祖、信神靈"？這是 21 世紀的大中國在全球化中急需的第一資本。要建立這一資本，首先我們必須進行一場思想上和理論上的革命，要解放思想，敢於做前人從未作過的工作。

　　也就是說，我們應把現有的中國國情、國民的需要以及全球的挑戰放在第一位。這種民族靈魂工程的擴建，也許會涉及到如何融合孫中山、毛澤東思想，中國傳統文化和信仰，中國民間信仰，儒（《四書五經》）道釋思想，以及某些適合中國國情的西方思想為一體，以教化全國國民尊道貴德，尤其是教化青少年和各級領導幹部。下面是民族靈魂工程擴建的理論框架：

A ＝民族靈魂工程擴建
　　的理論框架

A1：傳統信仰等
A2：儒、道、佛等
A3：孫、毛、社等
A4：某些外來思想等
A5：其它（有待豐富、發展）

A1＝中國七千年來的傳統信仰（例如祭祀祖宗、朝拜天地神靈）、中國傳統文化與各種民間信仰等。

A2＝中國約兩千五百年來的儒家（例如《孝經》、《四書五經》）和道家（例如《道德經》、《南華經》）和其它諸子各家的思想，以及有一千多年歷史的佛教思想（例如《金剛經》、《心經》）等。

A3＝代表中國國民黨的孫中山三民主義思想，代表中國共產黨的毛澤東思想和現代社會主義思想（包括鄧小平路線和"三個代表"）等。

A4＝適合中國國情的外來文化和思想（尤其是歐美某些合理而有用的文化、政治管理和決策思想）等

A5＝其它（有待完善和發展）

　　上面是大中國民族靈魂工程所涉及的主要理論內容。限於篇幅,本文不能對中國的第一資本(A)中 A1、A2、A3、A4、A5 一一論述。[25]

　　但是,筆者必須說明三個觀點。其一,"道"、"德政"、和"民族靈魂"工程的擴建(見 A3)涉及孫中山和毛澤東思想,符合兩岸實情,有利兩岸和平,團結和統一。其二,不能以現有的科學條件或數據證實的靈魂(或神靈)或中國傳統信仰(例如祭先祖、信神靈),只要有利大中國社會和諧,穩定,統一和發展,只要對人的心靈起作用、又對人的社會行為有約束效果,我們應該寬容,採納,而不是以"無神論"思想全盤否定或避而不談。其三,這裏的道、德政和民族靈魂工程的擴建,是以"中國傳統文化"為基礎,以"全球化"為目的,它不只是為了華夏民族(大中國)的"國泰民安",而且是"胸懷天下",造福全球。這些近似於孔聖人所提倡的和孫中山先生所信奉的"大道之行也,天下為公"的思想。

　　也許"明大道、遵禮法、施德政、淳民風、祭先祖、信聖(神)靈"是"道"、"德政"和"民族靈魂工程擴建"具體表現和辦法。總之,在未來華夏民族靈魂工程的擴建中,孫先生和毛先生的思想(A3)是不可缺少的重要組成部分。其目的不僅有可能使兩岸和平,團結和統一,也能使大中國"胸懷天下"(或"天下為公"),造福全球。

---

[25] 參見 Lee, Y-T. (2000). The 1st Capital Needed for China in the 21st Century's Globalization: Rebuilding Chinese "Dao", "De Governance" and "Socio-Cultural/Psychological Spirit". Paper presented at the 5th Annual Conference by Western Returned Scholars Association, August 8-10, 2000, Beijing, China.

集體主義文化還是個體主義文化？

——當代中國社會中的人際關係再剖析

張　杰

美國紐約州立大學布法羅分院

提　要：

　　　　與美國的個體主義文化相比，多數人對中國文化的共識是簡單的集體主義。本文用人類學觀察的方法對這一觀點提出了挑戰。對中國人群日常交往多層面觀察和分析之後，本文認為中國人的集體主義僅是局限在家庭和擴大了的家庭關係之中，而在社區或更大的範圍裏，中國人的個體主義傾向要比美國人表現得更為突出。中國人的家庭集體主義解釋了許多中國的社會現象，例如"人民公社"的失敗，"走後門"的風氣，官員的腐敗，和中國人"窩裏鬥"及"一盤散砂"的名聲。作為中國大文化的一部份，臺灣文化也表現出家庭集體主義的諸多特徵。本文著重探討家庭集體主義文化對臺灣社會經濟的影響。

　　在對中美文化作比較時，多數人的共識是中國文化以集體主義（collectivism）為基礎，而美國文化則以個體主義（individualism）為原則（Bellah et al., 1985; Duan, 1993; Hui & Triandis, 1986）。雖然有人不同意這種觀點）Schwartz, 1990），在過去數十年的文化學特別是中美比較文化學中，這個簡單的概念一直佔有極其重要的地位。但是，中國人也是被公認的一盤散砂、不團結、窩裏鬥，連中國人自己也不否認這一點（Sun, 1992）。由於我們注意到中國文化的不斷演化和中國人實際的人際交往行為之間存在衝突，本文試圖對這一悖論找到一些合理的解釋，進而尋求一個歸納式的理論。並且進一步討論這一理論在中國社會的過去、現在和將來的應用。

一、兩種文化行為的定義

　　在心理學和文化學研究中，集體主義和個人主義被用來解釋和預測不同文化之間的差異（Matsumoto et al. 1997; Triamdis, 1994,1995）。集體主義和個人主義的概念是 "世界各種文化中社會行為的文化差異的最重要的維度"（Triandis, 1988, p.60）。儘管集體主義和個人主義的定義有很多，但 Matsumoto 等（1997）的定義是一個非常簡明扼要的定義：集體主義和個人主義是文化所鼓勵、產生、促進的群體內自主與獨特的自我的需要、希望和願望。換言之，在個人主義文化中，個人的需要和目標優先；而集體主義則是為群體而生存，即集體主義者往往把集體（家庭、朋友、社區等）的利益置於個人利益之上。但集體主義和個人主義的概念絕不包括自私自利或親社會（利他）行為。它只說明瞭個人的社會價值和社會行為具有兩種不同的利益與優先的水平。

　　在對中國文化和美國文化進行比較時，許多研究者都使用了集體主義和個人主義的維度，但有時他們也使用其他概念。

例如，Hsu（1981）認為，美國人通過他們的一致的怨恨清晰地表達了他們的內在價值取向，他們的個人中心生活方式與中國人強調相互依賴的以情境為中心的生活方式形成了鮮明的對照。在中國，一致性"不僅控制著所有的人際關係，而且得到了社會和文化的廣泛認可"（p.136）。Ho（1979）認為，這種差異與其他差異一起反映了"不同文化取向的人在集體主義和個人主義兩個維度上的基本差異"（p.148）。Singh 等（1962）比較了中國、美國和印度三國學生的價值觀發現，中國學生在社會中心取向上得分最高，而美國學生在自我中心取向上的得分最高。Fenz 和 Arkoff（1962）比較了夏威夷居民的需要模式，他們發現，白人的自主性較中國人、菲律賓人、夏威夷以及日本人高。

二、兩種文化的歷史根源

美國個體主義和中國的集體主義這兩種文化行為有其宗教歷史的淵源（Capps 等,1997; Westen, 1985）。由於數百年前歐洲的新教運動和被迫害的新教教徒對北美洲的遷徙，美國在兩百多年前建立在一個以新教傳統為背景的文化基礎上。與天主教相比，新教徒認定只有現世的奮鬥成果才是對上帝的最好報答。所以新教徒崇尚自力更生，個人奮鬥，和發財致富（Weber, 1958）。與此同時，新教徒們淡忘了"和睦相處"，"與人為善"，和"別人打你左臉時，你把右臉伸過去讓他繼續打"的基督徒的基本信條。另一方面，新教徒也保留著基督教的基本信念，他們相信有天堂和來世，他們認為所有人皆是上帝的孩子，普天下皆兄弟。對別人行善等於善待自己的兄弟，也是敬重上帝，進而為來世上天堂鋪了路。美國現在仍然是一個新教徒為主，新教為主流宗教的社會，美國的文化基礎帶有大量的新教道德。

　　在兩千多年的中國王朝統治中有很多統治者，他們都受到儒家思想的影響。孔子學說強調的"德行"包括忠於人的本性，和諧的人際關係，正義，孝順等，這些都影響著中國人的日常生活行為。這些社會道德在其他東方宗教與哲學中也有所表現，例如在道教、佛教、印度教以及日本的神道教等。雖然中東興起的一神論宗教（猶太教、基督教、伊斯蘭教）也強調對集體的忠誠，但後來歐洲在對基督教的改革中則強調個體的責任（Kagitcibasi,1997）。

　　儒家思想的核心是"和諧"。為了達到"和諧"，人們必須從家庭開始，孔夫子提倡人與人之間的關心，"老有所養，朋友信任，愛護幼小"（Tu, 1990, p. 116）。孔子非常注重這種狀態，但他並不願意當官。他樂於將自己的教義傳遞給其他人，"只要做一個好兒子，對他人如兄弟，一個人的影響力就會超過政府"這說明，一個人以家庭準則行事同樣具有政治的影響力。

　　儒家思想的另一個價值觀是對父母和先輩的孝順，它是達到最高道德境界的第一步。因此，儒家思想將孝順置於社會環境的較高層次。他們將家庭的理念推廣到社區、國家，甚至整個宇宙。他們喜歡將皇帝稱為天堂的兒子（天子），國王為統治者的父親（父王），地方官為父母官，因為他們將家庭中心的觀點推廣到政治結構中。

　　由於家庭被看成是宇宙和諧的基礎，所以，儒家思想非常強調家庭的等級觀念。除孝順外，儒家思想還包括三個"三綱"（君為臣綱，父為子綱，夫為妻綱），"五常"（仁、義、禮、智、信），此外，對婦女的"三從"（未嫁從父，既嫁從夫，夫死從子）與"四德"（婦德，婦言，婦容，婦功），這些對中國傳統社會中的婦女產生了深遠的影響。所有這些教義都得益於旨在使群體和諧的家庭社會單元。因此，儒家思想是中國集體主義的基石。

三、中國人的集體主義行為

中國文化是集體主義表現在不同層次的社會環境中，也可以從旁觀者的角度將它與正統的美國文化相比較。值得注意的是，這兒所提到的人類學的觀察方法並不僅僅是作者的觀點，很多雙語或具有雙重文化的社會科學家也持同樣的觀點。

共同進餐時，中國人大多圍坐在一個桌子邊共同分享盤子裏的菜，甚至會將食物夾到別人的碗裏，因為他們擔心別人太客氣而吃不飽。吃飯對中國人而言非常重要，過去，中國人見面時第一句話是"你吃了沒有？"儘管這種招呼方式可能是源於以前缺少食物而經常出現的饑荒，但它表明中國人對他人生活狀況的關注，即使在食物充足時也是如此。中國人非常關心照顧年邁的父母，這可能是中國人生很多孩子的原因之一。孩子多說明擁有了更多的財富，也說明了自己年老以後更有保障。即使在今天，不撫養年邁的父母仍然是一種恥辱。中國人也愛孩子，這可能與上面提到的觀點有關。家長應當存錢，以便讓自己的孩子有一個美好的未來。在傳統上，孩子的教育是父母的責任，因為"萬般皆下品，惟有讀書高"。對家長而言，孩子能夠上好大學是他們的最大榮耀。許多到美國的第一代中國移民寧願自己在餐館刷盤子也要讓孩子到哈佛或耶魯上學。

中國人見到一個小孩子時頭一兩個問題多半是"幾歲了？"和"爸爸媽媽是誰？"　而不是問"名字叫什麼？"顯然，名字不如家庭更重要。中國人對家庭更感興趣，而美國人則多對孩子的個人特點更感興趣。

家庭的重要性還表現在中國家庭中的複雜關係上。例如，brother（兄弟）專指哥哥和弟弟，而 uncle 一詞則有 5 個含義：叔叔、伯伯、舅舅、姑父和姨父。下面一段話可以很好地描述中國家庭的複雜關係：

在一個大家庭裏，每一個孩子從出生開始就生活在等級森嚴的家庭體系之中，這些關係包括姑姑、叔叔、堂兄弟姐妹、祖父母以及母系中的對應關係，這些關係會讓西方人很難分清。這些關係不僅從名稱比西方更加細緻，而且賦予了這些關係相應的權利和義務。家庭成員都要用適當稱呼去稱謂其他成員（Fairbank, 1992, p. 20）。

傳統的中國社會中的離婚率非常低。為了孩子、父母、兄弟姐妹，甚至母系等的關係，許多中國人寧願守著不愉快的婚姻也不願意離婚。對一個傳統的一般中國人而言，個人利益不應該超過群體（家庭），他們應該為家庭中其他成員的利益而犧牲自己的利益。另一方面，在美國社會中，如果兩個人無法維持婚姻就會離婚，而不考慮其他人。當遇到危險時，對美國學生的教育是儘快離開，而不要去考慮學校的任何財產，這樣做在法律和道德上都是可以接受的。而在中國學生遇到這種情況時，他們應當盡可能地拯救公共財產，否則，將是不道德的。

在中國的語言中也能夠找到家庭的重要性。當他們是到自己時用"自家"，他人用"人家"我們用"大家"整個國家用"國家"；另一方面，個體並不重要，因此，在漢語中很少使用"我"。一個中國作者常用"我們"而不用"我"，儘管這篇文章是他（她）一個人寫的。與中國規範相比，美國人經常用"我"。如果你問 Wal-mart 的員工他們商店時候有某種商品時，他或她很可能會說"我這沒有"，或"因為賣不動，所以，我不賣了"，聽起來好象這位員工擁有這樣一個大超市。

中國人缺乏個體性的現象在學校也能夠看見。一位教中國學生的美國老師可能會抱怨，中國學生在課堂上不說話，即使老師提問也沒有人回答。一位在香港教授舞蹈多年的美國舞蹈教師告訴筆者，在中國教授舞蹈時的最大挫折是學生們不願意在眾人面前展示自己所學的東西。每個人都喜歡去看別人，沒有人願意站出來表演。對學生而言，他們認為，自己是群體的一部分，在沒有得到群體許可的情況下，自己不能站出來。如果老師想要學生說，他或她應當直接點這位學生的名。

　　避免正面衝突是中國的集體主義思想的另一個特色。為了在群體中保持和諧，必須避免羞恥，必須保住面子。"丟面子"是一件羞恥的事，在英語中沒有對等的詞。"當一個人或其親近的人不能利用自己的社會資源去滿足別人的要求，幫別人辦事情時，這就是丟面子"（Ho, 1976, p.867）。中國學生知道，自己不應該在班裏炫耀，也不會去問一些刁鑽的問題。教中國學生的老師最好是能夠把課堂組織的很好，系統地教給學生所需的知識和技能。與西方不同的是，中國社會的教育目標是教給學生"如何做"，而不是"如何學"。

　　在中國社會，個體的特徵在工作方面也並不很重要。美國工人（如空中服務員）也會穿制服，並且還掛著一個有自己名字的小牌子。而中國工人穿的制服上卻很少看見有自己名字的小牌子。在工作中，中國工人之間相互關心，以至於按照美國的標準已經侵犯了隱私。見到一位到結婚年齡的年輕人，很多中國人會問是否結婚了，如果沒結婚，他們會熱心地幫助年輕人牽線搭橋介紹對象。如果新來的年輕人沒有接受，他們可能會覺得沒能盡到同事的相互關心的責任。

　　中國社會不像美國社會那樣崇尚獨立性。中國有句古話叫"在家靠父母，出外靠朋友"。一個未婚的孩子，不管年齡多大，大多都在家與父母住在一起。如果不和父母住在一起，中國人就會依賴朋友。許多第一次到美國的中國學生總會千方百計地和當地的中國學生聯繫，請他們到機場去接、找房子、去商店和銀行、去當地的社會保險部門辦理必要手續等。但他們不是只接受他人的幫助，等到他們安頓好了之後，就會邀請那些幫助過他們的人去吃飯。這就是中國的相互依賴的機制，它是一種雙向的關係。

中國人對朋友是真誠以待。許多中國人對待自己最好的朋友就像對待自己的兄弟姐妹一樣。對朋友的忠誠無異於家庭。在生意上或遇到緊急情況需要用一大筆錢時，可以向朋友去借，而朋友在借前時通常也不會寫任何字據。這種相互信任源於"給面子"，寫字據則表示不信任。而在美國社會，即使是親兄弟，人們也不願意借錢。

四、中國文化中個人主義：理論概括

中國人的集體主義精神並不是普天下而皆準的，相反，在很多情況下，中國人是個人主義的。中國人很少跟不認識的人打招呼。中國人也不習慣為陌生人或公益事業捐款。在美國，有 45-50% 的成人通常會參與捐款或做志願工作；而在中國很少有人為改善貧困地區學生教育的 "希望工程" 捐款（Patten 等,1997, p. 47）。在美國學習的中國學生中很難找到一個願意作為學生聯合會主席的人。在上述情況下，按美國文化標準，中國人顯得非常個人主義。

在全世界的唐人街上都存在著明顯的衛生問題。一個中國餐館的裏邊可能非常整齊清潔，而在它的外邊卻是另番景色，餐館的老闆並不關心餐館以外的衛生狀況。同樣，中國家庭內部可能非常整齊清潔，屋子外面的街道可能會非常髒亂。不管是正式還是非正式的聚會，中國家長都會堅持帶上自己的孩子去。在跳舞的時候，家長們會放任自己幼小的孩子在舞場中亂跑，而完全不在乎是否會妨礙他人跳舞。在家長們的眼裏，他們的孩子是這個舞會最重要的部分，其他人並不重要。

中國人不像美國人那樣非常關心公共環境。在男洗手間內，美國人會儘量站的離便池近一些，以免弄髒地面。而中國人卻不那麼在乎是否會弄髒地面。在中國的火車上，人們更願意將垃圾從車窗裏扔出去，而不是將垃圾裝在袋子裏放進垃圾桶。中國人並不重視保持公共環境的清潔。

　　總之，中國人只是在一定程度上是集體主義。就象以前研究所發現的那樣，集體主義者不像個人主義這那樣去關心陌生人的利益（Leung & Bond, 1984; Triandis, 1988），他們所關心的集體利益不會超過他們所在的那個群體（Schwartz, 1990）。如果要區分群體內的集體主義和普遍的集體主義，那麼中國的集體主義應該是家庭的集體主義，家庭對於中國社會就像個體對於美國社會一樣。

五、中國文化中集體主義的局限性

　　如上所述，中國的集體主義只局限在家庭之中，中國的集體主義可能就是家庭集體主義。而在更高層次的社會交往中，如社區、城市乃至國家，中國人的集體主義比美國人更少。儘管美國是建立在個體基礎之上的國家，但"自由、平等和友愛"構成了社會的民主文化。在這種理念之下，美國生來就會以自由平等的方式對待他人，將所有人都看成是上帝的孩子，並把他們看成自己的兄弟姐妹。對一個信仰上帝的人而言，兄弟般地對待他人使他（她）死後有機會進入天堂。在儒家思想中，個人失去了自由，一個人的自由被家庭所控制。儒家的兄弟般的友愛只局限在家庭、家族或熟人之中。由於在儒家思想中沒有天堂，所以，中國人沒有必要與世上所有其他人建立兄弟般的關係。

　　綜觀歷史，在家庭手工業和農業主導經濟的時代，家庭集體主義將中國的經濟實力推向世界之巔達幾個世紀之久。即使在今天的中國，一些小的家庭工廠比大型企業更容易成功。同樣，按照馬克思的"經濟決定論"的預測，第一次工業革命不會發生在中國。而韋伯從其他兩個方面去解釋這個問題，首先，中國文人過於強調教育和文憑，這阻礙了中國人獲得使用技能；另外，孝順包含了太多的尊敬父母和老人的義務，它阻礙了中國年輕人探索外部世界的步伐（Weber, 1958）。儒家思想中的"父母在，不遠遊"代代相傳，使年輕人失去了創業的機會，等父母不在時，他（她）也沒氣力去"遠遊"了。

因此，中國文化不適合進行大規模工業生產。這同樣也不適用於社會主義經濟的發展，因為在社會主義經濟體系中，鼓勵人們為社會的公共利益而工作而不是為自己或家庭的利益。這可能說明，創建於 1949 年的人民公社到 1980 年就破產，以及在過去 20 年中公有經濟逐漸被市場經濟所取代的原因。中國文化可以為小的家庭經濟提供更好的土壤。

當今的股票市場規則源於西方文化，它在中國的運行並不理想。由於家庭集體主義，中國人能夠很容易地買賣股票為自己獲得利潤。按規則，經紀人不能夠為自己或家人進行股票交易，因為他們掌握了大量的內部資訊，他們的交易對其他客戶是不公平的。中國的經紀人也應該遵守這一規則，但實際上，他們可以很容易地以自己朋友的名義購買股票，因為對很多中國人來說，好朋友和自己的兄弟姐妹沒有差異。

中國共產黨正在治理的腐敗在歷史上並不是一個新問題。從清代到國民黨政府，都是腐敗使政府倒臺。"因為絕對的權力導致絕對的腐敗"（Michels, 1915），腐敗與中國文化的某些方面有關。大多數腐敗的官員都有一個需要照顧的家庭，而且家庭的利益高於一切。幾乎所有的腐敗官員都有一位貪婪的妻子，家庭給予了他們腐敗的勇氣和支援。因此，中國的腐敗與其他文化背景下的腐敗很不同。例如，在南非，一個超速行駛的摩托車司機給警察一些錢就可以避免重罰。中國的行賄者不會給陌生人行賄，而是千方百計與官員交朋友，然後再行賄。

由於家庭集體主義，家庭在完成個人生活、工作等各方面的事情起重要作用。但對一些心存大志的中國人而言，家庭是遠遠不夠的。因此，中國人將想方設法地擴大家庭的空間。正如 Hofstede（1997,1980）所發現的那樣，集體主義社會中的人通常會設法與那些沒有血緣關係的人形成家庭式聯繫，從而形成一種社會群體。他們會讓自己的孩子認乾爸乾媽或教父，或形成把兄弟。

除了家庭結構外，中國人還會千方百計地與他人建立各種聯繫。如果有了關係，那些看來不可能的事情也可以很容易地通過與朋友的交換而完成。當不能用正當或常規的方式辦成某些事情的時候，那些有特殊影響力的人就會去走後門。在離鄉背井的時候，中國人就會利用同鄉會或校友會去結交各種朋友，從而建立和擴大自己的社會網路，以便能夠走後門。在社會網路中被看成家人的人越多，就越有可能得到自己想要的東西。正如另一個中國的諺語所說"多一個朋友多一條路，多一個敵人多一堵牆"。在中國要辦事情就需要關係。要在中國做生意，許多美國的 MBA 課程中要求學生學習中國的關係學課程。

傳統的中國集體主義者並不能平等對待每個人。在年幼的美國兒童心目中公平就是一個重要的社會價值觀，而對中國人而言並非如此。在中國當今的許多組織中，人們會對"圈內人"和"圈外人"區別對待。家庭成員、關係戶以及社會網路中的成員將會得到優先對待。在一個個人主義的社會中，這將被看成是裙帶關係，是極不道德的。而在集體主義社會中，如果不給圈內人以某種優惠反而是不道德的（Hofstede, 1997, p. 62）。

中國的家庭集體主義偶爾也會出現 backfire，尤其是把朋友看成是家庭成員的時候。由於面子問題，許多中國人在合作開始時不會定下書面的規則。因為合同或字據意味著不信任。這樣做勢必在合作出現問題時產生糾紛。他們與朋友合作是為了獲得比自己單獨做的時候的更大的利益。一旦沒有達到目標，他們就會不歡而散。在紐約，大多數中國餐館在中國報紙上做廣告的原因是夥伴們不一致。許多美國人即使與最好的朋友一起去吃飯往往也是各自付帳。中國人不習慣這麼做的原因仍然是面子問題。吃完飯後，每個人都爭著付帳，否則，就不夠朋友。實際上，一旦某人付了帳，他將希望下一次有所回報，不論是以何種方式。不管什麼原因，如果那個人沒有回報，那麼朋友之間的關係就會變得緊張起來。這也許就是中國人產生"窩裏鬥"的原因。

中國人的"一盤散沙"也可以追溯到家庭集體主義上來。群體內的凝聚力太強，將會導致在社區和民族水平上的極端的個人主義（Schwartz, 1990）。在中國的集體主義社會合作或幫助圈子外的人要比美國的個人主義社會更難。如果經濟全球化也標誌著西方的完善的經濟體系將輸出到不發達國家（如中國），那麼，文化因素在這一輸出過程中的作用將是不可忽略的。

參考文獻

1. Bellah, Robert N., Richard Madsen, William M. Sullivan, Ann Swidler, and Steven M. Tipton. 1985. Habits of the Heart: Individualism and Commitment in American Life. New York: Harper & Row, Publishers.
2. Duan, Liancheng.1993. Americans and Chinese: Incorporation and Confrontation of Chinese and American Cultures. Beijing: New World Press.
3. Fairbank, John King. 1992. China: A New History. Cambridge, MA: The Belknap Press of Harvard Univerisyt Press.
4. Hultberg, Nelson. 1995. Individualism Strengthens America. In David Bender and Bruno Leone (Ed.) American Values: Opposing Viewpoints. San

Diego, CA: Greenhaven Press, Inc.

5. Patten, James Van, George C. Stone, and Ge Chen. 1997. Individual and Collective Contributions toward Humaneness in Our Time. New York: University Press of America.

6. Sun, Yat-sen. 1992 [1925]. San Min Chu I (The Three Principles of the People). Taipei: Central Cultural Heritage Press.

7. Tu, Weiming. 1990. The Confucian Tradition in Chinese History. in Paul S. Ropp (Ed.) Heritage of China: Contemporary Perspectives on Chinese Civilization. Berkeley, CA: University of California Press.

8. Weber, Max. 1958. The Protestant Ethic and the Spirit of Capitalism. (Translated by Talcott Parsons). New York: Charles Scribner's Sons.

國家圖書館出版品預行編目

旅美學者看臺灣：二十一世紀臺灣社會考察與分析／
　　魯曙明, 田憲生主編. -- 一版
　　臺北市：秀威資訊科技, 2004[民 93]
　　面；　　公分. --　參考書目：面
　　ISBN 978-986-7614-74-2（平裝）
　　1. 臺灣研究－論文, 講詞等

　　673.207　　　　　　　　　　　　93021562

社會科學類　AF0010

旅美學者看台灣
——二十一世紀臺灣社會考察與分析

作　　者／魯曙明、田憲生
發 行 人／宋政坤
執行編輯／李坤城
圖文排版／張慧雯
封面設計／羅季芬
數位轉譯／徐真玉　沈裕閔
圖書銷售／林怡君
網路服務／徐國晉
出版印製／秀威資訊科技股份有限公司
　　　　　台北市內湖區瑞光路 583 巷 25 號 1 樓
　　　　　電話：02-2657-9211　　　傳真：02-2657-9106
　　　　　E-mail：service@showwe.com.tw
經 銷 商／紅螞蟻圖書有限公司
　　　　　台北市內湖區舊宗路二段 121 巷 28、32 號 4 樓
　　　　　電話：02-2795-3656　　　傳真：02-2795-4100
　　　　　http://www.e-redant.com

2006 年 7 月 BOD 再刷
定價：500 元

讀 者 回 函 卡

感謝您購買本書，為提升服務品質，煩請填寫以下問卷，收到您的寶貴意見後，我們會仔細收藏記錄並回贈紀念品，謝謝！

1. 您購買的書名：_____

2. 您從何得知本書的消息？

　　□網路書店　□部落格　□資料庫搜尋　□書訊　□電子報　□書店

　　□平面媒體　□ 朋友推薦　□網站推薦　□其他_____

3. 您對本書的評價：(請填代號　1.非常滿意 2.滿意 3.尚可 4.再改進)

　　封面設計____　版面編排____　內容____　文/譯筆____　價格____

4. 讀完書後您覺得：

　　□很有收獲　□有收獲　□收獲不多　□沒收獲

5. 您會推薦本書給朋友嗎？

　　□會　□不會，為什麼？_____

6. 其他寶貴的意見：_____

_____

_____

_____

讀者基本資料

姓名：_____　年齡：_____　性別：□女 □男

聯絡電話：_____　E-mail：_____

地址：_____

學歷：□高中(含)以下　　□高中　　□專科學校　　□大學

　　　□研究所(含)以上 □其他_____

職業：□製造業 □金融業 □資訊業 □軍警 □傳播業 □自由業

　　　□服務業 □公務員 □教職　□學生 □其他_____

To：114

台北市內湖區瑞光路 583 巷 25 號 1 樓

秀威資訊科技股份有限公司　　　收

寄件人姓名：

寄件人地址：□□□

(請沿線對摺寄回,謝謝!)

秀威與 BOD

BOD（Books On Demand）是數位出版的大趨勢，秀威資訊率先運用 POD 數位印刷設備來生產書籍，並提供作者全程數位出版服務，致使書籍產銷零庫存，知識傳承不絕版，目前已開闢以下書系：

一、BOD 學術著作—專業論述的閱讀延伸
二、BOD 個人著作—分享生命的心路歷程
三、BOD 旅遊著作—個人深度旅遊文學創作
四、BOD 大陸學者—大陸專業學者學術出版
五、POD 獨家經銷—數位產製的代發行書籍

BOD 秀威網路書店：www.showwe.com.tw
政府出版品網路書店：www.govbooks.com.tw

永不絕版的故事・自己寫・永不休止的音符・自己唱